你身边的创业导师

创业管理（第3版）

数智时代的创新创业思维与实践

左仁淑　吴　迪／主　编

冯　旭　祖旭　杨　安／副主编

西南财经大学出版社

中国·成都

图书在版编目(CIP)数据

创业管理/左仁淑,吴迪主编;冯旭,祖旭,杨安副主编.--3版.--成都:西南财经大学出版社,2025.6. --ISBN 978-7-5504-6698-2

Ⅰ.F272.2

中国国家版本馆 CIP 数据核字第 2025LB2558 号

创业管理(第3版)

CHUANGYE GUANLI

左仁淑 吴 迪 主 编

冯 旭 祖 旭 杨 安 副主编

策划编辑:何春梅

责任编辑:何春梅

责任校对:肖 翀

封面设计:墨创文化

责任印制:朱曼丽

出版发行	西南财经大学出版社(四川省成都市光华村街55号)
网 址	http://cbs.swufe.edu.cn
电子邮件	bookcj@swufe.edu.cn
邮政编码	610074
电 话	028-87353785
照 排	四川胜翔数码印务设计有限公司
印 刷	四川五洲彩印有限责任公司
成品尺寸	185 mm×260 mm
印 张	22.875
字 数	502 千字
版 次	2025 年 6 月第 3 版
印 次	2025 年 6 月第 1 次印刷
印 数	1—3000 册
书 号	ISBN 978-7-5504-6698-2
定 价	55.00 元

前　言

本教材依托教育部首批国家级一流本科课程"创业管理"（线上线下混合式，王亚利、杨安等）的建设实践，依托四川省教育厅认定的贡嘎计划一流学科"工商管理学"的建设实践，依托首批国家级双创示范基地、四川大学核心通识课"创造性思维：创新、创造、创业"创新教学实践，由四川大学、西南民族大学、四川农业大学、成都锦城学院和吉利学院的双创教学名师，在第一版、第二版的基础上，结合新时代特征修订而成。

本教材的目标：激发创新创业意识，培养创新创业精神，训练创新创业思维，学习创新创业方法，提升创新创业技能，实施创新创业方案，推进创新创业实践，特别是强调大学生的家国情怀和历史使命，思政特色鲜明。

本教材的主要内容：涵盖在新的时代背景下，特别是国家发展战略、大数据和人工智能的背景下，大学生应该具备的创新思维和创新创业特质，应学会的创业机会识别和商业模式设计方法，应掌握的技术创新和文化创意的方法，制定生产计划、营销计划、人力资源计划、财务计划和融资计划，最后编写出符合大学生正确价值观并具有创新性、高阶性和挑战度的《创业计划书》。

本教材的创新之处如下：

第一，新增了新的时代背景，顺应了互联网时代、大数据时代、人工智能时代的技术发展趋势，与同类教材相比更加具有时代特征。

第二，新增了创新思维和创新思维训练方法，与同类教材相比更加注重高阶性、创造性思维的提升。

第三，新增了新时代创业者的特质，与同类教材相比更加注重家国情怀和思政的培养。

第四，新增了技术创新与知识产权，与同类教材相比更加注重技术创新方法的训练。

第五，新增了文化创意与品牌创建，与同类教材相比更加注重文化创意方法的传授。

第六，创业财务计划的内在逻辑完全按照市场分析和营销预测的方式推导出数据来源，与同类教材相比更加契合创新创业项目财务数据真实的依据出处。

本教材的主编、副主编都是创新创业领域的专家：

主编左仁淑，全国宝钢教育奖优秀教师，全国创新创业万名专家库首批专家，四川省省级创业指导导师；国家级一流课程"市场营销"负责人；四川大学"卓越教学奖"获得者，四川大学商学院教授，硕士生导师，成都锦城学院工商管理学院院长，西南财经大学管理学博士；曾主编《创业学教程：理论与实务》《市场营销：数字化时代的营销创新》《营销策划：原理与方法》等教材；主要研究商科教育、创新创业教育和市场营销。

主编吴迪，四川大学创新创业学院专职副院长，全国互联网+大赛金奖指导教师；全国创新创业万名专家库首批专家，主持四川大学核心通识课"创造性思维：创新、创造、创业"；四川大学双创教育实践基地专职副主任、副教授，南京大学博士，牛津大学博士后；主编《创新实践教育通识：大学生如何启动创造性项目》等教材；主要研究创新创业教育及管理。

副主编冯旭，西南民族大学商学院副院长、副教授、硕士生导师，电子科技大学博士，西南民族大学"创业管理"课程负责人；主要研究创新创业管理。

副主编祖旭，四川农业大学商旅学院工商管理系主任、副教授、硕士生导师，四川大学博士，四川农业大学博士后，省级一流课程"创业管理"主研人员；主要研究农产品品牌和创新创业管理。

副主编杨安，成都锦城学院工商管理学院人力资源系主任、教授，四川省"教书育人名师"，国家级一流课程"创业管理"主研人员；多项创新创业竞赛评委或导师，主要从事创新创业教育和人员创造力开发的实践。

本教材的所有案例均由创业者或企业界专家提供，包括新道科技股份有限公司助理总裁侯爱华女士、成都找我科技有限公司创始人龙宏先生、成都大道经纬科技有限公司创始人邱伟先生、成都市志诚商标代理有限公司创始人余波先生、成都嘉诚世纪国际旅行社有限公司创始人陈明俊先生。参与编写本教材的老师有成都锦城学院的罗堰、杨泽明、姚勇、田原，成都吉利学院的殷雄、余何林等。具体编写分工如下：左仁淑、吴迪、杨安负责本书的写作大纲和总体思路，并完成前言和导论，第1章吴迪、杨安、左仁淑，第2章杨安，第3章杨泽明，第4章杨泽明，第5章杨安，第6章祖旭，第7章冯旭、杨安、余何林、殷雄、罗堰，第8章姚勇，第9章杨安、田原、龙宏、陈明俊、余波、邱伟、侯爱华。编写团队实现了跨学科组合、跨校组合、校企合作、产教融合、专创融合。

本教材在编写过程中，学习了习近平总书记的若干重要讲话精神，参照了创业教育之父蒂蒙斯（Timmons）的《创业学》教材，还参照了国内近10年在创新创业领域发行量较大的同类20余本教材。本教材配备了慕课和微课视频等共享资源，适合学生进行线上线下混合学习，适合以学为中心、以任务为导向的翻转教学。

本教材还存在不足之处，盼望收到读者的反馈和老师的指正。此外，本书配套的课件、视频等数字教学资源，有需要的读者欢迎联系副主编杨安，通信邮箱 32437945@qq.com。

左仁淑，杨安

2025 年 2 月

目录

2 新时代的创新创业者 49

3 新时代的创新创业机会 77

9 创业计划书与路演 318

0 导论 新时代环境认知

0.1 新时代特征的认知

习近平总书记在 2024 年 10 月回复中国国际大学生创新大赛参赛学生代表的来信中说道："创新是人类进步的源泉，青年是创新的重要生力军。希望你们弘扬科学精神，积极投身科技创新，为促进中外科技交流、推动科技进步贡献青春力量。全社会都要关心青年的成长和发展，营造良好创新创业氛围，让广大青年在中国式现代化的广阔天地中更好展现才华。"

本书所称的"新时代"，是指在习近平新时代中国特色社会主义思想指导下，学习"习近平总书记给中国国际大学生创新大赛参赛学生代表的回信"精神，响应"新质生产力"的国家发展战略，综合汇聚"人工智能时代""大数据时代"与"互联网时代"等数智化技术背景特征，弘扬"文化自信、红色筑梦、中国梦"，推进"科技强国、乡村振兴，产教融合、带动就业"的"大众创业，万众创新"新时代。

0.1.1 习近平新时代中国特色社会主义思想

习近平新时代中国特色社会主义思想，既是全党全国人民为实现中华民族伟大复兴而奋斗的行动指南，也是大学生创新创业与实践的行动指南。"十个明确"是对习近平新时代中国特色社会主义思想核心内容的进一步概括，其中以下六个明确，更是大学生创新创业创造活动的明确目标。

●明确中国特色社会主义最本质的特征是中国共产党领导，全党必须增强"四个意识"、坚定"四个自信"、做到"两个维护"。其中，"四个自信"即中国特色社会主义道路自信、理论自信、制度自信、文化自信。

●明确坚持和发展中国特色社会主义，总任务是实现社会主义现代化和中华民族伟大复兴，在全面建成小康社会的基础上，分两步走在本世纪中叶建成富强民主文明和谐美丽的社会主义现代化强国，以中国式现代化全面推进中华民族伟大复兴。

●明确新时代我国社会主要矛盾是人民日益增长的美好生活需要和不平衡不充分的发展之间的矛盾，必须坚持以人民为中心的发展思想，发展全过程人民民主，推动人的全面发展、全体人民共同富裕取得更为明显的实质性进展。

●明确中国特色社会主义事业总体布局是经济建设、政治建设、文化建设、社会建设、生态文明建设"五位一体"，战略布局是全面建设社会主义现代化国家、全面深化改革、全面依法治国、全面从严治党"四个全面"。

●明确必须坚持和完善社会主义基本经济制度，使市场在资源配置中起决定性作用，更好发挥政府作用，把握新发展阶段，贯彻创新、协调、绿色、开放、共享的新发展理念，加快构建以国内大循环为主体、国内国际双循环相互促进的新发展格局，推动高质量发展，统筹发展和安全。

●明确中国特色大国外交要服务民族复兴、促进人类进步，推动建设新型国际关系，推动构建人类命运共同体。

正是在这样的新时代，党领导全国人民在创新方面取得了许多重大成就。科技创新实现新的突破，在关键核心技术攻关、人工智能和量子技术等前沿领域，都取得了显著的成果。

例如，国产大飞机 C919 投入商业运营，这标志着中国在大型客机研制方面的重大进展。此外，国产大型邮轮成功建造，新能源汽车产销量占全球比重超过 60%，都展示了中国在高端装备制造领域的实力。航天科技取得显著进步，嫦娥六号实现了世界首次月球背面自动采样返回，再次创造了中国航天的世界纪录。这体现了中国在深空探测领域的雄厚实力和创新能力。其他领域的创新成就也同样引人注目，比如在新能源智能网联汽车、5G 通信、高铁等领域，中国都走在全球前列。这些成就的取得，离不开党的坚强领导和全社会的共同努力。

总体来说，当代党领导全国人民在创新方面取得了举世瞩目的成就，这些成就不仅提升了国家的综合实力和国际地位，也为人民的生活带来了更多的便利和福祉。未来，我们期待在党的领导下，继续推动创新驱动发展战略，为实现中华民族伟大复兴的中国梦贡献力量。

0.1.2　新质生产力

近年来，全球价值链和国际分工模式出现重大调整。一方面，"逆全球化"暗流涌动，国际贸易环境日趋复杂；另一方面，新技术的发展使得产业链的重新布局成为可能。中国经济正面临从高速增长阶段转向高质量发展阶段的关键时期。传统行业增长速度放缓，亟须找到新的经济增长点。新质生产力的提出，有助于推动经济结构的优化升级，实现经济的持续健康发展。

（1）新质生产力的概念

新质生产力（New Quality Productive Forces）的概念是 2023 年 9 月习近平总书记在黑龙江考察调研期间首次提出的。此后，中央会议多次提到加快发展新质生产力。例如，2023 年 12 月的中央经济工作会议明确提出要以科技创新推动产业创新，特别是以颠覆性技术和前沿技术催生新产业、新模式、新动能，发展新质生产力。2024 年 1 月，在中共中央政治局第十一次集体学习时，习近平总书记再次强调新质生产力对高质量发展的强劲推动力。2024 年的《政府工作报告》将"大力推进现代化产业体系建设，加快发展新质生产力"列为政府十大工作任务之首，进一步凸显了新质生产力在经济社会发展中的重要地位。2024 年 7 月，中国共产党第二十届中央委员会第三次全体会议提出，要健全因地制宜发展新质生产力体制机制，健全促进实体经济和数字经济深度融合制度，完善发展服务业体制机制，健全现代化基础设施建设体制机制，健全提升产业链供应链韧性和安全水平制度。

新质生产力，是创新起主导作用，摆脱传统经济增长方式、生产力发展路径，具有高科技、高效能、高质量特征，符合新发展理念的先进生产力质态。新质生产力作为先进生产力的具体体现形式，是马克思主义生产力理论的中国创新和中国实践，是科技创新交叉融合突破所产生的根本性成果。新质生产力是马克思主义生产力理论的创新和发展，凝聚了党领导推动经济社会发展的深邃理论洞见和丰富实践经验。中华优秀传统文化是新质生产力发展的重要支撑。新质生产力是由技术革命性突破、生产要素创新性配置、产业深度转型升级而催生的当代先进生产力。它代表了生产力发展的新阶段，具有高科技、高效能、高质量等特征，符合新发展理念。

（2）新质生产力的特征

新质生产力的六个内涵特征包括：科技创新驱动、数智化深度融合、知识密集型、绿色环保、跨界融合、制度创新与服务升级。

●科技创新驱动：新质生产力的核心动力来源于科技创新，包括新技术、新材料、新工艺和新装备等领域的创新成果。科技创新为生产力的提升提供了源源不断的动力，推动产业向高端化、智能化、绿色化方向发展。

●数智化深度融合：新质生产力显著特征之一是信息技术与制造业深度融合，实现生产过程的网络化、数字化、智能化。这包括通过物联网、大数据、云计算和人工智能等技术实现生产数据的实时采集、分析与优化，以及远程监控、预测性维护和智能制造等应用。

●知识密集型：强调知识和智力资源在生产力构成中的核心作用，表现为依赖先进的科学知识、专业技术、管理经验和创新思维来提升生产力水平。新质生产力高度重视知识与人才的作用，强调以知识为基础、人才为支撑的创新驱动。

●绿色环保：强调环境友好和资源高效利用，注重发展绿色制造技术和循环经济模式，以减少废弃物排放、提高资源利用效率、降低能源消耗，实现经济社会发展与环境保护的协调统一。

●跨界融合：指不同行业、领域之间的深度融合，产生新的业态和模式。新质生产力借助互联网、物联网等技术，构建跨企业、跨地域的协同生产网络，实现供应链、产业链和创新链的深度整合。

●制度创新与服务升级：注重通过不断的创新活动引领产业升级，同时向服务业延伸，实现制造业服务化，满足消费者个性化、多元化的需求。新质生产力的发展离不开制度与机制的创新，包括产权制度、市场准入制度等方面的改革。

新质生产力的这些特性相互关联、相互作用、相互耦合，共同构筑了新质生产力区别于传统生产力的鲜明标识。

（3）新质人才

新质人才是指在当前新时代下，具备新质生产力所需的核心特质和能力的人才。他们是推动科技、生产资料及劳动工具创新的关键力量，对于经济社会的高质量发展具有重要意义。作为大学创新创业教育，培养新质人才是新时代的迫切要求。新质人才要有创新意识和创造能力，能够不断提出新的想法和解决方案，推动科技进步和社会发展。

新质人才需要具备创新思维、战略思维、商业思维、系统思维、科技思维、绿色思维、互联网思维、数据驱动思维、人机协同思维、批判性思维和辩证思维等多种思维方法。这些思维方法相互关联、相互促进，共同组成新质思维，推动新质生产力的快速发展和经济社会的高质量发展。

0.1.3　人工智能时代、大数据时代与互联网时代

（1）人工智能时代

人工智能时代（The Era of Artificial Intelligence）是以人工智能（以下简称 AI）技术创新为核心驱动力，推动社会各个领域实现智能化、自动化的时代。这个时代的主要特征包括：人工智能系统能够与人类进行自然、流畅的交互，提高了工作和生活效率；人工智能技术在医疗、金融、教育、交通、工业等多个领域得到广泛应用，推动了这些领域的智能化升级。AI 在金融和商业领域用于市场分析、风险管理和决策支持，提升了企业的竞争力和市场响应速度。AI 可以分析医疗数据，辅助医生进行疾病诊断和治疗方案制定，基于患者的基因数据和健康记录，AI 能够提供个性化的医疗方案和药物推荐。AI 驱动的教育平台能够根据学生的学习进度和兴趣，提供个性化的学习内容和辅导，可以自动批改作业和考试，并提供即时反馈，帮助教师了解学生的学习情况。自动驾驶技术正在逐步成熟，能够提高交通安全、减少交通事故，并提升出行效率，可以实时分析交通流量，优化交通信号灯控制，减少

拥堵，提高交通流畅度。AI 驱动的智能家居设备提升了家庭生活的便利性和安全性。AI 算法用于社交媒体平台和内容推荐系统，帮助用户发现感兴趣的内容。人工智能时代要求更加多元的技术融合，多模态模型将加速文本、图像和视频等数据的融合，提升 AI 的综合处理能力。

人工智能的发展不是要完全取代人类，而是要与人类实现更好的协同合作。人机协同思维强调在人工智能时代要充分发挥人类的智慧和创造力，同时利用人工智能的优势来弥补人类的不足。这种思维有助于构建更加智能、高效、和谐的人机关系，推动社会进步和发展。

（2）大数据时代

舍恩伯格和麦肯锡公司最早提出"大数据时代"（The Era of Big Data）这个概念。随着计算机和互联网技术的发展，数据已经渗透到当今每一个行业和业务职能领域，成为重要的生产因素。大数据时代的特征包括：数据量巨大、数据类型多样、处理速度快、价值密度低。人们对于海量数据的挖掘和运用，揭开了新一波生产率增长和消费者盈余浪潮的到来。大数据时代强调数据的重要性和价值，通过数据分析和挖掘来实现精准的产品设计和运营，提高决策效率和准确性。

数据被视为新的石油，是驱动决策和创新的关键资源。在大数据时代，数据驱动思维成为主导，强调通过收集、分析和利用大数据来指导决策、优化流程、改进产品和服务。这种思维要求企业和个人具备数据敏感性和数据分析能力，能够从海量数据中发现价值。以下是数据驱动思维的一些关键特点：

●数据为核心。数据驱动思维将数据视为决策和行动的核心依据。它强调通过收集、整理、分析和挖掘数据来揭示隐藏在数据背后的规律和趋势，从而为决策提供有力的支持。

●量化分析。数据驱动思维注重量化分析，即使用数学和统计方法来处理和分析数据。通过量化分析，可以更加准确地评估不同选项的优劣，预测未来的发展趋势，并制定相应的策略。

●实时反馈。在数据驱动思维下，决策和行动的效果可以通过实时数据反馈来评估和调整。这种实时反馈机制有助于快速发现问题、优化策略，并持续改进决策和行动的效果。

●决策精准。数据驱动思维通过数据分析来优化决策过程。它可以帮助决策者更全面地了解问题，更准确地评估风险，并基于数据洞察来制定更加科学合理的决策方案。

数据驱动思维也强调创新驱动，通过对数据的深入分析和挖掘，可以发现新的商业机会、市场趋势和用户需求，从而推动产品和服务的创新。这种创新驱动有助于提升创新成功率，并在激烈的市场竞争中保持领先地位。

（3）互联网时代

互联网时代（The Era of Internet）始于以计算机网络相互连接为基础的技术创

新，通过一组通用协议将世界各地的计算机和网络串联起来，形成了一个逻辑单一的巨型国际网络。互联网时代的创新具有以下特点：

第一，信息获取越来越便捷。互联网打破了时间和空间的限制，使人们能够随时随地获取所需信息。无论是新闻资讯、学术资源还是娱乐内容，都触手可及。

第二，经济模式的创新。互联网经济的发展为全球经济注入了新的活力。电子商务、在线教育、远程办公等新兴业态蓬勃兴起，推动了传统产业的转型升级。

第三，生活方式的改变。互联网已经深入人们生活的各个方面，从购物、出行到娱乐、学习，都离不开互联网的支持。

第四，社交方式的变革。互联网催生了各种社交媒体平台，改变了人们的社交方式。人们可以通过网络进行实时交流、分享生活点滴，形成了全新的社交网络。

互联网思维是在互联网时代下，对市场、用户、产品、企业价值链乃至对整个商业生态进行重新审视的一种思考方式。这一概念由百度公司创始人李彦宏提出，并随着互联网的普及和发展而逐渐深入人心。互联网思维不是局限于互联网产品或互联网企业，而是跨越了各种终端设备和行业领域，成为一种泛在的思维方式。

互联网思维具有多个显著的特点，这些特点共同构成了其独特的思维体系：一是免费思维。通过提供免费的产品或服务来吸引用户，积累用户基础和流量，进而实现商业变现。二是社群思维。通过建立社群来聚集用户，提供有价值的内容和服务，加强用户之间的联系和互动，形成用户黏性和忠诚度。三是跨界思维。跨越不同领域和行业，将不同领域的元素和资源进行整合和创新，通过"互联网+"实现创新和突破。四是平台思维。构建平台生态系统，通过开放、共享、共赢的方式来聚集各方资源，实现生态系统的良性循环。五是流量思维。注重流量获取和转化，通过各种手段来提高网站或应用的流量和用户访问量，提升品牌知名度和商业价值。

此外，互联网思维还强调开放性、协同性、实践性和数据驱动等特点。它主张开放和共享，鼓励各方参与和合作；推崇勇于实践的精神，追求快速迭代和不断学习改进。互联网思维的出现和发展，不仅改变了人们的思维方式和行为模式，也推动了商业模式的创新和变革。在当今数字化时代，互联网思维已经成为企业和个人在竞争中取得优势的关键因素之一。因此，我们应该积极学习和运用互联网思维，以适应时代的变化和发展的需要。

0.2 新时代大学生创新创业实践

0.2.1 文化自信、民族复兴、科技强国

习近平新时代中国特色社会主义思想强调要文化自信，要实现社会主义现代化和中华民族伟大复兴，一起实现繁荣富强的中国梦。文化自信是一个国家、一个民

族对自身文化价值的充分肯定和积极践行，并对其文化的生命力持有坚定信心。对于大学生而言，文化自信是创业实践中不可或缺的精神支撑。在创业过程中，大学生需要深入挖掘和传承中华优秀传统文化中的核心价值理念，如诚信、家庭价值观、和谐与平衡等，将这些理念融入创业实践中，形成具有中国特色的创业文化和商业模式。同时，大学生也需要积极学习和借鉴世界各国的优秀文化成果，不断拓宽视野，提升文化素养，为创业实践注入新的活力和创意。

民族复兴是中国梦的核心内容之一，它体现了中华民族从站起来、富起来到强起来的伟大飞跃。大学生创业实践是实现民族复兴的重要途径之一。通过创业，大学生可以将自己的知识和才能转化为实际的社会价值，推动社会经济的增长和社会的进步。同时，大学生创业也可以促进创新技术的研发和应用，推动产业升级和转型，为民族复兴贡献自己的力量。

中国梦是国家的梦、民族的梦，也是每一个大学生的梦。大学生创业实践是中国梦在大学生身上的具体体现之一。通过创业实践，大学生可以实现自己的报国强国梦、成长成才梦和创业创新梦，为国家的发展和民族的进步作出贡献。同时，国家也一直在积极推动大众创业、万众创新的政策，为大学生创业提供了良好的政策环境和支持措施，使得大学生创业实践更加顺利和有保障。

文化自信、民族复兴、科技强国、中国梦与大学生创新创业实践是相互关联、相互促进的。通过深入挖掘中华优秀传统文化中的核心价值理念，积极学习和借鉴世界各国优秀文化成果，以及积极参与创新创业实践，大学生可以为民族复兴和中国梦的实现贡献自己的力量。

来自中国国际大学生创新大赛（2023）主赛道金奖获奖名单（节录）显示，文化自信、民族复兴、科技强国、实现中国梦正是新时代大学生创新创业实践的鼓励方向：

国赛金奖：冠声文化——让声音赋能中国文化乘风出海，中国传媒大学
国赛金奖：涂无界 血勿扰——全球抗凝血涂层引领者，天津大学
国赛金奖：百磨成钢——全球先进核电系统安全的守卫者，北京科技大学
国赛金奖：智芯智行——让国产汽车拥有存算一体的"中国芯"，河北大学
国赛金奖：烯时代——全球超快热流传感器领跑者，西南科技大学
国赛金奖：智绣——民族刺绣数智时尚品牌文化推广者，浙江理工大学

0.2.2 红色筑梦、扎根基层、乡村振兴

习近平总书记在回复第三届中国"互联网+"大学生创新创业大赛"青年红色筑梦之旅"的大学生的回信中提到，得知全国有 150 万名大学生参加本届大赛，其中上百支大学生创新创业团队参加了走进延安、服务革命老区的"青年红色筑梦之旅"活动，帮助老区人民脱贫致富奔小康，既取得了积极成效，又受到了思想洗

礼，他感到十分高兴。习近平总书记强调，实现中华民族伟大复兴需要一批又一批德才兼备的有为人才为之奋斗，而青年一代有理想、有担当，实现中华民族伟大复兴就有源源不断的青春力量。他希望青年学生们能够扎根中国大地了解国情民情，在创新创业中增长智慧才干，在艰苦奋斗中锤炼意志品质，用青春书写无愧于时代、无愧于历史的华彩篇章。

新时代的大学生创新创业实践，需要深入基层甚至扎根基层。通过扎根基层，可以深入了解基层的实际需求和问题，将所学的理论知识与实践相结合，从而提升自身的实践能力和解决问题的能力。基层的复杂环境和多样需求能够激发大学生的创新思维和创业灵感，为他们的创新创业提供源源不断的动力。扎根基层使大学生更加深刻地认识到自己的社会责任和使命，促使他们更加积极地投身于创新创业事业中，为基层的发展和进步贡献自己的力量。

乡村振兴战略为大学生创新创业提供了广阔的舞台和丰富的机遇。农村地区的资源、市场和产业基础为大学生创新创业提供了无限可能。大学生可以运用自己的专业知识和技能，结合乡村的实际情况，开展各种形式的创新创业活动，如农产品电商平台、农村旅游开发、农业科技创新等。大学生的创新创业活动可以推动乡村产业的升级和结构优化，提高农业的生产效率和附加值，促进乡村经济的多元化发展。通过引入新技术、新模式和新业态，大学生创新创业可以带动乡村经济的转型升级，为乡村振兴注入新的活力和动力。

大学生在服务社区的过程中，可以深入了解社区的需求和痛点，从而开发出符合社区实际需求的创新创业项目。这些项目不仅可以解决社区的实际问题，还可以为大学生提供创业实践的机会和平台。通过服务社区，大学生可以实现自己的社会价值和个人价值、造福人民。他们的创新创业项目不仅可以为社区带来经济效益和社会效益，还可以提升自身的社会影响力和知名度。同时，服务社区也是大学生培养社会责任感和使命感的重要途径之一。

来自中国国际大学生创新大赛（2023）"青年红色筑梦之旅"赛道金奖获奖名单（节录）显示，扎根基层、乡村振兴、服务社区、造福人民，是新时代大学生创新创业实践的鼓励方向：

国赛金奖：爱传递——再生电脑教室助力乡村少儿跨越数字鸿沟，天津大学

国赛金奖：富农有葛——创制鲜食葛根种质"芯片"，打造乡村共同富裕"葛"引擎，西南大学

国赛金奖：智农慧眼——以智能植保无人机装备开启中国数字农业新格局，成都大学

国赛金奖：荷红苇绿——雄安新区白洋淀生态综合治理·公益纪实，河北大学

国赛金奖："兴"花怒放——以多肉产学研融通模式助力乡村振兴，云南大学

国赛金奖：稻香蟹美——全球首创海水蟹与海水稻共生模式，宁波大学

0.2.3　产教融合、服务企业、带动就业

大学生创新创业项目较多是在教室或实验室的设想，能晋级到挑战杯、互联网+和创新大赛更高级别的比赛平台的项目，仅凭设想是不够的，都是已付诸实践、产教融合、校企合作、服务企业、带动就业、取得实效的真实项目。

以创新引导创业、服务企业、带动就业是一个全面且富有前瞻性的发展战略，它旨在通过激发创新活力，促进创业活动的蓬勃发展，进而服务于企业成长，并最终实现广泛的就业增长。通过产教融合，以创新服务企业，精准对接企业需求，特别是中小企业在技术研发等方面的难题，提供定制化服务。大学生创新项目能引导企业加大研发投入，推动技术创新和产业升级，提升产品竞争力和市场占有率。通过以创新引导创业，以创业带动就业，实现"大众创业、万众创新"，促进产业结构的优化升级。新兴产业和现代服务业的快速发展将创造大量高质量就业岗位，构建良好的创新创业生态系统，包括文化、氛围、服务等方面，为创新创业者提供全方位的支持和帮助，从而进一步带动就业增长。

来自中国国际大学生创新大赛（2023）"产业命题"赛道金奖获奖名单（节录）显示，产教融合，以创新引导创业、服务企业、带动就业，是新时代大学生创新创业实践的鼓励方向：

国赛金奖：逆向设计与3D打印工业应用，北京工业大学，命题企业是珠海赛纳三维科技有限公司

国赛金奖：面向时序动作的体育运动智能教练系统，北京航空航天大学，命题企业是北京百度网讯科技有限公司

国赛金奖："豆粕减量替代"背景下优质饲草高产高效种植方案，中国农业大学，命题企业是新希望集团有限公司

国赛金奖：水下智能机器人高可靠性群体控制设计与应用，电子科技大学，命题企业是东软教育科技集团有限公司

国赛金奖：基于高效自修复功能的发光显示薄膜材料开发，苏州大学，命题企业是京东方光科技有限公司

国赛金奖：甘蔗产业运营管理模式创新方案，广西大学，命题企业是广西扶南东亚糖业有限公司

1　新时代创新思维

 教学目标

（1）知识目标：掌握几种必要的创新思维，比如发散性思维、批判性思维、辩证思维、战略思维、价值创造思维和商业思维的知识。

（2）能力目标：通过头脑风暴、思维导图、金字塔结构、六顶思考帽等思维工具培养创新的高阶能力。

（3）素养目标：找到适合自己打破思维定式的思考方式，尤其是能够从国家战略所需出发进行全局整体思考，培养家国情怀。

思维导图

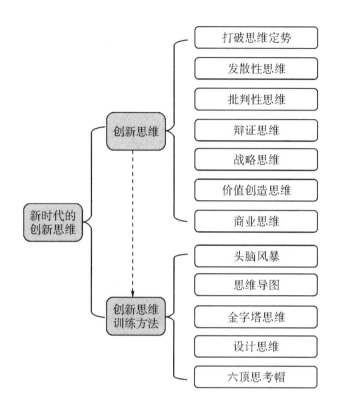

 **导入案例**

大学生创新创业竞赛应更注重什么?

当下社会,在某些人眼中,金钱似乎成为衡量一切的标准。但在教育部举办的大学生创新大赛中,我们却看到了不一样的风景。这里,金钱并非万能,创新性和社会价值才是真正的王道。接下来,让我们通过对四川大学两个大学生参加创新创业竞赛案例的对比分析,来揭示这一真理。

薪公益:月流水 2 000 万元,却败给了"创新"

在 2019 年的互联网+中国国际大学生创新创业竞赛中,薪公益项目以月流水 2 000 万元人民币的傲人成绩吸引了众多目光。这样的数字,无疑证明了该项目在商业模式和盈利能力上的出类拔萃。然而,在国家级现场赛中,它却惜败给了其他更具创新性的项目,最终只获得了国赛银奖。这让我们不禁思考:难道盈利不是万能的吗?在大学生创新大赛中,显然并非如此。因为大赛更注重的是项目的创新性、

11

实用性以及对社会的长远贡献，而非简单的盈利能力。

基因方舟：收入微薄，却赢得金牌

与薪公益形成鲜明对比的是基因方舟项目。截至2019年10月比赛时，该项目的总收入仅为5万元。这个数字在很多人看来可能微不足道，但基因方舟却凭借其独特的创新性和巨大的社会价值，强势夺得了互联网+中国国际大学生创新创业竞赛国赛金奖。基因方舟的成功，让我们看到了创新性和社会价值在大学生创新大赛中的重要性。这也验证了爱因斯坦曾经说过的一句话："创新是首要的生存策略。"在这个日新月异的时代，只有不断创新，才能在激烈的竞争中脱颖而出。

通过对比分析这两个案例，我们可以清晰地看到：在大学生创新大赛中，金钱并非唯一的衡量标准。相反，创新性和社会价值才是决定项目成败的关键因素。

这也给我们带来了深刻的启示：在追求成功的道路上，我们应该更加注重创新性和社会价值，而非简单地追求金钱和利益。因为只有这样，我们才能成为真正的赢家，为社会的进步和发展做出更大的贡献。

（资料来源：四川大学创新创业学院）

1.1　创新思维

现代管理学之父德鲁克（Drucker）认为，创新是将当下的资源交给未来的期望，是赋予资源创造财富的能力。创新是展现企业家精神的特殊手段，是企业家的核心工具，他们凭借创新，将变革视为开创新事业或服务的大好机会。

创新可以体现在多个方面，包括技术创新、产品创新、市场创新、制度创新、流程创新、组织创新和商业模式创新等，但归根结底都是思维创新。创新最重要的先决条件是思维开阔。由于受到思维定式的影响，人们往往习惯通过固定的视角认知事物。稻盛和夫曾经提出了一个人生成功的公式，可以看出思维方式的重要性。

人生的成功 = 思维（-100→+100）×努力（0→100）×能力（0→100）

创新者必须与自己的思维定式进行斗争，成功的企业家都是思维创新的大师，新的思维则会带来新的成功。创新思维并不是鼓励冒险和试错，而是提倡理性分析、规避风险、创造价值、捕捉商机。创新的过程就是要兼收并蓄、理性决策、获取差异化的竞争优势，从而捕捉商机、创造顾客价值。

本书认为，大学生创新创业竞赛和实践，赢在思维。新时代提升创新思维，除了发散性思维、逆向思维等传统的创新训练之外，还要重点从批判性思维、战略思维、价值思维和商业思维来优化新时代的创新思维。

1.1.1　打破思维定式

要创新，首先要"破旧"，正所谓"不破不立，破而后立"，只有先破才能后立

——"旧的不去，新的不来"。毛泽东主席在《新民主主义论》也写道："不破不立，不塞不流，不止不行，它们之间的斗争是生死斗争。"破而后立是一个成语，指打破原有的规则才能创建新的法则。

思维定式，又称为心理定式或惯性思维，是指人们在长期的生活实践中形成的一种思维倾向或惯性。它来源于人过去的思维模式和积累的经验，这些经验形成了稳定的心理结构，使人在面对新问题时能够快速运用已有的思维方式和解决问题的方法，这有利于提高解决问题的效率。

但是，思维定式也有其消极的一面。当环境变化导致新的情况出现时，过去形成的思维定式会使人依然倾向于使用原有的思路和方法，而忽略学习新的知识，采用新的思维方式。例如，一个长期从事技术研发工作的人，可能容易陷入技术主义的思维定式，而忽视用户体验等人文方面的考虑。

消极的思维定式会使人形成障碍，陷入僵化的思维方式，难以适应形势的变化。这会束缚人的想象力和创造力，限制人根据新情况改变想法或采用全新的方法。惯性思维可能会形成一种认知上的"近视"，让人在处理新问题时顾此失彼，失去对全局的考虑。

思维定式往往与个人的世界观、价值观有关。个人的观念一旦形成，就很难改变，进而影响其思维方式。同时，思维定式还带有社会性，每个时代都有其主流思潮，这些思潮也会深深影响那个时代人们的思维方式。当社会环境和技术发生革命性变化时，这些思维定式就会成为创新的障碍。要创新，就必须打破以下思维定式。

（1）打破经验定式

创业教育之父蒂蒙斯（Timmons）认为，无所不知的人、极端独立的人都不适合创业。因为从业经验越丰富，越容易倒退到非理性的境地。很多号称从业经验丰富的人，会陷入一种简单武断甚至粗鄙的思维状态。德波诺在《实用思维》一书中饶有兴味地描述了一种常见的社会现象："在偏僻的乡村，村里最漂亮的姑娘会被村民当作世界上最美的人，在看到更漂亮的姑娘之前，村里的人难以想象出还有比她更美的人。"在村里，它是真理；在全世界，它就是偏见。因此，创新需要自我批判，保持谦逊和好学，打破经验定式，才能超越自我、创造新成就。

（2）打破利益定式

蒂蒙斯曾说，"要把蛋糕做得大，不要把时间浪费在试图分割小块"。利益观狭隘的人，像"被踩到鸡眼的人"那样，指的是在评价问题时，往往从自身狭隘的利益出发，用个人损失来衡量整体价值的人。我们在看待问题时，不能只考虑个人得失，而要跳出来，客观审视全局。只有全面分析各方利弊，才能公正明智地做出判断，避免出现主观偏颇。要共赢，而不是"赢家通吃"；要共享，而不是自私自利；要共生，而不是单打独斗；要共同富裕，而不是嫌贫爱富。因此，创新需要打破利益定式，要会分享、共享、共赢、共生，实现共同富裕和对创新的共同投入。

（3）打破视角定式

"一叶障目，不见泰山"就是描述这种视角的思维定式，也是一种点状的思维局限，只看到事物的一个局部或表面，而忽视其整体内在关系的思维定式。比如企业遇到问题，只从单一角度如销售或设备来看待问题，而没有从全局调研市场环境的变化。或者由个人一个小缺点就下定义其整个人品，这都是点状思维的表现。要避免点状思维的偏颇，需要把事物放在更大的时空背景下审视，从多个角度全面看透事物的本质。只有树立全局观和发展观，从多个维度审视事物内在联系，总揽全局，才能打破视角定式，做出全局的判断，找到创新的关键点。

（4）打破位置定式

位置偏见指由于个人站在不同的位置或角度来看问题，而形成的认知偏差。例如在一个公司里，老板和员工对于同一问题往往持完全不同的看法。老板可能会抱怨员工态度不端正，工作效率低下。而员工则会觉得老板支付的工资太低，对员工要求过高。这种矛盾的根源在于两者立足的位置不同。老板作为企业的经营者和资方，会站在企业整体利益和成本控制的角度来考虑问题。员工作为企业的劳动者，会站在自身权益的角度来维护工资和工作条件。如果双方都能换位思考，跳出位置的局限，站在对方的角度设身处地地思考，就能够理解彼此的想法，甚至产生共情，激发出创新想法。

（5）打破文化定式

文化偏见指个人由于自身文化背景和经验的不同，在解释同一事件或理解同一文化时产生的偏差。要消除文化偏见，需要以宽容和包容的心态，兼收并蓄，去理解不同文化，设身处地站在对方文化角度去思考问题。同时，还需要深入了解一个文化的历史积淀和价值体系，而不是仅凭主观臆断进行肤浅的判断。兼收并蓄，开放包容的文化环境，更有利于产生创新的思想。

（6）打破固化定式

固化定式就是我们常说的"教条主义"和"本本主义"，指的是人们对某一类人或事物形成的固定看法或刻板认知的思维定式，这种看法往往是概括性的和死板的，没有考虑这一类人或事物的动态发展。由于时间、精力或权威性有限，我们形成简化的"教条"和"本本"来实施更加省时省力，"千篇一律"，放之四海而皆准。这种简化的看法经过重复使用就成了刻板印象。刻板认知看似简单省力，但在判断人或事时也可能导致错误。固化定式是根据有限的交往经验对整个群体形成的固定看法，它存在过度简化和概括的问题，可能导致对人或事的错误判断。历史上发生的事件反复说明了这一点，必须要实事求是，坚持科学发展观，防止固化定式造成对创新的阻碍。

（7）打破内卷定式

内卷的心理定式是指人们在长期的向内竞争的环境中形成的一种固定思维模式和行为习惯，这种模式使得人们习惯于在有限的资源下进行无意义的竞争，导致社会效率和创新水平下降。人们在看到他人努力时，会感到压力和焦虑，从而被迫加入竞争，倾向于符合公众舆论或多数人的行为方式，形成了一种无意识的群体行为。比如，所有企业都在申请专利，于是自己也加入其中，为了专利而专利，不考虑专利的市场价值和国际领先程度，结果申请了大一堆垃圾专利，无市场价值、不续费，就只为拿一个专利证书。

（8）打破封闭定式

封闭性思维是一种将已有的知识、经验变成僵化的框框，并将此作为执行标准的思维方法。这种思维习惯的人，遇事便用自己头脑中的框框套一套，如果不符，不是去想想自己的框框是否合理，而是抱怨事实。这种思维的自我僵化，当然不会有创新，所以它是一个创新的陷阱。历史上，封建主义思想和闭关锁国的政策，严重危害了国家的发展；党和国家领导人在国际形势缓和后就通过改革开放，敞开国门大力发展社会主义市场经济，才创造了当代的建设成就。

（9）打破守旧定式

守旧定式，本质上与经验、精力、权威、教条、文化、封闭等方面都有关联，是一种传统的、保守的思想，这种思想与创新是对立的。无数科学家们就是通过挑战传统观念和思维方式，寻求新的认知和理论。然而，这种"破旧"可能会面临批评和质疑。例如，当"日心说"刚被提出来时，受到了许多人的质疑和反对，甚至有人付出了生命的代价，最终该理论被证明比"地心说"更进步。因此，破旧具有一定的风险性，因为它追求创新和突破传统思维的边界，传统势力、现有权威都会竭力维护自己的存在，对创新成果抱有抵抗的心理。

总之，在思考有待创新的问题时，要有意识地抛开头脑中以往类似思考问题所形成的思维程序和模式，防止陷入钻牛角尖或误入歧途的境地，要警惕和排除它对寻求新的设想所可能产生的束缚作用，同时也要把握分寸、守正创新。

1.1.2 发散性思维

创新思维的首要思维是发散性思维，通常作为打破思维定式，从而产生出较多创新想法的重要思考方式。发散思维是由美国心理学家吉尔福特（Guilford）提出的"发散性加工"概念演变而来的。发散性思维，又称扩散性思维、辐射性思维、多向思维、求异思维，是指对某一问题或事物的思考过程中，从仅有的信息中尽可能向多方向扩展，而不受已经确定的方式、方法、途径、角度、规则和范围等的约束，其主要理念是对同一问题从不同层次、不同角度、不同方向进行观察和思考，从而获得一系列新点子、新思路、新发现等，最后经归纳整理后得出有价值、可操作性强的新创见。它通过对事物进行多通道、多视角、时空变换等的观察和思考，提出解决问题的新方案、新方法，得出与众不同的新结论、新知识。

发散思维具有以下三个特点：一是流变性，思考时不受拘束，自由驰骋，在尽可能短的时间内产生尽可能变化多端的新思路；二是多点性，由于脱离框架思维、定式思维，可以从一个点子到多个新点子，从多个点子，沿着多维度、多方向展开，形成更多的新点子，具有离域、跨界、甚至非逻辑性的特征；三是活泛性，既然发散，就要突破原有概念、定义，甚至异想天开，光怪陆离，而又万变不离其宗。

坚持思维的独特性是提高多向思维质量的前提，如果只是重复自己脑子里传统的或定型的东西是不会发散出独特性思维的。只有在思考时尽可能多地为自己提出一些"假如……""假设……"等，才能从新的角度想自己或他人从未想到过的东西。

与发散性思维相对应的是聚合思维。如图1-1所示，左边是多向发散性思维，右边是聚合思维。聚合思维是一种有序的、线性的思考方式，它能够将各种不同的想法组合成一个完整的解决方案。聚合思维注重问题的解决方法和实施步骤。而发散思维是一种自由的、非线性的思考方式，需要尝试各种不同的思考方式，例如产生新的想法、尝试新的角度、模拟不同的情景等，以便产生更多的创意。它强调从细节出发，将一个问题分解成若干个小问题，并寻找每个小问题的解决方案。二者配合使用，会产生较好效果。

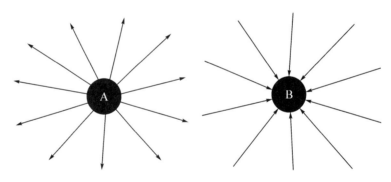

图1-1　多向发散性思维与聚合思维

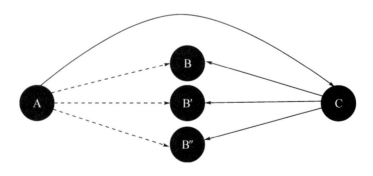

图1-2　逆向发散性思维与正向思维

图1-1是正向发散性思维，与图1-2的A→B，A→B′，A→B″一样，属于多向发散。而图1-2中的A→B受挫后，转而向终极目标C，由A→C，再由C→B，C→

B′，C→B″，则属于逆向发散思维。逆向思维是指在思考问题的过程中，"反其道而思之"，由于解决问题的手段受阻，让思维向对立面的方向发展，从问题的相反面深入地进行探索，从而树立新思想、创造新成果。逆向思维是一种对事物采取与常规思维相反的思考方式，对已成定论的观点进行反方向的思考，以发现新的视角和方案。当正向思维遇到障碍时，我们不应被习惯的模式束缚，而要敢于逆向思考，可能会有意想不到的发现。常见的逆向思维有模仿、比照、目标管理、逆向创新以及 TRIZ 的最终理想解。

司马光砸缸的故事就是逆向思维的代表。司马光和小朋友一起游玩，一个小朋友不小心落水，被困在一个大缸里，无法脱困。根据常规思路，应该想办法将人救离水面。但是司马光运用逆向思维，做法与众不同。他果断抄起石头猛砸大缸，直接将缸击碎。结果水迅速流出，朋友得救。司马光的砸缸思路与常规思维"救人离水"正相反，这反映了逆向思维的特点。面对险情，他跳出已成定式，采用反方向思考，通过"让水离人"来解决问题，最终救人成功。这说明在遇到思维僵化时，我们也可以试试逆向思维，从反方向发想，获得新的视角。通过这个案例，我们可以看到逆向思维在突破困境中的独特价值。

任何事物都包括对立的两个方面，这两个方面相互依存于一个统一体中。人们在认识事物的过程中，实际上是同时与其正反两个方面打交道，只不过日常生活中人们往往养成一种习惯性思维方式，即只看其中的一方面，而忽视另一方面。如果逆转一下平常的思路，从反面想问题，便能得出一些创新性的设想。与正向思维的思考方向相反。虽然看起来似乎与正向思维对立，但也可以互补统一。比如对同一事物在不同阶段，采用正、反两种思维分别处理对待，相得益彰，各得其所。反向，不一定是方向上的相反，亦可以是位置上、结构上、状态上或性质上的对立、颠倒、转换等，如电磁转换、固液转化等。

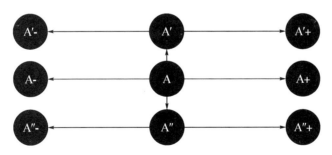

图 1-3　侧向发散性思维与纵向思维

图 1-3 是侧向发散性思维，无论是从 A→A′，A→A″，还是从 A→A+，A→A-；A′→A′+，A→A′-；A″→A″+，A″→A″-，都是从侧向进行的发散。侧向思维亦称"横向思维"或"旁通思维"，是指不按最初设想或常规直接解决问题，而将问题转换成为它的侧面的其他问题，或将解决问题的手段转为侧面的其他手段。当我们用

惯常的思路无法解决问题时，可以尝试采用侧向思维，从不同的角度进行非线性的思考，以产生创新性的突破。打破思维定式，多方位思考，能让我们发现更多遗漏的机会。常见的侧向思维有思维导图和 TRIZ 的九屏幕法。

值得一提的是，创新思维的发生及运行机制不仅仅涉及思维主体与客体、逻辑思维与非逻辑思维、潜意识与显意识的统一等方面，而且还与生理机制（脑生理和心理因素）、文化机制（知识和经验因素）、社会机制（社会政治环境和生活环境因素）有关，即多种因素相互作用、相互促进、协同运行。因此，发散思维的发生和运行需要考虑与其他方面互鉴，从多维度思考问题。

1.1.3　批判性思维

批判性思维不仅用来发现别人思考的不足和缺点，更应该用来反思自己思维的缺点和不足。批判性思维并非仅仅用来批判别人，恰恰相反，更需要对自己的思考进行质疑，相当于曾子所言"吾日三省吾身"（《论语·学而》），要经常进行自我反思和反省。从这个角度来说，批判性思维的主要目的在于建构和建设。保罗和艾德（Paul & Elder）指出，批判性思维是自我指导、自我规范、自我检测和自我更正的思考，批判性思维包含有效的交流和解决问题的能力，以及克服我们天然的自我中心主义和社会中心倾向的思维惯性。批判性思维的最大特点就是它的批判性，这种批判性突出地表现为质疑、反思甚至否定。罗伯特·恩尼斯（Robert Ennis）指出，批判性思维是理性的、反思性的思维，其目的在于决定我们的信念和行动。

思维领域通常称古希腊的苏格拉底（Socrates）为"批判性思维之父"，其主要原因就是他善于提出大量的真问题，苏格拉底的助产术包括讥讽、助产、归纳和下定义四个阶段，为批判性思维分析过程奠定了基础。摩尔与帕克（Moore & Parker））的《批评性思维：带你走出思维的误区》中提到，批判性思维是指审慎地运用推理去判定一个断言是否为真，不仅要判别断言的真伪，而且要对断言进行评估。批判性思维是对思想的质疑，对自己与他人的思想始终持有怀疑的态度并渴求证据，通过重新深度思考来检验事实。批判性思维绝非凡事说"不"，而是在具有良好判断的基础上使用恰当的标准进行分析思考，以更加客观、全面、公允地对外界的人和事做出判断。可以结合表 1-1 更好地理解。

表 1-1　惯常思维与批判性思维的区别

惯常思维	批判性思维
仅仅是思考	分析自己的思考是否理性
以自我为中心进行思考	仔细检查思考的自我中心根源
得到不值得信任的思考标准	揭露不合理的标准，并且用更好的标准取代

表1-1(续)

惯常思维	批判性思维
被困扰在直觉意义系统中	将自己的思考提升到正直和标准水平，使自己可以从那些不严谨的直觉中解脱出来
使用没有清晰结构的逻辑系统	寻求工具以阐明和评估自己使用的逻辑系统
生活在思维和情感的自由状态中	使用客观理性的思维明确自己是谁、明确自己人生的目标
被自己的思想控制	学会控制自己的思想

批判性思维的基本要素有很多种提法，本书采用最简单的三步结构，也就是提出分析、分析问题和解决问题，如图1-4所示。

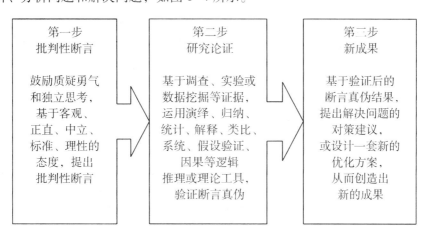

图1-4　运用批判性思维的三步结构

第一步，批判性断言。断言也称为提出问题，是表达论点的预言，比如提出雾霾天气是否会导致经济下行？我们需要学会判断、分析和评估断言的真伪。因此断言需要基于数据、事实、观察记录、假设、隐含前提、定义、概念等提出，断言要基于客观、正直、中立、标准、理性的态度，鼓励质疑和独立思考，提出批判性断言。

第二步，研究论证。具有严密逻辑推理的论证是批判性思维最为重要的因素，是对断言的真伪给出一个合理的理由，也是一种因果关系的陈述。论证要围绕着所提出的问题，运用论据，执行严密的逻辑推理。比如，运用什么理论工具模型、运用什么调查数据、运用什么统计软件等论证方法来进行理性的、客观的、中立的分析，从而验证前面提出的断言的真伪。论证的过程要运用到多种方法，比如逻辑推理、调查、实验、演绎归纳、统计、解释、类比、假设验证、因果、系统、分类等。

第三步，新成果。新的成果必须基于前面两步严密的逻辑推理得到，是论证之后的结论，从而提出理性标准的判断或决策，要么验证了自己提出的批判性断言，要么验证了此前别人提出的某一种断言的错误性，并在此基础上提出解决问题的对策建议，或者提出一套新的优化方案，从而创造出新的成果。

批判性思维的训练方法，可以从表 1-2 的定义和提问中得到提升，如表 1-2 所示。

表 1-2　批判性思维训练方法

思维特征	定义	经常问自己的问题
客观谦逊	了解自己不知道的知识，对自己知道什么和不知道什么有敏锐的判断力	我真正了解多少（关于自己和他人的情况，以及国家与世界正发生的事等）；偏见对自己的思考影响有多大；我被灌输了哪些错误信息；那些未加批判就接受的信念如何阻碍我对事情真相的探查
质疑勇气	敢于质疑自己信念的品质	我对自己的信念有多少分析、多少质疑（其中很多是儿时学到的）；当有明显证据证实我的信念是错误的时，我在多大程度上愿意放弃这一信念；在多大程度上我愿意与大多数人作对（即使人们会嘲笑自己）
换位思考	要能够包容与自己不同的观点，尤其是持强烈反对态度的观点	我在多大程度上能够准确地理解自己反对的观点；我对对手观点的总结是否能够使对方满意；我是否能看到他人观点的独到见解和自己的偏见；当他人的思考与我不同时，我是否能够理解他人的感受
标准正直	对自己和他人使用同样的要求和标准（拒绝双重标准）	我所做的与我是如何想的是否相一致；我在多大程度上对自己的要求和对他人的要求相一致；我的生活中有多少时候出现不一致或发生冲突；我为找出并减少自欺行为做出了多少努力
坚毅	克服困难和挫折，解决复杂问题的思维品质	我是希望独立解决复杂问题，还是遇到困难就想放弃；我是否能够在思考并解决难题的过程中表现出耐心和决心；在处理复杂问题时我是否有策略；我是否期待比较复杂的学习任务，或我是否认识到挑战性思维任务的重要性
严密的逻辑推理	建立在一种信念的基础上，这一信念认为给予人们自由推理机会能更好地满足人们的高层次需求	当有证据证实一个更合理的结果时，我是否会改变自己的立场；当我说服别人时，是坚持合理的推理，还是为了支持自己的立场而歪曲事实；我认为赢得一场争论重要，还是从更合理的角度认清事实重要；我是鼓励别人独立得出结论，还是把自己的观点强加给别人
理性自主独立思考	坚持理性的标准，独立思考	我在多大程度上能够遵从别人，不加批判地接受政府、媒体、同伴的意见；我是独立思考问题，还是仅仅接受他人的观点；当我们通过自己的思考得到合理的观点时，我是否坚持己见而不顾他人合理的批判

在批判性思维的过程中，考量问题最重要取决于两点，并且缺一不可：一方面是看论证是否符合逻辑？是否经受得住质疑？得出结论所依据的方法是不是可靠？另一方面是看论据是否可靠？来源是否经受得住质疑？这里的论据又包括两个方面：一是你是根据什么理论来解决这个问题的？二是你的观点是否建立在客观的事实之上吗？

批判性思维运用的要求，第一是要注意细节，即能够注意到对全局有所启示的小细节；第二是要注意证据，识别趋势和模式，即需要细心地做好证据记录、数据分析，辨别重复和相似之处；第三是保持逻辑推理的严密，可以循环重复，即多次回到原点，检查是否有遗漏；第四是防止多元视角的干扰，即从不同角度去看同样的信息常常会导致视角的疏漏，因此要运用权威的理论工具模型；第五是客观中立正直的标准，即把自己的好恶和兴趣抛开，只想着得到最准确的结果或更深入地理解内容本身。

1.1.4 辩证思维

辩证法是关于自然、社会和思维发展的一般规律的科学，它强调对立统一、普遍联系和变化发展的哲学学说。在马克思主义理论体系中，辩证法被赋予了新的内涵和特征，它不仅是认识世界和改造世界的根本方法，也是其基石之一。辩证法强调事物会不断变化和发展，要求无产阶级在实践中不断总结经验、创新理论。通过辩证法的运用，马克思主义能够不断适应时代发展的需要，推动理论创新和实践创新。

辩证思维是指以辩证法为指导，进行思考和判断的思维方式。它强调多元看待问题，关注问题的内在矛盾和发展趋势，避免二元对立的思维局限。辩证思维具有全面性、发展性和批判性等特点。全面性要求从各个方面全面地考虑问题，避免片面和偏颇的观点；发展性关注事物的发展变化，重视事物内在的矛盾和趋势，以及事物的历史过程，不轻易接受表面的现象和表述，要通过深入思考和批判性分析来得出结论。

辩证思维是一种综合、全面、挖掘事物内部矛盾和发展规律的思维方式，主要包括以下几种思维方式，这些思维方式在促进创新方面发挥着重要作用：

● 统一性思维：强调事物的统一性，即事物内部的各种因素和矛盾是相互联系和相互依存的。它不把事物看作是孤立的、单一的个体，而是关注事物的多元性和整体性。

● 矛盾思维：认为事物的发展过程中存在内部的矛盾和冲突，这种矛盾是事物发展的动力和源泉。它强调通过对矛盾的分析和解决来推动事物的发展。

● 发展思维：关注事物的发展过程和趋势，注重察觉和把握事物变化的规律。它认为事物是不断发展和变化的，要努力把握事物的未来发展方向。

● 双赢思维：倡导追求各方面的利益共享，寻求相互合作和相互依存的关系，追求多方共赢的结果。它强调协同合作和共同发展。

辩证思维对创新的促进作用，包括以下几个方面。

第一，提供多元视角，多向思维全面分析问题。辩证思维促使人们从多个角度、多个方向全面分析思考问题，关注相互联系和相互作用的要素，从而拓宽思维边界，为创新方案提供更多可能性。

第二，能为处理矛盾和冲突，寻求动态平衡提供创新思维工具。在创新过程中，面对各种问题和挑战，辩证思维能够引导人们深入分析问题的本质和根源，提出有效的解决方案。

第三，激发创造力和想象力。辩证思维要求人们超越二元思维，看到世界的复杂性和多样性。这种思维方式能够激发人们的创造力和想象力，推动人们在创新过程中不断尝试新的思路和方法。

第四，促进守正创新，防范偏见。守正，不等于守旧；传统，不等于保守。守正，是创新之本；守正创新，是坚守正确的创新；守正要求不要偏见，不能左倾，也不能右倾。新质生产力就是我们要守的正。

总之，辩证思维通过提供多元视角、增强问题解决能力、在创新过程中发挥着重要作用。它能够帮助人们更好地理解和把握复杂的现象，推动事物的全面发展，并在各个领域不断创造新的价值。

1.1.5 战略思维

战略的英文是 strategy，含义是将军指挥军队的科学和艺术。在中国，战略起源于兵法，指将帅的智谋；战，指战争、战斗；略，指谋略、韬略、策略、攻略。现在，战略一词的应用已很广泛，尤其是在创新领域，战略选择已经成为决定创新成败的关键与核心。

德鲁克（Drucker）认为，管理工作中最重要的是，做正确的事情（do right things），而不是正确地做事（do things right）。其中，做正确的事，就是战略；正确地做事，是策略或战略执行。明茨伯格（mintzberg）的"战略 5p"中提出战略是计划（plan）、计策（ploy）、模式（pattern）、定位（position）和观念（perspective）。

战略往往是指那些短期内不一定能获利，但远期可能实现巨大价值的希望。它就像一场远期的博弈，参与者们争相布局、投入资源，目的是提前卡位，生怕错过未来的发展机遇。以第六代移动通信（6G）为例，它能让网络信号覆盖任何偏远角落，实现万物超快互联。这种技术为信息与各行业的融合提供了巨大的想象空间。因此，在5G技术尚未大规模商用之时，全球各国就已迫不及待地布局6G技术，甚至为标准制定权展开激烈争夺。高校科技创新具有前瞻性的特质，决定了它无法迅速生产变现。但正是这种看似遥远的价值追求，却为抢占未来提供了有力支撑。"要抢占未来，则必未雨绸缪。"这正是对战略思维最好的诠释。

（1）创新之天时：顺应新时代发展趋势

创新创业需要把握"天时"，也就是符合外部环境的需求，符合"时代的呼唤"，顺应"大势所趋"。外部环境包括国际国内的政治环境、经济环境、社会环境和技术环境等。当前，我国所处的国际环境日益复杂多变，主要表现为以下两个方面：第一，国际竞争加剧。随着全球化和科技进步的加速，国际竞争愈发激烈，特别是在高科技领域。第二，美国等西方大国通过贸易保护、经济制裁和科技封锁等手段，试图遏制中国的崛起，特别是在通信、半导体等关键领域。近年来，美国对中国的科技封锁和制裁不断升级，从限制技术出口到制裁中国科技企业，甚至影响到了中国学者和科研人员的国际交流。这种外部压力迫使中国加快自主创新步伐，提升关键核心技术的自主可控能力。

面对复杂的国际环境，我国迫切需要实现关键核心技术的自主可控，打破外部技术封锁和制裁的束缚。首先，提升基础研究和应用基础研究能力。基础研究是科技创新的源泉，我国需要加大对基础研究的投入，鼓励开展高风险、高价值的基础研究，提升原始创新能力。其次，构建开放创新生态。营造具有全球竞争力的开放创新生态，汇聚全球优质创新资源，加强与国际先进科技力量的合作与交流，形成有活力的科技创新激励氛围。最后，推动产业升级和转型。通过技术创新推动产业升级和转型，特别是在高端制造、新能源、新材料、生物医药等领域，培育新的经济增长点。

创新是推动产业升级和转型的重要动力。通过引进消化吸收再创新，我国可以加快传统产业改造升级，培育壮大新兴产业。技术创新有助于解决环境污染、医疗健康、食品安全等社会问题，提升人民生活水平和社会福祉。技术创新是经济高质量发展的关键支撑。通过提高生产效率、降低生产成本、提升产品质量等方式，技术创新可以推动经济持续健康发展。

以下领域是目前技术创新的"天时"，是新时代的战略发展需要，是大学生创新创业需要获得技术创新突破的首要阵地：

①人工智能、大数据、云计算、集成电路等领域：集成电路和半导体是信息技术和人工智能的核心基础，支撑着大数据云计算的算力发展，大学生们需要在人工智能领域持续创新，突破芯片、区块链等关键核心技术，获得全球竞争中的领先优势。

②通信技术领域：5G、6G、星链等新一代通信技术是未来信息社会发展的关键基础设施。我国的大学需要继续加强在通信技术领域的研发和应用，引领全球通信技术的发展。

③生物与新医药领域：基因编辑、细胞治疗、新药研发等生物与新医药领域的技术创新对于提升医疗健康水平具有重要意义。尤其是在人口老龄化、大健康问题突出的新时代，特别需要大学生在该领域的技术创新，推动全民大健康产业的快速发展。

④航空航天技术领域：航空航天技术是国家战略的重要组成部分。我国需要继续加强在飞机制造、火箭技术、空间探测、无人机、卫星遥感等领域的研发和应用，提升我国航空航天技术的国际竞争力，并推动应用市场的开拓。

⑤新材料技术领域：新型材料、复合材料、纳米材料等新材料技术的发展对于推动产业升级和转型具有重要意义。我国高校和相关科研院所需要加大在新材料技

术领域的研发投入，推动新材料技术的广泛应用和产业化发展。

⑥新能源技术领域：太阳能、风能、海洋能等新能源技术的发展对于实现可持续发展目标具有重要意义，并直接推动电能源的应用发展，比如电动汽车等。我国需要继续加强在新能源技术领域的研发和应用，推动全球能源结构的优化和升级。

⑦新生代社会文化生活领域：随着大量的网络平台、社会化媒体和自媒体发展繁荣，直播电商、亚文化、共享经济、"懒人经济"逐渐崛起，"新新人类"的生活方式发生了巨大变革。这些变革还影响到了生产方式，比如在线办公、共享出行、远程管理等。

常见的战略环境分析工具有 PEST、五力模型、波士顿矩阵、GE 矩阵、SWOT分析工具等。这些工具有助于把握外部环境的战略需求，也要结合自身内部的资源与能力条件，因此，影响战略分析结果的，除了"天时"，还有"地利"因素。

总之，战略之天时，要求我们打开狭窄的商业逻辑，把自己的生存放入到社会全局利益中。

（2）创新之地利：挖掘潜在的资源与能力

除了对"天时"的把握之外，创新创业还需要分析"地利"因素，包括自身的资源、能力，这些"接地气"的客观因素将影响核心竞争优势和战略发展目标定位。现代管理之父德鲁克曾说，"所谓创新，就是赋予资源创造财富的新能力的行为"。因此，需要对内部和外部环境的深入评估，尤其是对资源分析、能力分析、核心竞争优势分析以及战略发展目标定位四个方面。

第一，资源分析。

资源分析主要关注自身已经拥有的和可获取的各种资源，包括有形资源（如土地、设备、资金等）和无形资源（如品牌、专利、技术知识、人员团队等）。通过资源分析，可以评估其资源的数量、质量、分布以及利用效率，从而识别出资源的优势和劣势。这有助于制定战略时，更好地利用和配置资源，以实现战略目标。比如，如果一所大学并没有新型材料的实验室，也没有与生产新材料、复合材料、纳米材料等新材料技术的合作企业，从资源的角度来看，其并不具备在新材料领域获得技术创新突破成果的条件。

在进行资源分析的时候，要提升思维层级，努力从内部资源转化为外部资源（如表 1-3 所示），从有形资源转化为无形资源（如表 1-4 所示），从传统资源转化为现代资源（如表 1-5 所示），打破认知束缚，拓展思维范围，从而对资源环境有更为全面的认知。

表 1-3　内部资源和外部资源分析

内部资源		外部资源
企业员工	→	智库专家、兼职、志愿者、关系、流动率
企业资产	→	租用、贴牌、加盟、外包

表1-3（续）

内部资源		外部资源
企业资金	→	税收、补贴、奖励、知识产权转让、信用、担保
企业信息	→	政策、行业、竞争对手、顾客、大数据
技术工艺	→	专利保护、著作权与知识产权保护、非遗保护
管理经验	→	行业标准、管理模式
企业文化	→	区域文化、历史、人物、故事
企业制度	→	法律、规划、市场规则、规定、契约

表1-4 有形资源和无形资源分析

有形资源		无形资源
员工	→	人才、智慧、关系、文化
客户	→	客户结构、满意度、美誉度、忠诚度、转介绍
产品	→	品牌、服务、设计、配方、专利、文化
厂房	→	产能、使用率、租赁
设备	→	年代、技术、专利、融资租赁
原料	→	供应链、原料专供、专属基地、溯源认证
土地	→	位置、规划、时空、土地使用权
资金	→	商标权、著作权、专利权、特许权

表1-5 传统资源和现代资源分析

传统资源		现代资源
土地、森林	→	区域、城市、位置、空气、温度、绿化、交通
厂房、设备	→	产能、资产、市场容量、顾客
店铺	→	渠道、线上线下融合、加盟
人力	→	人才、智慧、关系、团队、忠诚度、创新
财力、现金	→	现金流、股权、股票、债券、使用权、经营权、资产、应收账款、债务、盈利、补贴、奖励
技术	→	知识产权、品牌、秘方、工艺、软件
历史	→	区域文化、人物、故事
制度	→	法律、政策、体制、规划、规定
统计	→	信息、数据、平台

第二，能力分析。

通过能力分析，可以评估其在不同领域的实力和潜力，识别出能力的强项和弱项。这有助于制定战略时，明确自身在哪些领域具有竞争优势，以及在哪些领域需要提升或改进。比如，一个对基因编辑、细胞治疗、新药研发等生物与新医药领域毫无积累的大学，不可能在此领域产生出领先的技术创新成果；即使"天时"再好，如果受"地利"因素制约，也是不具备在此领域获得技术创新突破能力的。

能力分析的划分较为多样，本书基于麦克利兰的胜任力理论，按照素质冰山模型，把处于水面上露出来的冰山山体部分，容易被观察检测到的能力，划为认知能力；把处于水面之下隐藏着不容易被观察检测的能力，划为非认知能力。按照素质冰山模型，重要的能力是非认知能力。因此，在做能力分析的时候，我们需要将认知能力，努力拓展到非认知能力，如表 1-6 所示。

表 1-6　认知能力和非认知能力分析

认知能力		非认知能力
已有技术	→	创造力、技术创新的潜力
已有知识产权证书	→	有效保护专有市场利益的能力
已掌握的知识	→	创造新知的能力
所学专业	→	深度学习、跨专业整合的能力
高学历	→	学习力、自信心、上进心、自律
多证书	→	学习力、时间管理和规划能力
工作职务	→	领导力、沟通力和管理能力
家庭或社会角色	→	组织情感和社会责任心
已有业绩	→	多方案解决复杂问题、创造更大业绩的潜力
已有资源	→	运用资源并获取更多资源的能力

第三，核心竞争优势分析。

通过前述的资源分析和能力分析，可以识别出项目在市场中的独特地位和差异化优势，如独特的技术、品牌、渠道等。这有助于制定战略时，明确自身的市场定位和发展方向，以及如何保持和增强核心竞争优势。因此，核心竞争优势的来源，就是自身的资源优势和能力优势的交集。

识别一个项目是否具备核心竞争优势，一般有四个标准：优越性、稀缺性、不可替代性、难以模仿性。如果一个项目具备以上四个标准中的一两个，就是比较好的项目了；如果四个标准全具备，则是优质的创新项目。从战略发展的角度来讲，大学生创新创业项目应该从核心竞争优势领域里面作出战略选择、设置战略目标、明确战略定位，如图 1-5 所示。

第四，战略发展目标定位。

战略发展目标定位是根据资源分析、能力分析和核心竞争优势分析的结果，所确定的长远发展方向和目标。通过战略发展目标定位，可以明确其未来的市场定位、产品定位、竞争策略等,以确保战略的有效性和可行性。这有助于制定具体战略和行动计划时,保持清晰的目标和方向感。

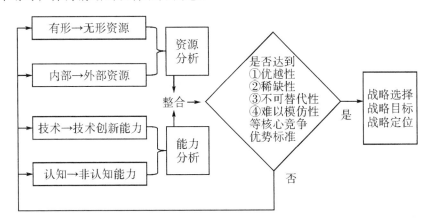

图 1-5 战略资源与能力分析过程

综上所述,资源分析、能力分析、核心竞争优势分析和战略发展目标定位是战略分析的重要组成部分。通过这四个方面的深入分析,创新创业者可以更加全面地了解自身的优势和劣势,明确未来的发展方向和目标,从而制定出更加有效和可行的战略。

(3) 新之人和:制定正能量的战略方案

"事在人为"告诉我们,再好的战略分析,也需要由人来设计和实施。不同的人做相同的事,就会产生不同的结果。尤其对创新来说,需要对人的素质、特质或者能力有较高的要求。因此,一套优化战略制定和战略实施的规范路径显得非常重要,要被不同的人广泛认可并行之有效。

制定战略的过程是一个系统而全面的任务,它涉及对内外部环境的深入分析、明确的目标设定、战略方案的选择与制定,以及为确保战略有效执行所做的详细规划。以下是容易被人学习和掌握的战略制定和实施过程的规范路径:

第一步,战略环境分析。战略环境分为外部环境和内部条件,就是前述的"天时"和"地利"。外部环境分析要求深入研究自身所处的宏观环境、行业趋势、市场动态以及竞争对手的策略,通过市场调研、竞争分析等手段,识别出市场机会和潜在威胁。内部条件分析是要评估企业的资源和能力状况、核心竞争优势以及存在的劣势,明确企业在市场中的独特地位和差异化定位。

第二步,设定战略愿景和使命。愿景是期望达到的未来状态,提供了长远的发展方向和目标。使命则是存在的根本目的,它回答了"我们为什么存在"的问题。通过战略愿景、使命的设定和传播,能够建立良好的组织氛围和文化,是"人和"的基本内容之一。树立以领先科技报效国家、服务社会、造福群众、实现全体人民共同富裕的远大理想,是新时代大学生应该具备的愿景。在某一特定领域创造出全球领先的创新成果是新时代大学生应该具备的社会责任、历史使命和价值担当,如

图1-6所示。

第三步，设定战略目标体系。战略目标要基于环境分析和企业愿景和使命来设计。战略目标要清晰、具体、可衡量，可分拆为分目标或子目标，可进行战略单元分开执行和考核。这些目标应具有挑战性、可行性和有效性，能够指导企业的战略行动。

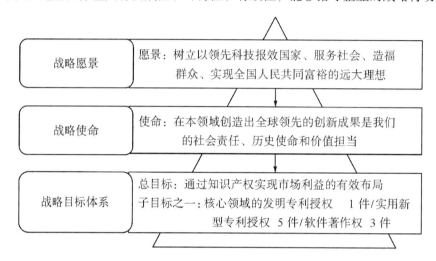

图1-6　正能量的创新战略愿景使命和目标体系

第四步，选择具体的战略方案。评估不同的战略选择方案，包括市场渗透、市场开发、产品开发、多元化、集聚、差异化、技术领先、国际化等战略。选择最适合长远发展的战略路径，综合考虑自身的资源状况、市场环境、竞争态势等因素。

第五步，战略计划。将选定的战略转化为具体详细的行动计划和任务，明确战略实施的时间表、资源需求、责任分配和预期成果。制定详细的战略计划有助于确保战略的有效执行和监控。

第六步，战略实施。严谨实施战略计划，并设计风险评估与应对预案。识别战略实施过程中可能面临的风险和挑战，包括市场风险、技术风险、竞争风险等。制定相应的风险应对措施和预案，以降低风险对企业战略实施的影响。

第七步，效果评估、绩效管理与监控机制。根据战略目标体系建立的绩效指标，用于评估战略目标的执行情况和成果。建立跟踪报告和定期回顾机制，确保战略目标的持续跟进和及时调整。

此外，还要获得组织内部的认可与支持，确保企业高层领导对战略的理解和支持，以便为战略实施提供必要的资源和支持。通过沟通和培训，让企业员工理解并接受企业战略，增强他们的执行力和凝聚力。

具体的业务战略有很多种，比如多元、集聚、差异化、协作、共享、共生、破立等，各种战略的共同特点都是要求先做好顶层设计，讲究"天时、地利与人和"。大学生创新创业，也需要把握新时代的战略环境，明确战略发展目标定位，优化战略制定和实施过程，从而做出最正确的创新成果。

1.1.6 价值创造思维

竞争战略之父迈克尔·波特认为 IE，竞争优势归根结底产生于企业所能为顾客创造的价值。任正非曾说，华为自始至终以实现顾客的价值观为经营管理的理念，围绕这个中心，为提升企业核心竞争力，不断进行技术创新与管理创新。

我们先抛出一个公式：

价值 = 对谁有价值 × 有多大的价值

价值，就是"对谁有用"以及"有多有用"。这就像一把钥匙，只对匹配的锁有价值；而一杯水，在沙漠中远超在河边对旅人的价值。

（1）价值创造

未来并非我们想象出来的，而是我们创造出来的。价值创造，是人类进步的基石之一。

①价值创造

价值创造是指通过创新和创造力，在产品、服务或商业模式等方面提供顾客所需的独特价值。价值创造的目的是满足顾客的需求和期望，使其认为所购买的产品或服务具有超过其付出的价值。

价值创造可以通过以下几个方面实现：

社会责任和可持续发展：通过关注环境、社会和可持续发展，提供符合道德和伦理标准的产品或服务，赢得顾客的认同和支持。

产品或服务创新：通过研发和设计创新的产品或服务，提供更好的功能、性能、质量或用户体验，满足顾客的需求和期望。

解决问题和痛点：针对顾客的问题和痛点，提供解决方案和服务，帮助顾客解决实际问题，提升其价值感。

成本效益：通过提高生产效率、优化供应链和降低成本，为顾客提供具有竞争力的价格和性价比。

个性化定制：根据顾客的个体需求和偏好，提供个性化定制的产品或服务，提升顾客的满意度和忠诚度。

价值创造是创新创业成功的关键要素之一，它不仅可以吸引和留住顾客，还可以增强自身的竞争力和扩大市场份额。企业通过不断创新和提供有价值的产品或服务，可以不断满足顾客的需求，并在市场中获得持续的竞争优势。

②价值创造思维

价值创造思维是一种以顾客为中心的思维方式，旨在认识、引导和创造顾客需求，从而创造顾客价值、功能价值、情绪价值和资产价值。

在创新创业项目决策时，价值创造思维起到了重要的作用。创新者需要思考如何通过创造顾客价值来提升新产品的竞争力和盈利能力。他们需要明确企业的核心竞争优势，找到满足顾客需求的独特方式，并将其转化为新产品的竞争策略和运营模式。通过价值创造思维，管理者能够更好地理解市场和顾客，从而做出更明智的决策，推动企业的可持续创新发展。

（2）创造顾客价值

彼得·德鲁克将公司的首要任务定位为创造顾客，这意味着公司必须深入了解顾客的需求，通过创新和创业的方式来满足这些需求，并将其转化为顾客价值。顾客价值创造和传播是创新创业的核心思维和内容。价值创造思维强调以顾客为中心，将顾客的需求和价值放在首位。在实际创业过程中，我们需要不断关注顾客的需求变化，通过创新的方式来满足这些需求，并不断提升顾客的体验和价值。这种思维方式要求我们具备敏锐的市场洞察力和创新能力，能够预见和抓住市场机会，为顾客提供真正有价值的产品和服务。

①创造顾客价值

顾客需求是价值的起点。顾客需求创造的前提是识别顾客，可以通过 5W2H 分析法来进行识别；其中 5W 分别指：Why、What、Who、When、Where，2H 则表示 How 和 How much，基于这些角度进行提问和分析，能够更高效和全面地对顾客进行识别，并清晰每个角色的需求是不同的。

顾客需求可以被创造。为了创造顾客需求，首先需要确认顾客的需求。这可以通过设身处地、从顾客的角度出发，找到顾客的痛点、难点，分析顾客的想法和感受，从听到什么、看到什么、说什么、做什么等多个角度来实现。接着，需要分析顾客的痛苦和可能的解决方法，并进一步分析顾客的愿望和需求。考虑实现的策略和障碍，并想办法提出解决方案，以满足顾客的要求并创造新的需求。

②传播与传递顾客价值

在当今的社会背景下，价值传播的对象已经不仅仅局限于用户和合作伙伴，还要对企业所有相关利益者进行传播，比如行业内、媒体、管理部门/公共部门、意见领袖以及员工。通过多方面的价值传播，才能让价值最大化。传播是指社会信息的传递或社会信息系统的运行，是人与人之间、人与社会之间，通过有意义的符号进行信息传递、信息接收或信息反馈活动的总称。传播媒体主要分为大众传播、人员传播和新媒体。

顾客价值传递一般通过渠道和服务实现的。生产一种产品或服务并把它提供给购买者，不仅需要同消费者建立联系，而且要同供应链中关键的供应商和经销商等建立良好的关系。这个供应链由上下游的合作企业构成。制造商和服务供应商的上游是提供原材料、零部件、信息及融资服务和专业咨询的一系列公司。传统的营销人员更加集中精力在供应链的下游——营销或分销渠道，组成面向顾客的营销渠道和分销渠道。通常来说，很少有制造商直接将其产品卖给终端用户，相反绝大多数制造商依靠中间商把它们的产品带入市场，比如营销渠道（marketing channel）或分销渠道（distribution channel）。在顾客价值传递过程中，可以根据传递主体的不同来进行分类，例如实物流、所有权流、付款流、信息流、促销流等，不同的主体在价值传递时会涉及不同的经销商或相关机构，因此提升顾客传递价值要针对特定的价值传递主体进行有效调整。

（3）价值主张

价值主张（value proposition）是对顾客真实需求的深入描述，也是对顾客价值的具体描述，或者顾客价值的关键指标；通过罗列全部优点、宣传有利差、突出共鸣点是供应商制定价值主张通常所用的三种方法。

①价值主张的关键指标

对于顾客价值主张，在实际操作中体现在顾客选择产品或服务时的关键指标。如顾客关注的质量、性能、利益、便捷、售后服务、价格、创新、定制化、品牌、解决问题等。不同的人群基于自身的需求和情况，价值主张选择会有不同。

一般情况下，我们通过价值主张画布来帮助企业确定顾客的价值主张。价值主张画布出自亚历山大·奥斯特瓦德（Alexander Osterwalder）的《价值主张设计》一书，是用于可视化、设计和测试产品和服务如何为用户创造价值的一种工具。价值主张其实可以理解成企业对消费者所作出的一种声明，它描述了企业如何通过其产品和服务，满足消费者的需求、为消费者创造价值。

价值主张画布由两大部分组成，分别是：顾客细分/顾客群像、价值主张/价值地图。在顾客细分/顾客群像中，要描述顾客试图完成的任务、痛点和利益点，来帮助我们理解目标用户。在价值主张/价值地图这一部分中，要描述企业所提供的产品和服务，如何能为顾客创造价值。

②价值主张的简要要素

价值主张简要要素包括新颖、性能、定制化、把事情做好、设计、品牌/身份地位、价格、成本削减、风险抑制、可达性、便利性/可用性等，每一个要素对应不同顾客群体的价值主张，企业要针对顾客现状和场景进行价值创造。利用价值主张进行价值创造时，具备价值主张的要素思维有利于企业从特定的角度系统地设计顾客价值。

（4）提升顾客感知价值

前述的创造顾客价值和产品的价值主张都非常重要，但对创新者来说，还存在一个难题，就是如何让顾客较好地感知到价值。

①顾客感知价值

泽瑟摩尔（Zaithaml）在1988年首先从顾客角度提出了顾客感知价值理论。她将顾客感知价值定义为：顾客所能感知到的利得与其在获取产品或服务中所付出的成本进行权衡后对产品或服务的整体评价。也就是说，顾客感知价值是指潜在顾客对产品及其已知的替代品的所有利益（total customer value）与所有成本（total customer cost）评价之间的差额。顾客所感知到的所得利益，一般包括产品价值、服务价值、人员价值和形象价值等；成本一般包括货币成本、时间成本、体力成本和精神成本等。

②提升顾客感知价值

以下是提升顾客感知价值的方法：

第一，明确产品的价值主张。提出明确的价值主张，让每个消费者都能了解产品的价值，充分体验企业的服务，才能提高顾客的感知价值。精准定位品牌，满足顾客的心理需求和情感需求。例如，万宝路从卖不动的女性香烟转变为驰名全球的男性香烟，除了大量增加广告费用外，香烟产品本身的成本并没有大幅增加，这也让消费者感到物有所值。

第二，充分了解顾客需求，确定企业的服务定位。顾客需求可以分为显性需求、隐性需求和模糊需求。模糊需求往往是顾客无法表达出来的，但却是内心的一种潜在需求。在企业服务中，顾客对功能价值的需求较为明显，而对情感价值和社会价值的需求则相对模糊。因此，针对顾客的需求，提出适合企业自身的服务策略，实行情感营销，满足顾客的情感需求，才能最终实现提升顾客对服务的感知价值。

第三，坚持以顾客为导向的理念。顾客导向即企业所有生产与经营活动以发现和满足顾客需求、提高顾客感知价值为出发点。坚持以顾客为导向的理念可以提高顾客满意度，进而培养顾客忠诚度，建立一种长期的顾客-企业互利交换关系，实现企业绩效的持续改善，促进企业不断发展。

第四，将无形产品有形化。服务是无形性的，可能会形成感知风险，进而导致顾客感知价值的降低。为了减少感知风险的形成，企业可以采用将无形产品有形化的方式。为了将无形产品有形化，服务公司首先应明确他们希望顾客感受到怎样的服务，然后提供相应的实体证明。

1.1.7　商业思维

没有市场的创新，就是资源浪费。专利制度的本身就是要保护创新者的专有市场利益，中国已经是世界上专利申请第一大国，但此前较多专利申请是缺乏市场前景的技术改良，被称为"垃圾专利"，这违反了知识产权制度保护原创的初衷。因此，创新者必须首先具备商业思维，尤其是大学生从事发明创造，首先要分析商业的转化前景，确保创新创业高质量持续发展。

（1）市场需求导向

商业思维最简单的一条，就是在技术和市场之间，选择市场分析先行，坚持顾客需求导向，而不仅仅是单纯的技术思维。

第一，充分的市场调查与预测。

市场先行就是要求在技术项目论证时，先进行充分的市场调查与预测分析，能够显著提高创新项目的成功率和市场竞争力。通过市场调研，了解顾客的需求、偏好、购买习惯等信息，为企业的产品开发、市场定位提供依据。了解市场需求后，项目团队可以更加精准地定位产品特性、功能设计以及营销策略，确保产品或服务在上市时能够迅速吸引目标顾客，占据有利的市场份额。同时，基于市场反馈进行迭代优化，能够更快地适应市场变化，保持竞争优势。

第二，发现和评价市场机会。

在市场调研的基础上，识别出未被满足或未被充分满足的顾客需求，作为企业的市场机会。具体方法可以通过细分市场、选择目标市场和目标市场定位来得到。市场细分是根据顾客需求的差异性，将市场划分为不同的细分市场，每个细分市场内的顾客具有相似的需求和购买行为。目标市场选择，是指结合企业的资源和能力，选择具有吸引力且与企业发展目标相契合的目标市场，开展针对性的营销活动。目标市场定位，是指企业在目标市场中树立独特的品牌形象和产品形象，以满足目标消费者的需求和期望。

第三，开发能满足顾客需求的产品。

市场分析先行意味着在创新项目启动之初，就深入调研市场需求、顾客痛点及行业趋势。这有助于确保新产品的开发方向是基于真实存在的顾客需求，而非仅仅是技术或理念的自我实现。通过市场分析，可以明确目标顾客群体及其具体需求以及竞争对手的空白点，从而避免"闭门造车""盲目开发"，减少资源浪费在不被市场接受的产品或服务上。

（2）创新成果的保护与商业转化

技术创新成果需要专有市场利益相匹配，这需要先进行知识产权布局，在获得国家法律保护后，还需要积极跟进商业转化。

第一，技术创新成果需要知识产权布局。

技术创新成果是创新创业者投入大量时间、精力和资金研发的结果，具有独创性和商业价值。通过申请专利、注册商标、登记著作权等知识产权保护措施，可以明确技术成果的权属关系，防止他人未经授权擅自使用或模仿，维护创新者的合法权益。知识产权布局可以为企业或个人在市场上建立技术壁垒，形成技术垄断优势。一旦某项技术或产品获得了专利保护，其他竞争者便难以通过相同或类似的技术手段进入市场，从而保证了创新者在一定时期内的市场独占地位，有利于其进行市场推广和品牌建设。比如，某大学生技术创新团队研发出一种新型药物，并用此成果参加了专业竞赛获得了大奖。然而在获奖之后，这个团队很快被一家企业投诉，说这种药物侵犯了该企业的专利权。该团队才发现市场上已存在类似药物，且对方已获得相关专利授权。这引发了知识产权纠纷，导致该药物的商业化进程受阻。此案例表明，大学在技术创新过程中需要更加重视知识产权的管理和提前布局，以避免项目失败。

第二，技术创新成果需要商业转化布局。

大学的技术创新成果往往具有较高的学术价值，但距离市场化和商业化应用还有一定距离。这些成果大多是实验室成果，偏前沿、偏基础、偏理论，难以直接形成成套技术、成型装备、成熟产品、成熟工艺路线等，难以满足市场的实际需求。

因此，在商业化过程中需要进行大量的后续研发、测试、验证等工作，提高了转化的难度和成本。大学的科学研究往往更注重学术探索和理论研究，对商业化应用的关注不够。这导致很多技术创新成果虽然在技术上有创新，但在实际应用和市场需求方面缺乏针对性。比如，某大学研发出一种新型材料，该材料在实验室环境下表现出优异的性能，但在实际生产应用中，由于成本高昂、生产工艺复杂等原因，难以满足市场需求。尽管该材料在技术上具有创新性，但市场成熟度不足，企业对其商业化的兴趣不大，导致转化困难。

1.2 创新思维训练方法

培养创新思维的方法较多，下面介绍几种比较适用于大学生的方法：头脑风暴训练法、思维导图训练法、金字塔思维训练法、设计思维训练法、六顶思考帽训练法。

1.2.1 头脑风暴训练法

萧伯纳（Bernard Shaw）说："倘若你有一个苹果，我也有一个苹果，而我们彼此交换这些苹果，那么，你和我仍然都只有一个苹果。但是，倘若你有一种思想，我也有一种思想，而我们彼此交流这种思想，那么，我们每个人将各有两种思想。"创造性思想在形成创业想法的过程中也是很有价值的，如头脑风暴法、自由联想法、灵感激励法等，可以通过这些方法来激发创造力，并且在创业的其他方面也是如此。

头脑风暴法（brain storming），由创造学之父、美国人奥斯本（Osborn）首创，该方法主要由价值工程工作小组人员在正常融洽和不受任何限制的气氛中以会议形式进行讨论、座谈，打破常规，积极思考，畅所欲言，集思广益，信息互补，思维共振，敞开思想，使各种设想在相互碰撞中激起思维的创造性风暴，与会者在没有约束的情况下自由地联想和想象，从而产生大量创造性的新观点和解决问题的新方法。头脑风暴法又称智力激励法、自由思考法，是一种通过充分激励参与者产生最佳思维而进行"交换思想"的方法。

头脑风暴最早是精神病理学上的用语，针对精神病患者的精神错乱状态而言的，现在转而为无限制的自由联想和讨论，其目的在于产生新观念或激发创新设想。头脑风暴是产生新观点的一个过程，是使用一系列激励和引发新观点的特定的规则和技巧，这些新观点是在普通情况下无法产生的。

头脑风暴何以能激发创新思维？根据 A. F. 奥斯本及其他研究者的看法，主要有以下几点：

①联想反应。联想是产生新观念的基本过程。在集体讨论问题的过程中，每当

有人提出一个新的观念，都能引发他人的联想，相继产生一连串的新观念，产生连锁反应，形成新观念堆，为创造性地解决问题提供了更多的可能性。

②热情感染。在不受任何限制的情况下，集体讨论问题能激发人的热情。人人自由发言、相互影响、相互感染，能形成热潮，突破固有观念的束缚，最大限度地发挥创造性的思维能力。

③竞争意识。在有竞争意识情况下，人人争先恐后，竞相发言，不断地开动思维机器，力求有独到见解、新奇观念。心理学的相关原理告诉我们，人类有争强好胜心理，在有竞争意识的情况下，人的心理活动效率可提高50%或更多。

④个人欲望。在集体讨论解决问题过程中，个人的欲望自由，不受任何干扰和控制，是非常重要的。头脑风暴法有一条原则，不得批评仓促的发言，甚至不许有任何怀疑的表情、动作、神色。这就能使每个人畅所欲言，提出大量的新观念。

在群体决策中，由于群体成员心理相互作用影响，易屈于权威或大多数人意见，形成所谓的"群体思维"。群体思维削弱了群体的批判精神和创造力，损害了决策的质量。为了保证群体决策的创造性，提高决策质量，在管理学上发展了一系列改善群体决策的方法，头脑风暴法是一个较为典型的方法。

（1）一般头脑风暴法

创业者可以单独，也可以集中在一起，通过头脑风暴法来创造性解决问题和产生尽可能多的创意。它经常从一个问题或一个难题的陈述开始。每一个想法又会引发一个或者更多的想法，最后，产生大量的想法。当使用这个方法时，需要遵守四个原则：

第一，不要批评和评估其他人的想法；

第二，鼓励随心所欲地想，欢迎那些看似疯狂的想法；

第三，合适的人数，大量的想法；

第四，在其他人的想法基础之上改善和提高。

此外，对于所有的想法，无论从表面上看多么不合逻辑和疯狂，都需要记录下来，好的想法可能来源于异想天开。

迈克尔·戈登（Michael Gordon）认为头脑风暴法的步骤如下：

●定义你的目的；

●选择参与者；

●选择协调人；

●进行自发而广泛的集体讨论；

●没有批评和否定意见；

●将意见完整地记录下来；

●拓展思维，将想象力发挥到极致；

●避免对某一思路花过多的时间；

●识别最有希望的思路；

●提炼各种思路并排列其优先顺序。

头脑风暴也不是随意乱想，必须按照一定的目的，按照一定的线索展开。图 1-7 是基于商业模式画布，简化了产生创业想法的两条基本途径，从资源能力出发（做你能做的）+从客户需求出发（需要你做的），鼓励思维碰撞出创意的火花。

从资源能力出发（你能做的）　鼓励思维碰撞出创新的火花　从需求价值出发（需要你做的）

图 1-7　挖掘出创业想法的两条基本途径

即使通过头脑风暴没有发现自己喜欢的创业想法，这种方法对于帮助创业者打开思路并科学地思考问题也是非常有用的。

（2）结构性头脑风暴法

结构性头脑风暴法是一般头脑风暴法的变种，常用来分析一个特定的行业。这种方法并不是从一个问题或难题开始，而是从一个特定的产品开始，然后尽力想出所有相关的企业，并按照一定的结构线分列出来，包括与销售相关企业的销售线，与制造相关企业的制造线，间接相关企业（副产品）的副产品线，与服务相关企业的服务线。这种方法可以用图来说明。创业者应该一直想下去，直到不再有任何新的想法为止。同样，无论想到什么都应该将其按结构线分别记录下来，以后再确定这个想法是否有价值。结构性头脑风暴法与一般头脑风暴法相比，有利于引导创业者正确展开思路。下面以电动汽车为例，来分析从这个产品能产生哪些创意甚至创业机会，如图 1-8 所示。

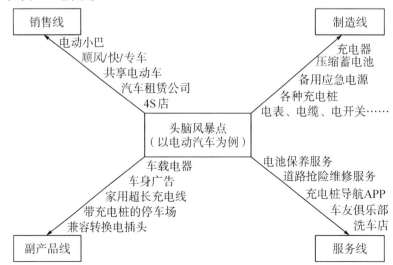

图 1-8　以电动汽车为例的结构性头脑风暴法

头脑风暴的基本原则是不管什么想法都可以提出来，无论好坏，甚至可以是非常奇怪的想法。通过头脑风暴的过程，团队可以产生更多的创新点子，从而解决问题或者实现目标。它是一种集体讨论的方式，目的是促使团队成员发挥出创造力和想象力，以产生创新、创意和新点子。

1.2.2　思维导图训练法

思维导图由英国人博赞（Buzan）首创。思维导图，又名心智导图，是表达发散性思维的有效图形思维工具，它简单、高效，是一种实用性的思维工具。博赞认为，人类大脑的思考是有机的，就像人体的循环系统与神经系统，或是树的枝条和叶子的脉络。要想有健全的思维，就要有反映这一天然有机体的工具，用彩色笔画出一种信息丰富的图形。图形的中心是一个中心概念或主题，然后发散出去写出各种想法或其他主题，并配以色彩和图像。因其简单明了又形象，且有利于发散思维，已在全球范围得到广泛应用。

思维导图是把人们大脑中的想法，用彩色的笔画在纸上，将语言智能、数学智能和创新智能有机地结合成一体，表现发散思维直观有效的图像工具。其核心思想是把形象思维与抽象思维有机地结合起来，让左右脑同时工作，并将思维痕迹用图画和线条呈发散状显现出来，极大地激发创新思维的活力。

思维导图训练步骤如下：

第一步，决定要构思的主题：根据图的主题决定图的颜色、形状、代码等，以及描述的细节。尽量采用手绘的方法，其优点在于自由度较高，对材料和载体的选择没有限制。在制作形式上没有固定要求，只要发挥的作用相同，根据需要选择合适的即可。为方便记忆和联想，除使用关键词外，使用图形和符号等也有利于联想。这样可把更多相关的关键点连接，更快地进行无障碍思考。围绕思维路线，结合自身感受将思路快速记录下来，寻找创意元素。

第二步，确定中心焦点，即以中心思想确定根节点，以此为基础开始构思：焦点集中，即注意的焦点清晰地集中在中央图像上。以一个课题为中心，对概念进行剖析，在大脑中形成概念。首先把中心词放在中央，在纸上写出或用图形表示中心词，为了使主题突出，可使用冲击力强的符号来强调主题。然后寻找所有能发现的设计点进行发散思考。

第三步，主干发散，分类思考：主干发散，即主题的主干作为分支从中央图像向四周发散。从主干节点分类思考，形成分支节点，将有联系的节点归为同一分支。节点相连，即各分支形成相互连接的节点结构。从中心向外发散一级分支，以 4~7 个一级关键词为宜，由于其重要性仅次于中心词，所以也需用较粗的标示标注，发散的主题用线连接。以一个概念为主，在纸上展现，从一个点出发，引出不同的概念思维方向，把思维打开。

第四步，层层细分：从各分支节点细分，形成更具体的内容。细分的过程要层次分明，即分支由一个关键图像或者写在相关线条上的关键词构成，比较不重要的话题也以分支形式表现出来，附在较高层次的分支上。把第一次发散思维的关键点进行整理，将有关联的点进行连接、重构，激发新的创意。可以在规定的时间如 30 分钟或 40 分钟内，让每个人逐个参与，形成锁链式的连接方式，让创意思维活跃起来。

第五步，改进：查看结果，整体检查，以及改进表述。将好的或有新鲜感的创意元素用图示表现出来，形成创意导图。或者沉思一下，让大脑对导图产生新的观点，继而进行第二次重构。当所有的思维导图创意方向有了一个明确的点以后，就开始将这些点进行连接，形成创意链条，在这个方向上再继续深入思考或修改。

以喝水为例，运用思维导图工具进行多视角、多维度、多元化的思考，并将概念具体化和视觉化，如表 1-7 与图 1-9 所示。

表 1-7 思维导图阶段表

阶段	要求	目的	能力
1	以乡村振兴新质生产力为中心概念，用文字表述框架，展开一个概念的发散思维游戏	自由发散	多视角、多维度思考
2	交互观摩思维导图，对精彩的思维路径进行标记	学习和发现思维闪光点	辨识与筛选
3	基于新质生产力的六个内涵特征，用思维导图层层线性发散呈现出来	如何将碎片化信息进行整合和诠释	提炼与整合
4	每个特征精选出小组公认的好创意，并一起讨论和打磨	精选出小组公认的好创意	产生创意结果

本书前面已经介绍了新质生产力的六个内涵特征包括：科技创新驱动、数智化深度融合、知识密集型、绿色环保、跨界融合、制度创新和服务升级。现基于这六个内涵特征进行思维导图发散，见图 1-9。

此外，还可以使用专门的软件绘制思维导图，其优势在于可节约时间，美观大方，且便于修改。如利用画图工具 MindManager 来制作思维导图，该开源工具可以直接从网上免费下载，安装与使用简便。Xmind 是提供大量免费素材的思维导图软件，有 Windows、Mac、Linux 三个版本，个人用户使用的 Xmind 具有思维导图的大部分功能。

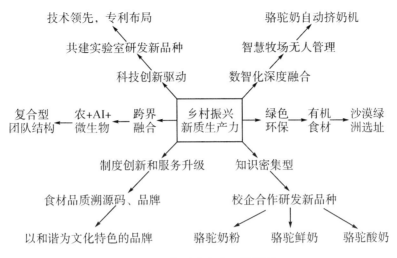

图 1-9　新质生产力思维导图

1.2.3　金字塔思维训练法

（1）金字塔原理的由来和内涵

金字塔原理是由麦肯锡国际管理咨询公司的明托（Minto）发明的一种思维方法。在金字塔结构中，思想之间的联系方式可以是纵向的，即任一层次的思想都是对其下一层次的思想的总结；也可以是横向的，即多个想法共同组成一个逻辑推断。金字塔原理兼具水平关联与垂直关联的思考模式，同时涵盖由上而下与由下往上的分类方式，不仅适用于写作、思考、提问，也可以应用在书面或口头报告上。明托（Minto）认为，人类的大脑会自动将每件事物排出顺序，把同时发生、相关联的一组东西视为同一类，并且进一步把一种逻辑模式套用到这个类别上。遇到较多事物时，为方便记忆，大脑也会进行逻辑分类。金字塔原理的核心是：任何事情都可以归纳出一个中心论点，此中心论点可由 3~7 个论据支持，这些一级论据本身也可以是个论点，由 3~7 个二级论据支持，如此延伸，最终形成金字塔形状。

就产生创新而言，金字塔原理是特别有效且极具实用性的工具。通过金字塔原理可创新设计者的思考过程。金字塔结构如图 1-10 所示，其中产生的创新位于金字塔的顶端。由下往上看，金字塔基础层次是信息（也称为论据），涉及范围广泛，包括企业内外部环境、资源和能力等；金字塔中间层次是分析（也称为分论点 AB），可以用多种论证推理方法；金字塔顶尖层次所产生的创新成果（也称为中心论点），是从金字塔低端层层归纳论证分析推导出来的结果。

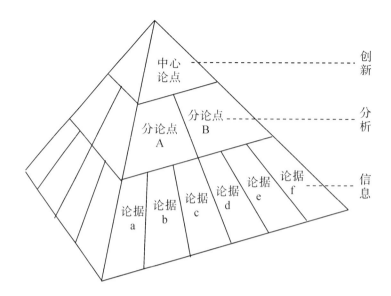

图 1-10　产生创新的逻辑推理金字塔

（2）自下而上的归纳推理思维训练方法

使用金字塔原理由下至上的归纳推理思维训练方法，核心在于从具体的信息和细节出发，逐步提炼和上升到更高层次的创意。以下是由下至上产生创意的三步法：

第一步，金字塔底部：广泛收集与分类信息。

首先，广泛地收集与你的创意目标或问题相关的各种信息和数据。这可能包括市场调研、用户反馈、竞争对手分析、行业趋势等。将收集到的信息按照逻辑和相关性进行分类。这一步的目的是找出信息之间的内在联系和潜在机会。

第二步，金字塔中部：提炼关键点和创意萌芽。

在分类的基础上，开始提炼每个类别中的关键点和潜在的创意萌芽。这些可能是具体的解决方案、产品特性、市场定位等。使用金字塔原理的思维方式，将每个类别中的信息进一步细化，并找出能够引领该类别发展的核心思想或创意点。

第三步，金字塔顶部：整合与升华创意。

将提炼出的关键点和创意萌芽进行整合，形成一个更高层次的创意或解决方案。这一步需要跨越不同类别之间的界限，将各个部分有机地结合在一起。使用金字塔原理的顶层结构，为创意提供一个清晰、简洁且有力的表达。这个顶层结构应该能够概括你的创意的核心思想，并引导听众或读者深入理解你的创意。

（3）自上而下的演绎发散思维训练方法

在创意产生的过程中，我们可以灵活地运用金字塔原理的由上至下的演绎发散思维训练方法，以下是使用金字塔原理由上至下产生创意的三步方法：

第一步，金字塔顶部：设定总的战略愿景使命和目标。

在金字塔的顶端，清晰地定义你想要解决的问题、达成的目标或追求的愿景。这是创意过程的起点，也是所有后续思考和行动的基石。确保你的目标或愿景具有足够的吸引力，能够激发团队的创造力和动力。

第二步，金字塔中部：逐层分解具体目标。

从设定的目标或愿景出发，使用金字塔原理的层次结构，逐层分解目标，明确每个层级需要实现的具体任务和子目标。这一过程类似于逆向思维，从最终的结果倒推回每个步骤和细节。在分解目标的过程中，鼓励团队成员提出各种可能性和假设，不要局限于传统的思维模式。这有助于拓宽思路，发现新的创意方向。

第三步，金字塔底部：激发和提炼若干创意。

在逐层分解目标的基础上，开始激发和提炼具体的创意。这可以通过头脑风暴、思维导图、角色扮演等创意激发方法来实现。使用金字塔原理的思维方式，对每个层级提出的创意进行筛选和评估。确保创意与上一层的目标紧密相连，并有助于实现最终的目标或愿景。不断迭代和优化创意，直到找到最符合目标要求、最具创新性和可行性的解决方案。

需要注意的是，虽然金字塔强调了由上至下，或者由下至上的思考过程，但在实际操作中，可能需要在不同步骤之间反复迭代和调整。此外，创新产生是一个复杂且多变的过程，不同的方法可能适用于不同的情境和问题。因此，在运用金字塔原理产生创新时，保持灵活性和开放性是非常重要的。

1.2.4　设计思维训练法

设计思维（design thinking），也称为"用设计师的思维去设计"，其实它并非一种思维，而是一种解决问题的方法论。设计思维不是一种设计方法，而是一种看待、定义问题的方法。设计思维遵循"以人为本"的核心去理解用户，是以用户体验为本去进行思考的设计过程，挑战老旧的思想和重新定义问题所在，最后通过一定的步骤来找出适当的解决方案。

设计思维起源于美国斯坦福设计学院，David Kelley 教授将设计思维分为五个步骤，并给出了一套流程和方法，引导学生主动寻找并发现问题，并富有创造性地解决。这五个步骤分别是：共情、定义、头脑风暴、制作原型和测试。

第一步，建立共情（empathy）。

设计思维的第一步就是建立共情，也称为"同理心"或"换位思考"。站在用户或者客户的角度设身处地思考，体会用户的情绪和想法，理解用户的立场和感受。只有真正理解了用户的心理，体会用户有可能会遭遇的问题，才有可能做出解决问题的办法，满足用户需求的设计。

第二步，重新定义（define）。

针对不同用户的心理，梳理并筛选我们已经找出的问题，重新定义项目的内容，最终用一两句精简的话来总结项目的目标。这就是要明确地告诉别人你或者你的项目是想要干什么，分别用来解决什么问题。举个例子：现代社会越来越少的人去书店买书，如何维持书店的生意？以前书店都是卖书的，但这个定义是否有客户？未来的书店到底该卖什么？这需要重新定义。而经过调研后，我们发现大多数还会光顾书店的人只是需要书的氛围。有了新的定义之后，我们可以将主营业务从卖书改为书店氛围的水吧或者休闲吧，这一步就是所谓的重新定义问题并明确目标。

第三步，头脑风暴（brainstorming）。

头脑风暴就是尽可能多地去思考解决方案，重点不在于找出一个完美无缺的想法，而是尽可能多地，具有创意地去思考不同的点子。不用顾及想法是否疯狂，可以打破惯有的思维局限。关于头脑风暴的方法，前文已经介绍。

第四步，设计原型（prototype）。

经过头脑风暴后，我们已经拥有了很多解决方案。而这一步就是从这些方案里，找出一个最佳方案（在 TRIZ 发明创造理论中被称为"最终理想解"）并制作出最终产品原型。简单来说，就是将头脑中的最佳方案具象化或者实体化出来，制作成一个看得见摸得着的实体模型，并在制作原型的过程中继续发现问题并改进。

第五步，测试（test）。

很多人认为测试是可有可无的步骤，其实测试是最重要的验证，通过测试产品得到的反馈往往非常具有代表性。测试既可以发现产品设计中的不足之处，同时也是核对最终的产品与早期设定的目标是否一致的关键步骤。

除了以上我们讲述的设计思维的五个步骤之外，设计思维还有很关键的一点，即设计思维推崇的视觉化思考。用图像图形代替大量繁复的文字说明，简单明了地展示设计者在设计思维过程中的每一个想法。

在今天，设计思维常常被理解为一种标准化的设计方法，或是一套体系化的设计流程。而实际上，设计思维的目标是让人们脱离所谓的标准和流程，打开想象力和创造力的无限可能，具有创新性地去解决一个问题。

1.2.5　六顶思考帽训练法

六顶思考帽是英国人波诺（Bono）开发的一个全面思考问题的模型，是一个把创造性思维研究建立在科学基础上的思维训练工具，是一个操作简单、经过反复验证的思维工具，可以提高团队成员的集思广益能力，也常被应用于创造性思维和系统思维的训练中。

（1）六顶思考帽的价值

六顶思考帽是平行思维工具，是创新思维工具，也是人际沟通的操作框架，更是提高团队系统思考的有效方法，具有以下价值：

①培养不同的思考方式。团队成员戴上不同颜色的帽子，就要表现该颜色帽子的思维，避免思维定式和无谓争辩，每个成员都需要进行角色扮演。

②引导注意力。将团队成员注意力引导到创意对象的六个层面，激发团队成员

的潜能，集中火力解决焦点问题，并提出创新的建设性的方案。

③便于思考。团队成员可以要求他人变换思维，停止负面思维或做出纯粹情绪化的反应。总之，只要便于思考，成员就应变换思维。

④计划性思考，而非反应性思考。要便于团队或个人做出计划。如先用白帽找到所需信息，再用红帽找到对信息的感觉，依次分析优缺点，一旦发现创意，就可制订、完善计划。

总之，这个工具能够帮助我们提出创造性的观点，聆听别人的观点，可以从不同角度思考同一个问题，有效避免了将时间浪费在互相争执上，从而创造高效能的解决方案。六顶思考帽的目的是将思考的过程分解，思考者可以在单位时间内仅考虑一个方面的问题，而不是同时做很多事情。

（2）六顶思考帽的内容

六顶思考帽分别代表着以下不同思考角度：

白色思考帽：也称信息帽，代表中立、客观，只是陈述事实与数据，不发表任何主观意见，不作评论。要思考：有什么信息？需要什么信息？已有哪些信息？缺少什么信息？怎样获得？使用要点有：记录冲突观点；评估信息实用性与准确性；区分事实与推测；获取信息所需采取的行为。

黄色思考帽：又叫阳光帽，代表积极与正面，意味着从正面发表评论与意见，只说好的一面、有利的一面。是将正面、乐观、喜悦、积极的心态集中于利益之上，是符合逻辑的、建设性和启发性的思考。运用黄色思考帽有两个要求：一是要有逻辑性，不能毫无根据地乐观；二是要有实现的条件。用好黄色思考帽须掌握以下特点：表达积极的情绪和想法；表达乐观的情绪；一定是有建设性的想法、意见，这是解决问题的关键；提出的想法应具有启发性，对问题的解决提供思想素材和智慧导引。

表 1-8　黄色思考帽与白、黑、红、绿色思考帽对比

黄色思考帽 vs. 白色思考帽		黄色思考帽 vs. 红色思考帽	
黄色思考帽	白色思考帽	黄色思考帽	红色思考帽
有逻辑、有依据，讲步骤和方法	无逻辑、无方法，只讲事实	理智的、正面的	情感的，无论正面负面，只要非理性

黄色思考帽 vs. 黑色思考帽		黄色思考帽 vs. 绿色思考帽	
黄色思考帽	黑色思考帽	黄色思考帽	绿色思考帽
正面的、积极的	负面的、否定的	现实基础上的逻辑推理	强调创新，无边的想象力

黑色思考帽：即应看到事情的黑暗面，运用否定、怀疑、悲观的看法，但合乎逻辑地进行批判。代表谨慎的观点、负面的评论，意味着从反面发表意见与建议，只说不好的一面、有害的一面。运用黑色思考帽有两个目的：一是探讨创意，尽早发现缺点以便改正和克服；二是总结创意时确定该创意是否有价值，对制定的行动方案进行评估，最后评估时在黑色思考帽的基础上再用红色思考帽来确定对判断的感觉。用好黑色思考帽有四个要点：一定要有逻辑的批判；以往经验是否适用；发挥想象力；提出可能性，而不是一味地否定他人的观点。运用黑色思考帽要尽量避免争论，避免沉溺于攻击他人而产生的满足感。

红色思考帽：也叫感觉帽，它是主观的，代表情感、直觉，意味着要从自己的直觉和个人喜好发表看法，直截了当，不必考虑太多，是将暗中起作用的、情绪化的、感性的思考用合理的方式表达出来。运用时应注意两个特点：一是表达感觉不必合乎逻辑，思维可以改变情感，但改变情感的并非思维的逻辑部分，而是认知部分；二是将感觉直接表达出来，不要问为什么。运用红色思考帽有六个要点：一是情感，即成员只要有情感都给予表达机会；相较于传统思考法，该法使情感、感觉等非理性因素成为团队决策的重要因素。二是直觉，即对事物的洞察力、对情况的即刻了解、情绪的时刻转换并表达。三是品位，即自己的一种感觉，也是一个非理性因素，不用追究原因。四是审美观，体现了很强的情绪化、差异化和个人化。五是世界观，对正确的加以鼓舞发扬，对错误的坦诚沟通。六是个性，每个人都有自己的个性，允许个性存在。团队运用红色思考帽需遵循四个原则：正确运用直觉、预感与感觉；不要证明或解释自己的感觉；避免争辩；避免过度使用红色思考帽。如果成员间只表达情绪，则得不到解决问题的办法。

绿色思考帽：也叫创新帽，代表春天和希望，意味着要从新的、创意的、发展的角度思考问题。绿帽子指不拘泥于现状，对常规进行改变，即使没有任何逻辑依据。只有对原有实际情况进行了根本性改变的观察和思考，才可以有更多新思维。运用时有三个要点：创造力、集中精神、不做批评。主要有四种思考方式：先假设想法成立，进而讨论可行的方法；不要放弃任何可能性，让天马行空的思想彻底驰骋起来；像酝酿一首诗一样去运用绿色思考帽；可将一些想法逆转，找到问题的切入点。总之，绿色思考帽的核心是新和变，而运用的关键在于变。

蓝色思考帽：也叫控制帽，代表冷静、归纳的方向，意味着要全面地看问题，要掌控思维过程与方向，要进行总结和归纳。蓝色思考帽是六顶思考帽的"大脑"，是对思维的指挥、控制，也是安排思考的程序，在这一过程中会不断做总结。蓝色思考帽具有三方面的价值：统一思想，使团队思考更周全，使团队的讨论和思考合理化、清晰化、程序化。蓝色思考帽负责主导培训、做会议记录、做总结、明确帽子使用顺序、明晰焦点问题等。运用蓝色思考帽的注意事项有：明确不同帽子的使用时间；不要批评，只负责引导；发挥灵活的主导作用；使讨论清晰化；合理安排创意讨论的过程。

（3）六顶思考帽的运用顺序

依据问题解决的不同阶段，通常有三种序列。

①初始序列

●黄色思考帽：如何解决这个问题？

●红色思考帽：怎么看待这个问题？

●白色思考帽：目前有哪些信息？

●绿色思考帽：讨论这些观点有何价值？

●蓝色思考帽：避免重复使用帽子。

②中间序列

●绿色思考帽：替代方案是什么？

●黄色思考帽：讨论方案有何价值？

●黑色思考帽：有什么缺点？

●白色思考帽：这与已有的信息是否相符？

③结尾序列

●蓝色思考帽：总结一下之前的思考。

●黑色思考帽：这些都能做到吗？

●绿色思考帽：该如何处理这些方案？

●红色思考帽：尽管知道方案不可行，但是仍然喜欢。

●红色思考帽：大家对这个过程有什么感觉？

在结尾序列中，还要注意三个关键问题：需要行动时，使用黑色思考帽得出最终评价；使用红色思考帽得出一个感性的看法，并对决定做出情绪化的反应；使用蓝色思考帽进行总结，迅速决策，进行下一步组织安排。

（4）运用六顶思考帽的三个要求

①戴同一顶帽子。团队成员都要理解并统一思考问题的方向，在同一时间非常清楚用哪一种方式进行思考。如需要找到方案的缺点与存在的问题，要求成员都戴黑帽，包括方案的提出者。

②获得全体成员的认可。运用六顶思考帽时，最好先对全体成员进行培训，使成员认同这一思维工具的价值，了解规则并且愿意遵守。

③遵守共同的规则。六顶思考帽为思维游戏制定了规则，因此，成员在谈论和思考时有了共同的标准。所有的成员必须遵守同一个规则，不允许违反规则。①

---

① 段绍译. 高效能人士的 36 个工具［M］. 北京：机械工业出版社，2017.

案例分析

黑柔科技的项目选择

四川大学的一个技术创新团队新合成一种"特别黑"的高分子，并在 *Science* 上发表了高级别论文。这种高分子既可以用于染发，也可以用在显示屏里作为背板。用什么项目来参加国家的创新竞赛呢，就有两个选择：一个是应用在美容美发业，另一个是应用在消费电子行业。前者可以在美发行业代替有致癌风险的苯胺类染发剂；后者可以克服目前显示屏背板材料的"卡脖子"问题，是国家战略储备材料。

我们按照创新思维来对这两个应用场景中目标顾客的需求广度、高度、强度和价值创造四个方面分析两个选择的区别。

第一，顾客需求广度方面：黑色染发剂主要服务中老年群体，而显示器元件原材料做成的终端显示屏几乎人人都要用。

第二，顾客需求高度方面：染发剂大概率由个人决策，个人一般动用个人财富来购买；显示器则除了在手机、电视机等消费电子行业由个人动用个人财富来购买，更有可能在政、企、军等各类场景大面积使用，纳入他们的预算或成本。

第三，顾客需求强度方面：我们假设一位老人在满足了食宿、医疗等基本需求后，会选择先买手机、电视机，还是先染发呢？二者虽然单价不同，但因为染发是周期性的，累计五年的消费额度和单台手机、电视机差不多。两样都不是刚需，老人们的决策往往选择购买手机、电视机，而任由银发如霜。

第四，价值创造方面：虽然把高分子做成染发剂，产业链更短，离服务大家更近，但是努力突破技术难题，把高分子用到显示元件上，具备散热、耐弯折、电磁屏蔽等优良特性，可替代进口，价值显然更大。

事实上，通过参加互联网+竞赛获奖的结果也体现了两个选择的区别。2020年以《黑发能量——全球首创生物黑色素染发剂》参赛，项目止步省赛铜奖。经过两年的技术储备改变项目主攻方向，项目放弃染发剂市场，选择显示元件领域，2021年注册黑柔科技公司开展商业运营，专注于柔性显示电路板行业，通过自主研发的人造黑色素新材料与一膜法新工艺，成功推出高性能柔性显示电路板。产品具备散热、耐弯折、电磁屏蔽等优良特性，很快通过严苛评测，与华为等龙头企业实现了合作，并实现稳定供货，打破了西方对我国的技术封锁，成功地替代了进口。致力于推动国产高端新材料在制造业的应用，为中国制造业的自主发展贡献力量的黑柔科技，在2022年以《黑柔科技——新型柔性显示电路板》为题，拿到了"互联网+"大学生创新创业大赛的国赛金奖。（资料来源：四川大学创新创业学院）

思考题：

1. 从战略思维的角度，分析本项目的战略选择及其成功之处。

2. 从商业思维的角度，分析本项目技术创新成果在商业转化方面值得学习借鉴的地方。

3. 从价值思维的角度，分析本项目的价值主张和价值创造。

 高阶训练

产生你的创新想法

1. 训练目标：掌握创新的实质；了解思考问题的方式，训练创新的思维；培养创新精神和创业意识。

2. 训练内容：运用头脑风暴法+思维导图+金字塔思维产生你的创新想法。

内容一：基于大数据的创新创业想法

（1）以"大数据"为中心概念，用文字和线条表述框架。

（2）展开大数据概念的发散思维结构，小组围绕着各个发散路径进行思维碰撞。

（3）用思维导图层层线性发散呈现，交互观摩思维导图，对精彩的思维路径进行标记。

（4）精选出小组公认的好创意，并一起讨论和打磨。

内容二：基于大健康的创新创业想法

（1）以"大健康"为中心概念，用文字和线条表述框架。

（2）展开大数据概念的发散思维结构，小组围绕着各个发散路径进行思维碰撞。

（3）用思维导图层层线性发散呈现，交互观摩思维导图，对精彩的思维路径进行标记。

（4）精选出小组公认的好创意，并一起讨论和打磨。

3. 训练方法：头脑风暴法、思维导图法、金字塔思维训练法。

4. 评价标准：从创新创业想法的数量、可行性、合理性和科学性等几个方面进行评估。

 拓展资源

［1］阿奇舒勒. 创新40法［M］. 英译：列夫·舒利亚克，汉译：黄玉霖，范怡红. 成都：西南交通大学出版社，2004.

［2］劳动和社会保障部. SIYB创办你的企业：创业计划培训册［M］. 北京：中国劳动社会保障出版社，2005.

［3］吴迪，蔡尚伟，左仁淑. 创造性思维［M］. 成都：四川大学出版社，2024.

［4］左仁淑，杨泽明，黄春艾. 创业学教程：理论与实务［M］. 北京：电子工业出版社，2014.

［5］左仁淑，杨安，杨泽明. 创业管理：慕课与翻转课堂［M］. 成都：西南财经大学出版社，2018.

［6］左仁淑，杨泽明，杨安. 创业管理：线上线下混合式［M］. 成都：西南财经大学出版社，2022.

［7］兰欣，杨安. 精准创业：大数据时代创业的路径研究［M］. 北京：机械工业出版社，2015.

［8］杨安. 创客生态系统：基于地缘与组织特征的创客培育模式研究［M］. 成都：西南财经大学出版社，2018.

［9］杨安. 创业管理：成功创建新企业［M］. 北京：清华大学出版社，2009.

［10］杨安. 创业管理：大学生创新创业基础［M］. 北京：清华大学出版社，2011.

2　新时代的创新创业者

教学目标

（1）知识目标：掌握创新者、创业者以及创客的概念和特质，尤其是蒂蒙斯的创业者特质三层次模型和创业过程三要素平衡模型。

（2）能力目标：通过比较和对照，探索新时代创新创业者应该具备的特质与高阶能力、激发创新创业的潜力。

（3）素养目标：培养创新创业意识，树立创新精神、创业精神和企业家精神。

思维导图

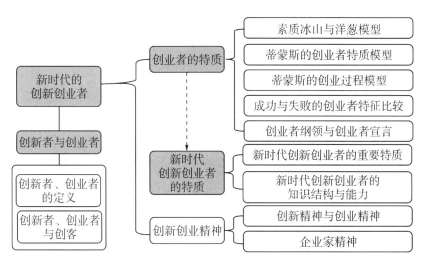

 导入案例

青年创业新星陈明俊

创业青年应该是一群什么样的人？可能有很多种答案。本案例介绍一名大学生创业新星。陈明俊读大学以前，就已经形成了独立和冒险的性格，初中时的陈明俊就开始独自报团去省外旅行，15岁能独自从成都途经到上海到北京，16岁为参观各大唱片行独自去香港旅行。大一暑假的时候，陈明俊刚刚考下驾照就能带上同学前往东南亚自驾游，无车载GPS，只是带着几张地图和旅行读物《孤独星球》，一路南下途经老挝、曼谷、普吉岛、甲米……创业初期就已经去过30多个国家。

陈明俊在四川大学锦城学院读书的时候，全校学生都要认真参加学校一年一度的创业大赛，该赛事举办得非常隆重，从初赛到复赛再到决赛，层层选拔优秀创业项目和团队。陈明俊组建了一个全是大一新生的团队，最后取得决赛第二名的好成绩。模拟的创业使他小有成就，但是并没有因为这些止步不前，而是使他眼光更加长远，他看到了更多的项目和创意。在大学读书期间，凭着对商机的灵敏观察，在团购网站热潮还未真正启动之前，陈明俊便成立了针对大学生的团购网站："校乐团"。网站落成之后还需要地推人员，陈明俊带领团队跟大学周边的商家沟通，由于当时支付功能以及互联网渗透率还远不如现在这样普遍，让商家理解团购也成了件难事，但第一家不成换第二家，第二家不成换第三家，不懈的努力终于让当时一家大型火锅店德庄火锅同意合作，有了标杆后续谈判也就容易了许多，逐渐铺开市场，有了较丰厚的收入。不过，运营一段时间后，由于缺乏互联网经验以及持续运营的大笔资金，网站的知名度并不高，而美团、糯米等大型团购网站获得资金注入后快速占领高校市场。在学生放假离校后，"校乐团"项目也就停止运作了。这次的受挫，失去的是项目，得到的却是宝贵的经验。

陈明俊喜欢旅游。大学毕业后，带着自己的积累，他开始筹备再次创业。陈明俊拿着父母给的五万元创业启动资金，再加上自己大学创业攒下的六七万元，开启了新征程。2011年，只雇了两名员工的"轻团网"旅行社成立了，陈明俊说，"旅行是不能退货的产品，要让每一趟旅程都成为人一生最美好的记忆"。此时国内旅行社市场的竞争已经是一片红海，各种跟团游不断降价，质量参差不齐，旅客投诉率也逐年增高。作为市场的新进入者，跟随市场走低价战略不易存活，必须另辟蹊径，找到属于自己的蓝海。陈明俊经过竞争者比较分析和产品创新设计，策划了一个当时市面上没有的产品——日本园林之旅，锁定寻找经营转机的园林企业主作为目标客户。公司遇到的第一个困难便是如何开首单。成都市温江区位于四川盆地，土地肥沃适合农林苗木生长，聚集着很多园林企业。陈明俊就拿着《日本园林之旅》产品手册去一一登门拜访，一周多的时间先后跑了50多家企业，最多的一天

跑了 20 多家。他顶着头上的烈日，汗水打湿了衣服，于是之后拜访都多准备了 2 件备用的衣服。他的努力最终打动了客户——6 家公司共派了 10 多名员工参团赴日学习。这次首单做得很成功，6 家公司对深入日本的园林参观体验很感兴趣，学习到了发达国家先进的园林经营模式，体验了高品位的服务创意，回国后纷纷优化自己公司的产品，并表示要继续参加类似的考察旅行团。

经过十多年的苦心经营，定位轻奢小团游的"轻团网"，已经是知名度较大的会员制精品旅行品牌网站，是半岛酒店、中国企业家俱乐部等机构西南地区唯一指定合作旅行机构，曾组织 118 名企业家同时赴澳大利亚考察，获得黄金海岸市长热情接待，还组织了全国上千名客户前往俄罗斯观看世界杯，在全国开设的线下旅行体验店达到 30 余家。目前公司旗下还形成了另外两个品牌：嘉诚世纪和宾利旅行。嘉诚世纪专注于企业国际会议和奖励旅行；宾利旅行是联合宾利汽车打造的奢华旅行服务品牌。

陈明俊已经被评为成都市创业新星、成都市青年企业家商会会员、成都锦城学院校友商会副会长。作为一名成功的青年企业家，陈明俊鼓励大学生：多往外走，往更大的世界闯荡；增长见识，把视野和思维打开；"我听说"远不如"我见过、我去过"来得更有说服力。人脉问题是很多大学生所关注的问题，但在陈明俊看来"如果你不够优秀，人脉不是追求来的，而是吸引来的，只有等价的交换，才能得到合理的帮助。与其花时间在多认识人身上，不如花在提高自己的个人价值上"。

陈明俊特别注重感恩和社会责任，尤其是感恩学校的培养。不仅积极参加锦城校友会活动，还捐资赞助学校的体育赛事和奖学金。在成都锦城学院校庆日，陈明俊特别出资在成都市标志建筑上点亮"热爱母校"、"祝母校生日快乐"等标语。此外，陈明俊还参加了许多公益慈善活动，将爱传播在企业、在行业、在客户、在学校，在社会。

2.1 创新者与创业者

创新（innovation）首先要关注创新者（innovator），创业（entrepreneurship）首先要关注创业者（entrepreneur），以人为先。用公式表达就是：创新是创新者函数：I＝f(i)，即 Innovation＝f(innovator)，创新＝f(创新者)。创业是创业者函数：E＝f(e)，即 Entrepreneurship＝f(entrepreneur)，创业＝f(创业者)。

2.1.1 创新者与创业者的定义

创新经济学之父熊彼特（Joseph Schumpeter）（1934）认为企业家是"创新者"（innovator），是开发从未尝试过的技术的人，能够改革和革新生产的方式，创业是资本主义经济增长的推动力。1964 年，现代管理之父德鲁克（Peter Drucker）认为创新（innovation）就是赋予资源以生产财富的能力。那么，创新者就是具备这个能力的人。

"创业者"这个词来源于法语词汇"enter"（意思是"中间"）和"printer"（意思是"承担"），即买卖双方之间承担风险的人，或承担创建新企业风险的人。按照字面去理解就是"中介人"的意思。在英语中，"entrepreneur"一词有多种含义，包括企业家、创业者等，因此，理解创业者的含义就有必要与企业家概念联系起来，它们之间有一个共同之处就是讨论了企业家的某种行为，包括首创精神，组织或重组社会的、经济的机制以将资源转化为可获得的利益；承受风险或失败。这里的首创、组织、获利、承担风险等，都与创业息息相关。

1800 年，萨伊（Say）首次给出了创业者的定义，他将创业者描述为将经济资源从生产率较低的区域转移到生产率较高区域的人，并认为创业者是经济活动过程中的代理人。1999 年，创业教育之父蒂蒙斯（J. Timmons）认为创业者是那些能够创造、识别、抓住商机并将其塑造成一个高潜力企业的人。

本书认可蒂蒙斯的概念，对创业者理解如下：

第一，创业者是那些能够创造、识别、抓住商机的人。

无论哪一个层面内的创业者概念，都需要创新、创造，都需要寻觅机会、规避风险、获得回报。因此，Timmons 认为创业的核心是商业机会。

第二，创业者是那些能够驾驭风险并获取回报的人。

从创业的本质特征来看，创业是通过企业创造新的事业的过程，而要完成这一过程，要求潜在创业者具有创新精神。创业意味着创造某种新事物，这种新事物是有风险的。这些新事物不仅对创业者有风险，而且对其创建的企业也是有风险的。创业者通常会选择高风险高回报的事业作为创业内容。他们在付出努力、承担风险的同时，期待在事业成功之后获得较高的回报。这种回报可以是金钱，也可以是理想的实现，还可以是荣誉、成就感、得到认可和尊重等。

第三，创业者是那些创建企业或开创事业的人。

在中国，创业者和企业家是两个相关联的概念。创业者是企业家的青少年时期，是成长的初期阶段。创业者伴随着企业成长能转变成企业家，也有可能不能成为企业家。从企业生命周期看，当一家企业达到成熟时，如果企业不能够保持创新，就会走向衰退，因此，成功转变为企业家的人，也需要保持创新精神。从这个意义上讲，企业家和创业者属于同一个概念。企业家本质上也是创业者，是现有企业中具有创新精神和创业行为的领导者，而不是执行日常管理职能的经理人员。但在特定的研究环境下，当着重研究新创企业或新业务的发动者时，更多使用"创业者"这一术语；当泛指具有创新精神和创业行为的商业行为者时一般用"企业家"。对于一个新创企业，伴随着企业的成长，创业者所扮演的角色毫无疑问会发生巨大转变，创业者应当发展成为企业家。

因此，蒂蒙斯（J. Timmons）将创业者分为三类：企业创始人、创业团队成员、创业企业经理人。

2.1.2 创新者、创业者与创客

图 2-1 展示了创业者、创新者与创客的关系。

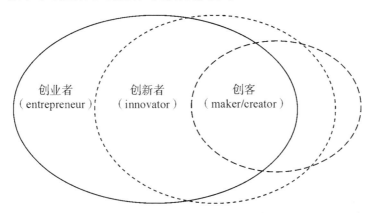

图 2-1 创业者、创新者与创客的关系

"创客"一词最早从英文单词"Maker"翻译而来，原意为"制造者"，是指出于兴趣爱好，努力把各种创意转变为现实的人。Chris Anderson（克里斯·安德森）①于 2012 年出版了《创客：新工业革命》一书，从此，全球对创客的关注与研究开始兴起。目前，创客的定义跳出了工业创客的范畴，不管是创造发明，还是创作字画艺术作品，只要有创想创新或者创意，只要属于创造、创建或者创立，都属于创客的行为。因此，创客是指一切拥有创想（imagination）创意（originality）和创新（innovation）想法的人，只要能创作（creation）出自己的作品，在创造发明（invention）、创业（entrepreneurship）或者创立（establishment）三者之中获得一项以上突破的，都算是创客（creator）。

创业者、创新者与创客三个主体容易混淆，本书分析了三者关联，如图 2-1 所示，创业者的范围最大，创业包括创新，创业是创业的核心，而创客的范围有所外延，还包括了创作作品、创造实物等并不具备新颖性和商业性或价值性的领域。

为了进一步区分创业、创新、创想、创意、创作、创造、创建、创立等关联词语，本书绘制了图 2-2 。创业是贯穿全过程的"创"行为，整个创业的过程是从需求开始，到产出更大的价值结束。创新是整个链条的核心。

---

① 克里斯·安德森：美国《连线》杂志前任主编，著有三本畅销书：《长尾理论》《免费：商业的未来》《创客：新工业革命》，被称为互联网时代的思想家、预言家。

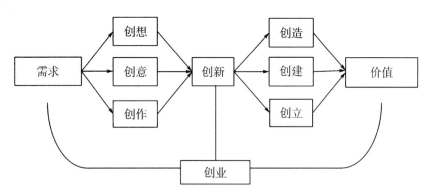

图 2-2　创业、创新以及"创"行为的关联

因此，本书从这里开始，不再区分创业者、创新者和创客，甚至也不细分创造者、创想者、创立者这些主体，而是后文都统称为"创业者"。

2.2　创业者的特质

托尔斯泰（Leo Tolstoy）曾说："幸福的家庭都是相似的，不幸的家庭则各有各的不幸。"如果用这句话来概括那些创业者，我们也可以说："成功的创业者都是相似的，失败的创业者则各有各的原因。"也就是说，虽然成功的创业者他们所从事的行业不同、经营方式各异，但是他们仍有着共同的特质，通过研究了解这些共同的特质有助于帮助我们认识自己是否适合创业，应该从哪些方面去培养自己的创业素质。

2.2.1　素质冰山模型与洋葱模型

（1）素质冰山模型

1973 年，麦克利兰（McClelland）提出素质冰山模型，认为人的素质就像海洋中的冰山，只有极小部分裸露在海平面之上可让我们观察到，而另外很大一部分隐藏在海平面之下，难以观察。海平面以上的部分称之为"胜任力"，海平面之下的部分称之为"内驱力"。冰山浮在水平面上的部分：容易学习、容易观测，但不是决定性力量，有知识、经验、技能、行为表现等。创业者的胜任力有：专业技术知识、企业管理知识、财务金融知识、人际沟通能力、信息处理能力、学习能力等。冰山沉在水平面下的部分：不易学习、不易观测，却是决定性力量，有个性、动机、态度、气度等。

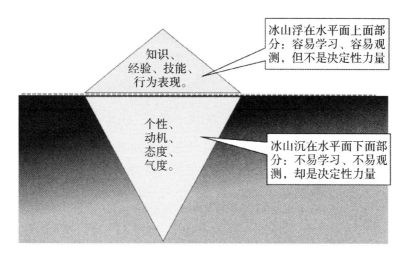

图2-3　麦克利兰的素质冰山模型

麦克利兰认为，胜任力（competency）是指能将优异者与表现平平者区分开来的个人的表层特征与深层特征，主要包括知识、技能、社会角色、自我概念——任何可以被可靠测量或计数的，并且能显著区分优秀绩效和一般绩效的个体特征。罗茨（Losey，1999）提出胜任力方程式：胜任力=智力+教育+经历+道德规范+兴趣。这些刚好是冰山水平面以上的部分。

在观察创业者应具备的知识与能力时，蒂蒙斯（Timmons）认为：有些素质是SAT、IQ、GMAT和其他测试都无法衡量的。比如：领导技能、人际交往能力、团队建设和合作能力、创造力、动机、学习技能、毅力和决心、价值观、自我约束、俭朴、足智多谋、对付逆境的能力与恢复力、可信、可靠、幽默感等。这些刚好是在冰山水平面以下的部分。

（2）素质洋葱模型

博亚特兹（Boyatzis）对麦克利兰的素质理论进行了变化，提出了"素质洋葱模型"。在洋葱的正中央是内驱力，内驱力包括：动机、个性、自我形象、社会角色、态度。动机是推动个体为达到目标而采取行动的理由；个性是个体对外部环境及各种信息等的反应方式、倾向与特性；自我形象是指个体对其自身的看法与评价；社会角色是个体对其所属社会群体或组织接受并认为是恰当的一套行为准则的认识；态度是个体的自我形象、价值观以及社会角色综合作用外化的结果。

新生代往往有自己的思想、有互联网的知识获取途径，因此需要从内部驱动来培养创业能力。创业内驱力是创业持续成功的动力，包含创业者的个人品质、价值观、动机和自我认知；表现为创业者的态度、气度和自识力。正如图2-3麦克利兰的素质冰山模型所示，内驱力是我们难以直接观察的，需要根据创业者的各种行为表现进行推理分析而得知。投资人着重考察创业者的创业内驱力，通过专业的沟通、全面的调查、细节的判断推理等手段衡量创业者的内驱力。

常言道："态度决定一切。"态度是创业者面对创业的价值取向，态度决定了创业时的本源性动机。态度决定了困难来临或诱惑出现时，是依然坚守信念与原则，还是逃避责任甚至道德漂移。这些看似务虚的理念会在经营发展中的每次关键决策和艰难选择时凸显出来。

气度是创业者对待他人的原则。气度是创业过程中能否突破自己、凝聚团队、关注未来、走出大气魄与大格局的关键。因此，气度一词也常被气量、气场、豪气、格局、共享、度量、人格魅力等词语替代。任正非、俞敏洪等，他们的大气度使得企业度过了艰难期，他们的大气度凝聚了一批批优秀的人才，他们的大气度成就了真正的理想。任正非曾经说过，"可以特立，不可独行"，就是要与员工、与客户、与合作伙伴一起前行。气度就是气量、格局，气度决定高度。

2.2.2 蒂蒙斯的创业者特质三层次模型

创业教育之父蒂蒙斯（Timmons）认为成功创业者具有一些共同的态度和行为，通过对哈佛商学院杰出创业者学会的第一批 21 位学员的跟踪研究，总结出成功创业者表现出了一些共同的创业特质，他归纳为"六大特质"和"五种天赋"。六大特质是"可取并可学到的态度和行为"，五种天赋是"其他人向往的，但不一定学得到的态度和行为"。其中隐含着创业者品质一部分是天赋，另一部分是后天学习形成。与此相对应，蒂蒙斯还归纳了八种非创业特质，构成了内外三个层次，见图 2-4。

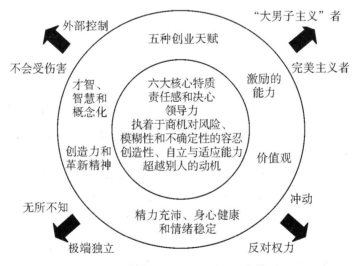

图 2-4　蒂蒙斯的创业特质三层次模型

2 新时代的创新创业者

（1）六大核心特质

蒂蒙斯认为创业者应该具备以下六大核心特质：

①责任感和决心。这一点比其他任何一项因素都重要。有了责任承诺和决心，创业者可克服不可想象的障碍，并弥补其他缺点。

②领导力。成功的创业者是富有耐心的领导者，能够勾勒出组织的远景，根据长远目标进行管理。他们不用凭借正式的权力，就能向别人施加影响，并能很好地协调企业内部及与顾客、供应商、债权人、合伙人的关系，与他们友好相处，共同分享财富和成功。

③执着于商机。创业者受到的困扰是陷入商机里不能自拔，意识到商机的存在可以引导创业者如何抓住重要问题来处理。

④对风险、模糊性和不确定性的容忍度。既然高速变化和高度风险、模糊性和不确定性几乎是不可避免的，那么成功的创业者们就要能容忍它们，并善于处理悖论和矛盾。

⑤创造性、自立与适应能力。成功创业者们相信自己，他们不怕失败，并且善于从失败中学习。

⑥超越别人的动机。成功创业者们受胜出别人的动力驱使。他们受到内心强烈愿望的驱动，希望和自己定下的标准竞争，追寻并达到富有挑战性的目标。

需要说明的是并非一定具备这些特质才可以创业，或只要具备了这些特质就一定能够创业成功，拥有这些特质并不是成为创业者的必要条件。如果缺乏上面的某些态度和行为，是可以通过经验和学习来学到、开发、实践或历练出来的。

（2）五种创业天赋

蒂蒙斯认为创业者应该具备以下五种天赋：蒂蒙斯将下面五种态度和行为描述为一个特殊企业家天生的才能，它们是令人向往但不一定学得到的。事实上，蒂蒙斯研究发现，一些相当成功的企业家，他们缺少其中几项特征，或每种特征都不突出，并且，几乎没有哪个企业家拥有下面提到的特殊才能。但是，如果企业家拥有了这些天生的才能，那么无疑会大大增加创业成功的可能性。

①精力充沛、身体健康和情绪稳定。企业家面临特殊的工作压力和极高的工作要求，这使他们的精力、身体和心理健康变得十分重要。它们虽然可以通过运动、注意饮食习惯和休息稍作调整来保持，但每一项都和遗传有很强的相关性。

②创造力和革新精神。创造力一度被认为是只有通过遗传才可获得的能力，并且大多数人认定它本质上是遗传而来的。但新的研究表明，创造力、革新精神与制度、文化有很大的关系。它们只可诱发不能模仿。

③才智、智慧和概念化。没有哪一家成功的或具有高发展潜力的企业创始人是不具备才智或只有中等才智的，这些才智包括高度灵敏的嗅觉、企业家的直觉。这种才智犹如艺术家和作家的才情、灵性，十分稀缺和珍贵。

④激励的能力。远见是一种天生的领导素质，它具有超凡的魅力。没有人认为

这种特殊的品质是后天培养的。所有伟大的领导者都是通过这种能力传递他们的影响力。成功的企业家通过这种能力激发灵感，激励他的员工为他设下的目标团结奋斗。

⑤价值观。个人的价值观和伦理价值由企业家生活的环境和背景决定，在人生的早期就形成了。这些价值构成了个人不可分割的部分，进而影响他的企业及企业的价值。

这些特质的形成，既有先天的因素，也有后天的因素，如教育、工作经历和环境等。

（3）八种非创业特质

前面讨论了创业者一般所具备的创业特质，事实上还存在一些非创业特质，它们会妨碍创业者的创业活动。蒂蒙斯总结了八种非创业特质，"它会给新企业带来麻烦，或成为置企业于死地的因素"。这八种不适合创业的特质分别是：

①不会受伤害。这种思想方式是指，有些人觉得没有什么灾难性的事会发生到他们头上。他们容易冒一些不必要、不明智的风险，这种行为显然会形成严重的隐患。

②"大男子主义"者。这是指有些人总想证明他们比别人强，并能击败别人。为了证明这点，他们可能会冒极大的风险，也可能会为了给别人留下深刻印象而置身险地。虽然这和过分自信相关，但这种思想方式已经超越了自信的定义范围。愚蠢的以硬碰硬的竞争和非理性的接管战就是典型的例子。

③反对权力。有些人反对外部权力控制他们的行动。他们的态度可以用下面这句话来总结："别跟我说该干什么。没有人可以对我说该干什么！"如果比较这种思想和成功企业家的特质，我们会发现后者会积极寻求并运用反馈信息来达到目标，并提升自己的表现，他们更倾向于寻求团队成员和其他必要的资源来利用商机。

④冲动。在面临决策的时候，有些人认为无论如何都必须做些什么，并且迅速去做。并没有考虑他们的行动有何意义，在行动之前也没有思考其他可选方案。

⑤外部控制。成功企业家的特征之一是相信自己的内部控制力，外部控制正好与此相对立。相信外部控制的人觉得，他们根本无法控制将要发生的事，即使是在可以有所作为的情况下也是如此。如果事情进展顺利，就把它归功于运气好，反之亦然。

⑥完美主义者。完美主义者是企业家的敌人，这一点已经被反复证实过。若想要达到完美就必须要付出相当多的时间和成本，这必定使机会窗口被另一个决策更迅速、行动更敏捷的竞争者砰然关上，或者因技术的提高而消失。

⑦无所不知。认为自己什么都知道的企业家一般知之甚少。更糟糕的是，他们常常不能发现自己不知道的是什么，而能够发现良好商机的创业者并非如此。

⑧极端独立。极端独立是个严肃的问题，对企业家来说会限制其思维方式。决心完全靠自己来成就大事，拒绝任何的外来帮助，这样的企业家通常是毫无建树。

2.2.3　蒂蒙斯的创业过程模型

蒂蒙斯的创业过程模型被视为创业学中最重要的模型之一，该模型由三个基本要素组成，但都是由创始人在底部进行支撑。如图2-5所示，创始人支撑着一个"动态的跷跷板"，在整个创业的过程中，创始人都必须保持"平衡木"维持整体的平衡。在"平衡木"的上边，直接支撑着"创业团队"，创始人必须和创业团队保持高度一致性。在创业团队的左上部是"商业机会"，右上部是"商业资源"。由此，形成了一个动态的"三角形"，创始人及其创业团队，必须玩转这个三角形，维持左上部"商业机会"和右上部"商业资源"的动态平衡。

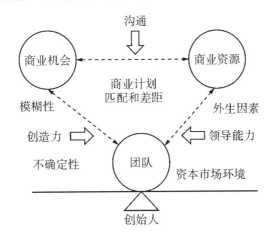

图2-5　蒂蒙斯创业过程模型中的创业者能力

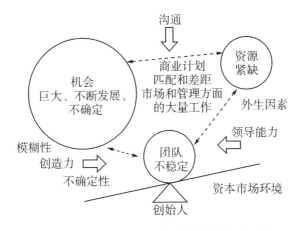

图2-6　蒂蒙斯创业过程模型中的创业初期形态

图2-6是蒂蒙斯创业过程模型中的创业初期形态，这也被视为识别创业机会或者好的创业项目的评判标准。这个阶段是考验创业者能力的关键时期，一方面，创始人很难维持"平衡木"的左右平衡，巨大的"商业机会"使得"跷跷板"严重

向左倾斜。创始人必须使劲沟通不稳定的创业团队，充分发挥团队的创造力，突破对模糊性的迷雾，冒着不确定性的风险，去捕捉稍纵即逝的巨大商业机会；另一方面，创始人还要充分发挥自己的领导能力，在资本市场环境中为自己赢得更多的资源，虽然资源很紧缺，但通过精心的商业计划，在市场和管理方面投入大量的工作，还是可以不断匹配机会和资源，并逐渐缩小二者的差距。

当机会和资源又重新回到图 2-6 的平衡状态时，才度过了最具风险的时期，开始实现盈利。并且，蒂蒙斯认为，整个创业的过程，都是在机会和资源的不断匹配和差距的动态变化中度过的，创始人必须努力掌控其团队一直维持机会和资源的平衡，这对创业者的能力要求非常高。

在创业过程中，创业者需要的重要能力，被蒂蒙斯特别标注了出来，分别是创造力、领导力、沟通力。创始人及其创业团队必须在推进创业的过程中，要能忍受模糊和不确定的动态环境，要具备创造力、捕捉商机、整合资源、沟通解决问题的能力。

①创造力

创造力是创业者最宝贵的财富之一，它是指能够产生新颖、有价值且实用的想法、产品或服务的能力。在创业过程中，创造力主要体现在以下几个方面：一是创新思维。创业者需要具备跳出传统框架、勇于尝试新事物的思维方式。这种思维方式能够帮助他们发现市场中的空白点，从而开发出具有竞争力的产品或服务。二是解决问题的能力。面对创业过程中的各种挑战和困难，创造力强的创业者能够提出独特的解决方案，将问题转化为机遇。三是持续迭代。在产品和服务的设计和开发过程中，创造力促使创业者不断寻求改进和创新，以满足市场和用户的需求。

②领导力

领导力是创业者带领团队实现共同目标的关键能力。它涵盖了多个方面，包括决策能力、激励能力、团队建设和战略眼光等。决策能力：在快速变化的商业环境中，创业者需要迅速而准确地做出决策。有效的领导力能够帮助他们权衡利弊，选择最佳方案。激励能力：创业者需要激发团队成员的积极性和创造力，使他们愿意为共同的目标付出努力。通过设定明确的目标、提供成长机会和奖励机制，创业者可以建立一支高效、忠诚的团队。团队建设：一个优秀的领导者懂得如何挑选合适的团队成员，并根据他们的能力和特点进行合理的分工和协作。通过有效的团队建设，创业者可以打造一个互补性强、凝聚力高的团队。战略眼光：创业者需要具备长远的战略眼光，能够洞察行业趋势和市场变化，为团队制定清晰的发展规划和战略方向。

③沟通力

沟通力是创业者与团队成员、合作伙伴、投资者以及客户之间建立良好关系的基础。它的重要性体现在以下几个方面：一是信息传递。创业者需要确保团队内部的信息流通顺畅，避免误解和冲突。同时，他们还需要与外部合作伙伴和客户保持有效的沟通，以建立信任和合作关系。二是说服力。在寻求投资、合作伙伴或客户时，创业者需要具备强大的说服力来展示自己的愿景、计划和价值主张。三是倾听能力。有效的沟通不仅仅是说话，更重要的是倾听。创业者需要倾听团队成员的意见和建议，以及客户和市场的反馈，以便及时调整策略和改进产品或服务。四是冲突解决。在团队内部或与合作伙伴之间出现分歧时，创业者需要具备解决冲突的能力，通过有效的沟通和协商达成共识。

2.2.4 成功与失败的创业者特征比较

除蒂蒙斯在创业者特征上的研究外，史蒂文森（H. H. Stevenson）等人概括了创业组织的主要特征，如想象力、灵活性和勇于承担风险。加特纳（William B. Gartner）通过研究文献，发现创业者的特征多种多样。霍纳代（Robert W. Hornaday）查阅各种研究资料，在上述研究的基础上，列出了一张包含创业者42个特征的表。赖伊（David E. Rye）在上述研究的基础上，归纳出了成功和失败的创业者特征，很值得我们借鉴和参考。

（1）成功创业者的特征

戴维的研究指出，成功创业者的特征可归纳为以下几点，如表2-1所示。

表 2-1 戴维的成功创业者特征

获得成功的特征	具体表现
自主性强	愿意对每一件事都有自主权
喜欢有事情做	愿意从事具有明确目标的各种活动
有较强的自我把握力	有很强的成功欲望，能够自我激励
实行目标管理	能够很快地把握目标所必须解决的具体工作
善于分析机会	能够对各种选择作出分析以保证事业获得成功，承担的风险最小
善于安排个人生活	知道个人生活比自己的事业更重要
具有创新思维	总是在寻求解决问题的最佳途径
善于解决问题	善于以各种途径解决前进道路上遇到的任何问题
善于客观地看待问题	不怕承认错误

（2）导致创业者失败的特征

赖伊的研究认为导致创业者失败的特征可归纳为以下几点，如表2-2所示。

表 2-2 戴维的导致创业者失败的特征

导致失败的特征	具体表现
缺乏管理经验	他们对关键性的企业管理知识掌握不够

表2-2(续)

导致失败的特征	具体表现
财务计划不周	他们低估了开办企业所需的资金
企业选址不当	开办企业时选址不当
内部控制不善	他们未能把握住关键的经营机会
花钱大手大脚	开办企业时缺乏精打细算，一下子购进许多本可在以后逐步添置的东西，导致开销过大
应收账款管理不当	对应收账款未给予足够的重视，导致企业资金流动困难
缺乏献身精神	低估了为开办一家企业所应投入的时间和精力
盲目发展	在准备不足的情况下盲目扩大企业经营规模

通过蒂蒙斯和赖伊的研究，我们发现独立自主、自律或自我控制能力非常重要，能够管理好自己的人，更容易管理好一个企业。

2.2.5　创业者纲领与创业者宣言

（1）创业者纲领

蒂蒙斯（Timmons）研究表明，若给创业者们提一个开放式问题：今后5年经营企业最关键的概念、技能和诀窍是什么？多数人回答认为是创业态度上的一些思想认识和理念。这些回答汇集起来，可称之为创业者纲领。

> **创业者纲领（节选）——蒂蒙斯**
>
> 做能给你能量的事情，要从中得到乐趣。
> 找出使它发挥作用的方法。
> 韧性和创造力将胜利。
> 如果你不知道这件事不能做，那么你会继续下去，并去干这件事的。
> 杯子是半满的，而不是半空的。
> 不要冒不必要的风险，但如果有适合你的机会，要有计划地冒险。
> 让商机和结果成为困扰你的因素，而不是金钱。
> 金钱是在合适的时间、合适的商机下，向合适的人提供的工具和记分卡。
> 赚钱比花钱更有趣。
> 在其他人中塑造英雄：团队可以建立企业；个人只能挣钱度日。
> 为你的成就感到自豪，自豪感是会感染人的。
> 总结出对成功起关键作用的详细细节。
> 正直和可信等同于可长期使用的油和黏合剂。
> 把蛋糕做得大，不要把时间浪费在试图分割小块。
> 以长远目标竞争，快速致富的可能性很小。
> 别付费太多，但也别失去它。
> 成功是指得到你想要的；幸福是指想要你已得到的。
> ……

（2）创业者宣言

阿尔贝特·施威茨尔（Albert Schweitzer）曾发表了著名的《创业者宣言》。这首广为流传的诗歌曾唤醒了全世界多少人的创业激情，鼓舞着多少人勇敢地攀登创业高峰。成功创业者共有的一个特征是拥有创业激情，这种激情来自创业者坚信他的企业将发挥积极的影响这种信念。这种激情解释了人们为什么舍弃安定的工作而去创建自己企业的原因，也解释了许多亿万富翁诸如微软的比尔·盖茨、戴尔电脑公司的迈克尔·戴尔、甲骨文公司的拉里·埃里森等人，为什么在获得财务自由后还在不停工作的原因。

创业者宣言——施威茨尔（Albert Schweitzer）	
我怎会甘于庸碌， 打破常规的束缚是我神圣的权利， 只要我能做到。 赐予我机会和挑战吧， 安稳与舒适并不使我心驰神往。 不愿做个循规蹈矩的人， 不愿唯唯诺诺麻木不仁。 我渴望遭遇惊涛骇浪， 去实现我的梦想， 历经千难万险，哪怕折戟沉沙， 也要为争取成功的欢乐而冲浪。	一点小钱， 怎能买动我高贵的意志。 面对生活的挑战，我将大步向前， 安逸的生活怎值得留恋？ 乌托邦似的宁静只能使我昏昏欲睡。 我更向往成功，向往振奋和激动。 舒适的生活，怎能让我出卖自由， 怜悯的施舍更买不走人的尊严。 我已学会，独立思考，自由地行动， 面对这个世界，我要大声宣布， 这，是我的杰作。

从《创业者纲领》和《创业者宣言》中，我们也能读出创业者应该具备什么样的特质了。

2.3 创新创业精神

2.3.1 创新精神与创业精神

创新是创业的灵魂。创新既是一种对旧事物和旧秩序的破坏，也是一种对新事物和新秩序的创造。创新是创业得以成长、发展、延续的动力。创新精神类似一种能够持续创新成长的生命力。创新精神的本质仍着重于一种创新活动的行为过程，而非企业家的个性特征。创新精神所关注的在于是否创造新的价值，而不在于设立新公司，也非创业精神的特征。创新精神的主要含义为创新，也就是创新者通过创新的手段，将资源更有效地利用，为市场或者社会创造出新的价值。创新精神的最终体现就是开创前无古人的事业，创新精神本身必然具有超越历史的先进性，想前人之不敢想、做前人之不敢做。不同时代的人们面对着不同的物质生活和精神生活条件，创新精神对创业实践有重要意义，它是创业理想产生的原动力，是创业成功的重要保证。一般把创新精神划分为个体的创新精神及组织的创新精神。所谓个体的创新精神，指的是以个人力量，在个人愿景引导下，从事创新活动，并进而创造一个新企业或者一个新技术方案；而组织的创新精神则指在已存在的一个组织内部，以群体力量追求共同愿景，从事组织创新活动，进而创造组织或产品的新面貌。

创业精神是指在创业者的主观世界中，那些具有开创性的思想、观念、个性、意志、作风和品质等。创业精神是由多种精神特质综合作用而成的。诸如创新精神、拼搏精神、进取精神、合作精神等都是形成创业精神的特质精神。创业精神有三个层面的内涵：哲学层次的创业思想和创业观念，是人们对于创业的理性认识；心理学层次的创业个性和创业意志，是人们创业的心理基础；行为学层次的创业作风和创业品质，是人们创业的行为模式。无论是创业精神的产生、形成和内化，还是创业精神的外显、展现和外化，都是由三个层面所构成的整体，缺少其中任何一个层面，都无法构成创业精神。创业精神有三个主题：一是对机会的追求，创业精神是追求环境的趋势和变化，而且往往是尚未被人们注意的趋势和变化。二是创新。创业精神包含了变革、革新、转换和引入新方法，即新产品、新服务或者是做生意的新方式。三是增长。创业者追求增长，他们不满足于停留在小规模或现有的规模上，创业者希望他的企业能够尽可能地增长，员工能够拼命工作。因为他们在不断寻找新趋势和机会，不断地创新，不断地推出新产品和新的经营方式。

虽然创业常常是以开创公司的方式产生，但创业精神不一定只存在于新企业。一些成熟的组织，只要符合上述三个内涵和三个主题，该组织依然具备创业精神。创业本身是一种无中生有的历程，只要创业者具备求新、求变、求发展的心态，以创造新价值的方式为新企业创造利润，那么我们就能说这一过程中充满了创业精神。因此创业管理的关键在于创业过程能否"将新事物带入现存的市场活动中"，包括新产品或服务、新的管理制度、新的流程等。创业精神指的是一种追求机会的行为，这些机会尚不存在于资源应用的范围，但未来有可能创造资源应用的新价值。因此我们可以说，创业精神是促成新企业形成、发展和成长的原动力。

2.3.2　企业家精神

德鲁克（Drucker）在其名著《创新与企业家精神》一书中提出企业家精神中最主要的是创新，进而把企业家的领导能力与管理等同起来，认为"企业管理的核心内容，是企业家在经济上的冒险行为，企业就是企业家工作的组织"。

随着创新创业理论与实践的不断完善，出现了很多经典的对企业家精神的解读，以下是其中一种解读：

● 创新是企业家精神的灵魂，

● 冒险是企业家精神的天性，

● 合作是企业家精神的精华，

●敬业是企业家精神的动力，

●学习是企业家精神的关键，

●执着是企业家精神的本色，

●诚信是企业家精神的基石。

下面是另一种对企业家精神的经典解读：

●一种创新意识：新思路、新策略、新产品、新市场、新模式、新发展；

●一种责任：敬业、诚信、合作、学习；

●一种品格：冒险精神、准确判断、果断决策，坚韧执着；

●一种价值观：创造利润，奉献爱心，回报社会；

●一种文化修养：广博的知识，高尚的道德情操，丰富的想象力。

还有一种经典的企业家精神解读：

●爱国敬业：企业家应具备爱国情怀和敬业精神，致力于实业报国和民族振兴。

●遵纪守法：企业家应遵守法律法规，诚信经营，树立良好的企业形象。

●艰苦奋斗：企业家应具备吃苦耐劳、不畏艰难的精神，勇于面对挑战和困难。

●创新发展：企业家应具备创新意识，不断推动技术、产品、市场和管理等方面的创新。

●专注品质：企业家应关注产品和服务的质量，追求精益求精，满足客户需求。

●追求卓越：企业家应具备追求卓越的精神，不断超越自我，推动企业向更高层次发展。

●履行责任：企业家应承担社会责任，关注环境保护、公益事业等，回馈社会。

综上几种解读，企业家精神包括了冒险精神、创新精神、意志力，鹰眼精神、诚信精神、共赢精神、爱国情怀、法治意识等，企业家精神具有时代性和民族性，随着时代的发展而不断演变，同时体现了中华民族的优秀传统和时代精神。

2.4 新时代创新创业者的特质

创业者的许多特质已经在前述诸多模型和验证中得到描述了，许多理论来自西方学界，少有结合新时代，结合中国的特色国情和新生代历史使命进行研究。因此，本书对新时代创新创业者的重要特质与认知做了以下进一步梳理。

2.4.1 新时代创新创业者的重要特质

描述创业者的优秀特质、素质或者能力的词语很多，本书按照以人为本、人心为中心的方法，对新时代创业者的特质作出以下归纳，并按照重要程度进行排列。

（1）内心自信、心态积极

习近平主席一直在倡导文化自信、民族复兴，实现中国梦。自信是对自我评价的一种积极心态，是创业者的重要特质。所谓"创业始于自信，成于诚信"。

成功创业者一般对自己的评价都比较高，自信心足。甚至之所以很多人认为创业者是"自负的人""疯子"等，这说明创业者必须有足够的自信。因为，创业者在创业初期，往往会遇到很多困难、迷惘、不确定性，资源的不足，环境恶劣，旁人的嫉妒和责难等。在这些困难面前，创业者需要自信给自己增加动力，渡过难关。特别在创业融资阶段，创业者面对融资者一定要对你的项目、团队和成功保持足够的自信。创业者要用自信给投资者增加投资信心。曾有记者问张朝阳，你在 IT 产业创业成功，让中国的年轻人看到了从一无所有到拥有巨大财富的活生生的范例。当年，你能说服美国风险投资家把美金押在你这样一个无名小卒身上，你认为是你身上什么样的特质打动了他们呢？张朝阳回答道："自信，我对自己的成功有坚定的信念，使他们也对我产生了信任。"由此可见，自信是创业者的重要特质，也是成功经营一家企业的基础。

积极的创业心态应包括：一是拥有巨大的创业热情；二是要清除内心障碍；三是要努力克服困难、创造条件变不可能为可能。健康的态度、积极的想法会促使你把今天变成你曾拥有的最奇妙无比的一天。明白哪些想法是积极肯定、充满爱意的，那么你会发现自己正在用着积极、仁爱的方式谈话、行动。事实上，你所有的观念都会是乐观的，你的生活将充满自信、爱、欢乐、幸福、健康、成功与和谐。积极的创业心态还能发现潜能，激发潜能，拓展潜能和实现潜能，进而帮助他获得事业上的成就和巨大的财富。

（2）高尚的品德

创业者首先需要具备良好的社会公德、职业道德、商业美德和个人品德。创业者如果没有好的品德，或创业就是为了个人私利，肯定不能开创一番事业，即便能够把企业办起来，甚至也可能"辉煌"一时，但终归昙花一现。

社会公德的主要内容是集体主义、社会价值、服务社会、造福人民、遵纪守法、生态环保、文明礼貌、助人为乐、爱护公物、保护环境等，这些内容都属于中国特色社会主义核心价值观，也是创业者需要具备的道德基础。

良好的商业道德是成功创业者的共同特征。尽管社会上流传着所谓"无商不奸"的说法，但事实上却相反，成功的创业者往往是最注重诚信、感恩和责任的，没有道德的商人走不长远，不能算真正的创业者。作为创业者，第一，要诚实守信，通过欺瞒诱诈获得资本的创业者或许能取得一时的"成就"，但这种缺陷人格将失去作为市场主体应当具备的基本要件——商业信用。失去商业信用的创业者要继续生存和经营下去是不可能的。第二，要懂得感恩，并知恩图报。任何获得成就的人，一路走来，必然要获得身边各种资源的支持，大到国家社会，小到学校、公司、各种组织机构，遇到过的领导、同事、同学、合作伙伴等。创业者要拥有感恩的心，才能得道多助。第三，要有责任心。责任心也是从社会责任到企业责任到家庭责任，是优秀人士的担当。创业者要善待跟你一起创业并共担风险的人，要善待你的家人和朋友，有余力时也要对社会弱势群体施以慈善。拥有责任心的人，必得获得更多人来自内心的认可和扶持。

优秀的道德特征还有很多，这里不再一一展开。总之，创业者应当按照"先做人，后做事"的良训，只有树立良好的社会公德、职业道德、商业美德和个人品德，才能在今后的创业历程中获得信任和发展。

（3）强烈的使命感

使命感，其实就是一种个人的愿景使命、人生理想，是忘我的热情、甘于奉献的献身追求。拿破仑·希尔（Napoleon Hill）曾说"每一个人到了某一个年龄，都会开始明白金钱的重要性与意义，因而对它产生'渴望'，但仅如此是不会导致财富出现的；相反，对金钱有着浓烈的'愿望'，并执着于自己的理想，按照既定的路线去创造财富，用坚忍不拔的精神来支撑自己，永不言败，不胜不归，你将会创造出惊人的财富"。创业者特别要正确地面对金钱，培养对金钱正确的认识。创业者要"君子爱财，取之有道"，财富是创业最大的动力之一；但也不可以盲目地奉行拜金主义，视金钱为一切。

老一辈革命先烈有更崇高的使命感，为了实现全世界无产阶级的解放，为了社会主义新中国，为了人民群众的幸福和谐生活等。

新生代的创业使命感应该有更多关于科技创新的历史使命与追求，除此之外，家国情怀、爱国爱党、科技报国、服务社会等使命感也很重要，可以自己先富起来，最终有责任引领大众实现共同富裕。

由此可见，使命感是创业者成功创业的强大内驱力。

新时代创业者的历史使命之一就是要点燃科技创新的欲望，促进新质生产力，不断推动中国特色社会主义创新发展。

（4）坚强的毅力

创业过程有较多的意外和风险，获得创业的成功需要坚韧不拔之志、顽强的毅力、吃苦耐劳的执着精神，并具备心理上的抗压能力。坚韧就是要有顽强的创业意志。创业意志指个体能百折不挠地把创业行动坚持到底以达到目的的心理品质。创业意志包括：一是创业目的明确；二是决断果敢；三是具有恒心和毅力。不要被世间的烦恼和世人困窘的处境吓倒。你一旦屈服，便会卷入混乱与动荡之中。当世间的黑暗变得愈加浓重，你内心的光必须汲取能量，变得更加明亮，这样，它才会帮你战胜黑暗。

创业者在遇到困难和压力时，要能够挺得住，要有足够的抗压能力，不要被困难吓倒，也不要被压力压垮。创业者要能够用客观的态度做心理性的决策，做到不以物喜、不以己悲。创业者面对成功和胜利不沾沾自喜，得意忘形；在碰到困难、挫折和失败时不灰心丧气，消极悲观。创业不是创业者为了一时的意气用事去证明什么。创业者是在实实在在地开创一番事业，要冷静、客观、公平地对待每一个人、每一件事。心理素质是创业者的心理条件，包括自我意识、性格、气质、情感等心理构成要素。作为创业者，他的自我意识特征应为自信和自主；他的性格应刚强、坚持、果断和开朗；他的情感应更富有理性色彩。

戴尔电脑创始人迈克尔·戴尔（Michael Del）曾说，任何人都能创业成功，只要你勤奋，并且拥有一个可行的商业模式。除了强调戴尔的商业模式之外，勤奋，是创业成功的重要要件。辛勤付出，才是获得成功的唯一必经道路。任何成功的创业背后，都是创业者们用辛勤的汗水和刻苦的努力换来的。几乎每一个创业者都近乎是工作狂。正像通用电气创始人之一、发明家爱迪生（Thomas Alva Edison）所说："创办一家成功的企业所需要的远不止是好的主意、市场和资金，新创企业所需要的是那种一旦公司诞生就能够夜不能寐的产品斗士"。痴迷，也是创业者的性格标签，是一种对创业的目标忘我的、如痴如醉的状态，愿意全身心融进创业行动之中。

1984年，国内最大的英语培训机构"新东方"的创始人俞敏洪从北京大学毕业后留校任教。他为了挣足4万元留学费，在校外一个民办外语培训机构教课，被校方发现并通报批评。于是，俞敏洪选择了辞职创业，开始全身心投入追求心中的目标。1993年11月，俞敏洪在租来的简陋建筑里，开始了新东方充满艰难的发展历程。俞敏洪至今都难忘创业之初，新东方的"落魄"景象：中关村二小的一间平房里只有一张桌子、一把椅子，以及冬天小广告还未刷完就结冰的糨糊桶。那个冬天，俞敏洪是自己拎着糨糊桶，骑着自行车穿行在中关村的大街小巷，在零下十几度的冬夜去贴广告。北京的冬夜经常刮大风，广告还没贴上去，糨糊已结成冰了。经过艰苦环境磨炼的俞敏洪，终于依靠勤劳苦干造就了今天的新东方。凭着逐渐积累出的口碑，新东方逐渐完成了从"手工作坊"向现代化公司转变的过程，并逐步发展成为了今天的英语培训领先品牌之一。

（5）持续的创造力

创业需要各种各样的知识与技能，除了专业知识外，创业者还要掌握法律、财务、营销、人事管理等各方面的知识与能力。而这些知识与技能创业者无法保证在创业之前就已全都掌握，只能在创业过程中一边做一边学，这就需要很强的学习能力。

在竞争日趋激烈、科技发展日新月异、知识更新不断加快的今天，对新知识的学习显得更加重要。科技不断在进步，国内外对新产品的研发也从未断过，再加上政策的改变、市场的变化，你无法保证在创业初期拥有的知识技能在几年后仍然有效。这就要求创业者要有超强的学习能力，随时准备更新自己的知识与信息库，才能跟上时代的步伐，保证创业的成功。

1949年，索尼公司创始人之一的井深大，到日本广播公司办事，偶然发现一台美国制造的磁带录音机，当时这种产品在日本还鲜为人知，但是井深大马上意识到这种新产品巨大的市场潜力，于是立即买下专利。通过对该专利技术的学习和研究，仅用了一年时间，索尼公司就向市场上推出了新产品，最终使录音机成为热门货，为公司的发展奠定了基础。1955 年，美国人发明了半导体收音机，随后在日本国家电视台进行展示。井深大又在其中发现了商业机会，购买了该项技术的专利，通过学习和研究，然后进行批量生产，很快反过来占领了美国市场。索尼公司就这样一步步发展成全球很有影响力的大企业。

（6）敏锐的洞察力

机会对创业者来说，无疑是最重要的外部因素。由于机会具有很大的偶然性和不确定性，所以机会也成为创业者最关注的要素之一，而成功的创业者大多都能够正确地认识和把握住稍纵即逝的机会。比尔·盖茨的成功在很大程度上取决于他对机会的成功把握，他准确地预见了计算机软件的巨大前途。而迈克尔·戴尔的成功也归功于他对"直销"这种商业模式的成功把握。现在有很多人经常怨天尤人，总哀叹上天不眷顾自己。其实，仔细分析一下，就会发现创业机会存在几个特征：

第一，机会无处不在。机会总是客观存在的，创业者要懂得认识机会和把握机会。比尔·盖茨和戴尔在发现巨大商机后都果断抓住机会，才成就今天的伟业。如果在机会面前犹豫不决、停步不前，那肯定是不会有所收获的。

第二，机会总是垂青那些有所准备的人。不能光看到比尔·盖茨和戴尔的辍学，他们在学校里都是优秀的学生，勤奋好学，并且对计算机都有着浓厚的、忘我的兴趣。所以，在机会来临之前，要做好充分的准备，努力提升自己的能力，迎接幸运女神的垂青。

第三，机不可失，时不再来；机会稍纵即逝。创业者是喜欢变化的，没有变化就没有机会。你必须为新时代发生的神奇变化做好准备。如果你像一块吸墨纸那样接受和吸纳正在发生的种种变化，它们就会以极为和谐宁静的方式在你的身内身外发生。你将发现，自己会随着种种变化而变化，却不会受到它们过多的影响。尽管变化的速度迅速得令人惊讶。你应始终将尽善尽美当作自己的生活目标，然后不断地前进，不断地接近那看似不可能到达的终点。创业机会对于创业者来说稍纵即逝，必须能够敏锐地从不断变化的环境中发现创业机会。

成功的创业者所采用的把握机会的策略，可归纳为三条指导方针：第一，快速筛选机会，将没有前景的创业项目淘汰；第二，仔细分析创意，集中关注一些重要的事项；第三，将行动与分析结合起来，不要老是等待所有的问题的答案，要准备随时改进进程。

硅谷曾有一家数字研究公司，开发出了第一个可运行的 PC 操作系统 CP/M。但是其创办者加里·基尔多不愿意把该技术转让给 IBM。IBM 非常看好这个操作系统，希望把 CP/M 应用于新生产的个人电脑产品上。在 IBM 拜访这家公司的时候，加里·基尔舍不得将成果转让出来共同收益，双方没能达成协议。当时另外一家不知名的创业公司微软公司对 IBM 的提议做出了响应，虽然它需要从别人那里购买一个操作系统来做这件事。这就成为 MS-DOS、Windows 的前身，而那家数字研究公司只成了别人的一个注脚。实际上，对创业者来说，面临的一大挑战就是准确界定一个尚无人利用、能有所发展的市场机会。比如思科就是成功地采纳了一个简单的主意，像交警一样把电子信息导向指定目标的路由器，从而在不到十年的时间里发展成为一个拥有几十亿美元资产的企业。

（7）综合管理能力

创业者要具备的管理能力，综合起来可以是计划、决策、沟通、领导、组织、执行、激励和创新等职能的能力。比如：创业者在进行某项计划时必须考虑计划涉及的范围和有关限制因素；创业者要考虑某项计划的价值；创业者要考虑计划的时机，进行为时尚早的计划同贻误战机一样，也会导致失去创业机会；创业者要考虑计划的根据和后果。

创业者必须在计划与决策的制定上比经理人更具有创新性，他们必须从多角度入手来处理问题，并不断寻求创新办法来解决问题。在特定情境下，他们还必须有良好的洞察力，能够预测出几种备选解决方案可能的结果。下列步骤是在决策过程中可以遵循的：定义主要问题；找出问题的主要原因；确定可能的解决方案；评估可能的解决方案；选择最佳方案；执行方案；检验方案是否正确。尽管这种理性的方法很有逻辑性，但上述过程并不一定能解决所有问题。一个方案的成功执行还需要创业者的领导和权力。决策的执行需要足够的坚定和热情。创业者必须对方案的未来结果持积极态度，而不能浪费时间去怀疑，一旦已经开始执行一个决策，就要将所有的怀疑和不确定性抛于脑后。创业者必须对自己的行动有决断性。一个组织应该有明确的发展方向和清晰界定的预期目标。大多数创业者不怕决策，因为他们不害怕失败，对于成功他们有自己的标准。

在决策过程中，时间是一个至关重要的因素，特别是在业务发展阶段。在某些情况下，必须要快速决策、迅速执行。有些决策在制定时并没有考虑到未来发展或情况变化等所带来的收益变化。对决策执行情况的有效监控能够帮助创业者及时发现决策的不足之处，并为采取进一步行动提供信息。刚开始时创业者可以采用头脑风暴法，员工们集思广益，列出各种备选解决方案。虽然有些新问题可能没有正确的方法，但还是要由创业者来确定一个最佳的可能方案。

（8）理性冒险

创业者需要敢于冒险，要敢于"第一个吃螃蟹"。机会与风险经常是相伴而行的，风险与利润总是一致的。对于创业者来说，敢于承担风险就意味着有可能把握机遇，敢冒风险。创业的价值就在于创造出独特的东西，要敢于冒风险，敢于走前人和别人没有走过的路。敢冒风险是理智基础上的大胆决断，是自信前提下的果敢超越，是新目标面前的不断追求。

高风险伴随着高收益，这是经济生活中的一条公理。只要创业者正确认识到风险的存在，合理地管理创业风险，就能在获得高收益的同时把风险降到最低限度。

创业者应正确地认识市场中的风险，而不是想极力逃避风险。创业者都需要承担一定风险，只有具有风险的意识，才能够在创业初始合理地规避风险，并把握创业过程中核心要素管理；也只有具有一定的风险意识，才能够使新产品、新技术或新的服务走向实际化运作，才能够使新创企业度过艰难的创业过程而迅速成长，走向创业成功。

风险的魅力在于风险报酬的存在。风险报酬是指冒险家因冒风险而得到的额外收益。人们迎向风险，并不是喜欢看到自己的损失，而是希望看到成功后的风险报酬。风险报酬与风险程度是同向递增关系，这就是冒险的意义所在。

当创业者必须要针对两种或更多结果不明确的备选方案进行主观评估、决定取舍的时候，就产生了风险情境。创业者在对某个可能的选择进行决策的过程中需要理性地考虑以下这些因素：这一选择（目标）有多么地吸引人；风险承担者可以接受的损失底线；成功和失败的相对概率；个人努力对增加成功可能性、减少失败可能性的影响程度。大多数创业者都会评估并承担中等程度的风险。他们不喜欢低风险的情境，因为这样的情境缺乏挑战；但他们也会避免高风险情境，因为他们同样需要成功。他们会设定较高的目标，享受挑战所带来的兴奋感，但是他们不会去赌博。因此，低风险和高风险情境都是创业者所回避的，创业者喜欢的是有难度但可战胜的挑战。

理性冒险行为需要以下特质：一是理性决策，预先测算风险概率，筹划风险转移和规避措施，作出风险相对最小且能确保收益的决策；二是自信心，对自己的能力越自信，就越能够影响决定所带来的后果，也就更愿意承担风险。

创业者的风险控制能力能够通过下列方法得到提高：愿意发挥最大能力促进各方面因素向自己期望的方向发展；客观评估风险情境的能力和改变不利因素的能力；把风险情境视为既定目标；全面计划，有效执行。创业者通常会为自己设定较高的目标，然后集中他们全部的能力和才干来实现这些目标。目标制定得越高，蕴藏的风险就越大。商业创新能够产生更高质量的产品和服务，而这种创新正是源于这些愿意接受巨大挑战并能够评估风险、承担风险的创业者。

2.4.2 新时代创新创业者的知识结构与能力

（1）创新创业者的知识结构

知识和认知对创新创业起着举足轻重的作用。创新创业者要进行创造性思维，要作出正确决策，必须掌握广博知识，具有一专多能的知识结构。具体来说，创业者应该具有以下几方面的知识：市场机会分析、营销策划、财务会计、融资、理财、企业运营管理、企业人力资源管理、沟通与激励、领导力、产品设计、核心技术等。如图2-7所示，在创业者所应当具备的"T"形知识结构中，专业技能被放在最突出的重要位置，这是产生新质生产力的关键。

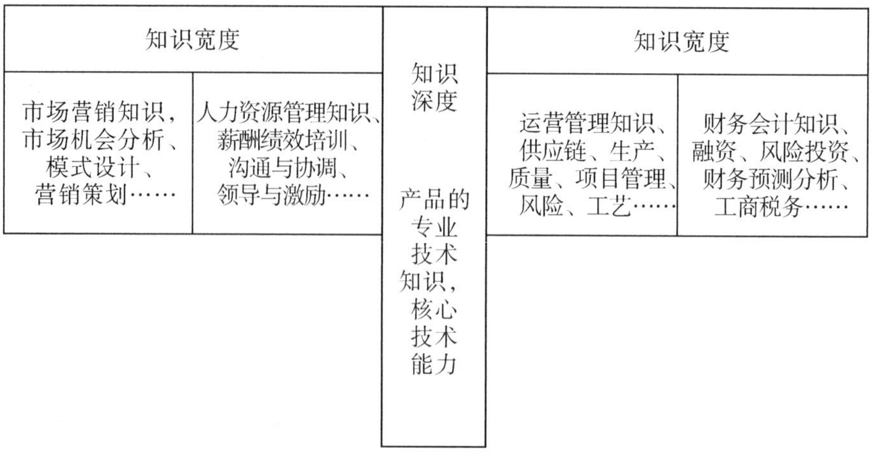

知识宽度		知识深度	知识宽度	
市场营销知识、市场机会分析、模式设计、营销策划……	人力资源管理知识、薪酬绩效培训、沟通与协调、领导与激励……	产品的专业技术知识，核心技术能力	运营管理知识、供应链、生产、质量、项目管理、风险、工艺……	财务会计知识、融资、风险投资、财务预测分析、工商税务……

图 2-7　创业者所应当具备的"T"形知识结构

值得注意的是，虽然知识和能力是非常重要的，但还不是最重要的，因为知识和能力后天可以补充学习。正如蒂蒙斯的创业特质模型一样，决定创业成功与失败的主要原因并不是知识，而往往是核心素质、特质与天赋。因此，我们要继续学习创业过程模型、素质冰山模型和洋葱模型，从中找到最核心的要素。

当然，这并不是要求创业者必须完全具备这些素质才能去创业，但创业者本人要有不断提高自身素质的自觉性和实际行动。提高素质的途径：一靠学习，二靠改造。要想成为一个成功的创业者，就要做一个终身学习者和自我改造者，更要具备自识力。

（2）创新创业者的自识力

自识力是创新创业者持续思考自我价值取向、自我与他人以及外界关系等形而上学命题的思辨能力。它不仅决定了一个人有多强的创业胜任力，也不断校正着一个人的人生态度与气度格局。正所谓，人贵有自知之明；知己知彼，百战不殆。

自识力的识别，贯穿整个创业过程。创新创业的过程是一个目标逐渐清晰、资源逐渐增加、知识和能力逐渐增强的过程。在这个不断发展的过程中，自识力强的创业者能够保持冷静头脑，清静审视自我价值与人生追求，不断实现自我突破，这正是优秀创业家与普通创业者的最本质区别。

蒂蒙斯提出的"创业见习期"，就是对提升自识力的告诫，需要大约 10 年以上的创业见习，才能容易获得创业成功。其中，学习期是"创业见习期"的第一个时期，学习"创业课程"的在校学生或参加创业培训的学员；创业见习期的第二个时期是见习期，大约需要积累 10 年或 10 年多的丰富经验。建立了人际关系，拥有实践经验，并在行业、市场和技术方面成就了业绩；最后才是创业期。先为雇主赚钱，再为自己赚钱，最后创办自己的企业，是自识力不断提升的稳妥过程。

自识力的思考构成了创业课程的主要内容：

2 新时代的创新创业者

第一，你是谁？

第二，你的行业环境（商机/资源）怎么样？

第三，你的顾客怎么样？

第四，你的竞争对手怎么样？

第五，你的团队怎么样？

第六，你的核心优势（产品/服务/技术）是什么？

第七，你能坚持住你的竞争优势吗？

第八，你将来能做成什么样？

自识力的形成，往往需要专业的学习和心智的磨炼。但随着互联网+大数据新时代的到来，大大加快了自识力的形成效率，以下是新时代的三大能力。

（3）新时代的三大能力

被誉为未来学家的 Alvin Toffler（1970）在《未来的冲击》一书中创造性地提出了未来的教育是回到社区在家上学、在线和多媒体教育等。将近半个世纪过去了，基于互联网、社交媒体、云计算、物联网、数据库等技术的成熟应用，Alvin Toffler 的预测开始初现端倪。魏忠（2014）认为，学校失去了知识垄断性，教育在悄悄发生一场革命，而导致这场革命的真正原因就是大数据。2013 年 TED 大奖获得者 Sugata Mitra（苏伽特·米特拉）认为，只有三种最基本的东西在大数据时代是学生用得到和必须学的：第一是搜索，第二是阅读，第三是辨别真伪。本书在上述理论的基础上，对新时代的三大能力做出以下表述。

第一，搜索。大数据时代的知识是呈爆炸式增长的，学生以及社会中的成员已经不可能学习所有甚至跟其专业有关的知识。而事实上，从应用的角度，这些知识不用去掌握的，知识就摆在那里，本书只需要搜索出来去解决必要的问题而已。因此，学生重要的已经不是学习知识本身，而是学习搜索知识的方法。

第二，阅读。阅读是获取知识的源泉，在大数据时代也是如此，但更要注重方法。比如阅读一本书，过去的方法是从头到尾通读，再写读书心得并交流；现在面临太多的书，于是首先要上网去看一看相关图书排名，看一看书评，看一看其中主要的代表观点及结论，就能基本掌握该书以及该领域所记载的精要了。

第三，辨别真伪。魏忠（2014）认为，大数据时代给人最大的难题正如 Alvin Toffler 所说的来自"信道危机"。在单一的信息来源情况下，比如高考、固定的考试大纲，教育就是重复吸收那些经过筛选的知识。在信息过载的大数据时代，充斥着大量杂乱、个性化、片面的信息，如何搜索、阅读、辨别真伪成了一个巨大的难题。或许这才是未来教育需要做的。

总之，大数据、云计算等新技术的到来，大大提高了自识力的形成效率，无论是创业，还是创新，都能运用大数据工具找到想要的知识，这里在发生一场知识获取方式的革命。

 案例分析

你是否具备创新创业潜质？

本章案例是专属于你自己的案例。创新创业者具备较高的素质与能力，这意味着并不是每个人都适合做一名创业者，仅仅能够识别到有利可图的机会还不够。你适合创新创业吗？你是否能够设计出能指出你未来目标的愿景，并能达到它呢？如果不能，你就应该重新考虑，因为创业很像爱迪生所说的那样"成功是1%的灵感加99%的汗水"。虽然没有单一方法来检验创业者的素质与能力，但人们普遍认为成为一名成功创业者需要几个关键特征。巴隆（Roben A. Baron）和谢恩（Scott Shan）提出创业能力测试需要回答下列问题。本书根据巴隆和谢恩的设问，发展了其提问内容，并予以赋分。

创业能力的测试题
改编自巴隆（Roben A. Baron）和谢恩（Scott Shan）的量表

请根据每个方面给自己打分，然后让几个熟悉你的人也给你打分。结果或许可以让你很好地了解，你是否能成为一名优秀的创业者，或者还需要提高自己的素质与能力。

①你掌握了创业相关的知识吗？或者掌握了其中一项，如技术、营销、人力资源；或者你参加过创业培训；或者你富有学习精神，准备去掌握这些知识。（1~10分）

②你对新生事物充满好奇和关注吗？你对国家大事、社区生活百态时常留心吗？你是否思考并分析过一些创业人物或企业或身边的店铺的经营情况？或者你准备去关注这些事情。（1~10分）

③你能应对不确定性吗？安全（如固定的薪水）对你重要吗，或者你愿意容忍不确定性（经济和其他方面的）吗？（1~10分）

④你精力充沛吗？你是否有精力和健康的身体能够长时间工作，以实现对你而言很重要的目标？（1~10分）

⑤你信任自己和你的能力吗？你是否相信，你能够达到想达到的任何目标，并学会这个过程所需要的东西？（1~10分）

⑥你能很好地处理逆境和失败吗？对于不利的结果你如何反应？是灰心丧气还是重新承诺下一次会成功并从错误中学习？（1~10分）

⑦你对你的目标或愿景充满热情吗？一旦你建立了一个目标或愿景，你是否因为对此充满热情而愿意牺牲所有其他东西来实现它？（1~10分）

⑧你善于同其他人相处吗？你能够说服别人像你一样看待世界吗？你能够同他们融洽相处吗（如处理冲突、建立信任）？（1~10分）

⑨你具有不同环境的适应性吗？你容易在中途做出改正吗？比如，你能否承认自己犯了错误，并退出原来进程以改正它？（1~10分）

⑩你愿意承担风险或相信没有经过证明的事物吗？一旦你树立一个目标，你是否愿意承担合理的风险来实现它？换句话说，你是否愿意尽你所能去减少风险，并且一旦你做了就会坚持下去？（1~10分）

---

2 新时代的创新创业者

通过评分之后，你会发现，身边每个人都会有不同的分数。巴隆和谢恩认为成功的创业者在所有这些方面得分都高于其他人。他们能够处理不确定性、精力充沛、相信自己、能很好地和灵活地对逆境做出反应、对理想充满热情、善于同他人相处、非常具有适应性，并且愿意承担合理的风险。当你具备这些特征时（至少是其中一部分），你或许就适合创业者的角色。但是，如果发现自己在几个特征方面得分较低，你可能需要重新考虑：或许成为一名创业者并不是你真正喜欢的，或者该好好提高一下自己的素质与能力了。

高阶训练

创始人及创业团队的构建

1. 训练目标：掌握创业者特质的理论知识；了解适合创新创业的特质，训练创新创业非认知能力；培养创新精神和创业意识。

2. 训练内容：结合自己参加的创新创业大赛项目，介绍作为项目的创始人及其团队，应该具备的要素。包括：

（1）创始人的价值观（初心故事）

（2）创业团队专业结构

（3）校内外导师和资源合作方

（4）公司组织机构设计

（5）公司股权结构设计

（6）公司发展历程及未来发展规划

3. 训练方法：翻转教学法、文献分析法、实地调查法、项目驱动法。

4. 评价标准：从创始人及创业团队成员的特质和应具备的能力等几个方面进行评估。

拓展资源

［1］杰弗里·蒂蒙斯. 创业学（第6版）［M］. 周伟民 译，北京：人民邮电出版社，2005.

［2］彼得·德鲁克. 创新与企业家精神［M］. 魏江，陈侠飞，译. 北京：机械工业出版社，2023.

［3］彼得·德鲁克，约瑟夫·A. 马恰列洛. 卓有成效的管理者［M］. 宋强，译. 北京：机械工业出版社，2024.

［4］布鲁斯R. 巴林杰. 创业管理：成功创建新企业［M］. 薛红志，张帆，等译. 北京：机械工业出版社，2017.

［5］罗伯特·巴隆，斯科特·谢恩. 创业管理—基于过程的观点［M］. 张玉利等译，北京：机械工业出版社，2005.

［6］郁义鸿，李志能，罗博特 D. 希斯瑞克. 创业学［M］. 上海：复旦大学出版社，2000.

［7］刘国新，王光杰. 创业风险管理［M］. 武汉：武汉理工大学出版社，2004.

［8］张玉利. 创业管理［M］. 北京：机械工业出版社，2010.

［9］丁栋虹. 创业管理：企业家的视角［M］. 北京：机械工业出版社，2012.

3　新时代的创新创业机会

 教学目标

（1）知识目标：掌握商业机会的特征和来源，以及与创新创业机会的关系，尤其是机会的客观性、时效性、相对性、经济性等特征认知。

（2）能力目标：能够运用 PEST 市场环境分析、波特五力模型、竞争者比较分析、SWOT 分析、STP 目标市场定位和商业机会价值评估矩阵等工具，识别和评估创新创业机会。

（3）素养目标：辩证地看待商业机会，对机会敏锐的同时不能一味追求商机，要有道德和法律的基础素养目标。

思维导图

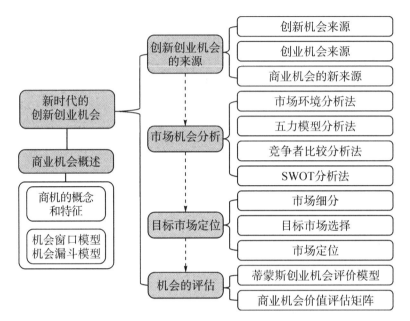

数字化时代的商业机会

随着计算机、互联网、电子信息和通信技术的发展，我们进入了数字化时代。在数字化时代，整个社会，包括政府、产业、企业、家庭和个人，都发生了深刻的变革。《中华人民共和国国民经济和社会发展第十四个五年规划和 2035 年远景目标纲要》第五篇专门阐述加快数字化发展、建设数字中国，并提出打造数字经济新优势、加快数字社会建设步伐、提高数字政府建设水平、营造良好数字生态。数字化成为市场营销环境变革的重要源头之一，有人将其称为"数字革命"。

在数字化时代，创新创业风起云涌，涌现了众多的创新和创业成功案例，以下选择一些典型案例进行创新创业机会分析。

创新创业项目	商业机会来源	创新创业成果
滴滴出行：程维在清华大学毕业后，创立了滴滴出行，一个打车软件平台，通过互联网技术和大数据算法，优化了传统出租车行业，为用户提供便捷的出行服务，成为国内最大的移动出行平台之一	新技术、新模式、出行需求、出行痛点、传统出租车行业的问题等	技术创新、产品创新、服务创新、流程创新、商业模式创新等

表(续)

创新创业项目	商业机会来源	创新创业成果
拼多多：黄峥在浙江大学毕业后，创立了拼多多，一个社交电商平台，通过社交网络和拼团模式，为用户提供低价优质的产品，迅速获得大量用户，成为中国电商领域的后起之秀	新技术、用户需求开发和引导、竞争对手的差异化、市场空隙等	技术创新、产品和服务创新、商业模式创新、流程创新等
美团：王兴在清华大学毕业后，创立了美团点评，一个本地生活服务平台，整合了餐饮、酒店、电影、出行等多元化服务，为用户提供便捷的生活服务，成为中国最大的本地生活服务平台之一	新技术、行业发展、社会文化变化、生活方式和习惯变化等	技术创新、服务创新、商业模式创新、资源创新等
饿了么：张旭豪在上海交通大学毕业后，创立了饿了么，一个外卖平台，通过互联网技术和物流配送体系，为用户提供便捷的外卖服务，成为国内最大的外卖平台之一	数字化技术、社会文化和生活方式的变化、餐饮行业的痛点等	技术创新、服务创新、供应链创新、商业模式创新、资源创新等
美图：蔡文胜高中辍学，创立了美图公司，一家专注于美颜拍照的科技公司，开发了美图秀秀、美颜相机等热门应用，成为中国最大的美颜拍照软件开发商之一	互联网技术、互联网原住民的需求、社会文化和生活方式的变化、行业创意和内容生产需求等	技术创新、产品创新、产业创新、商业模式创新

3.1　商业机会概述

3.1.1　商业机会的概念

对于创新和创业者来说，首先需要寻找创新和创业的机会，我们称之为商业机会或市场机会。一个完整的创新和创业过程始于对商业机会的识别，因此，商业机会的识别是创新创业活动的起点，对整个创新和创业过程的影响，乃至对创新创业活动成败的决定作用都是不容忽视的。商业机会的识别具有前瞻性和决定性，比团队的智慧、才能以及可获得的资源更为重要。

蒂蒙斯（Timmons）认为，创业过程的核心是创业机会问题，创业过程是由机会驱动的；肖恩（Shane）和文卡塔马兰（Venkataraman）将创业机会定义为能在将来创造目前市场所缺乏的物品或服务的一系列的创意、信念和行动；也有学者认为商业机会是指未精确定义的市场需求或未得到利用、未得到充分利用的资源和能力，包括基本的技术，未找准市场的发明创造，或新产品服务的创意等。

我们认为，商业机会是指客观存在于市场交易过程，并能够给经营者提供销售（服务）对象、带来盈利可能性的市场需求。商业机会能为经营者带来回报（或实现经营目的），是具有吸引力的、较为持久的和适时的一种商务活动的空间，或者对经营者有利的因素和条件。从创新创业实践来看，商业机会是产生创新创业活动的关键因素。简单地说，商业机会就是发现可能的市场需求，开发和提供能满足市场需求的产品和服务，并实现回报等利益的商业空间。

3.1.2 商业机会的特征

根据我们对商业机会的界定，商业机会具有吸引力、持续性、实时性和共生性的特征。但在越来越复杂的市场环境中，商业机会又呈现出了更多的新特征。

（1）客观性

商业机会在一定时期内是客观存在的，并能够被人把握住，无论人们是否意识到，有盈利可能的市场需求都会客观存在于一定的市场环境之中，依附于为购买者或终端用户创造或增加价值的产品、服务或业务。很多人认为只有全新的技术或者显露出来的市场才是商业机会，实际上并非如此，很多商业机会就在我们身边，生活中很多平常的现象在有心人眼里就是商业机会，此谓"处处留心皆学问"。

据说有一个东北农民和一个南方农民春节后外出打工谋生，两人在中途转车的车站相遇，他们在交谈中都发现对方的家乡很好，说者无心，听者有意，两个人聊完，各自走了。不过他们都没有去离家时想好的大城市，而是分别去了对方的家乡。南方人在长白山栽培细辛，不久便成为细辛栽培大户。东北人在黄山种灵芝，又贩运到北方去卖，很快也创业成功；其实，机会就在我们身边熟悉的角落，努力想到它，就会成功；而并不是必须费尽千里跋涉、远走他乡，才能抱得金财归。市场中不是没有机会，而是缺少发现。

（2）时效性

机不可失，时不再来，机会并非永久存在，需要及时把握。商业机会具有很强的时效性，稍纵即逝，不可复得。未满足的市场需求或者未被充分利用的市场资源是一个动态概念，企业如果不能及时捕捉，就会丧失机会。

1991 年，一位年轻的工程师开发出万维网（World Wide Web）之后，微软没有引起足够重视，比尔·盖茨说："在 1993 年看到该产品时，想象所有公司广告都会附上自己的网址，我认为这一定是疯了。"1994 年，网景（Netscape）成立，推出网络浏览器。1995 年，盖茨醒悟过来，不惜冒与网景打官司和遭到美国司法部"垄断诉讼"的风险，在推出的 win95 视窗系统中免费捆绑了自己的网络浏览器（Internet explorer）。以后，微软丝毫不敢松懈，不断地为 Internet explorer 升级换代，并免费与 windows 系列视窗系统捆绑，以确保自己在 WWW 上的领导地位。在并购了全球最大电子邮箱网站 Hotmail 之后，又开始斥巨资准备收购全球最大的门户网站 Yahoo！有人分析，如果盖茨能够及早认识到万维网的发展，利用操作系统的优势，及时推出自己的网络产品，将不可估量。

总之，机会总是青睐第一个吃螃蟹的人，对于机会的捕捉，企业宜早不宜迟。

（3）相对性

一些学者曾经试图研究创业成功的标志，结果他们发现不同国家、不同民族、不同行业、不同企业甚至不同创业者对成功的界定都不同。其实，事物的存在本身就是相对的，并没有绝对统一的判断标准。但有一点可以肯定，如果你超越了你的竞争者，你就获得了成功。竞争者包括对手，也包括自己。机会也是一样，如果你超越竞争者，你就赢得了机会。机会存在于与竞争者相比较之中。

1996 年，三个以色列人维斯格、瓦迪和高德芬格成立了 Mirabilis 公司，开发出了一种使人与人在互联网上能够快速直接交流的软件。他们为新软件取名 ICQ，即"I SEEK YOU（我找你）"的意思。ICQ 支持在 Internet 上聊天、发送消息、传递文件等功能。ICQ 的使用用户快速增长，6 个月后，ICQ 宣布成为当时世界上用户量最大的即时通信软件。1997 年，马化腾开始接触 ICQ 并成为其用户，开始思考是否可以在中国推出种类似 ICQ 的寻呼、聊天、电子邮件于一身的软件。马化腾发现 ICQ 的英文界面和使用操作难度有碍中国用户的使用，于是马化腾与张志东用了数月时间，开发出符合中国用户习惯的 ICQ 类似产品。腾讯公司将新软件命名为 OICQ（Open ICQ），功能与 ICQ 基本相似，但比 ICQ 更早投入中文市场。后来因为有误导用户认为 OICQ 的服务就是 ICQ 的服务之嫌，oicq. com 改名为 tencent. com，之后又改为 qq. com。此时腾讯公司的用户市场已经打开，市场开始稳定成熟，成为用户量最大的中文即时通信软件，原先的竞争对手 ICQ 在中文领域已经无法与之抗衡。

（4）信息不对称性

创新创业根植于经济系统，经济系统存在信息分布的不对称，因此，不同的个体拥有的信息是异质的，从而导致商业机会的存在和发现，每个人或多或少地掌握一些别人所没有的信息，因而在某种程度上总是存在可能产生利益的资源交易机会；企业在创新创业过程中努力开发利用自己所掌握的信息，从而导致他们为搜集资源和利用机会而建立的组织具有重要的结构化特征。肖恩（Shane）认为，创业是某类个体的特权，是信息在社会中不对称分布的结果。[①]

由于存在信息不对称，或者因为人们拥有不同的信息，有些人比其他人更善于就一个商业创意做出决策。拥有劣质信息的人常常做出较差的决策，因此市场上不足、多余和失误一直存在，而那些拥有优质信息的人往往能做出更准确的决策。从根本上讲，机会的出现往往是因为环境的变化以及各种市场因素的影响。通常，市场越不完善、相关知识和信息的缺口、不对称性或不确定性越大，机会也就越充裕。在此意义上，中国的商业机会应该远比发达国家要多，因为发达国家的市场已经相当完善，市场几乎没有"缝隙"，而中国经济处在转型期，市场因其不完善、不发达而充满各种"缝隙"，也许这也是外国投资者和海外留学人员纷纷到中国来创业

① 罗伯特·巴隆 斯科特·创业管理——基于过程的观点 [M]. 谢恩，张玉利 等译. 北京：机械工业出版社，2005.

的基本动因之一。

（5）均衡性与差异性

市场机会在特定范围内对某一类人或同一类企业是均等的，此所谓机会面前人人平等。机会虽然是均衡的，但不同个人和企业对同一市场机会的认识会产生差别。并且，由于个体和企业的素质和能力不同，利用同一市场机会获利的可能性和大小也难免产生差异。不同的人对机会的态度不一样，结果就不一样。

企业会根据不同员工的能力和素质差异予以不同的待遇，但是在新招聘同类员工入职的时候，往往都做到了此后难以出现的均衡，比如统一安排住宿、统一办理社保、统一派发底薪等。这是一个相对一致的起点，也是一个均衡的机会。比如新员工入职培训完毕，老总得意洋洋地提出：请大家交流半个小时——观察新员工能力的机会向每个在场的新员工毫无差别地迎面扑来。我们经常看到的情形出现了，不同的人有不同的反映。第一种人是善于把握机会的人，老总话音一落，就立即迎合起来，盛情表达了新员工对老总的崇敬，对公司业绩的钦佩，然后提出早已搜集好的问题，并一一提出了切实可行的应对策略……对于这种人在公司的前程可想而知。第二种人也毅然站出来发言，但罗列了很多问题，甚至提出了不满……这种人或许是才华出众，但是注定会被边缘化的。最多的是第三种人，一直默默地担当听众，始终不发表自己的意见和见解，这是对机会的漠视，已经与机会擦肩而过了。

（6）必然性和偶然性

时势造英雄，市场总是在不断发展变幻，每一个新兴行业的诞生，都会涌现出一批时代的弄潮儿，比如19世纪的铁路大王哈里曼、20世纪初的石油大王洛克菲勒、20世纪末的比尔·盖茨等。他们是站在风口浪尖的成功创业者，铸就他们事业成功的主要原因是他们选择了迎接新兴行业的诞生。机会是必然要给这些弄潮儿中的一个，因此，商业机会具有时代的必然性，商业机会在社会层面上是必然会被一些企业捕捉的，然而，对潜在创新创业者来说，机会并不是每时每刻都显露，机会的发现具有一定的偶然性，关键是要努力寻找，从市场环境变化的必然规律中预测和寻找市场机会。这就是通常所说的，要对商业机会保持警觉，时刻做一个有心人。

（7）经济性

经济学的知识告诉我们，机会成本是指一项资源用于某特定用途所放弃的该资源在其他用途使用中可能获得的最高收益。机会是具有选择性的，机会成本却是隐性的。许多企业在面对机会的时候没有发现隐性成本的存在，结果为其选择付出了沉重代价。

机会是可以选择的，并需要创业者冷静面对，及时做出权衡。其实，机会成本是可以估算的。比如，自有资金或房屋的机会成本等于把它借给别人可以得到的利息或租金收入；自己创业的机会成本等于自己到别人公司就业可以得到的收入。彼得森的教材中有这样一个具有代表性的例子来说明机会的选择性。一个已经获得MBA学位的人，打算投资20万美元开办一家零售店，并自己经营管理。该店预计一年的销售收入为 9 万美元、扣除货物成本和各种费用，年纯利润为 2 万美元。从会计成本上来看，创业获得了利润，但是，从机会成本上来看，却严重亏损了。因为，一个获得 MBA 学位的人如果到企业去工作，平均年薪应为 5 万美元。

机会的成本性并不完全是坏事，任何一件事情总是因人而异。曾经有两个商人来到沙漠边的一个地方准备投资办厂，他们发现这里的生活条件很恶劣，买一瓶矿泉水需要支付比别的地方高出许多的价钱。他们中的一个认为这里的生活成本太高了，不适宜投资；而另一个商人却坚定地留了下来，他认为成本越高，越能抬高未来产品的销售价格，并能阻吓竞争对手的进入，于是开办了一个地下水桶装厂，他很快获得了创业成功。

综上所述，不管机会具有什么样的新特征，总是属于有准备的人。创新和创业者应当对机会有深刻的领悟和把握，理性地分析和识别机会是否存在，再相机而动。

3.1.3 机会窗口模型和机会漏斗模型

（1）机会窗口模型

蒂蒙斯（Timmons）在他的著作里描述了一般化市场上的"机会窗口"。机会窗口，就是指市场存在的发展空间有一定的时间长度，使得创业者能够在这一时段中创立自己的企业，并获得相应的盈利与投资回报。一个市场在不同时间阶段，成长的速度是不同的。在市场快速发展的阶段，创业的机会随之增多；发展到一定阶段，形成一定结构后，机会之窗打开；市场发展成熟之后，机会之窗就开始关闭。

正所谓"机不可失，时不再来"。也就是说，机会窗口并不是永远都敞开的。随着时间的推移，市场以不同的速度在增长，市场变得更大，确定市场面的难度就更大。整个机会之窗的发展过程是商业机会的生命周期。当然，不同的商业机会，其生命周期长短也不相同。有的机会昙花一现，有的机会持续时间可以长一些。具体到机会的开发利用时，企业当然希望机会之窗存在的时间长一些，可获利的时间也长一些。选择那些机会之窗存在的时间长一些的市场机会，企业可获利的时间也可长一些，取得成功的概率就大一些。这样的机会，其期望价值自然高一些。因此，适时性很重要，之后的问题就是判断窗户打开的时间长度，能否在窗户关闭之前把握和抓住机会。

商业机会存在于一个动态的、发展的背景之中，产生于现实的时间之中。一个好的机会是诱人的、持久的、适时的，它被固化在一种产品或服务中，这种产品或服务为它的买主或最终用户创造或添加了价值。从长远来看，商业机会的价值取决于现阶段市场空白的大小以及其能够持续的时间，企业能否有足够长的时间来获取相应的回报。

图 3-1 中横轴是时间，纵轴是市场规模，可以看出，产品市场的发展是一个起步—加速—放缓的过程。第一个阶段是机会窗口尚未开启的阶段，市场发展不快，

前景也不明朗，但竞争者少，这时期抓住商业机会的创业者往往拥有先入者优势，但风险较大；第二个阶段是机会窗口开启到关闭的阶段，在这个时间段，市场进入了快速增长阶段，市场规模不断扩大，可以稳定盈利，但这个阶段市场竞争比较激烈，进入门槛逐渐提高，利润率逐渐降低；第三阶段，市场已经基本成熟，趋向稳定，市场规模增长放缓，外部企业很难再进入，机会窗口基本关闭。一般来说，市场随着时间的变化以不同的速度增长，并且随着市场的迅速扩大，往往会出现越来越多的机会。但当市场变得更大并稳定下来时，市场条件就不那么有利了。因此，在市场扩展到足够大的程度，形成一定结构时，机会窗口就打开了，而当市场成熟了之后，机会窗口就开始关闭。由此可见，一个企业要抓住某一市场机会，其机会窗口应是敞开的而不是关闭的，并且它必须保持敞开足够长的时间以便被加以利用。

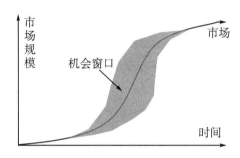

图 3-1　机会窗口模型

下面以互联网搜索引擎市场为例来分析机会窗口。随着网站在万维网中的出现，互联网上产生了大量的分散的信息。一方面，网民没有寻找这些分散信息的统一渠道或引擎，搜集信息很不便捷；另一方面，这些越来越多分散的网站也无法提高自己网站的知名度，来吸引目标访问者，从而提高点击率。这种现象的产生并存在着，等待第一个发现其商业价值的人，机会窗口开启了。随着互联网的飞速发展，越来越多分散的待推广的网站形成了目标客户群体，想搜集信息的众多网民是终端用户，机会窗口变得非常庞大和诱人。第一个搜索引擎雅虎（yahoo!）把握住了先机，在1995年进入该市场，然后市场迅速增长，Lycos、Excite、AltaVista及其他搜索引擎加入进来。Google在1998年利用高级搜索技术进入这个市场。在中国，百度、Google、搜狗等网站先后进入中文搜索市场。此后，上述网站在搜索引擎市场展开了激烈竞争，市场逐渐成熟起来，创业机会窗口越开越小，直至关闭。现在，新创建的搜索引擎企业要获得成功非常困难，除非它有异常丰富的资本支持并能提供超越已有竞争对手的明显技术优势。这一切，只用了不到8年。

美国风险投资协会的调查结果显示，创业的机会窗口时间短于3年，则新创企业的失败率高达80%以上，机会窗口时间长于7年，则创新企业成功率高达80%以上。另有一种说法是，在风险资本产业中"柠檬"（指输家）大概两年半成熟，而"珍珠"（指赢家）则需要7到8年才会成熟，特别是现在很多高科技企业，创业需要相当长的周期，适度的前瞻性是创业者必需的素质。

（2）机会漏斗模型

"机会漏斗"同"机会窗口"一样，也被创业学界普遍接受。该模型将创意和创业机会区分开来，并注重对机会的筛选和识别过程。辛格（Singh）等人认为"创意"（或创业理念、创业想法）是一个人或者组织识别机会或对环境中发现需求的回应；而商业机会是一个有吸引力的、能使投资者收回投资的想法或主张。产生一个好的创业想法是实现创业者愿望和创造创业机会的第一步，但它只是一个必要条件，无论创业想法本身有多好，对于成功都是不够的。麦克木兰（McMullan）和龙（Long）最早构造机会鉴定过程。他们认为创业者需要对机会进行不断地评估和提炼，然后决定是否继续下一步。目的是要把创意发展到这样一种地步，即预期的问题都被克服并且最大化潜在的利润。巴维（Bhave）在他的企业创建过程模型中把机会识别的过程称为机会阶段。在内部和外部因素刺激下，最初的想法被过滤或提炼成机会。在这一阶段，创业家将整合知识、经验、技能和其他市场所需的资源。

上述学者一致认为，拥有创业想法是实现创业者愿望和创造创业机会的第一步。创业想法需要转化成有价值的创业机会，因为一个好的想法未必是一个好的创业机会。例如：利用一项新技术发明了一个非常有创意的产品，但是市场上可能并不需要它。或者一个想法听起来不错，但是在市场上没有竞争力，不具备必要的资源，也是不值得做的。事实上可能有超过90%的创业想法都是失败的。

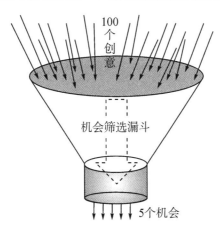

图 3-2　机会漏斗模型

如图 3-2 所示，100 个创业想法当中，也许只有 5 个创业机会。很多人的创业想法看起来很好，但是不能经受市场的考验。如何将创业想法转化成一个创业机会？机会筛选漏斗就用上了。所谓机会筛选漏斗，实际上就是一系列识别创业机会的标准。不同的学者和风险投资公司对这些标准的认识不一，本章也着力介绍一些识别创业机会的常用方法。

下面以娃哈哈为例分析机会的筛选漏斗。1987 年，宗庆后带着借来的 14 万元，创办了一个校办企业经销部。在之后不到10年的时间里，这个经销部发展成全国大型企业集团——娃哈哈集团，其根本原因在于宗庆后抓住了儿童营养补液这个创业机会。在20世纪末，随着国民生活水平的逐渐提高，温饱问题逐渐得到解决，保健品市场开始活跃起来。宗庆后通过分析比较和进一步市场细分，发现当时我国的儿童营养品还是一个空白，这同成人补品市场的火爆形成鲜明对比。由于计划生育政策，儿童在社会和家庭中的地位越来越重要，中国出现了数以万计的独生子女，这些孩子成为营养补品的潜在目标客户。越来越多的家长注意到儿童的身体发育问题，宗庆后敏锐地意识到这里面潜藏着巨大的创业机会。为了开发出适应市场需要的产品，宗庆后找到了浙江医科大学，这里有我国当时唯一的营养系。系主任得知宗庆后要开发儿童营养液十分支持，他觉得这是营养学家应当重视的问题。很快"娃哈哈"产品问世并获得了广泛的市场响应。娃哈哈公司也迅速成长起来，逐渐发展成为一家多元化的大集团。娃哈哈的成功告诉我们，通过机会筛选漏斗识别创业机会是进行创业行为（创业计划、创业融资、创办企业）的前提，要想获得创业成功，就必须先分析创业机会是否存在。

库洛特克（Donald F. Kuratko）等人在《创业学》一书中，将这一筛选过程表述为确定创业构想的可行性，具体分析技术、市场、财务、组织以及竞争性五项可行性因素。库洛特克指出，五个因素都很重要，但应特别关注其中两个因素，技术和市场。笔者认为上述因素可以作为机会筛选漏斗的基本标准，如图3-3所示。

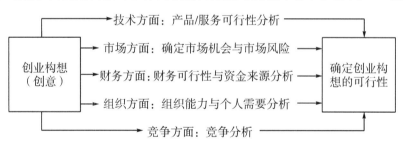

图3-3　确定创业构想的可行性①

3.2　创新创业机会来源

机会识别是创新创业的开端，也是创业的前提，但只有当创新创业者识别并发现创业机会并将其付诸实践时，创新创业活动才能够得以开展，创业成功才能够成为一种可能性，这也是创新创业者能力的主要体现。本书认为，机会是创造出来的，

---

① Donald F. Kuratko Richard M. Hodgetts. 创业学——理论、流程与实践［M］. 张宗益 译. (6版). 北京：清华大学出版社，2006.

企业家在不确定、变化以及技术剧变的过程中对均衡市场环境进行创造性破坏，在此过程中机会被创造出来。同时机会是客观存在的，只是没有被发现而已，创业者凭借其自身的知识和能力发现那些被忽视的创业机会。

3.2.1　创新机会来源

熊彼特在其著作《经济发展理论》中提出，创新是指企业家对于生产要素"进行新的组合"，从而获得超额利润的过程。并提出五种创新组合[1]：引入新的产品或提供产品的新质量；采用新的生产方法、新的工艺过程；开辟新的市场；开拓并利用新的 原材料或半制成品新的供给来源；采用新的组织方法。熊彼特提出的创新可以归为三类，即技术创新、市场创新和组织创新。从管理学的角度，也有人将创新定义为带来新想法、新方法、新产品、新服务、新流程、新组织实践、新业务模式和新解决方案的过程，从而产生重大的积极影响和价值。

著名管理大师彼得·德鲁克将创业者定义为那些能"寻找变化，并积极反应，把它当作机会充分利用起来的人"。创新的机会大都产生于不断变化的环境。环境变化了，市场需求、市场结构必然发生变化。德鲁克在《创新与企业家精神》一书里根据许多成功的创新案例，归纳了创新的 7 个机会来源：

①从意外情况中捕捉创新动机。德鲁克认为这是最容易利用、成本最低的创新机会，意外的成功和失败、意外的事件均有可能引发新的商业机会，例如从地震事件中引发的安全保护产品等。

②从实际和设想不一致性中捕捉创新动机。一些事情从逻辑上、道理上应该行，但实际结果就是不行，这时候，就可能产生创新。例如产品功能和预期的不协调、使用和设计不协调、企业付出的努力和客户满意度不协调、组织流程环节之间不协调等。

③从过程的需要中捕捉创新动机。也就是寻找现有流程中的薄弱环节，或者在实现某个目标或执行某项行为的时候发现创新。例如以前人们出行不方便，上班、旅游、购物等出行活动的便捷需求没有得到充分满足，因此出现了共享单车、网约车等出行模式的创新。

④从行业和市场结构变化中捕捉创新动机。行业和市场结构的变化往往带来创新的机会，例如移动互联网时代，出现了微信、抖音、小红书等很多新的社交媒体，而传统的 PC 网络则面临重大的挑战。

⑤从人口状况的变化中捕捉到创新动机。例如人口数量、年龄结构、性别组合、就业情况、受教育状况、收入情况等方面的变化，都会带来新的机会。例如老龄化社会带来的养老、康养等创新机会。

---

[1]　陈劲. 企业技术创新透析［M］. 北京：科学出版社，2001.

⑥从观念和认识的变化中捕捉到创新动机。人们的观念改变和认知的变化会带来创新的机会，例如绿色、健康和环保意识的变化带来的产品创新，消费观念和习惯的变化带来的网上购物、外卖等形式的创新，教育观念的变化带来新的培训机会等。

⑦从新知识、新技术中捕捉创新动机。德鲁克发现，基于新知识和新技术的创新利用时间最长，例如新原理、新理论带来的创新，计算机和网络技术、信息技术、通信技术、物联网技术带来的数字化时代的产品和服务、商业模式、组织方式的创新层出不穷。

3.2.2 创业机会来源

Timmons 认为创业机会主要有七个来源：包括法规的改变、技术的快速变革、价值链重组、技术创新、现有管理者或者投资者的管理不善、战略型企业家以及市场领导者的短视。他认为这些创业机会主要是来自改变、不连续的、或者是混乱的状况。在创业实践中，我们可以总结出很多创业机会的来源，对创业者会有一定的启发。如表 3-1 所示。

表 3-1　部分常见的创业机会的来源列举

创业机会来源	描述
从需求发现机会	开发新的客户 发现新的需求 需求的数量和结构缺口 创造新的需求
从变化发现机会	政策法律，例如环保、低碳、乡村振兴 社会观念，例如绿色健康的生活 经济发展，例如经济增长、产业发展、收入变化 技术进步，例如数字化技术
从问题发现机会	生活问题，例如交通出行、购物、医疗、教育等 工作问题，例如组织、商务、职场等 经营问题，例如市场、生产、财务、管理等 社会问题，如公共服务、安全、民生等
从资源发现机会	通过资源的开发和利用形成创业机会，例如： 自然资源 社会历史文化资源 企业的资源（品牌、技术、客户等）
从细分发现机会	通过细分市场发现创业机会或者市场缝隙： 人口细分：例如母婴市场 地理细分：例如跨境电商 心理细分：例如体验经济 行为细分：例如购物、出行 行业细分：例如教育行业解决方案

表3-1（续）

创业机会来源	描述
从竞争发现机会	对手的弱点：例如服务能力不足 对手的盲点：对手没有看到的机会 对手的失误：对手在产品或市场的失误 对手的差异：和对手进行差异化的竞争 对手的互补：相互补充，或者关键环节优化
从合作发现机会	通过合作、联盟等形式发现创业机会，例如加入供应链、加盟知名品牌、代理等方式
从差异发现机会	例如产品差异（例如三顿半咖啡）、价格差异（例如拼多多）、服务差异（例如海底捞）、顾客差异（例如婴儿洗衣液）、商业模式差异（例如团购）

3.2.3　商业机会新来源

商业机会是一个不断被发现或创造的动态发展过程，也就意味着，商业机会在不同的时期会有不同的呈现形式。在过去，很多商业机会是从好的创意中来的，创业有了创意之后，在进行充分的市场研究的基础上，对机会进行辨识和筛选，便能从中发现好的商业机会。而在现在的互联网时代，市场环境飞速变化，消费者需求不断升级，技术的革新也超出了我们的想象，商业机会不再单一地从创意中来，而是呈现出了更多的来源。在变化莫测的市场中，随时都有商业机会的存在。数字化时代，商业机会推陈出新的速度已经远远超出我们的想象，我们认为商业机会已经有了更多的新来源。结合当下众多的新的创业形态，我们认为商业机会的新来源可归纳为新市场、新技术和新模式。

（1）新市场

新的消费需求就会诞生新的市场，新的市场就可能有新的商业机会。市场不断发生变化，消费者的需求不断升级，新的商机就会不断涌现。比如在几年前，野蛮生长的电商还把实体店打压得一片萧条，几年后，电商也遇到了成长的烦恼，增速逐年下滑。比如旅游消费向来是各家争抢的超级蛋糕，随着消费升级，近两年游客的出行方式发生很大变化，同质化线路已经满足不了旅客各种各样的需求，自由行、主题游、定制游等成为趋势。相比星级酒店，装饰精美、性价比高、服务人性化的民宿，更能给客人带来接地气、个性化的出行体验，尤其适合度假休闲游，成为越来越多年轻人的首选。因此，民宿这个新的市场，就成了旅游业热门的商业机会。

（2）新技术

新的技术在一定领域内就能产生新的商业机会。近几年"互联网+"、人工智能等技术的兴起，就催生了一大批新的商业机会。目前，"互联网+"已经改造及影响了多个行业，当前大众耳熟能详的互联网金融、在线旅游、在线影视、在线房产等行业都是"互联网+"带来的创新创业成果。"互联网+"不仅正在全面应用到第三产业，形成了诸如互联网金融、互联网交通、互联网医疗、互联网教育等新业态，而且正在向前两个业态渗透。而人工智能的新技术，在 2016 年开始，也带来了新的创业"风口"。一方面，图像识别、深度学习、语音合成等人工的核心算法日渐成熟，并开始大范围的商业化应用；另一方面，人工智能的研究走出了实验室，科技公司开始成为人工智能的主要推动者。人工智能日新月异的发展，带来了大量的新的创业机会，由此诞生了数量庞大的 AI 创业项目。

（3）新模式

原有的产品或服务，有了新的链接模式，也就有了新的商业机会。同样是餐饮服务，消费者变得越来越懒，于是企业创新了"外卖"的服务模式，新的商业机会诞生，有了美团外卖、饿了么等外卖企业；同样是出行服务，共享模式的创新，带来新的商业机会，于是有了滴滴、摩拜、EVCARD。同样的产品或服务，创新一种新的模式，把产品或服务与消费者之间的关联进行重新的定义与创新，就能带来新的商业机会，由此开启新的创新创业形态。

3.3 市场机会分析

前面我们阐述了商业机会的来源，那么如何去识别可以持续创造价值的商业机会呢？商业机会既可以从市场环境中识别，又可以从市场竞争中识别，也可以通过自我分析来识别。因此，商业机会的识别有以下四个常见的方法：一是市场环境分析法，二是五力模型分析，三是竞争比较分析法，四是 SWOT 分析法。

3.3.1 市场环境分析法

一定的创新创业行为总是在特定的环境中产生与发展起来的，所以整个创新创业活动就一定会受到其所处环境的影响，而商业机会作为创业初始阶段的关键环节就影响到了整个创新创业活动。企业获得资源以及在市场上进行竞争都离不开其所处的环境背景，创新创业环境被看成是一个开放的系统，环境的好坏从各个方面都会影响到企业的创建及发展。

创新创业环境是商业机会产生的主要来源，从细致的分析中发现商业机会。商业机会来源于环境：外部环境的不确定性正是商业机会的主要源泉。全球创业观察（GEM）中所提出的创业环境构成要素以其权威性和广泛性，在很大程度上统一了对于商业环境构成的研究。我们根据 GEM 报告，将创业环境构成要素划分为宏观环境与微观环境两大类进行分析。

3 新时代的创新创业机会

（1）宏观环境分析法

宏观环境又称一般环境，是指影响一切行业和企业的各种宏观力量，不同行业和企业根据自身特点和经营需要，分析的具体内容会有差异，但一般都对政治法律（political-legal）、经济（economic）、社会文化（social-cultural）、技术（technological）、人口（demographic）、自然（nature）这六大类影响创业的主要外部环境因素进行分析。我们把此种分析方法称作 PESTDN 分析法。

宏观环境分析 PESTDN
- 政治法律环境（political-legal）
- 经济环境（economic）
- 社会文化环境（social-cultural）
- 科学技术环境（technological）
- 人口环境（demographic）
- 自然环境（natural）

图 3-4　PESTDN 分析法

①政治与法律因素

政治与法律是影响企业创业环境的重要宏观环境因素。政治因素像一只有形之手，调节着企业活动的方向；法律则为企业规定商业活动行为准则。政治与法律相互联系，共同对企业各项活动发挥影响和作用。

政治环境包括一个国家的社会制度，执政党的性质，政府的方针、政策、法令等。不同的国家有着不同的社会性质，不同的社会制度对组织活动有着不同的限制和要求。即使社会制度不变的同一国家，在不同时期，由于执政党的不同，其政府的方针特点、政策倾向对组织活动的态度和影响也是不断变化的。

国家在不同时期，根据不同需要颁布一些经济政策，制定经济发展方针。这些方针、政策，如人口政策、能源政策、物价政策、财政政策、金融与货币政策、税收政策等，都给企业研究创业环境提供了依据。一个国家制定出来的经济与社会发展战略、各种经济政策等，企业都是要执行的，而执行的结果必然要影响市场需求，改变资源的供给，扶持和促进某些行业的发展，同时又限制另一些行业和产品的发展，这是一种直接的影响。如 2017 年 2 月 5 日，中央一号文件中写道："支持有条件的乡村建设以农民合作社为主要载体、让农民充分参与和受益，集循环农业、创意农业、农事体验于一体的田园综合体，通过农业综合开发、农村综合改革转移支付等渠道开展试点示范。""田园综合体"作为乡村新型产业发展的亮点措施被提上了国家政策的高度，于是全国各地大批量的田园综合体创业项目应运而生。

对企业来说，法律是评判企业营销活动的准则，只有依法进行的各种活动，才能受到国家法律的有效保护。因此，进行创业活动必须了解并遵守国家或政府颁布的有关经营、贸易、投资等方面的法律、法规。近几年来，我国在发展社会主义市场经济的同时，也加强了市场法制方面的建设，陆续制定、颁布了一系列有关重要法律法规，如《中华人民共和国公司法》《中华人民共和国广告法》《中华人民共和

国商标法》《中华人民共和国民法典》《中华人民共和国反不正当竞争法》《中华人民共和国消费者权益保护法》《中华人民共和国产品质量法》《中华人民共和国外商投资法》等等。

②经济因素

经济环境主要包括宏观和微观两个方面的内容。宏观经济环境主要指一个国家的人口数量及其增长趋势，国民收入、国内生产总值及其变化情况以及通过这些指标能够反映的国民经济发展水平和发展速度。微观经济环境主要指企业所在地区或所在服务地区的消费者收入水平、消费偏好、储蓄情况、就业情况等因素。这些因素直接决定着企业目前及未来的市场容量。

表3-2　需要关注的关键经济变量

GDP 及其增长率	中国向工业经济转变
贷款的可得性	可支配收入水平
居民消费（储蓄）倾向	利率
通货膨胀率	规模经济
政府预算赤字	消费模式
失业趋势	劳动生产率水平
汇率	证券市场状况
外国经济状况	进出口因素
不同地区和消费群体间的收入差别	价格波动
货币与财政政策	

③社会文化因素

社会文化是指一个社会的民族特征、价值观念、生活方式、风俗习惯、伦理道德、教育水平、语言文字、社会结构等的总和。它主要由两部分组成：一是全体社会成员所共有的基本核心文化；二是随时间变化和外界因素影响而容易改变的社会次文化或亚文化。人类在某种社会中生活，必然会形成某种特定的文化。不同国家、不同地区的人民，不同的社会与文化，代表着不同的生活模式，对同一产品可能持有不同的态度，直接或间接地影响产品的设计、包装、信息传递方法、产品被接受程度、分销和推广措施等。社会文化因素通过影响消费者的思想和行为来影响企业的市场营销活动。

表3-3　关键的社会文化因素

妇女生育率	特殊利益集团数量
结婚数、离婚数	人口出生、死亡率
人口移进移出率	社会保障计划

表3-3（续）

妇女生育率	特殊利益集团数量
人均预期寿命	人均收入
生活方式	平均可支配收入
对政府的信任度	对政府的态度
对工作的态度	购买习惯
对道德的关切	储蓄倾向
性别角色	投资倾向
种族平等状况	节育措施状况
平均教育状况	对退休的态度
对质量的态度	对闲暇的态度
对服务的态度	对老外的态度
污染控制	对能源的节约
社会活动项目	社会责任
对职业的态度	对权威的态度
城市、城镇和农村的人口变化	宗教信仰状况

④技术环境

现代科学技术是社会生产力中最活跃的和决定性的因素，它作为重要的创业环境因素，不仅直接影响企业内部的生产和经营，还同时与其他环境因素相互依赖、相互作用，从而影响创业活动。科学技术的进步和发展，必将给社会经济、政治、军事以及社会生活等各个方面带来深刻的变化，这些变化也必将深刻地影响企业的营销活动，给企业造成有利或不利的影响，甚至关系到企业的生存和发展。因此，企业应特别重视科学技术这一重要的环境因素对企业营销活动的影响，以使企业能够抓住机会，避免风险。

表 3-4　技术的影响因素

新行业、新市场的诞生	旧行业、旧市场的衰落
更新换代速度的加快	产品生命周期的变化
生活方式的改变	消费模式的改变
消费需求结构的变化	对效率的提升
成本的降低	

表 3-5　重要的技术信息

国家对科技开发的投资和支持重点	该领域技术发展动态和研究开发费用总额
技术转移和技术商品化速度	专利及其保护情况

⑤人口环境

市场是由具有购买愿望并且具备购买能力的人构成的。人口因素对企业战略的制定有重大影响。例如，人口总数直接影响着社会生产总规模；人口的地理分布影响着企业的厂址选择；人口的性别比例和年龄结构在一定程度上决定了社会需求结构，进而影响社会供给结构和企业生产；人口的教育文化水平直接影响着企业的人力资源状况；家庭户数及其结构的变化与耐用消费品的需求和变化趋势密切相关，因而也就影响到耐用消费品的生产规模等。对人口因素的分析可以使用以下变量：离婚率、出生和死亡率，人口的平均寿命，人口的年龄和地区分布，人口在民族和性别上的比例变化，人口和地区在教育水平和生活方式上的差异等。人类需求是企业活动的基础，创业者需要分析所处的人口环境，才能准确识别该创业机会是否有相匹配的潜在消费群体。

⑥自然环境

自然环境是企业赖以生存的基本环境。自然环境的优劣不仅影响企业的生产经营活动，而且影响一个国家的经济结构和发展水平，使经济环境和人口环境等均受到连带影响。自然环境分析要素包括自然资源、能源成本、环境污染等因素。

通过 PESTDN 分析工具，可以从宏观大环境中来发现和识别创业机会。

（2）微观环境分析法

微观环境分析主要由企业的供应商、营销中间商、顾客、竞争对手、社会公众组成。其中，顾客与竞争者又居于核心地位。微观环境分析要素包括以下五个方面：

①供应商

供应商是影响企业营销微观环境的重要因素之一。供应商是指向企业及其竞争者提供生产产品和服务所需资源的企业或个人。供应商所提供的资源主要包括原材料、设备、能源、劳务、资金等。如果没有这些资源作为保障，企业就根本无法正常运转，也就无法提供给市场所需要的商品。因此，社会生产活动的需要，形成了企业与供应商之间的紧密联系。这种联系使得企业的所有供货单位构成了对企业营销活动最直接的影响和制约力量。供应商对企业营销活动的影响主要表现在：供货的稳定性与及时性、供货的价格变动、供货的质量。

企业在寻找和选择供应商时，应特别注意两点：第一，企业必须充分考虑供应商的资信状况。要选择那些能够提供品质优良、价格合理的资源，交货及时，有良好信用，在质量和效率方面都信得过的供应商，并且要与主要供应商建立长期稳定的合作关系，保证企业生产资源供应的稳定性。第二，企业必须使自己的供应商多样化。企业过分依赖一家或少数几家供货商，受到供应变化的影响和打击的可能性就大。为了减少对企业的影响和制约，企业就要尽可能多地联系供货人，向多个供应商采购，尽量注意避免过于依靠单一的供应商，以免与供应商的关系发生变化时，使企业陷入困境。

②营销中介人

营销中介人是指协助企业促销、销售和配销其产品给最终购买者的企业或个人，包括中间商、实体分配机构、营销服务机构和财务中间机构。这些都是市场营销不可缺少的环节，大多数企业的营销活动都必须通过它们的协助才能顺利进行。例如生产集中与消费分散的矛盾，就必须通过中间商的分销来解决；资金周转不灵，则须求助于银行或信托机构等。正因为有了营销中介所提供的服务，才使得企业的产品能够顺利地到达目标顾客手中。随着市场经济的发展，社会分工愈来愈细，那么，这些中介机构的影响和作用也就会愈来愈大。因此，企业在市场营销过程中，必须重视中介组织对企业营销活动的影响，并要处理好同它们的合作关系。

③公众

公众是指对企业实现其目标的能力感兴趣或发生影响的任何团体或个人。一家企业的公众主要有：

金融公众，指那些关心和影响企业取得资金能力的集团，包括银行、投资公司、证券公司、保险公司等。

媒介公众，指那些联系企业和外界的大众媒介，包括报纸、杂志、电视台、电台等。

政府公众，指负责企业的业务、经营活动的政府机构和企业的主管部门，如主管有关经济立法及经济政策、产品设计、定价、广告及销售方法的机构；各级经济发展规划部门、工商行政管理局、税务局、各级物价局等。

公民行动公众，指有权指责企业经营活动破坏环境质量、企业生产的产品损害消费者利益、企业经营的产品不符合少数民族需求特点的团体和组织，包括消费者协会、保护环境团体等。

地方公众，主要指企业周围居民和团体组织，他们对企业的态度会影响企业的营销活动。

一般公众，指对企业产品并不购买，但深刻地影响着消费者对企业及其产品看法的个人。

内部公众，指企业内部全体员工，包括董事长、经理、管理人员、职工。处理好内部公众关系是搞好外部公众关系的前提。

公众对企业的生存和发展产生巨大的影响，公众可能增强企业实现其目标的能力，也可能会产生妨碍企业实现其目标的能力。所以，企业必须采取积极适当的措施，主动处理好同公众的关系，树立企业的良好形象，促进市场营销活动的顺利开展。

④顾客

企业的一切营销活动都是以满足顾客的需要为中心，因此，顾客是企业最重要的环境因素。顾客是企业服务的对象，顾客就是企业的目标市场。顾客可以从不同角度以不同的标准进行划分。

按照购买动机和类别分类，顾客市场可以分为：

消费者市场，是指为满足个人或家庭需要而购买商品和服务的市场。

生产者市场，是指为赚取利润或达到其他目的而购买商品和服务来生产其他产品和服务的市场。

中间商市场，是指为利润而购买商品和服务以转售的市场。

政府集团市场，是指为提供公共服务或将商品与服务转给需要的人而购买商品和服务的政府和非营利机构。

国际市场，是指国外买主，包括国外的消费者、生产者、中间商和政府等。

上述每一种市场都有其独特的顾客。而这些市场上顾客不同需求，必定要求企业以不同的服务方式提供不同的产品（包括劳务），从而制约着企业营销决策的制定和服务能力的形成。因此，企业要认真研究为之服务的不同顾客群，研究其类别、需求特点、购买动机等，使企业的营销活动能针对顾客的需要，符合顾客的愿望。

⑤竞争者

竞争是商品经济的基本特性，只要存在着商品生产和商品交换，就必然存在着竞争。企业在目标市场进行生产经营活动的过程中，不可避免地会遇到竞争者或竞争对手的挑战。只有一个企业垄断整个目标市场的情况是很少出现的，即使一个企业已经垄断了整个目标市场，竞争对手也有可能参与进来。同时只要存在着需求向替代品转移的可能性，潜在的竞争对手就会出现。竞争者的战略和活动的变化，会直接影响到企业的经营策略。例如最为明显的是竞争对手的价格、广告宣传、促销手段的变化、新产品的开发、售前售后服务的加强等，都将直接对企业造成威胁。因而企业必须密切注视竞争者的任何细微变化，并采取相应的对策。对竞争者的评估主要应考虑以下几个方面：

表 3-6　竞争者评估

行业吸引力评价	识别公司竞争者
辨别竞争者的战略	判定竞争者的目标
评估竞争者的优势与劣势	评估竞争者的反应模式
设计竞争情报系统	选择竞争者以便进攻和回避
在顾客导向和竞争者导向中平衡	

3.3.2　五力模型分析法

对于创新创业微观环境的分析我们可以采用经典的波特五力分析模型（Michael

Porter's Five Forces Model），又称波特竞争力模型，由波特（Michael Porter）于20世纪80年代初提出，对企业战略制定产生全球性的深远影响。波特五力分析模型可以有效地分析企业的竞争环境，而这里的五力分别是：供应商的讨价还价能力、购买者的讨价还价能力、潜在竞争者进入的能力、替代品的替代能力、行业内竞争者现在的竞争能力。五种力量的不同组合变化最终影响行业利润潜力变化，见图3-5。

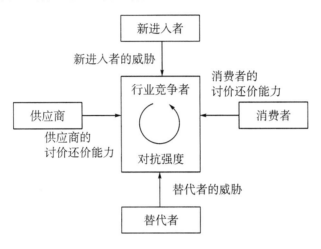

图3-5　波特五种力量

（1）供应商的讨价还价能力

供方主要通过提高投入要素价格与降低单位价值质量，来影响行业中现有企业的盈利能力与产品竞争力。供方力量的强弱主要取决于他们提供给买主的投入要素，当供方所提供的投入要素价值占买主产品总成本较大比例，对买主产品生产过程非常重要或者严重影响买主产品质量时，供方对于买主的潜在讨价还价力量就大大增强。一般来说，满足如下条件的供方集团会具有比较强大的讨价还价力量：

供方行业为一些具有比较稳固市场地位而不受市场激烈竞争困扰的企业所控制，其产品的买主很多，以至于单个买主都不可能成为供方的重要客户；

供方各企业的产品具有一定特色，以至于买主难以转换或转换成本太高，或者很难找到可与供方企业产品相竞争的替代品；

供方能够方便地实行前向联合或一体化，而买主难以进行后向联合或一体化。

（2）购买者的讨价还价能力

购买者主要通过压价与要求提供较高的产品或服务质量，来影响行业中现有企业的盈利能力。一般来说，满足如下条件的购买者可能具有较强的讨价还价能力：购买者的总数较少，而每个购买者的购买量较大，占了卖方销售量的很大比例；卖方行业由大量相对来说规模较小的企业所组成；购买者所购买的基本上是一种标准化产品，同时向多个卖主购买产品在经济上也完全可行；购买者有能力实现后向一体化，而卖主不可能实现前向一体化。

（3）新进入者的威胁

新进入者在给行业带来新生产能力、新资源的同时，希望在已被现有企业瓜分完毕的市场中赢得一席之地，这就有可能会与现有企业发生原材料与市场份额的竞争，最终导致行业中现有企业盈利水平降低，严重的话还有可能危及这些企业的生存。竞争性进入威胁的严重程度取决于两方面的因素，即进入新领域的障碍大小与预期现有企业对于进入者的反应。

进入障碍主要包括规模经济、产品差异、资本需要、转换成本、销售渠道开拓、政府行为与政策（如国家综合平衡统一建设的石化企业）、不受规模支配的成本劣势（如商业秘密、产供销关系、学习与经验曲线效应等）、自然资源（如冶金业对矿产的拥有）、地理环境（如造船厂只能建在海滨城市）等方面，其中有些障碍是很难借助复制或仿造的方式来突破的。预期现有企业对进入者的反应，主要是采取报复行动的可能性大小，则取决于有关厂商的财力情况、报复记录、固定资产规模、行业增长速度等。总之，新企业进入一个行业的可能性大小，取决于进入者主观估计进入所能带来的潜在利益、所需花费的代价与所要承担的风险这三者的相对大小情况。

（4）替代品的威胁

两个处于同行业或不同行业中的企业，可能会由于所生产的产品互为替代品，而产生相互竞争行为，这种源自替代品的竞争会以各种形式影响行业中现有企业的竞争战略。第一，现有企业产品售价以及获利潜力的提高，将受到能被用户方便接受的替代品的限制；第二，替代品生产者的侵入，使得现有企业必须提高产品质量，或者通过降低成本来降低售价，或者使其产品具有特色，否则其销量与利润增长的目标就有可能受挫；第三，源自替代品生产者的竞争强度，受产品买主转换成本高低的影响。总之，替代品价格越低、质量越好、用户转换成本越低，其所能产生的竞争就强；而这种来自替代品生产者的竞争强度，可以具体通过考察替代品销售增长率、替代品厂家生产能力与盈利扩张情况来加以描述。

（5）行业内现有竞争者的竞争

大部分行业中的企业，相互之间的利益都是紧密联系在一起的，作为企业整体战略一部分的各企业竞争战略，其目标都在于使得自己的企业获得相对于竞争对手更多的优势，所以，在实施中就必然会产生冲突与对抗现象，这些冲突与对抗就构成了现有企业之间的竞争。现有企业之间的竞争常常表现在价格、广告、产品介绍、售后服务等方面，其竞争强度与许多因素有关。

一般来说，出现下述情况将意味着行业中现有企业之间竞争的加剧，这就是：行业进入门槛较低，势均力敌的竞争对手较多，竞争参与者范围广泛；市场趋于成熟，产品需求增长速度缓慢；竞争者企图采用降价等手段促销；竞争者提供几乎相同的产品或服务，用户转换成本很低；一个战略行动如果取得成功，其收入相当可观；行业外部实力强大的公司在接收了行业中实力薄弱的企业后，发起进攻性行动，结果使得刚被接收的企业成为市场的主要竞争者；退出门槛较高，即退出竞争要比继续参与竞争代价更高。在这里，退出门槛主要受经济、战略、感情以及社会政治关系等方面的影响，具体包括：资产的专用性、退出的固定费用、战略上的相互牵制、情绪上的难以接受、政府和社会的各种限制等。

行业中的每一个企业或多或少都必须应付以上各种力量构成的威胁，并且经营者必须面对行业中每一个竞争者的举动。除非认为正面交锋有必要而且有益处，例如要求得到很大的市场份额，否则经营者可以通过设置进入壁垒，包括差异化和转换成本来保护自己。当确定了优势和劣势时，必须进行定位，以便因势利导，而不是被预料到的环境因素变化所损害，如产品生命周期、行业增长速度等，然后保护自己并做好准备，以有效地对其他企业的举动做出反应。

根据上面对于五种竞争力量的讨论，企业可以采取尽可能地将自身的经营与竞争力量隔绝开来、努力从自身利益需要出发影响行业竞争规则、先占领有利的市场地位再发起进攻性竞争行动等手段，以巩固自己的市场地位、增强竞争实力。

3.3.3　竞争者比较分析法

（1）竞争对手分类

竞争者分析的第一步就是找出谁是竞争者。识别竞争者似乎是一项简单的工作。比如：可口可乐公司当然知道百事可乐公司是其主要的竞争者；百度公司当然也知道 Google 公司是它的主要竞争者……然而，公司实际的和潜在的竞争者范围是广泛的。一家公司更可能被新出现的对手或新技术打败，而非被当前的竞争者打败。作为碳酸汽水行业的领导者，可口可乐公司很注意对竞争者的分析与战略。曾有人告诉可口可乐公司已故首席执行官罗伯托·戈伊苏埃塔，说可口可乐的市场占有率已经达到极限了。他反驳道，平均来看，可乐消费量不足成人每日必需 64 盎司水分的 2%，可乐饮料的对手是咖啡、牛奶、茶和水。

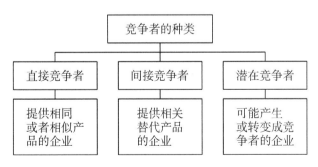

图 3-6　创业者面对的竞争者类型

任何企业都不可能找出所有的直接竞争者、间接竞争者和潜在竞争者，因此，必须经常做竞争者分析和调查，见图 3-6。"竞争近视"对处于行业领导地位的企业来说是非常可怕的，但他们往往因为受诸多合同关系的约束，而忽略对潜在竞争者的防范，这正好是创业者难得的创业机会。

美国巴诺公司和博德图书连锁店为建立全美最大的图书城而相互竞争，两个竞争对手都致力于拓展舒适的读书环境，希望能为图书阅览者找到舒服的沙发和喝咖啡的地方。然而，正当两家大书店为彼此竞争而拼杀时，却都忽略了互联网这一新兴的阅览方式所产生的潜在竞争者。很快，一个名叫亚马逊在线的网站诞生了，创始人杰弗里·贝左斯的这个网上书店能在不需要建立图书库存目录的情况下，向读者提供无限制的图书选择。现在，巴诺公司和博德公司只得在建立它们的网上书店这一业务上你追我赶。然而，这种所谓的"竞争近视"已经导致一些公司倒闭了。新兴起的网络行业成了传统的报刊业和从事信息服务的中间商们最大的竞争对手。

（2）竞争者比较分析

"知己知彼，百战不殆。"竞争者分析是对行业内部竞争状况的细致考察，它有助于创业者了解竞争对手的定位，以及在一个或更多领域中能带来竞争优势的可得机会。这对创业者来说至关重要。创业者一旦确定了他的竞争者之后，就必须辨别竞争者的特点，分析它们的战略、目标、优势与劣势，然后在此基础上提出对策。

竞争者分析的方法主要是竞争比较方格和竞争比较矩阵。竞争分析方格是搜集有关竞争者信息的工具，它有助于企业了解如何与竞争对手较量，提供市场追求的创意，更重要的是，它能帮助企业找到竞争优势的主要来源。要成为有生存能力的公司，新创企业必须至少具备一项明确的超越主要竞争对手的竞争优势。

建立竞争比较矩阵需要遵循以下步骤：

● 明确关键内外因素，以及企业的主要竞争对手（1~3 个）；

● 赋予各因素以权重；

● 对本企业以及特定竞争对手的上述因素各自进行评分；

● 计算每一家公司的总加权分数；

● 不同企业进行比较，以明确哪家企业更拥有相对优势。

如表 3-7 所示，左列是每项主要竞争因素，对该因素每一个竞争者进行分析，目的在于明确公司如何与对手竞争，并确定存在哪些被忽略的机会。通过竞争分析表格，可以判断出自己所具备的与竞争对手相抗衡的条件或可能性，可以清楚地知道自己在市场竞争中所处的地位。如果企业发现自己在某个项目上明显超越了竞争对手，那么就能在广告和促销活动中着重宣传这方面的优势，在创新创业活动中就突出这方面的优势。

表 3-7　竞争比较矩阵

关键因素	被分析的公司			竞争者一		竞争者二	
	权重	评分	加权分数	评分	加权分数	评分	加权分数
市场份额	0.20	3	0.6	2	0.4	2	0.4

表3-7(续)

关键因素	被分析的公司			竞争者一		竞争者二	
	权重	评分	加权分数	评分	加权分数	评分	加权分数
价格竞争力	0.20	1	0.2	4	0.8	1	0.2
财务状况	0.40	2	0.8	1	0.4	4	1.6
产品质量	0.10	4	0.4	3	0.3	3	0.3
用户忠诚度	0.10	3	0.3	3	0.3	3	0.3
总计	1.00		2.3		2.2		2.8

总之，对创新和创业者而言，了解竞争对手是展开成功竞争的前提条件。通过慎重考虑这些问题，在制定相关的产品决策时，新创企业就能知悉竞争对手的优势和劣势，并在产业中谋求适当的定位。

3.3.4 SWOT分析法

SWOT分析法是企业进行市场进入机会评估的重要方法之一。通过评估企业的优势、劣势、机会和威胁，用以对商业机会进行深入全面的评估和选择分析。从整体上看，SWOT可以分为两部分：第一部分为SW，主要用来分析内部条件；第二部分为OT，主要用来分析外部条件。利用这种方法可以从中找出对自己有利的、值得去选择的因素，以及对自己不利的、要避开的东西，发现存在的问题，找出解决办法，并明确作出是否创业的抉择。根据这个分析，可以将问题按轻重缓急分类，明确哪些是目前急需解决的问题，哪些是可以稍微拖后一点儿的事情，哪些属于战略目标上的障碍，哪些属于战术上的问题，并将这些研究对象列举出来，依照矩阵形式排列，然后用系统分析的思想，把各种因素相互匹配起来加以分析，从中得出一系列相应的结论，而结论通常带有一定的决策性，有利于创业者做出较正确的决策和规划。

进行SWOT分析时，主要有以下几个方面的内容：

(1) 分析环境因素

优势（strengths），是组织机构的内部因素，具体包括有利的竞争态势、充足的财政来源、良好的企业形象、技术力量、规模经济、产品质量、市场份额、成本优势、广告攻势等。

劣势（weaknesses），也是组织机构的内部因素，具体包括设备老化、管理混乱、缺少关键技术、研究开发落后、资金短缺、经营不善、产品积压、竞争力差等。

机会（opportunities），是组织机构的外部因素，具体包括新产品、新市场、新需求、外国市场壁垒解除、竞争对手失误等。

威胁（threats），也是组织机构的外部因素，具体包括新的竞争对手、替代产品增多、市场紧缩、行业政策变化、经济衰退、客户偏好改变、突发事件等。

（2）构造 SWOT 矩阵

进行 SWOT 分析时，应把所有的内部因素（包括公司的优势和劣势）都集中在一起，然后用外部的力量来对这些因素进行评估。这些外部力量包括机会和威胁，它们是由于竞争力量或企业环境中的趋势所造成的。这些因素的平衡决定了公司应做什么以及什么时候去做。可按以下步骤完成 SWOT 分析表：

①把识别出的所有优势分成两组，分的时候应以下面的原则为基础：看看它们是与行业中潜在的机会有关，还是与潜在的威胁有关。

②用同样的方法把所有劣势分成两组。其中一组与机会有关，另一组与威胁有关。

③建构一个表格，每个占 1/4。

④把公司的优势和劣势与机会或威胁配对，分别放在每个格子中。SWOT 表格表明公司内部的优势和劣势与外部机会和威胁的平衡。

如表 3-8 所示，在 SWOT 分析中，一定要把以下要素都写出来：

表 3-8　SWOT 分析矩阵

	内部因素		
外部因素	S O 利用这些	W O 改进这些	机会 opportunities
	S T 监视这些	W T 消除这些	威胁 threats
	优势 strengths	劣势 weaknesses	

①在某些领域内，你可能面临来自竞争者的威胁；或者在变化的环境中，有一种不利的趋势，在这些领域或趋势中，公司会有哪些劣势，那么要把这些劣势消除掉。

②利用潜在的机会，这是公司真正的优势。

③某些领域中可能有潜在的机会，把这些领域中的劣势加以改进。

④对目前有优势的领域进行监控，以便在潜在威胁出现的时候不感到吃惊。

（3）得出可选择的对策

在完成环境因素分析和 SWOT 矩阵的构造后，便可以制订出相应的行动计划。制定计划的基本思路是：发挥优势因素，克服弱点因素，利用机会因素，化解威胁因素；考虑过去，立足当前，着眼未来。运用系统分析的综合分析方法，将排列与考虑的各种环境因素相互匹配起来加以组合，得出一系列公司未来发展的可选择对策，如图 3-7 所示。

3 新时代的创新创业机会

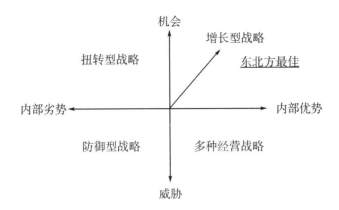

图 3-7 SWOT 分析与经营战略

下面举一个著名管理顾问公司科尔尼公司通过 SWOT 分析识别邮政物流宅送业务创业机会及设计运作战略的例子，如表 3-9 所示。

表 3-9 邮政物流宅送业务 SWOT 分析矩阵

内部因素	优势 strengths	劣势 weaknesses
外部因素	（1）作为国家机关，拥有公众的信任； （2）目标客户对邮政服务的高度亲近感与信任感； （3）拥有全国范围的物流网； （4）拥有众多的人力资源； （5）具有创造邮政/金融的可能性。	（1）上门取件相关人力及车辆不足； （2）市场及物流专家不足； （3）组织、预算、费用等方面的灵活性不足； （4）包裹破损的可能性很大； （5）追踪查询服务不完善等。
机会 opportunities	**SO 利用这些**	**WO 改进这些**
（1）随着电子商务的普及，对寄件需求增加； （2）能够确保应对市场开放的事业自由度； （3）物流及 IT 等关键技术的飞跃性发展。	以邮政网络为基础，积极进入宅送市场和配送市场；开发灵活运用关键技术的多样化的邮政服务。	构成邮寄包裹专门组织；通过实物与信息的统一化进行实时的追踪及物流控制；将增值服务及一般服务差别化的价格体系和服务内容进行再整理。
威胁 threats	**ST 监视这些**	**WT 消除这些**
（1）通信技术发展后，对邮政的需求可能减少； （2）现有宅送企业的设备投资及代理增多； （3）WTO 邮政服务市场开放的压力； （4）国外宅送企业进入国内市场。	灵活运用范围宽广的邮政物流网络，树立积极的市场战略；与全球性的物流企业进行战略联盟；提高国外邮件的收益性及服务；为了确保企业目标客户，树立积极的市场战略。	根据服务的特性，对包裹详情单与包裹运送网分别运营；对已经确定的邮政物流运营提高效率，由此提高市场竞争力。

从表 3-9 中，我们能够理性分析邮政物流宅送业务的业务环境，并一一提出可行的对策。通过这种 SWOT 分析，在环境层面上，我们不难识别一个创意是否属于创业机会，并能提出发展这个创业机会的运作战略。

总之，SWOT 分析法的优点在于考虑问题全面，是一种系统思维。通过此分析，即使企业正面对着市场上极具吸引力的市场机会，创业者和创业企业也能客观评估资源自身以及存在市场机会的相关因素。

3.4　目标市场定位

3.4.1　市场细分

（1）市场细分的概念

1956 年美国市场营销学家史密斯提出了市场细分。企业经营管理的实践证明，市场细分是市场营销的一个核心环节，它可以使企业找到更有针对性的产品和服务，在集合潜在买家群体的前提下，把产品在正确的时间卖给正确的顾客，这些顾客有共同的需求，可能会响应具体的营销活动。

市场细分是指企业根据顾客的需求以及自身条件和营销目标，将整体市场按照顾客需求的显著差异细分为若干子市场，并从中选择经营对象的过程。每个顾客群就是一个细分市场，由具有类似需求和欲望的顾客组成，也称为"子市场"。

市场细分本身也是创新创业机会的识别方法，通过市场细分，可以开发新的商业机会、识别和发现甚至创造新的顾客、创造新的需求、创造新的商业模式、创造新的产品、制定新的营销组合，充分利用企业的资源，更加精准地提供产品和服务，制定有针对性的营销组合策略，提升企业的竞争能力。

（2）市场细分的原则

有效的市场细分，要便于企业认识市场，发掘新的市场机会，且需具有一定的实用价值。因此，进行市场细分时企业应遵循一些原则，如表 3-10 所示。

表 3-10　市场细分原则

原则	内涵	举例
可实现性	企业所选择的目标市场可以被有效接近和服务。企业能制订有效的计划以吸引和服务细分市场	通过适当的营销渠道，产品可以进入所选中的目标市场；通过适当的媒体可以将产品信息传递到目标市场，并使有兴趣的消费者通过适当的方式购买到产品
可盈利性	所选择的细分市场应当具有能够盈利的规模，且有一定的发展潜力，使企业赢得长期稳定的利润，值得营销者为之设计一套营销方案	专门为身高 2 米以上的人生产服装，对于服装制造商来说是难以盈利的
可衡量性	细分市场的规模、购买力和特征等数据资料能够被获取、测量和推算	在汽车市场上，在保证产品质量的情况下，估计有多少人更注重价格，有多少人更重视外观，有多少人更注重性能，等等

表3-10(续)

原则	内涵	举例
可区分性	细分市场在概念上是可区分的,并对不同的营销组合有不同的反应	女性化妆品市场可依据年龄层次和肌肤类型等变量加以区分;汽车市场可以根据收入水平和年龄层次等变量进行区分

(3)市场细分的依据

市场细分的依据可以从消费者市场和组织市场两个方面确定。数字化时代市场细分还有更多的理论和实践创新,例如市场精细分、市场反细分、资源聚集法、行为集中法、用户驱动法等。

①消费者市场细分

消费者市场细分可以按照地理细分、人口细分、心理细分、行为细分、利益细分5个维度进行,如表3-11所示。

表 3-11 消费者市场细分的依据

细分变量	具体维度
地理因素	国家、地区、省份、城市、街区、气候、人口密度等
人口因素	年龄、性别、家庭规模、婚姻状况、家庭生命周期、收入、职业、教育水平、社会阶层、宗教、种族、世代、国籍等
心理因素	性格、个性、动机、态度、价值观念等
行为细分	购买数量、使用频率、消费习惯、品牌偏好等,此外,生活行为例如购物、旅游;工作行为例如通勤、职场需求也可以作为行为细分的依据
利益细分	从消费者看重的利益或者权益方面进行细分,例如对产品功能、质量、品位、用途的倾向

②组织市场细分

美国学者波罗玛和夏皮罗提出了生产者市场的主要细分变量,如表3-12所示。

表 3-12 生产者市场的主要细分变量

用户	行业:我们应把重点放在购买这种产品的哪些行业? 规模:我们应重点放在多大规模的公司? 地理:我们应该把重点放在哪些地区?
经营	技术:我们应把重点放在哪些客户所重视的技术上? 使用者/非使用者地位:我们应把重点放在大量、中度、少量使用者,还是非使用者上? 客户能力:我们应把重点放在需要很多服务的客户上,还是只需少量服务的客户上?

表3-12（续）

采购	采购职能组织：我们应把重点放在采购组织高度集中的公司，还是采购组织相对分散的公司？ 总采购政策：我们应把重点放在愿意采用租赁、服务合同、系统采购方式的公司，还是采用密封投标等贸易方式的公司？ 购买标准：我们应把重点放在追求质量的公司、重视服务的公司，还是注重价格的公司？
情境	紧急与否：我们应把重点放在那些要求迅速和突然交货的公司，还是其他公司？ 用途：我们应把重点放在本公司产品的某些用途，还是将力量平均花在各种用途上？ 订货量：我们应把重点放在大宗订货还是少量订货上？
个性 特征	购销双方的相似点：我们是否应把重点放在那些人员及价值观念与本公司相似的公司？ 对待风险的态度：我们应把重点放在敢于冒风险的客户，还是避免风险的客户？ 忠诚度：我们是否应把重点放在那些对供应商非常忠诚的公司？

3.4.2　目标市场选择

（1）目标市场的概念

目标市场就是作为营销对象的细分市场，是指通过市场细分，被企业选定的，拟以相应产品和服务去满足其消费需求的那一个或几个细分市场。

（2）目标市场评估

目标市场评估主要从以下三个方面进行：

①市场吸引力评估。包括市场容量、市场增长率、行业利润率、技术难易程度、市场准入门槛、营销透明程度、产品生命周期等。

②市场竞争力评估。包括同行业的竞争对手、潜在的竞争对手、替代品的威胁、购买者的讨价还价能力、供应商的讨价还价能力。

③企业实力评估。包括经营目标、资金资源、人力资源、研发能力、生产能力、供应链、销售渠道、品牌形象、竞争优势等。

（3）目标市场选择

企业在综合评价的基础上，可以选择其中一个、几个甚至所有的细分市场来作为企业的目标市场。具体有五种可供参考的模式，如图3-8所示[①]。

---

① 左仁淑. 数字化时代的营销创新［M］. 北京：中国人民大学出版社，2023.

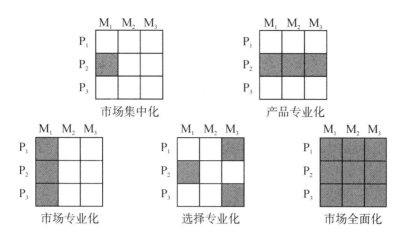

图 3-8　目标市场选择的五种模式

①市场集中化。市场集中化是一种最简单的目标市场选择模式，公司选择一个细分市场并生产一种产品，为单一顾客群体提供服务。市场集中化使公司可以更多地了解细分市场的需求以及使用市场营销组合获得有利的市场地位和良好的声誉。

②产品专业化。产品专业化意味着企业专注于生产一种产品并将其销售给所有顾客群体。例如，饮水机制造商将同一种饮水机分别销售给大学、超市和企业，并向所有顾客群体销售该产品。

③市场专业化。市场专业化是指企业专门为某一顾客群体提供其需要的各种产品。例如，某家电企业为家庭用户提供微波炉、榨汁机、面包烘烤机、熨斗、吸尘器等各类小家电；某企业专门为婴幼儿提供奶粉、尿不湿、服装、玩具等不同产品。

④选择专业化。选择专业化意味着企业选择具有利润空间和结构吸引力的细分市场，并且以符合企业目标和实力的细分市场作为目标市场，各个目标市场之间联系较少或者没有联系。

⑤市场全面化。市场全面化是指企业生产各种各样的产品，以满足不同顾客群体的需求。这意味着所有细分市场都是其目标市场。一般来说，只有实力雄厚的公司才能实施这一模式。例如，IBM 公司在全球计算机市场、可口可乐公司在全球饮料市场、宝洁在全球日用品市场、丰田汽车公司在全球汽车市场上都采取了市场全面化的战略①。

3.4.3　市场定位

（1）市场定位的概念

1972 年，艾·里斯和杰克·特劳特提出了"定位"（positioning）一词，指出定位始于一件商品、一项服务、一家公司、一个机构，甚至是一个人。科特勒认为定

---

① 艾.里斯，杰克特劳特，邓德隆.定位［M］.火华强，译.北京：机械工业出版社，2021.

位是对企业的产品和形象的策划行为，目的是在目标顾客的心中占据一个独特而有价值的位置。定位这一概念在市场营销中得到广泛应用后，出现了许多专业的术语。市场定位是其中广泛使用的一种。市场定位又称产品定位或竞争性定位。基于竞争对手的现有产品在细分市场中的地位以及顾客对特定产品的兴趣塑造一种产品的特征、形象以及在细分市场中的竞争地位，产品特征可以体现在形状、结构和性能上，也可以反映在奢侈、简约、时尚、优雅等认知上。它们可以用质量水平、价格水平等表示。

本书认为，市场定位就是根据营销环境、顾客需求的属性和竞争对手的差异，在顾客心目中确定一个清晰的、鲜明的位置和形象，或者突出产品和企业的特色和优势，与竞争对手区别开来，并且传播这种形象和地位。有学者将市场定位总结为：市场定位＝目标市场+差异化+定位沟通。

（2）市场定位战略

市场定位的本质是差异化，是指企业努力发展差异性较大的产品系列和营销项目，努力树立起企业的独特形象，通过成为同行业中的领先者来获得竞争优势。在超竞争的市场环境和消费升级背景下，企业可以通过多元化途径如向市场提供差异化的产品、服务、人员、形象以及促销方式等提升竞争力，具体如下：

①产品差异化战略

产品差异化战略（product differentiated strategy）是为获得竞争优势而创造被认为是整个行业独一无二的产品战略。它涉及产品质量、样式等方面的差异。产品质量涉及耐用性和可靠性等。产品样式是区分产品的重要方面，尤其是在汽车、服装、公寓和其他产品中。经验表明，在某些领域，特别是在高科技领域，公司所拥有的核心技术表明了它是否能够率先推出创新和高价值的产品。例如，产品质量策略是德国企业进入国际市场的关键策略之一。最早，"德国制造"是劣质商品的代名词。随后，德国企业开始进行全面的质量控制工作，不断提高产品质量。自 20 世纪 70 年代以来，"德国制造"已成为国际市场上高质量和高价值的象征。

②服务差异化战略

服务差异化战略（service differentiated strategy）是指提供各种差异化的服务内容、服务渠道和服务形象，强调自己的优势，击败竞争对手。差异化的服务可以推动形成其他企业进入该领域的壁垒。服务差异化的本质在于可以增加顾客价值，并通过与顾客保持稳定的关系来击败竞争对手。例如，海底捞始终坚持"服务第一，客户至上"的理念，改变传统的标准化和单一化的服务，倡导个人特色服务。海底捞的服务不仅体现在细节上，更重要的是，它建立了从顾客进店到用餐结束的完整服务体系。例如，等位期间，顾客可以享用各种免费的小吃、饮料，海底捞还提供为女性免费做指甲等服务。在竞争激烈的餐饮行业中，海底捞的贴心服务超出了顾客对餐饮业的基本期望。差异化服务让顾客认同和感动，从而为企业培育出了忠诚顾客。

③人员差异化战略

人员差异化战略（personnel differentiated strategy）是通过聘用和培训比竞争对手更为优秀的管理人员、销售人员、技术人员等获取竞争优势。市场竞争归根到底是人才的竞争。例如，麦当劳的员工以彬彬有礼著称；IMB公司的员工以具备专业知识而出名；迪士尼乐园的员工以热情洋溢而出名。训练有素的员工应体现胜任、礼貌、可信、可靠、敏捷、善于交流等特征。人员差异化战略对于零售商尤其重要，零售商可以利用一线销售人员实现人员差异化。

④形象差异化战略

形象差异化战略（image differentiated strategy）是指通过树立独特的产品形象来实现差异化。形象是公众对企业及其产品和业务的感知和感觉。企业可以从如下三个方面树立独特形象。首先，企业可以以不同的方式体现自身特征，以便将它们与竞争者区分开来。其次，企业可以创造某种感染力，触及顾客的内在感觉。最后，企业可以使用传播工具来呈现差异化的形象，如产品名称、颜色、标志、口号等。例如，特步的标志体现出特步产品坚持在否定中超越自我、超越对手的开拓精神；天猫的吉祥物是一只猫，而京东用狗做吉祥物也体现出鲜明的特色。

⑤促销方式差异化战略

促销方式差异化战略（promotion differentiated strategy）是针对细分市场的不同类型和特点，正确、巧妙地利用各种促销策略组合，如广告、销售促进等，构建顾客对企业和产品的差异化认知，以此来占领不同的细分市场。例如，企业通常通过商品陈列、展销等方式来吸引农村市场多而分散的顾客，而通过广告、人员推销等方式来接触人口密集城市的顾客。

在创新创业实践中，企业还创造了更多的差异化战略，例如顾客差异化、渠道差异化、价格差异化、商业模式差异化等，创新了更多的定位方法。

3.5　机会的评估

不同的商业机会可以为企业带来的利益大小也不一样，为了在千变万化的市场环境中找出有价值的商业机会，需要对商业机会的价值进行更为详细具体的分析。因此，如何评估项目选择方向是否正确、是否可行、有多大价值，是创新创业过程中经常遇到且非常专业的问题。目前较为普遍使用的评估方法是Timmons创业机会评价模型与价值评估矩阵。

3.5.1　蒂蒙斯创业机会评价模型

在蒂蒙斯（J. A. Timmons）的创业过程模型中，商业机会是创业过程的核心要素，因此，识别与评估市场机会是创新创业过程的起点，也是创新创业过程中的一个关键阶段。资源是创业过程不可或缺的支撑要素，为了合理利用和控制资源，创新创业者往往要制定设计精巧、用资谨慎的创业战略，这种战略对创新创业具有极其重要的意义。而创新创业团队则是实现创业这个目标的关键组织要素。创新创业团队必须具备善于学习、从容应对逆境的品质，具有高超的创造、领导和沟通能力，但更重要的是，还得具有柔性和韧性，能够适应市场环境的变化。

所以为了更准确地评估创业机会，Timmons 提出了一个创业机会评估体系模型，它给我们提供了一套系统的评估框架和可量化的指标体系。这个工具可以帮助投资者和创业者，科学深入地评价创业项目的可行性及其价值性。该评估模型是目前国际比较流行的风险投资家、创业者所普遍使用的创业商机评价方法，该方法总结了八大类 53 项指标来评价一个创业企业的表现和未来发展情况。尽管现实中的成千上万的创业机会未必能与这个评价模型相契合，但这个评价模型总体看来还是比较系统的，评价框架的这八类指标分别为：行业与市场、经济因素、收获条件、竞争优势、管理团队、致命缺陷、创业家的个人标准、理想与现实的战略性差异。如表 3-13 所示：

表 3-13　Timmons 创业机会评估表

1. 行业与市场	1. 市场容易识别，可以带来持续收入 2. 顾客可以接受产品或服务，愿意为此付费 3. 产品的附加值高 4. 产品对市场的影响力高 5. 将要开发的产品生命长久 6. 项目所在的行业是新兴行业，竞争不激烈 7. 市场规模大，销售潜力达到 1 000 万元~10 亿元 8. 市场成长率在 30%~50% 甚至更高 9. 现有厂商的生产能力几乎完全饱和 10. 在五年内能占据市场的领导地位，达到 20% 及以上 11. 拥有低成本的供货商，具有成本优势
2. 经济因素	1. 达到盈亏平衡点所需要的时间在 1.5~2 年以下 2. 盈亏平衡点不会逐渐提高 3. 投资回报率在 25% 及以上 4. 项目对资金的要求不是很高，能够获得融资 5. 销售额的年增长率高于 15% 6. 有良好的现金流量，能占到销售额的 20%~30% 以上 7. 能获得持久的毛利，毛利率达到 40% 及以上 8. 能获得持久的税后利润，税后利润率超过 10% 9. 资产集中程度低 10. 运营资金不多，需求量是逐渐增加的 11. 研究开发工作对资金的要求不高
3. 收获条件	1. 项目带来的附加价值具有较高的战略意义 2. 存在现有的或可预料的退出方式 3. 资本市场环境有利，可以实现资本的流动

表3-13(续)

4. 竞争优势	1. 固定成本和可变成本低 2. 对成本、价格和销售的控制较强 3. 已经获得或可以获得对专利所有权的保护 4. 竞争对手尚未觉醒，竞争力较弱 5. 拥有专利或具有某种独占性 6. 拥有发展良好的网络关系，容易获得合同 7. 拥有杰出的关键人员和管理团队
5. 管理团队	1. 创业者团队是一个优秀管理者的组合 2. 行业和技术经验达到了本行业的最高水平 3. 管理团队的正直廉洁程度能达到最高水准 4. 管理团队知道自己缺乏哪方面的知识
6. 致命缺陷	1. 不存在任何致命缺陷
7. 创业家的个人标准	1. 个人目标与创业活动相符合 2. 创业家可以做到在有限的风险下实现成功 3. 创业家能接受薪水减少等损失 4. 创业家渴望进行创业这种生活方式，而不只是为了赚大钱 5. 创业家可以承受适当的风险 6. 创业家在压力下状态依然良好
8. 理想与现实的战略性差异	1. 理想与现实情况相吻合 2. 管理团队已经是最好的 3. 在客户服务管理方面有很好的服务理念 4. 所创办的事业顺应时代潮流 5. 所采取的技术具有突破性，不存在许多替代品或竞争对手 6. 具备灵活的适应能力，能快速地进行取舍 7. 始终在寻找新的机会 8. 定价与市场领先者几乎持平 9. 能够获得销售渠道，或已经拥有现成的网络 10. 能够允许失败

　　从表3-13中我们可以看到，每一个评估的维度都包含了大量的指标，其中有定性的也有定量的。通过这个评估体系我们可以看出，运用定性或定量的方式，创业者可以利用这个体系模型对行业和市场问题、竞争优势、财务指标、管理团队和致命缺陷等做出判断，来评价一个创业项目或创业机会的投资价值和机会。

　　Timmons的创业机会评价指标体系是目前为止最全面的评价指标体系，但它的应用对评价主体的要求非常高，涉及的项目又多又专业，且必须运用定性及定量相结合的方法才能评估创业机会，因此对于初次创业的创业者或者大学生创业者来说运用的难度会较大，通常建议由专业的创业导师或者风险投资者来运用，可以较为科学地来评估创业机会，给创业者以指导。

3.5.2　商业机会价值评估矩阵

　　除了Timmons的创业机会评价指标体系，还有其他的一些工具也可以用来评估商业机会。常见的商业机会评估工具还有商业机会价值评估矩阵。创新创业者在搜寻、识别和利用创业机会的过程中，所主要关注的就是商业机会的可行性和盈利性。其中，商业机会的可行性是开展创新创业活动的必要条件，而商业机会的盈利性则是开展创新创业活动的主要驱动力，因此商业机会的价值大小由商业机会的吸引力和可行性两个方面因素决定。

（1）商业机会的吸引力

商业机会对创新创业者的吸引力是指企业利用该商业机会可能创造的最大利益。它表明了企业在理想条件下充分利用该商业机会的最大极限。反映商业机会吸引力的指标主要有市场需求规模、利润率、发展潜力。

①市场需求规模。市场需求规模表明商业机会当前所提供的潜在市场需求总量的大小，通常用产品销售数量或销售金额来表示。事实上，商业机会提供的市场需求总量往往由多个企业共享，特定企业只能拥有该市场需求规模的一部分，因此，这一指标可以由企业在该市场需求规模中可能达到的最大市场份额代替。尽管如此，若提供的市场需求总量规模大，则该商业机会使每个企业获得更大需求份额的可能性也大一些，该商业机会对这些创业企业的吸引力也在不同程度上更强一些。

②利润率。利润率是指商业机会提供的市场需求中单位需求量可以为企业带来的最大利益（这里主要是指经济利益）。利润率反映了商业机会所提供的市场需求在利益方面的特性。它和市场需求规模一起决定了企业当前利用该商业机会可创造的最高利益。

③发展潜力。发展潜力反映商业机会为企业提供的市场需求规模、利润率的发展趋势及其速度情况。发展潜力同样也是确定商业机会吸引力大小的重要依据。即使企业当前面临的某一商业机会所提供的市场需求规模很小或利润率很低，但由于整个市场规模迅速扩大或利润率有迅速提升的趋势，则该商业机会对创业者来说仍可能具有相当大的吸引力。

（2）商业机会的可行性

商业机会的可行性是指创业者把握住商业机会并将其转化为具体利益的可能性。从特定创新创业者角度来讲，只有吸引力的商业机会并不一定能成为企业实际上的发展良机，具有吸引力的商业机会必须同时具有强可行性才会是企业高价值的商业机会。例如，某创业企业在准备进入数据终端处理市场时，意识到尽管该市场潜力很大（吸引力大），但企业缺乏必要的技术能力（可行性差），所以商业机会对该企业的价值不大，无法进入该市场。后来，公司通过吸纳其他企业具备了应有的技术（此时可行性增强，商业机会价值增大），这时企业可正式进入该市场。

商业机会的可行性是由企业自身条件、外部环境状况两方面决定的。

①企业自身条件。企业自身条件是能否把握住商业机会的主观决定因素。它对商业机会可行性的决定作用有三：首先，企业是否有足够的经验和资源去把握商业机会，例如，一个具有很大吸引力的饮料产品需求市场的出现，对主要经验为非饮料食品的创业者来说，可行性可能就会小一些，同时，一个吸引力很大的商业机会

很可能会导致激烈的竞争，实力较弱的创业者，可能无法参与竞争；其次，企业是否能够获得内部差别优势，所谓企业的内部差别优势，是指该企业比市场中其他企业更优越的内部条件，通常是先进的工艺技术，先进的生产设备，产品或创业者已建立强势形象等，企业应对自身的优势和弱点进行正确分析，了解自身的内部差别优势所在，并据此更好地弄清商业机会的可行性大小，企业也可以有针对性地改善自身的条件，创造出新的差别优势；最后，企业团队的整体能力也影响着商业机会可行性的大小，针对某一商业机会，只有团队成员的能力和经验构成和协作程度都与之相匹配时，该商业机会对创业者才会有较大的可行性。

②外部环境条件。企业的外部环境从客观上决定着商业机会对企业可行性的大小。外部环境中每一个宏观、微观环境要素的变化都可能使商业机会的可行性发生很大的变化。例如，某创业企业试图进入一个吸引力很大的市场。原来的判断是：由于该市场的产品符合创业者的经营特长，并且创业企业在该产品生产方面有工艺技术和生产规模上的优势，创业企业可获得相当可观的利润。然而在很短时间内，许多外部环境要素已发生或即将发生一些变化：首先，随着原有的竞争对手和潜在的竞争者逐渐进入该产品市场，并采取了相应的工艺革新，使该企业的差别优势在减弱；其次，比该产品更低价的替代品已经开始出现，顾客因此对创业企业拟推出的产品的定价接受度下降，但降价意味着利润率的锐降；再次，环保组织在近期的活动中已经预示着该创业企业产品使用后的废弃物将被视为造成地区污染的因素之一；最后，政府即将通过的一项关于国民经济发展的政策可能会使该产品的原材料价格上涨，这也意味着利润率将下降。这表明，尽管企业的自身条件即决定商业机会可行性的主观因素没变，但由于决定可行性的一些外部因素发生了重要变化，也使该商业机会对企业的可行性大为降低。同时，利润率的下降又导致了市场吸引力的下降。吸引力与可行性的减弱最终使原商业机会的价值大为减小，以至于企业不得不重新考虑项目或调整方案。

（3）评估方法

确定了商业机会的吸引力与可行性，就可以综合这两个方面对商业机会进行评估。按吸引力大小和可行性强弱组合可构成商业机会的价值评估矩阵，如图3-9所示。

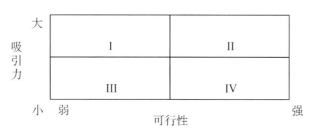

图 3-9　商业机会价值评估矩阵

区域 I 为吸引力大、可行性弱的商业机会。一般来说，该种商业机会的价值不会很大。除了少数好冒风险的创业者，一般企业不会将主要精力放在此类商业机会上。但是，企业可时刻注意决定其可行性大小的内外环境条件的变动情况，并做好当其可行性变大进入区域 II 迅速反应的准备。

区域 II 为吸引力、可行性俱佳的商业机会，该类商业机会的价值最大。通常，此类商业机会既稀缺又不稳定。企业的一个重要任务就是要及时、准确地发现有哪些商业机会进入或退出了该区域。该区域的商业机会是创新创业活动最理想的选择。

区域 III 为吸引力、可行性皆差的商业机会。通常创新创业者不会去注意该类价值最低的商业机会。该类商业机会不大可能直接跃居到区域 I 中，它们通常需经由区域 II、IV 才能向区域 I 转变。当然，有可能在极特殊的情况下，该区域商业机会的可行性、吸引力突然同时大幅度提高。企业对这种现象的发生也应有一定的准备。

区域 IV 为吸引力小、可行性大的商业机会。该类商业机会的风险低，获利能力也小，通常稳定型、实力薄弱的企业以该类商业机会作为其创新创业活动的主要目标。对该区域的商业机会，企业应注意其市场需求规模、发展速度、利润率等方面的变化情况，以便在该类商业机会进入区域 II 时可以有效地把握。

需要注意的是，同一商业机会在不同企业的矩阵中出现的位置是不一样的。这是因为对不同经营环境条件的企业，商业机会的利润率、发展潜力等影响吸引力大小的因素状况以及可行性均会有所不同。

在上述矩阵中，商业机会的吸引力与可行性大小的具体确定方法一般采用加权平均估算法。该方法将决定创业机会的吸引力（或可行性）的各项因素设定权值，再对当前创业企业这些因素的具体情况确定一个分数值，最后加权平均之和即从数量上反映了该商业机会对企业的吸引力（或可行性）的大小。

 **案例分析**

硅基无荧光粉发光芯片产业化应用

南昌大学的硅基无荧光粉发光芯片产业化应用项目获得了第七届"互联网＋"大赛全国冠军，该项目是院士团队产业化公司，与南昌大学国家硅基 LED 工程技术研究中心进行产、学、研、用全面合作，致力于"硅基无荧光粉发光芯片"产业化推广工作，目前技术产业应用已涵盖户外照明、家居照明、教育照明、特种照明、农业照明等领域。

2015 年 12 月，由南昌大学江风益院士科研团队自主研发的"硅衬底高光效 GaN 基蓝色发光二极管"获得国家技术发明一等奖，由此打破了美日 LED 照明技术垄断，开拓了"中国芯"世界 LED 照明第三条技术路线。

传统 LED 照明技术是通过蓝色发光二极管激发荧光粉混合出不同颜色的光线，

存在较高的蓝光危害。一方面，蓝光容易引起视觉疲劳，造成近视。另一方面，蓝光影响睡眠质量，导致失眠。基于以上两大痛点，江风益院士团队提出的解决方案是以"硅衬底"为基础，研发硅基纯 LED 照明技术，开发健康照明系列产品。"无蓝光伤害" LED 的两大核心优势体现如下：第一大核心优势是，采用全球先进的多基色混合 LED 芯片。与传统的 LED 发光原理不同，此芯片不使用稀缺资源荧光粉，采用的是多基色混合 LED 芯片发光，实现了高显指，具有更高的色彩还原度，做到与自然光相当的白光。在国家蓝光危害等级中处于"无蓝光"优于 0 级的标准。第二大核心优势是，采用全球首创"无蓝"金黄光 LED 芯片。临床试验表明，该光源能促进人体褪黑素的分泌，提高深度睡眠比，具有低色温、高显指、无频闪等功能。在金黄光 LED 芯片中黄光的发光效率属于世界领先地位，高于世界水平一倍以上。

2017 年中国 LED 行业总体产值已达 6 368 亿元，到 2022 年突破 1.2 万亿元。本项目采用"技术创新战略"和"技术跟随战略"，致力于在相关技术领域占据领导地位并以最短的时间学习领先者创造的知识。目前销售规模达到 1.3 亿元，在众多场景广泛应用，被列为政府重点推荐项目，同时技术具有调节人体昼夜节律，维持生物钟的作用；尤其适用于极地科考、战略坑道、潜艇、空间站等国防领域。预计 2025 年突破 10 亿元销售规模，力争在科创板上市。

思考题：

1. 什么是商业机会？案例中团队利用的商业机会是什么？

2. 案例中的创业团队利用了哪些商业机会来源？

3. 什么是创新？该创业团队做了哪些创新？

 高阶训练

创新创业机会分析

1. 训练目标：掌握创业机会的理论知识；了解创业机会的分析方法，训练创业机会的识别能力；培养创新精神和创业意识。

2. 训练内容：结合自己参加的创新创业大赛项目，模拟作出创业机会分析。

教学模拟项目分别介绍自己的"市场机会分析"，包括：

（1）行业环境 PEST 分析

（2）行业痛点（亟待解决的问题）

（3）竞争者比较分析（列表）

（4）STP 目标市场定位

（5）机会大小（目标市场容量）测算

3. 训练方法：翻转教学法、文献分析法、实地调查法、项目驱动法。

4. 评价标准：从创新创业机会的客观性、合理性和科学性等几个方面进行预测评估。

 拓展资源 ━━━━━━━━━━━━━━━━━━━━━━━━━━━━━━━☞

［1］杰弗里·蒂蒙斯，小斯蒂芬·斯皮内利. 创业学［M］. 周伟民，吕长春译.（6 版）. 北京：人民邮电出版社，2005.

［2］罗伯特·巴隆 斯科特·谢恩. 创业管理——基于过程的观点［M］. 张玉利等译. 北京：机械工业出版社，2005.

［3］Donald F. Kuratko，Richard M. Hodgetts. 创业学——理论、流程与实践［M］. 张宗益，译.（6 版）. 北京：清华大学出版社，2006.

［4］肖恩·怀斯，布拉德·菲尔德，创业机会：认清那些关乎创业成败的核心要素［M］. 凌鸿程，刘寅龙，译. 北京：机械工业出版社，2018.

［5］缑婷，鲍洪杰，刘泽文. 市场分析与创业机会识别［M］. 北京：经济管理出版社，2017.

［6］陈劲. 企业技术创新透析［M］. 北京：科学出版社，2001.

［7］曹虎，王赛，乔林，等. 数字时代的营销战略［M］. 北京：机械工业出版社，2017.

［8］艾·里斯，杰克·特劳特，邓德隆. 定位［M］. 火华强，译. 北京：机械工业出版社，2021.

［9］左仁淑. 数字化时代的营销创新［M］. 北京：中国人民大学出版社，2023.

［10］菲利普·科特勒，凯文·莱恩·凯勒，亚历山大·切尔内夫. 营销管理［M］. 陆雄文，等译.（16 版）. 北京：中信出版集团，2023.

4 商业模式创新设计

教学目标

（1）知识目标：掌握商业模式的九个要素：客户细分、渠道通路、客户关系、合作伙伴、关键业务、核心资源、价值主张、收入来源和成本结构。

（2）能力目标：能绘制商业模式画布，能结合新时代需求作出商业模式的创新设计。

（3）素养目标：基于客户板块和资源板块的要素，设计项目的核心价值主张，实现家国情怀、社会价值和价值创造。

思维导图

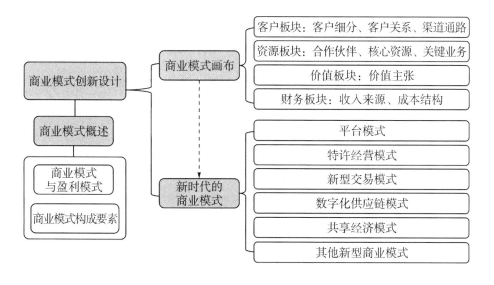

导入案例

西贝莜面村的商业模式

西贝莜面村作为西北菜的代表，3 年间五易其名，并在选址、门店规模、场景、服务流程等方面不断迭代创新，取得了显著的成效。

1. 西贝莜面村的发展历程

西贝莜面村的发展经历了萌芽、初创、探索、发展和成熟五个阶段。

特征	萌芽期（1988—1998 年）	初创期（1999—2009 年）	探索期（2010—2012 年）	发展期（2013—2014 年）	成熟期（2015 年至今）
定位	河套风味	西贝莜面村	西贝西北民间菜→西贝西北菜→西贝中国烹羊专家	西贝莜面村	西贝莜面村
经营区域	巴彦淖尔	全国	全国	全国	全国
选址	城郊+街边	城郊+街边	城郊+街边+购物中心	购物中心+社区店	购物中心+社区店
场景	传统餐厅	西北风情	西北风情	精致店面、明档厨房	精致店面、明档厨房
店面模式	包间+散台	包间+散台	包间+散台	小店模式	小店模式
单店面积	>1 000 平方米	>1 000 平方米	>1 000 平方米	<500 平方米	300~600 平方米
门店数量	——	20 余家	40 余家	100 余家	200 余家
销售额		6 亿元	13 亿元	16 亿元	43 亿元

2. 西贝莜面村的迭代创新

（1）场景迭代。第一代店铺为街边大店，一般位于城市边缘，面积较大，场景为西北窑洞风格；第二代店铺为购物中心的"店中店"，面积较大，由围餐的餐饮模式变为简餐的模式，顾客为 3 公里消费圈；第三代店铺追求休闲化和"小而美"，单店面积小于 500 平方米，以开放式厨房、明档餐饮、体验式销售和流程再造为特征，提升服务效率，快速扩张。

（2）产品迭代。第一是核心产品的迭代，主打菜品从最初以莜面产品为主，演化为西北民间菜、西北菜、羊肉，最后又回归到莜面品类，清晰的定位建立起产品的独特价值和核心竞争力；第二是菜品体系的迭代，对原有菜品进行精简，将原来菜单上的 120 多道菜，先是精简到 66 道以内，后又减至 45 道，推出少而精的菜单，西贝的产品迭代和菜品研发始终以顾客满意为标准。

（3）服务迭代。首先，西贝在"小店模式"下推出明档厨房和体验式消费，顾客可以在餐厅里看到每道菜品的烹制过程，实现顾客与厨师的近距离接触，增强了顾客的消费体验和信任感；其次，在快节奏的时代背景下，通过优化供应链和加强员工培训，提高每道菜品的出菜速度，并采用沙漏计时的方法向顾客承诺；最后，推动餐桌智能化变革，顾客可以通过扫码实现排队等位、餐位预订，点菜支付、会员卡券信息呈现等需求。

（4）组织迭代。从 2012 年开始，西贝启动内部创业模式，鼓励西贝员工成长为创业者，参与新店筹建。西贝在全国范围内共设置了 13 个创业分部，分部名称以总经理名字命名。依靠内部创业模式，西贝逐渐成为一家内部员工参与的加盟合伙制企业。为了鼓励内部竞争，西贝启动了"赛场机制"。依据顾客体验、团队建设、厨务竞赛新规、值班管理、食品安全、品牌执行、客流增长和安全保障等指标，总部会对创业分部和门店进行排名，按先后依次为 A+、A、B、C、C-，有效地促进了门店各项管理与营运标准的落地，促进了门店基础管理的提升，激发了组织活力。

（5）品牌迭代。西贝最初的品牌为"西贝莜面村"，定位为乡土风味餐厅，通过营造家庭聚餐、朋友聚会的场景为大众市场提供具有内蒙古西部风味的餐饮产品，后来将品牌名称修改为"西贝西北民间菜"，2011 年进一步将品牌缩减为"西贝西北菜"。历经两次定位调整和品牌更迭，西贝去除了原有品牌所具有的乡土气息，从家常菜馆变为了综合性酒楼，定位逐渐趋向于高端，但经济效益并不理想，西贝进一步寻求差异化，由于西贝在羊肉原料和加工上的优势以及品类上的差异化，将品牌调整为"中国烹羊专家"。但事实上，从烹羊的原料来源到制作过程，西贝所具有的资源和能力都不足以支撑烹羊专家的名称。2013 年，西贝历经多次调整和不断反思，由于在品类上的独特性和健康属性，将核心业务的主打品牌重新确定为"西贝莜面村"[①]。

4.1　商业模式概述

商业模式设计是创业者首先要解决的问题。戴尔电脑公司的创始人迈克尔·戴尔认为，"任何人都可以成为创业者，只要你勤奋，并且拥有一个可行的商业模式"。戴尔在 1984 年 19 岁时就中途辍学，带着 1 000 美元的存款创办了个人电脑有限公司（Pcs limited），并在四年后更名为戴尔计算机公司（Dell Computer Corporation），戴尔的创意是利用具有创新性的邮购营销方式直接贴近他的客户。通过公司 20 多年在商业模式与市场营销方面的努力，公司取得了非常高的收益，2007 年在

---

① 资料来源：改编自王公为. 迭代式创新、价值创造与企业绩效：基于西贝莜面村的案例研究［J］. 科技促进发展. 2019（01）：96-102.

《财富》杂志公布美国 500 强企业中，戴尔位居 34 位，超过微软、摩托罗拉、英特尔等 IT 业巨头，而戴尔本人也被《财富》杂志评为最富有的美国青年才俊。戴尔成功的故事向我们展示了商业模式的重要性，戴尔提出了一个既有吸引力又很简单的商业模式：去掉经销商和分销商，同时通过高质量的服务来努力满足客户的需求。戴尔的商业模式很简单但很有进取性，它把公司定位于一个低价位的、接单生产的、对客户做出直接反应的企业，同时又通过对新的市场营销计划开发进入新的细分市场如 B2B、国际市场等。当其他公司开始模仿戴尔的直销营销战略时，戴尔公司势必将面临一个又一个的营销挑战，但戴尔坚决认为虽然被竞争对手模仿，但公司仍拥有直销的丰富经验，还会取得持续的增长。

4.1.1　商业模式

商业模式的概念最早出现于 20 世纪 50 年代，但真正被广泛认知和使用则是在 20 世纪 90 年代后期，直到今天，商业模式对于普通大众而言依然是一个新的概念。管理大师彼得·德鲁克所说："当今企业之间的竞争，不仅仅是产品与服务层面的竞争，更是商业模式的竞争。"戴尔的名言"任何人都可以创业成功，只要你勤奋，并且拥有一个可行的商业模式"也阐述了商业模式的重要性。2005 年《经济学人》信息部一项调查显示，半数以上企业高管认为，企业要获得成功，商业模式创新比产品和服务创新更为重要。商业模式已成为现代企业的核心要素，成为探讨新经济的重要概念，受到企业界和投资界重视，特别是对于创业企业而言尤为重要。那么，到底什么是商业模式？

商业模式是一个非常宽泛的概念，学术界和企业界对于商业模式的观点层出不穷，当前比较有代表性的观点大致围绕盈利模式、运营模式、价值创造、交易关系和系统阐述等几个方面，每个定义均从各自不同的视野阐述商业模式的内涵，从不同的角度对企业有启发作用。

本书从创业企业的角度对商业模式的定义分为两个层面：基于价值的角度，商业模式描述了企业如何创造价值、传递价值和获取价值的基本原理[①]；基于运营的角度，商业模式是为了实现客户价值，确保企业持续盈利的企业相关市场营销系统、采购供应系统、生产制造系统、管理运营系统、财务管理系统的整体运行方案。对商业模式的定义理解如下：

●商业模式的出发点是顾客价值，持续盈利是企业价值；

●价值的创造和实现的基础是企业的整体运行方案，通过市场营销、采购供应、生产制造、财务管理等各个系统的协调运行最终实现；

●商业模式是连接顾客价值和企业价值的桥梁，商业模式的基本逻辑是价值发

---

①　亚历山大. 奥斯特瓦德，伊夫. 皮尼厄. 商业模式新生代［M］. 黄涛，郁婧，译. 北京：机械工业出版社，2016.

现、价值匹配和价值获取的过程。如图 4-1 所示。

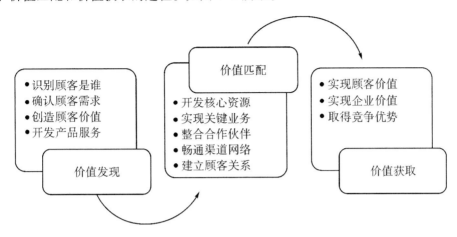

图 4-1　商业模式的基本逻辑

4.1.2　盈利模式

盈利模式是企业获利的方式，是对不同获利方式的一般性概括和总结。从会计学角度来讲，盈利可以用收入与成本的差额来表示，盈利也可以用利润来代替。但是随着新经济的发展，企业的盈利模式视野更加开阔，盈利还不仅仅表现为利润，对经营组织来说，品牌效应的获得、知名度的提升、竞争能力的增强、客户关系的建立、资源的获取等都是盈利模式，也可以说，盈利模式就是企业经营期待的利益和价值总和。盈利模式是商业模式的重要组成部分，也是商业模式的最终成果。从商业模式的设计来说，良好的盈利模式解决的是企业的盈利能力和可持续发展的问题。

不同企业的盈利模式不同，亚德里安·斯莱沃斯基，大卫·莫里森和鲍勃·安德尔曼在《发现利润区》中提出二十二种盈利模式，创业者可以在设计商业模式的时候进行参考。如表 4-1 所示。

表 4-1　二十二种盈利模式①

客户解决方案模式	卖解决方案而不是仅仅卖产品。为了了解客户而投资，设计解决方案，建立良好的客户关系，对供应商来说，这种做法在发展客户关系的初期是净投入，但以后会带来大量的利润
产品金字塔模式	产品系列全而广，低端产品起防火墙作用或者引流，高端产品是利润的主要来源

①　亚德里安·斯莱沃斯基，大卫·莫里森，鲍勃·安德尔曼，发现利润区［M］. 吴春雷，译. 北京：中信出版集团，2018.

表4-1(续)

多种成分系统模式	一个业务系统应包含若干个子系统，有的子系统占有较大比重的利润，有的几乎无利可图
配电盘模式	高价值的中介业务，作用类似于配电盘，其功能是在不同的供应商与客户之间建立一个沟通的渠道，从而降低交易成本
速度模式	创新业务快速形成先天优势，无快不破，从而可以获得超额利润
卖座大片模式	适用于固定成本很高，变动成本低的情况，大量地发行分摊固定成本获利
利润乘数模式	从某一产品、产品形象、商标或服务，重复地使用收获利润
创业家模式	为了避免大企业的规模不经济，交易费用上升，将公司拆分成很多小的利润中心，以强化营利责任，更多接近客户
专业化利润模式	聚焦策略，低成本、优良的声誉、较短的销售期、更多的现金流入
基础产品模式	基础产品利润不高甚至不盈利，其衍生产品或者增值服务获取高利润。例如刮胡刀+刀片模式
行业标准模式	基础产品进一步发展成行业标准，取得巨大的规模和基础优势。例如微软的操作系统
品牌模式	品牌效应转化为顾客认同，获取利润
独特产品模式	依靠产品的差异性和独特性获利
区域领先模式	区域领先获得良好的利润基础
大额交易模式	扩大交易规模，获取利润
价值链定位模式	把业务集中在高利润的价值链环节，可以获得更高的回报。例如电脑的芯片供应
周期利润模式	利润水平按照周期设定，通过成本与最优化的定价获取利润
售后利润模式	不仅仅依靠产品，更多依靠售后服务来获取利润
新产品利润模式	通过推出新产品获取利润。例如手机降价到一定程度，厂商就推出新的产品
相对市场份额模式	相对于竞争对手拥有较高的市场份额，从而获得规模、成本和定价优势
经验曲线模式	在生产、销售中不断积累经验，相对于竞争者而言，成本就会下降
低成本企业设计模式	通过各种途径获取成本领先优势，获取更多利润

4.1.3　商业模式构成要素

　　来自学界和业界的人士从不同的角度对商业模式的构成要素提出了不同的观点，但从实质上都针对企业商业运营的主要因素进行了阐述，这些要素之间相互关联，形成企业的商业逻辑和运营模式，对创业者设计和完善商业模式都有较好的指导意义。以下列举一些典型的观点。

①二要素模型。最简洁的商业模式模型当属 Itami 和 Nishino 建立的二要素模型，他们认为"商业模式=盈利模式+业务系统"。其中，盈利模式反映企业获取利润的逻辑；业务系统包括为顾客创造价值和传递价值的业务体系，两个要素的目标均为创造价值和获取价值。

②三维立体模式。有学者认为，任何一个商业模式都是一个由顾客价值、企业资源和能力、盈利方式构成的三维立体模式。哈佛大学教授约翰逊（Mark Johnson），克里斯坦森（Clayton Christensen）和 SAP 公司的 CEO 孔翰宁（Henning Kagermann）的《商业模式创新白皮书》把这三个要素概括为：顾客价值主张：指在一个既定价格上企业向其客户或消费者提供服务或产品时所需要完成的任务；资源和生产过程：即支持客户价值主张和盈利模式的具体经营模式；盈利公式：即企业为股东实现经济价值的过程。

③四要素模型。Mark 等提出商业模式由相互关联的顾客价值、盈利模式、关键资源、关键流程四个要素构成，建立了四要素模型，重点说明商业模式怎样洞察价值、创造价值、传递价值和获取价值。

④六要素模型。魏炜和朱武祥教授提出了商业模式相互作用、相互决定的六要素模型，如图 4-2 所示。六要素中，第一是定位，即企业满足客户需求的方式，它决定了企业应该提供什么特征的产品和服务来实现客户的价值，是商业模式的起点；第二是业务系统，是指企业达成定位所需要的业务环节、各合作伙伴扮演的角色以及利益相关者合作与交易的方式和内容；第三是关键资源和能力，企业的业务系统决定了企业所要进行的活动，而要完成这些活动，企业需要掌握和使用一整套复杂的有形和无形资产、技术和能力；第四是盈利模式，即以利益相关者划分的收入结构、成本结构以及相应的收支方式；第五是自由现金流结构，即企业经营过程中产生的现金收入扣除现金投资后的状况，其贴现值反映了采用该商业模式的企业的投资价值；第六是企业价值，即未来净现金流的贴现，是企业的投资价值，就是商业模式的成果和归宿。

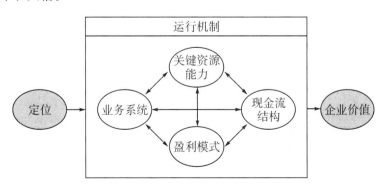

图 4-2 魏-朱六要素模型

⑤七维商业模式。栗学思提出任何商业模式都由7个基因组成，包括物质层面的4个基因：价值需求基因（客户及其需求）、价值载体基因（产品及其交易方式）、价值传递基因（传播与渠道）、价值创造基因（生产与运营），信息层面的3个基因：价值选择基因（经营者及团队）、价值驱动基因（管理与机制）、价值保护基因（竞争壁垒），7个基因构成了完整、可持续的商业模式闭环。

⑥八要素模型。李振勇提出商业模式由8个要素构成，包括客户价值最大化、整合、高效率、系统、赢利、实现形式、核心竞争力和整体解决。其中"整合""高效率""系统"是基础或先决条件，"核心竞争力""实现形式""整体解决"是手段，"客户价值最大化"是主观目的，"持续赢利"是客观结果。这8个关键词也就构成了成功商业模式的8个要素，相互关联、缺一不可。

⑦九要素模型。即商业模式画布，由亚历山大·奥斯特瓦德（Alexander Osterwalder），伊夫·皮尼厄（Yves Pigneur）等人提出，商业模式由9个相互作用、相互链接的构造块组成：客户细分、价值主张、渠道通路、客户关系、收入来源、核心资源、关键业务、重要合作、成本结构。

4.2　商业模式画布

奥斯特瓦德（Alexander Osterwalder）等的商业模式画布（Business Model Canvas，BMC）是能帮助创业者或者商业模式的设计者进行商业模式的创意、并且探索商业模式中关键要素和环节的设计工具，有助于创业者系统思维，制定清晰商业模式的工具。

本书结合创业企业基于商业模式画布来定义和描述商业模式，从客户细分、价值主张、渠道通路、客户关系、收入来源、核心资源、关键业务、重要合作、成本结构9个构造块（要素）的系统思考、设计和创新来构建创业企业的商业蓝图[1]，从而形成可行的、持续发展的完整商业模式。这9个构造块又可以系统地分为客户板块，包括客户细分、渠道通路、客户关系；价值板块，包括价值主张；资源板块，包括重要合作、核心资源、关键业务；财务板块，包括由收入来源和成本结构。商业模式9个基本构造块立体图如图4-3所示，基本构造块挂图（商业模式画布）如图4-4所示。

商业模式9个要素是相互关联的，从市场营销的角度，形成企业的价值创造和传递的基本逻辑，首先是以顾客为导向，价值主张必须满足顾客需求，价值主张为企业创造收入，企业的价值主张需要有基础设施保障，而基础设施的建设和运行需

---

① 亚历山大. 奥斯特瓦德，伊夫. 皮尼厄. 商业模式新生代. 北京：机械工业出版社，2011.7

要投入和成本，收入和成本的差额即为企业的利润。

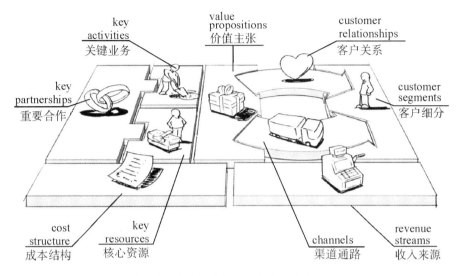

图 4-3　商业模式 9 个基本构造块立体图

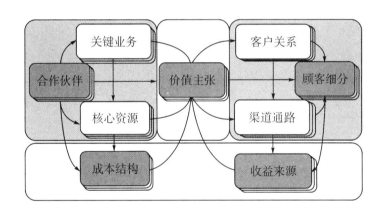

图 4-4　商业模式 9 个基本构造块挂图（商业模式画布）

商业模式 9 个要素的关联性，从大学生创新创业项目的角度，如图 4-4 所示的商业模式画布。依然是以顾客为导向，但出发点是资源板块。因为大学生并不是企业，以在校学生为出发点，紧缺的是真实的项目合作伙伴，基于此提出自己能做的关键业务，聚焦形成核心资源优势。如果没有完成资源板块的布局，即使有很大的市场机会，也不是大学生能把握住的机会，迟早会被竞争者替代。因此，大学生创新创业的商业模式，要基于顾客导向，找到市场细分之后，首先的行动是寻找合作伙伴，完成资源板块布局，然后提炼出适合自己的价值主张，通过客户关系进一步精炼客户细分和目标客户定位，集中打通销售渠道通路。成本结构的主要影响因素是资源板块，收益来源的主要影响因素是顾客板块。

商业模式画布可以广泛用于不同规模的企业进行商业模式设计。设计者可以通过自我提问的方式，不仅能对自身业务、资源等快速了解，还能明确客户群体，优化企业自身各个方面的布局和联系，准确地找到最适合企业自身的发展方案。常见的设问如图 4-5 所示。

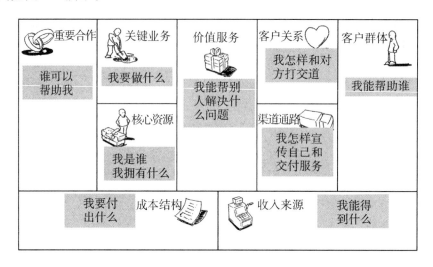

图 4-5　商业模式画布中的设问方式

商业模式画布中的九个构造块，即：客户细分群体、客户关系、渠道通路、价值主张/产品服务、关键业务、重要合作伙伴、核心资源、成本结构、收入来源，分别对应"我能帮助谁、我怎样和对方打交道、我怎样宣传自己和交付服务、我能帮别人解决什么问题、我要做什么、谁可以帮助我、我是谁并拥有什么、我要付出什么、我能得到什么"。

4.2.1　客户板块：客户细分、渠道通路、客户关系

（1）客户细分

客户是商业模式构建的导向，若没有可为企业带来价值和收益的客户，那么企业就无法长久存活。现代管理学之父德鲁克有一句经典的名言："企业的唯一目的就是创造顾客。"创业者应该有强烈的市场思维，为了有效地开发市场，需要培养自身客户管理的能力。客户细分即明确公司所瞄准的客户群体或目标市场，这些群体具有某些共性，从而使公司能够针对这些共性创造价值、传递价值和获取价值。商业模式可以定义一个或者多个或大或小的客户细分群体，企业必须进行科学的决策，到底该重点服务哪些客户细分群体，一旦做出选择，就可以凭借对特定客户群体需求的深入分析和把握，设计出相应的商业模式。

①关键问题。在商业模式的设计和运营中，清晰地回答客户细分的关键问题有利于准确定义目标客户，制定运营策略。如表 4-2 所示。

表4-2 客户细分的关键问题

问题	描述
目标市场	我们的客户是谁？谁是我们最重要的客户？我们为谁创造价值？
客户洞察	我们的客户是怎么样的？有哪些特征？
客户需求	我们的客户具体需求是什么？我们为客户提供哪些价值？用哪些产品和服务满足顾客需求？
客户管理	如何开发和获取这些客户？如何进行客户的管理？

②常见的客户类型。创业企业在进行商业模式设计时，按照客户的主体可以分为消费者市场、制造商市场、中间商市场、政府和非营利组织市场以及国际市场。其中，消费者市场是个人和家庭为了生存和发展购买产品形成的市场；制造商和中间商市场是企业组织为了生产运营或者再次销售购买产品而形成的市场；国际市场是由其他国家和地区的购买者形成的市场；政府和非营利性组织则是为了满足公共或者社会需要，或者履行职责、承担社会责任而形成的市场。按照客户的性质可以先从一些典型的客户细分群体例如大众市场、利基市场、区隔化市场、多元化市场、多边或平台市场、供应链市场①等入手，在此基础上拓展出创新的客户细分群体。

③主要应用工具。结合创业企业的特点，我们为大家推荐一些目标市场选择和开发的常用工具，便于大家在设计商业模式客户细分构造块时参考。

一是市场细分。传统的目标市场战略包括市场细分、目标市场选择和市场定位，市场细分是最基本和有效的目标市场战略的基础，也是创业者定义和选择目标市场的主要方法，结合互联网和信息技术的发展，本书增加了资源聚集法（利用对用户有价值的资源集聚客户，例如微信）、顾客驱动法（通过客户的需求集聚客户，客户引发商业行为，例如团购、客户定制）和行为集中法（以客户行为为依据形成客户集群，例如网络游戏）等方法开创和拓展顾客资源。

二是细分市场评估。细分的客户群体是否有价值，最终选择哪一个细分市场作为企业的服务对象，可以通过细分市场的评估来决策，如表4-3所示，从市场吸引力、市场竞争力、企业愿望和能力等角度对市场进行评估。目标市场选择的原则可以遵循五个原则，即有足够需求、市场较稳定、企业有能力、竞争有优势、运营可盈利，充分考虑这些因素有利于保障商业模式的可行性。

表4-3 细分市场的评估因素

评价因素	描述（二级指标）
市场吸引力评估	市场容量、市场增长率、行业利润率、技术难易程度、市场准入门槛、营销透明程度、产品生命周期等

① 亚历山大. 奥斯特瓦德，伊夫. 皮尼厄. 商业模式新生代［M］. 北京：机械工业出版社，2011.

表4-3(续)

评价因素	描述（二级指标）
市场竞争力评估	同行业的竞争对手、潜在的竞争对手、替代品的威胁、购买者的讨价还价能力、供应商的讨价还价能力
企业愿望和能力评估	经营目标、资金资源、人力资源、研发能力、生产能力、供应链、销售渠道、品牌形象、竞争优势等

三是顾客画像。顾客画像用于客户分析和顾客洞察，是从一个或者多个维度对客户特征进行描述，例如某银行的用户画像有事实标签、模型标签、预测标签三个标签和基本属性、社会属性、行为属性、交易属性、产品属性、价值属性六个维度，如表 4-4 所示。此外顾客分析还有很多其他的方法，例如 ABC 分析、5W2H 分析、金字塔模型、MAN 分析（购买力、决策权、需求）、RFM 分析（最近一次购买、购买频率、消费额）、CLV 分析（全生命周期价值）、顾客移情图等，大家可以通过相关资料进行深入了解。

表 4-4　顾客画像的维度

维度	描述（指标）
基本属性	姓名、性别、年龄、教育、地址、电话…
社会属性	单位、职业、家庭、社交、背景、信用…
行为属性	生活、工作、购物、媒体、渠道、频次、商品拥有…
交易属性	付款、维修、保养、物流、投诉、交流、反馈…
产品属性	个性、爱好、品牌、产品、价格、款式…
价值属性	身份、交易贡献、利润贡献，RFM，风险…

四是顾客需求分析。顾客需求描述涉及各个方面，其中运用 6W2H 方法有助于创业团队对客户的需求进行清晰的思考、设计和描述，比较全面系统地从 Who（客户是谁）、What（购买什么）、Why（购买理由）、When（购买时间）、Where（购买地点）、Who（谁参加购买）、How（如何购买）、How Much（购买多少及频率）等维度描述客户需求。

五是顾客运营。在顾客运营的实践中，探索出很多顾客运营的模型，包括艾达模式、用户旅程 5A 模型、AARRR 模型、AIDMA 模型、AISAS 模型、AIPL 模型、RFM 模型、用户生命周期模型、增长模型（GMV+LTV）等，这些工具在商业模式设计中都会有很好的帮助。在数字化时代，本书采用在实践中运营较多的 AARRR 模型，包括获客、激活、留存、转化和传播等过程。其中，顾客获取也可以称为顾客拉新，是指获取和引入新的顾客，是市场开发和顾客开发的重要手段；顾客激活是通过一系列的营销活动，激励顾客采取某项行为或者目标，从而达到吸引用户，提升用户活跃度和留存率的目的，从而推动业务增长；顾客转化是指企业在顾客运营中采取的营销策略，促进顾客采取营销者希望的下一步活动，最直接的用户转化是下单购买；顾客留存是反映用户运营的关键指标之一，它反映了产品或者品牌是否能够吸引并留住顾客，以及企业维护顾客关系的能力，也是顾客满意度和忠诚度的体现；顾客传播是通过顾客的渠道对产品、品牌进行宣传和推广。

（2）渠道通路

渠道通路即公司用来接触消费者的各种途径。这里阐述了公司如何沟通、接触其客户细分而传递其价值主张。它涉及公司的市场分销以及传播推广策略。通俗地讲，渠道通路就是企业接触顾客的方式和途径。渠道通路的功能主要有产品和服务销售、产品与服务的推广与宣传、客户服务和支持，此外还有融资和风险承担的功能，是客户价值传递和实现的关键环节。

①关键问题。渠道通路设计需要解决的关键问题有以下几个：

第一，企业通过哪些渠道接触客户（接触点）？

第二，企业通过哪些渠道网络销售产品服务（分销渠道）？

第三，企业如何对自己的产品和服务进行推广宣传（传播渠道）？

第四，企业如何与客户进行信息传递（信息渠道）？

第五，企业如何完成物流交付（物流渠道）？

第六，客户如何支付（支付渠道）？

第七，企业如何为顾客提供服务（服务渠道）？

第八，企业如何评价渠道的成本效益（渠道评估）？

创业企业首先解决的是销售渠道的问题，但渠道通路解决的不仅仅是产品和服务的销售问题，同时面临产品和服务推广等问题，创业者需要，具有一定的远见性，从系统的角度来设计和布局企业的渠道，有学者将渠道通路细分为销售渠道（分销渠道）、服务渠道、传播渠道、引流渠道、沟通渠道等。很多创业企业在渠道通路创新方面都非常有特色，例如电子商务企业直播带货的创新，企业通过社交媒体进行整合营销等。

②渠道通路类型和阶段。Osterwalder等提出渠道有5个不同的阶段[1]，把渠道分为直接渠道和非直接渠道，如表4-5所示。虽然没有全部列出渠道的类型，但有较好的借鉴思路。

---

① 亚历山大.奥斯特瓦德，伊夫.皮尼厄. 商业模式新生代［M］. 北京：机械工业出版社，2011.

表 4-5　渠道类型和阶段

渠道类型		渠道阶段				
直接渠道	销售队伍	**1. 认知** 提升客户对产品和服务的认知	**2. 评估** 帮助客户评估公司价值主张	**3. 购买** 让顾客便捷购买产品和服务	**4. 传递** 把价值主张传递给顾客	**5. 售后** 提供售后支持和服务
	在线销售					
非直接渠道	自有店铺					
	伙伴店铺					
	批发商					

③数字化渠道的变革。数字化时代给营销带来的首要变革就是渠道的变革，电子商务和新零售的发展对传统渠道产生了重要的影响。数字化时代的渠道变革如表 4-6 所示。

表 4-6　数字化时代的渠道变革

措施	示例
数字化	从实体渠道到数字渠道，相互整合，新媒体成为营销渠道
融合化	线上线下融合互动
全渠道	全面渠道，实体渠道、线上渠道、媒体都成为顾客接触点
生态化	渠道成为大终端，成为生活和工作的价值传递体系，例如一个社区成为购物、快递、医疗的综合节点
智能化	渠道具有智能分析、智能决策和精准服务的功能
跨界化	跨界联合、渠道共享
场景化	场景即渠道
内容化	内容即渠道，越来越多的内容成为接触和影响用户的途径，短视频、直播等内容还可以直接促成交易
媒体化	渠道成为传播媒体，具备传播功能，例如直播

从传统渠道到数字化渠道，营销渠道不断演变，了解渠道的演变对于渠道运营的策划非常重要。本书将渠道通路的演变分为四个阶段。

渠道 1.0 阶段，中间商模式。即"生产商—中间商—顾客"模式，通过中间商对产品和服务进行分销。

渠道 2.0 阶段，DTC（Direct to Consumer）模式。即渠道直达顾客，通路直销，直销和互动营销都属于这个模式，在数字化时代，直播、社交媒体、APP 等也是直达顾客的模式。

渠道 3.0 阶段，供应链协同模式。基于整个供应链组织创造价值和传递价值的活动。

渠道 4.0 阶段，生态模式。数字化时代，渠道具备大终端、全渠道的营销价值，本书总结互联网实践，提出以用户为中心的生态渠道模式，数字化时代的营销渠道也是企业数字化基建的重要内容。中间商是渠道、场景是渠道、人员是渠道、内容是渠道、产品是渠道、媒体是渠道、技术是渠道，这些都是接触顾客的有效途径。如图4-6所示。

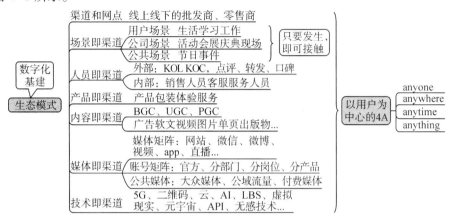

图4-6　数字化渠道生态模式

④渠道通路设计。数字化背景下的渠道是一个生态系统，从其功能的角度，数字化渠道既是分销渠道、也是传播渠道、服务渠道、体验渠道、引流渠道和市场管理渠道。本书定义的数字化渠道矩阵是传统渠道和数字化渠道的融合，可能不全面，但对渠道通路设计非常有启示作用。如图4-7所示。

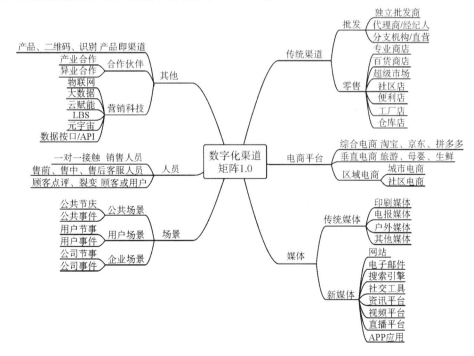

图4-7　数字化渠道矩阵设计

（3）客户关系

客户关系即公司同其客户群体之间所建立的联系，在以客户为中心的经营理念被广为接受的今天，客户关系变得越来越重要，我们所说的客户关系管理（customer relationship management）即与此相关。

①关键问题。商业模式的客户关系设计需要创业团队回答以下关键问题，并做出具有可执行性的设计。

第一，我们和客户群体建立什么样的关系？

第二，我们如何保持这种关系？

第三，这些客户关系的成本和效益如何？

第四，如何把客户关系与商业模式的其余部分进行整合？

创业企业建立客户关系的目标主要有以下几个方面，第一是开发和获取客户，第二是客户保持和维系，第三是提升销售，第四是建设和传播品牌。Osterwalder 等人把客户关系分为个人助理、专用个人助理、自助服务、自动化服务、社区、共同创作等类型。

②客户关系的层次。按照层次分类，有学者将客户关系分为财务层次、社交层次、结构层次客户关系三个层次，基于创业企业的特点，企业常见的客户关系类型有买卖关系、优先供应关系、合作伙伴关系、战略联盟关系四种，如表 4-7 所示，创业者在创业时可参考确定自己的客户关系类型。

表 4-7　客户关系的层次

买卖关系	客户将企业作为一个普通的卖主，销售被认为仅仅是一次公平交易，交易目的简单。企业与客户之间只有低层次的人员接触，企业在客户企业中知名度低，双方较少进行交易以外的沟通，客户信息极为有限。
优先供应关系	企业与客户的关系可以发展成为优先选择关系。处于此种关系水平的企业，其销售团队与客户企业中的许多关键人物都有良好的关系，企业可以获得许多优先的甚至独占的机会，与客户之间信息的共享得到扩大，在同等条件下乃至竞争对手有一定优势的情况下，客户对企业仍有偏爱。
合作伙伴	双方建立在资金、项目、渠道、研发、品牌等方面的合作，在合作的领域有较为一致的目标和较高的协调性，价值由双方共同创造、共同分享，企业对客户成功地区别于其竞争对手、赢得竞争优势。
战略联盟关系	双方有着正式或非正式的联盟关系，双方的近期目标和愿景高度一致，双方可能有相互的股权关系或成立合资企业。两个企业通过共同安排争取更大的市场份额与利润，竞争对手进入这一领域存在极大的难度。

③客户关系维护工具。如何有效维系客户关系？也是需要创业者认真思考的问题。以下是一些建议。

一是，建立用户连接。用户连接是客户关系的基础，全面建立客户连接是客户关系管理的保障，在营销实践中，建立顾客连接的方法如表 4-8 所示。

表 4-8 常用的客户连接方法

措施	示例
沟通渠道	通讯录、社交媒体、顾客数据库等
业务连接	销售业务跟进、服务跟进、业务合作、供应链
服务连接	售前、售中、售后服务内容和服务响应
身份连接	注册、登记、会员、专属权益
生活连接	产品与生活关联或绑定，例如银行卡与代发工资、社保卡
事业连接	产品与事业、学业关联（例如学习通）
情感连接	粉丝、关注、支持

二是，提升客户留存。提升客户留存的方法很多，在做好产品和服务，以及基础营销的前提下，以下一些措施对提升客户留存有帮助。包括服务升级、定制产品、培养品牌认同、保持沟通、积极响应用户、提供激励措施、建立社群、产品持续创新、持续提供价值、培养客户习惯、提升客户黏性、优化客户体验等。

三是，规划用户成长体系。基于客户全生命周期管理，规划客户成长体系，促进客户不断成熟，提升客户忠诚度和客户运营效率。常见的客户成长体系如表 4-9 所示。

表 4-9 常用的客户成长体系

措施	示例
积分体系	利用消费、互动、浏览等行为帮助用户积分增长，设计积分福利，例如电信运营商的积分兑换
会员体系	建立会员制度和会员福利体系，例如 VIP 权利
成就体系	通过消费、互动等行为积累成就，例如游戏的等级，或者虚拟财富、能量值、金豆等
社交体系	巩固社交媒体的关系和互动，不同层次的用户和粉丝的福利、活动
任务体系	通过任务完成积累身份和权益
生态体系	产品和服务绑定用户的生活、工作、学业等

四是，客户防流失。客户流失的原因一般有市场环境的变化、客户需求变化、客户流动或者迁徙、竞争对手的策略、相关群体的影响、企业营销失误等。客户召回是指对流失的客户进行再次拉新或者促活，常见的手段有信息推送、利益召回、产品召回、活动召回、促销召回等。

4.2.2 资源板块：合作伙伴、关键业务、核心资源

（1）合作伙伴

创业企业不可能拥有全部的资源和能力，特别是在新经济、新形势背景下，合作伙伴关系也逐渐成为商业模式的重要因素之一。尤其是大学生创新创业项目，迈出实质创新创业行动的第一步，就是寻求合作伙伴。

①关键问题

创业企业在设计和优化重要合作的要素时，主要解决以下问题：

第一，我们需要与谁进行合作？谁是我们重要的伙伴？

第二，我们从合作伙伴那里获得哪些核心资源？

第三，合作伙伴可以执行哪些关键业务？

②合作的动机

与重要伙伴的合作动机主要在于获取资源、优化商业模式、降低运营风险等。

第一，获取特定资源。创业企业根据自身的资源要素分析，通过与重要伙伴的合作取得企业运营需要的资源，以便提升自身的能力。

第二，降低成本。通过与重要伙伴的合作，降低自身在技术研发、生产制造或者销售方面的成本支出。

第三，提升效率。重要伙伴可以帮助企业快速形成研发、生产或者市场开发能力，提升商业模式的运行效率。

第四，减少风险。通过合作减少不确定性，可以有效降低技术、管理或者市场的风险。

③合作的内容

重要伙伴主要对商业模式的关键业务和核心资源进行有力的支撑，创业企业可以运用合作资源整合表来帮助自己规划和布局重要合作，企业需要明确哪些是自己必须完成的关键业务，哪些是需要通过合作伙伴完成的，哪些是自身具备的核心资源，哪些资源可以从重要伙伴那里获取。其中合作的内容可以参考表4-10。

表4-10 重要合作内容设计举例

合作内容	应用举例
技术合作	合作研发、技术支持、技术许可、技术转让等
生产合作	贴牌生产、委托加工、定制、厂房设备租用等
供应合作	共建供应链、重点供应商合作
销售合作	渠道合作、销售代理、渠道共享、渠道引流
品牌合作	品牌联名、合作推广、异业联盟等
数据合作	市场数据、客户数据、产品数据共同开发、共享
项目合作	联合提供解决方案、联合进行项目管理和实施

（2）关键业务

关键业务是企业为确保商业模式可行而必须做的最重要的经营活动，构成企业的业务系统。任何商业模式都需要多种关键业务活动，这些业务是企业得以成功运营所必须实施的最重要的动作，若这些活动做不到，则这种商业模式不可行。关键业务也是创造和提供价值主张、接触市场、维系客户关系并获取收入的基础和关键活动。

①关键问题

创业者在设计商业模式的关键业务要素时，需要解决以下的关键问题：

第一，企业的价值主张需要哪些关键业务来支撑？

第二，渠道通路需要哪些关键业务？

第三，客户关系和收入来源又需要哪些关键业务？

关键业务解决商业模式能不能实现、是否可行的问题，任何商业模式都要保证产品能得以有效地生产、渠道得以建设、销售得以实现，企业的运营在现行的商业环境下行得通。

②关键业务环节

围绕价值主张创造和实现的重要环节都是企业的关键业务，不同的商业模式会衍生不同的关键业务，不同的运营阶段关键业务也有所差异，高科技企业的研发业务至关重要，互联网企业的客户开发和客户引流是关键业务等。一般有制造产品、提供解决方案、运营平台或者网络等。创业企业的关键业务可以从表 4-11 中进行选择和确认，保障这些业务能有效实现。

表 4-11　关键业务环节需要明确的问题（以制造企业为例）

环节	关键业务	关键工作举例
研发	技术开发	技术开发、技术支持
	产品研发	产品研发、产品设计、工艺开发
供应	采购供应	资源整合、原材料采购、供应商管理、生产供应、物流配送
生产	生产组织	人员、设备、环境
	产品制造	制造、质量控制、成本管理
销售物流	销售体系	市场开发、渠道建设、中间商管理、销售管理
	物流配送	物流配送
售后	售后服务	安装、维修、升级等

③应用工具与方法

价值链分析有助于创业者围绕顾客价值创造和企业价值实现进行关键业务的系统思考和设计，不同行业和不同的企业有不同的关键业务和流程。以制造业为例，结合公司自身的现状，价值链分析以顾客需求为中心，基于行业价值链背景，对公司价值链和运营作业链进行分析，如图 5-24 所示，最终确定企业的关键业务（活动），并为这些关键业务配备资源，统筹规划，决策企业的业务系统，例如某集团的供应链管理业务系统，就包括消费需求、产品设计、产品开发、物流整合、零售管理、消费者等 13 个环节。如图 4-8 所示。

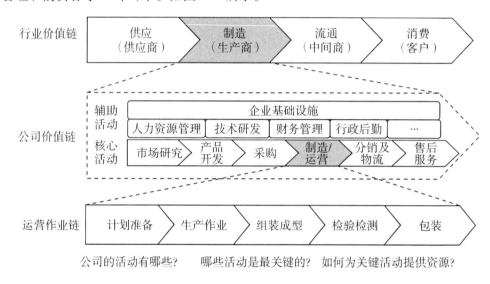

图 4-8 公司价值链分析（以制造企业为例）

（3）核心资源

核心资源是公司执行其商业模式所必需的最重要资源，也是创业的依据和必需的条件，创业活动也是对资源的获取和配置活动。每一个商业模式都需要核心资源，这些资源使得企业组织能够创造和提供价值主张、接触市场、与客户细分群体建立关系并赚取收入，核心资源不仅决定者创业的资源和条件，也是企业未来竞争的重要能力。

①关键问题

创业者在商业模式核心资源这一要素上，需要解决以下的关键问题：

第一，商业模式需要哪些核心资源支撑（价值主张、渠道网络、核心业务）？

第二，企业现有哪些关键资源？其优势如何？

第三，我们如何获取需要的资源和能力？

第四，对于不具备的核心资源，有哪些解决方案？

不同的商业模式所需的核心资源也有所不同，核心资源可以是自有的，也可以通过购买或者重要合作伙伴整合来提供。

②核心资源分类

企业的所有运营要素均可成为核心资源，包括资金、人才、技术、设备、品牌等，可以分为实体资产、知识资产、人力资源、金融资产、能力、客户关系。如表 4-12 所示。

表4-12　核心资源分类

核心资源	描述
实体资产	实体资产包括生产设施、不动产、汽车、机器、系统、销售网点和分销网络等。如沃尔玛拥有的庞大的全球店面网络和与之配套的物流基础设施等
知识资产	包括品牌、专利、版权、合作关系和客户数据库等，这类资产日益成为强健商业模式中重要的组成部分
人力资源	在某些企业的商业模式中，人才资源是这类企业最为重要的核心资源。如知识密集型产业和创意产业中，人力资源便是至关重要的核心资源
金融资产	有些商业模式需要金融资源或者财务担保，如现金、信贷额度或用来雇佣关键雇员的股票期权池
能力	包括组织能力、制造能力、交易能力、知识能力等
客户关系	客户资源、客户关系网络、渠道资源

③应用工具与方法

我们可以应用一些工具来协助创业者对自身核心资源进行分析和设计，使商业模式的运营得到保障和支持。在战略管理中，SWOT分析是一种外部机会、威胁和企业优势劣势综合分析的战略方法，我们可以充分利用。此外，我们再推荐核心资源评估和资源整合模式两个工具。

一是，核心资源评估。核心资源评估是根据商业模式运营的需要，系统地评估企业的资源和能力，以及这些资源和能力对商业模式的支撑情况，可以利用相关的方法帮助创业者对自己的资源进行系统的梳理，如表4-13所示。

表4-13　核心资源评估

评估因素	评估要素	对商业模式的支撑能力
资源评估	实物资源、金融资源、人力资源、信息、无形资产、客户关系、公司网络、战略不动产	价值主张支持：XXX 渠道网络支持：XXX 客户关系支持：XXX 收入来源支持：XXX 关键业务支持：XXX 重要合作支持：XXX
能力评估	物资能力、组织能力、交易能力、知识能力	
缺乏的资源和能力	资源能力：XXX	获取途径：XXX

二是，资源整合模式。资源整合有助于创业者从内部和外部整合企业所需的核心资源。除了企业具备的核心资源之外，还需要从外部通过收购、兼并、合作等商业行为获取所需要的资源，整合模式包括纵向模式（例如产业链整合）、横向模式（例如产业相关领域合作）、平台模式（例如阿里巴巴、大企业建设平台、小企业充分利用平台），资源整合的方法包括投资建设、收购兼并、购买、租赁、许可、共享等多种形式。

4.2.3 价值板块：价值主张

价值主张即企业通过其产品和服务向消费者提供的价值。价值主张确认了企业对消费者的实用意义，每个价值主张都包含可选系列产品或服务，以迎合特定客户细分群体的需求。有些价值主张可能是创新的，并表现为一个全新的提供物（产品或服务），而另一些可能与现存市场提供物（产品或服务）类似，只是增加了功能和特性。通俗一点来讲，价值主张要解决的问题是创业企业该向客户传递什么样的价值？或者正在帮助客户解决哪一类难题？正在满足哪些客户需求？正在提供客户细分群体哪些系列的产品和服务？

（1）价值主张画布

价值主张需要解决以下的关键问题：

①提供的价值：包括满足客户的需求、带给客户利益等；

②解决的问题：帮助客户解决了哪些问题？

③产品和服务：产品和服务是什么？产品和服务结构如何安排？产品和服务与客户需求是否匹配？

价值主张可以是定量的，如价格、服务等级等，也可以是定性的，如性能、客户体验等，每一个客户的价值主张都有对应的产品或服务来实现，在实现客户价值的同时，实现公司价值，商业模式的价值体系模型有助于创业者进行系统的价值主张设计和思考，如图4-9所示。

客户价值(U–P)+公司价值(P–C)

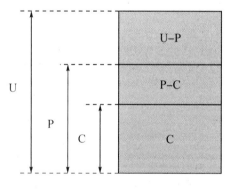

U：顾客效用
P：价格
C：成本
U–P：客户价值
P–C：公司利润
U–C：创造价值

图4-9　商业模式价值模型

创业企业可从很多角度来设计客户的价值主张，通常有一些代表性的要素来体现价值主张，例如创新、性能、定制化、利益、价格、便捷、品牌、问题解决等，创业企业根据自身的不同的特点对价值主张进行设计和总结。在设计和描述价值主张的时候可以运用一些工具帮助创业者进行思考和交流，比如组织市场可以基于市场利益、生产运营利益和财务利益几个维度来设计客户的价值主张。

价值主张画布由 Alexander Osterwalder、Yves Pigneur 和 Greg Bernarda 等人在《价值主张设计》一书中提出，以更加结构化的角度描述价值主张，基于客户需求洞察，充分理解顾客，将客户需求分为客户工作、收益和痛点，将价值主张拆分为产品和服务中对应的收益创造方案和痛点缓释方案，产品和服务需要与客户的需求进行有效匹配，价值主张画布是构建价值主张的一个非常有效的工具①。如图 4-10 所示。

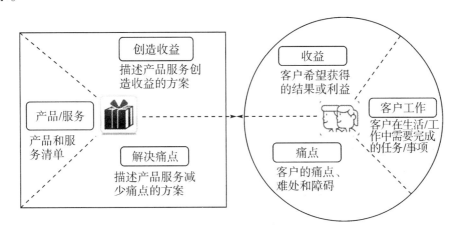

图 4-10　价值主张画布

（2）价值主张画布的客户细分/客户群像

按照奥斯特瓦德（Alexander Osterwalder）等人的价值主张设计，如图 4-10 所示，价值主张画布由两大部分组成，分别是：客户细分/客户群像、产品服务/价值主张。在客户细分/客户群像中，要描述客户试图完成的任务、痛点和利益点，来帮助我们理解目标用户。

①客户工作。客户工作是客户所试图完成的工作或生活事项，它可以是功能型任务（比如，订机票、写作业等）、社会型任务（比如，在朋友面前有面子、在同事面前显得很专业等）、情感型任务（比如，让自己心态平和、让自己有安全感等）。

②痛点。痛点是客户在完成任务过程中的障碍（比如，写作业过程中被电视分心），以及希望避免的负面结果（比如，抢不到特价机票）。

③收益。收益是符合客户自身利益的正面结果，它可以是客户要求、期待、渴望的（比如，想要尽可能以最低价买到同等质量的东西），也可以是在客户意料之外的（比如，餐厅排队时提供美甲服务）。

价值主张是客户购买产品的根本原因，价值主张矩阵可以基于组织市场和消费

---

①　亚历山大.奥斯特瓦德，伊夫.皮尼厄等.价值主张设计［M］.北京：机械工业出版社，2017.

者市场的角度进行分析，如图 4-11 所示，客户市场可以从痒点（利益）、痛点（问题）和爆点（卖点）等角度体现。

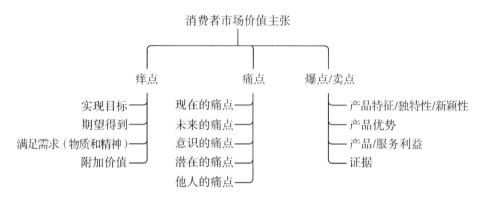

图 4-11　客户/消费者市场价值主张矩阵

（3）价值主张画布的产品服务/价值主张

按照奥斯特瓦德（Alexander Osterwalder）等人的价值主张设计。在产品服务/价值地图这一部分中，要描述企业所提供的产品和服务，如何能为客户创造价值。

①产品、服务。产品、服务是企业为客户所提供的价值的载体，它可以是有形的（比如，面包、耳机等），也可以是无形的（比如，交响乐、代取快递等）。

②解决痛点。止痛剂描述的是产品和服务通过哪些方式消除或缓解客户的痛点（比如，写作业时耳机有静音降噪模式）。

③创造收益。创造收益描述的是产品和服务如何帮助客户创造利益、达成正面结果（比如，自拍时自动柔光虚化美颜）。

产品和服务是价值主张的载体，数字化时代产品和服务的决策成为创业者思考的重要问题，也是商业模式设计的关键因素。从产品和服务对客户的价值和企业的贡献角度，可以分为引流产品、形象产品、利润产品、破冰产品等，每一类产品都在营销活动中发挥着重要的作用。新产品是指与以前的产品相比，在结构、性能参数、外观上完全不同的产品。数字化时代的产品创新更加迅速，迭代也更加频繁。本书通过对产品运营的总结，建议可以从功能创新、结构创新、外观创新、体验创新、情感创新、合作创新等角度进行创新。如表 4-14 所示。

表 4-14　数字化时代的产品创新

措施	示例
功能创新	功能组合：瑞士军刀、汽车+手机、整体厨房 单一极致：南孚电池，一节更比六节强 跨界移植：RFID 应用于物流、安检等众多领域 移动便携：手机银行、网上商城 模块集成：智能手环：运动、健康、检测、安防 自动智能：产品自动化、智能化-语音识别、智能交互

表4-14(续)

措施	示例
结构创新	折叠嵌套：折叠自行车、折叠家具、组团插座 逆向作用：时钟指针不动，表盘动 分离分解：动车高铁编组、IPAD可拆卸键盘和屏幕 柔性结构：折叠电子琴、折叠钢琴、桌布键盘
外观创新	几何变换：个性浴缸、沙发 外形仿生：甲壳虫汽车 新型材质：苹果的玻璃外壳 包装创新：个性、文化、文创包装——歪嘴郎酒
体验创新	可视化体验：可见即可得的产品 场景化产品：找我婚礼 用户参与：互动、体验、设计、制作、演出 情绪体验：关心、爱、回忆
情感创新	安全保障：信任、安全因素 社交植入：产品植入社交关系——闺蜜装 情感植入：产品植入情怀、情感——雀巢奶粉、强生婴儿洗发露 自我价值：产品体现尊重、自我实现、身份地位 群体认同：足力健 特殊用户：定制、个性、专属产品

（4）价值主张简要要素

价值主张简要要素见图4-12。

利用价值主张进行价值创造时，具备价值主张的要素思维有利于企业从特定的角度系统地设计顾客价值。

从价格的角度，可以通过超高的性价比、免费模式进行价值创造，也可以为消费者提供例如分期、信贷、补贴等财务支持。

从便捷的角度，可以通过方便可得可达的设计，为消费者节约资金、时间和精力成本，达到极速、极惠的目的。

从品牌的角度，可以通过树立品牌知名度，为消费者形成良好的识别，并且在整个购物、消费过程中保障客户的权益，进一步彰显客户价值，实现价值创造。

从为消费者解决问题的角度，可以通过帮助客户提高效率、解决客户的问题、提供整体的解决方案、帮助客户实现目标和帮助客户抑制风险等角度进行价值创造。

从创新的角度，可以通过开发全新的产品或服务、满足用户从未有过的需求或体验、对产品和服务进行改进、对优秀的产品及服务进行设计等角度进行价值创造。

从性能的角度，可以通过提升产品和服务的性能、打造产品的独到性和特色实现价值创造。

从定制化的角度，可以通过满足个性需求、提供客户需求驱动产品和服务开发价值创造。

从创造利益的角度，为客户带来更多的收入、为客户带来资源、创造更多的商业利益、为客户削减成本能够快速实现价值创造。

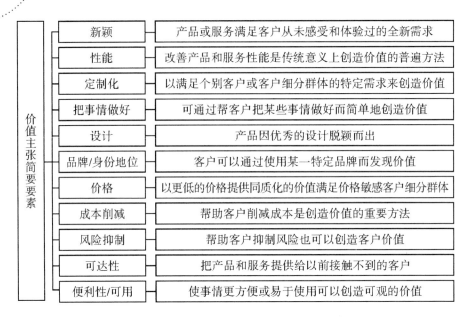

图4-12　价值主张简要要素

4.2.4　财务板块：收入来源、成本结构

（1）收入来源

收入来源即公司通过各种收入流（revenue flow）来创造财富的途径。收入来源模块用来描绘公司从每个客户群体中获取的现金收入，收入来源是商业模式的核心，也是商业模式运营的成果，是企业创造价值的重要体现之一。

①关键问题

创业者在设计收入来源的时候，需要明确回答并清晰设计以下关键问题：

第一，客户愿意为什么价值付费？

第二，他们付费买什么？他们如何支付？

第三，公司的收入来源有哪些？

第四，公司如何盈利？

第五，除了现金收入以外，公司还可以通过商业模式获得哪些利益？这些利益对公司的价值是什么？

设计公司的收入来源，需要针对客户需求、价值主张、渠道通路等多要素来考虑。财务上要注意财务预测，包括利润表、现金流量表、资产负债表等，并要重点分析销售收入、利润、税收、净现值、内部收益率等指标。

②收入来源设计

Osterwalder等人在《商业模式新生代》一书中列举了一些常见的收入方式，包括资产销售（例如销售产品服务）、使用收费（例如宾馆饭店）、订阅收费（例如在线音乐按月订阅）、租赁收费（出让特定时间使用权获取收入）、授权收费（例如商标许可收入）、经纪收入（收入来自代理或者佣金）、广告收费（发布广告收入）等；魏炜和朱武祥教授则形象地将收支方式列举为进场费、过路费、停车费、油费、分享费、免费。根据创业企业的实际，有些企业在创业初期会更加重视客户培育或者建立竞争优势，我们将收入来源进行拓展，分为经济收益、资源收益和竞争收益。例如很多互联网企业在前期采用巨大的投入、通过免费或补贴的方式获取客户，建立竞争优势，甚至不惜亏损（"烧钱"），但是需要明确的是这是战略性、阶段性和过程性的，企业最终还是必须有稳定的现金流入才能得以生存和发展，创业企业需要根据企业自身的目标、能力和战略进行决策。

值得强调的是，在商业模式9要素画布中，影响收入来源的主要是顾客板块的三个要素：客户关系、客户细分和渠道通路。客户关系越忠诚、客户细分占有率越高和渠道通路越独享通畅，那么收入越高。

（2）成本结构

商业模式在运营中，价值主张、关键业务、核心资源等其他各个要素的运营都会产生成本，成本是商业模式运营的支撑。

①关键问题

创业者在设计和优化成本机构要素时，需要解决以下问题：

第一，商业模式最重要的固有成本是哪些？

第二，哪些关键业务花费最多？

第三，哪些核心资源花费最多？

第四，如何有效控制成本？

站在财务管理的角度，创业者要解决好投资预算、资金筹措和资金使用、经营成本预测等问题，可以尝试通过投资预算表、资金来源和资金使用表、固定资产和流动资金预测表、经营成本预测表等来具体分析成本结构。

②成本结构类型

常见的商业模式成本结构类型包括成本驱动和价值驱动。

一是，成本驱动。即以成本最低为目标，侧重于在每个环节尽可能地降低成本，这种做法的目的是创造和维持最经济的成本结构，采用低价的价值主张，例如廉价的航空公司。

二是，价值驱动。公司专注于创造独特的价值，以价值驱动型为主导，这些价值属于增值型或者高度个性化，不关心特定商业模式设计对成本的影响。例如奢侈品、高端定制旅游。

③成本结构优化

我们为创业者提供一些优化成本结构的措施如表4-15所示，包括简化产品类型、技术创新、供应链整合、规模经济效应、严格成本管理、优化合作资源等，可以在设计和优化商业模式中予以参考。

表 4-15　优化成本结构的措施（举例）

主要措施	对策
简化产品类型	抓住客户的核心需求和突出性价比，削减客户次要需求。例如经济连锁酒店
标准化	通过标准化的生产、流程、配件等降低生产、配套、维修等成本
技术创新	例如采用自动化生产、互联网销售渠道创新等技术手段降低成本
供应链整合	优化采购供应，让客户、供应商、制造商和分销商组成物流、信息流和资金流加快流转速度，用一体化带来效率的提高。如沃尔玛
规模经济效应	通过扩大产能，在组织成本、采购成本、经验成本和库存等方面取得成本优势，降低单位产品的边际成本。如格兰仕微波炉
优化管理措施	提升工艺管理、优化生产流程、优化销售和服务流程降低成本
严格成本管理	在管理运营各个环节严格成本控制，并且赏罚分明
优化合作资源	通过资源合作降低包括研发、采购、人力、物流等投入要素在内的成本，例如外包

值得强调的是，在商业模式9要素画布中，影响成本结构的主要是资源板块的三个要素：合作伙伴、核心资源和关键业务。合作伙伴越忠诚、核心资源占有率越高和关键业务越独享通畅，那么成本越低。

4.3　新时代的商业模式

随着数字化时代的到来，在互联网和营销科技的支持下，企业的经营理念不断创新，在商业实践中产生了很多新的商业模式。不同的专家学者和企业人士对新时代的商业模式有不同的总结，一些业界人士提出多达40多种商业模式，本书重点介绍以下几种新型商业模式。

4.3.1　平台模式

（1）平台模式的概念

平台是指在平等的基础上，由多主体共建、资源共享、能够实现共赢、开放的一种商业生态系统。平台模式指连接两个（或更多）特定群体，为他们提供互动机制，满足所有群体的需求，并巧妙地从中赢利的商业模式[①]。

平台模式通过聚合资源、多边市场、数据驱动、网络效应和生态系统合作，彻底改变了传统行业的商业格局。它们以创新的理念和技术手段，为消费者提供更多

---

① 刘知鑫. 商业模式是设计出来的 [M]. 北京：中国商业出版社. 2020.

元化、个性化的选择，为供应商和服务提供商创造更多的商机，推动了经济的发展和社会的进步。平台模式正在改变商业实践，引领商业模式的创新和突破。典型的平台模式结构图如图 4-13 所示。

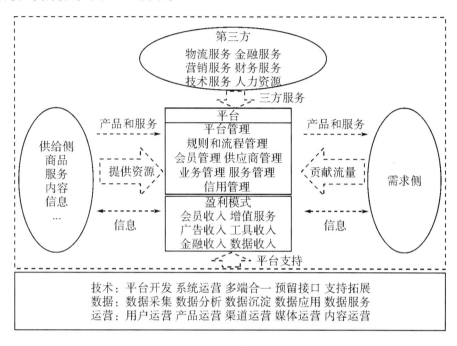

图 4-13　平台模式示意图

（2）平台模式的设计

平台商业模式设计的几个关键环节是平台主体（多边市场）、平台资源聚合、平台的支持、平台的管理和运营、平台的盈利模式设计等。

①平台主体设计。平台模式通常是一个多边市场，吸引了多个参与方的加入。包括供应商、消费者、第三方服务提供商等各类参与者，这些主体在平台上进行交易和互动，实现供需匹配和交易的增长。这种多边市场的成功在于吸引足够数量和质量的参与者，从而形成良性生态循环。例如电商平台就有供应商、中间商等卖家和消费者，还有提供仓储和物流配送的第三方、提供信贷和保险服务的金融服务商、提供营销服务的营销服务商、提供财务和法律等服务的中间商等，构成一个平台的生态。创业者在进行平台商业模式设计的时候，要充分分析多边市场的主体，充分了解他们的需求，并且有效开发这些市场。

②平台资源聚合。平台模式需要聚集哪些资源？产品和服务是核心的供应商资源，此外还有信息和内容、第三方服务资源、数据资源、用户资源等，这些资源保障平台的正常运营，也是平台竞争力的体现。平台型模式通过聚合各方资源，创造了一个更大、更全面的生态系统，带来了更多的交易机会和规模经济，使得平台能够提供更多元化、更高质量的产品和服务。例如一个培训平台能够聚集的课程资源、

师资资源、机构资源、学员资源乃至相关的合作伙伴资源等。

③平台的支持体系设计。我们把平台的支持体系分为三类。第一是技术支持，要有足够的技术力量和开发能力完成平台开发、系统运维、接口开发、多端合一的应用开发等；第二是数据支持，建立完善的数据采集、数据分析、数据应用和数据服务体系，数据驱动是平台型商业模式的重要特征，通过收集和分析大量数据，平台可以深入理解用户行为和需求，并提供个性化的推荐和服务；第三是平台运营，包括用户运营、产品运营、渠道运营、媒体运营、内容运营等。

④平台的管理设计。一个平台正常的运营需要有效的管理，包括平台运营规则和流程的制定、供应商和会员管理、平台的业务管理、平台的信用管理、平台的服务管理等。

⑤平台盈利模式设计。平台的盈利模式包括会员收入、增值服务收入、平台广告和宣传推广收入、平台营销工具收入、业务提成收入、支付和信贷等金融服务收入、数据服务收入、定制或者合作服务项目收入等。

（3）平台模式的应用

随着平台模式的推广，平台模式在很多领域都有广泛的应用，一般来说，大型企业可以建设平台、小型企业可以加入和应用平台。本书将平台模式的应用总结为以下几个方面。

①电子商务平台。电子商务平台发展最早，也是最成熟的平台模式，具体可以分为综合电商平台、垂直电商平台和区域电商平台，如表4-16所示。

表4-16　常见的电子商务平台

类别	平台定义	举例
综合电商平台	平台运营产品门类齐全、产品组合丰富	阿里巴巴、淘宝、拼多多、京东等
垂直电商平台	基于某个具体产品线或者某个行业领域的电商平台	携程网（旅游）、当当（图书）、1919（酒类），还有美妆、母婴等领域
区域电商平台	基于位置或者社区服务的电子商务平台	例如美团、菜鸟网络，还有很多传统零售企业转型为社区商务服务

②行业服务平台。随着"互联网+"的深入应用，出现了很多行业服务平台，聚集某个行业的多边市场和行业资源，提供平台服务。几乎每个行业都有对应的服务平台，平台模式已经覆盖了整个行业体系，例如农业的"三农"服务平台，制造业在钢铁、设备、原材料等细分领域都有平台，房地产业的房产交易平台例如链家，政府和公共服务平台，例如社保、医保、交通、水电、电信等，教育行业的在线课程平台、教师科研平台，医疗行业的挂号平台、好医生平台、远程诊疗平台。为了让学生更清晰理解行业服务平台，有助于在创业活动中进行商业模式设计，本书按

照国民经济行业分类标准（GB/T 4754—2017）列举了一些典型行业的平台①。如表4-17所示。

表 4-17 典型的行业应用平台

行业	平台举例
农、林、牧、渔业	三农网、聚农网
制造业	1688、工品优选、中钢在线、中国化工网、汽车之家
电力、热力、燃气及水生产和供应业	网上国网、北京燃气、上海燃气
批发和零售业	淘宝、京东、拼多多
交通运输、仓储和邮政业	货拉拉、货车帮、运满满、菜鸟网络
住宿和餐饮业	携程网、华住会、大众点评、美团
金融业	手机银行，微众银行、京东金融
房地产业	链家、安居客、柚米租房
租赁和商务服务业	滴滴打车、共享单车
科学研究和技术服务业	科学网、国家数字图书馆、知网、维普
居民服务、修理和其他服务业	物业e管家、天鹅到家、万师傅
教育	中国大学慕课网、学堂在线
卫生和社会工作	挂号网、好医生网、丁香医生
文化、体育和娱乐业	懂球帝、雷速体育、院线通
公共管理、社会保障和社会组织	中国政府网、12123、国家政务服务平台

③工具和内容平台。这一类平台提供工具和内容服务，聚集内容消费者和内容生产者形成生态，例如微信、微博、抖音、小红书、B站、知乎等社交媒体平台；聚集新闻、资讯、短视频、直播的媒体平台和内容平台，例如今日头条等。此外，还有创作平台和游戏平台等，最近小说创作、短剧创作和分发等成为热点。

4.3.2 特许经营模式

（1）特许经营的概念

我国《商业特许经营管理条例》中，对特许经营的定义为：拥有注册商标、企业标志、专利、专有技术等经营资源的企业（以下称特许人/许可人），以合同形式将其拥有的经营资源许可给其他经营者（以下称被特许人/受许人）使用，被特许人按照合同约定在统一的经营模式下开展经营，并向特许人支付特许经营费用的经

---

① 中华人民共和国国家市场监督管理总局，中国国家标准化管理委员会. 国民经济行业分类. GB/T 4754—2017

营活动。①

在特许经营中，特许人和受许人建立商业契约关系，是一种授权和被授权的关系，授权的内容是特许人拥有的经营资源，受许人必须在合同约束下按照约定的经营模式经营、并支付相关费用。特许经营是一种低成本快速扩张模式，也是投资和创业运营的模式，创业者可以通过特许经营模式实现快速的市场开发和拓展，也可以作为受许人加盟特许人的经营体系，获得特许经营的品牌优势、成本优势、管理优势和市场优势，降低经营风险，快速取得成功。

（2）特许经营模式设计

典型的特许经营模式总体设计如图4-14所示。

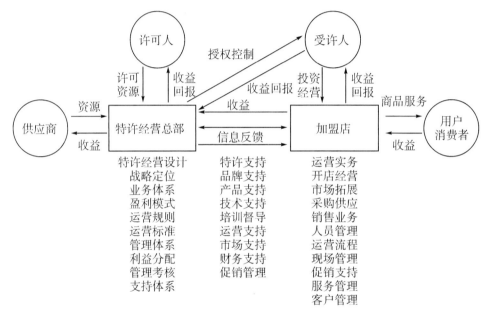

图4-14 特许经营商业模式设计

①特许经营顶层设计。主要包括战略定位、目标市场、业务体系结构、业务增长方式、盈利模式、运营规则、运营标准、运营流程、加盟和管理运营体系、管理考核、支持体系的设计等，为特许经营进行整体架构设计。

②特许经营方式设计。特许经营的方式也在不断地创新，按照不同的标准分类结果如表4-18所示。

---

① 商业特许经营管理条例. 国务院令第485号，2007（05）

表 4-18 常见的特许经营方式

分类	定义	举例
投入的大小	工作型特许：不需投入或投入少量资金。特许后从事相关工作	例如业务代理
	业务型特许：需购置一定的设备和场所	例如洗衣店加盟、理发店品牌加盟、快餐加盟等
	投资型特许：需要较大的投资，包括厂房、设备	例如 OEM 生产
按交易形式	制造商对批发商	例如宝洁授权批发商经营洗发露，然后分装给零售商
	制造商对零售商	例如石油公司许可加油站经营油品
	批发商对零售商	例如地方代理商授权特定的超市经营某个产品
	零售商对零售商	例如连锁经营的品牌授权
按加盟者性质	单一许可经营	授权开一家加盟店
	区域许可经营	授权在规定的区域开设规定数量的加盟店
	代理特许	授权代理商招募受许人
	二级特许	赋予受许人在指定区域再授权开发其他受许人
其他方式	政府和社会资本合作的特许经营	BOT、TOT、ROT、BOOT 和 DBFOT 等
	政策和资源许可	例如资源开发许可权，特殊行业准入（例如香烟、医药经营）许可、国外先进技术许可

③资源设计。许可人提供哪些资源，包括但不限于品牌、专利、专有技术、独特的经营方式等，此外，还需要有第三方供应的资源设计，例如原材料、技术、产品、生产、维修等供应，保证整个特许经营体系的运营。

④特许支持设计。即向特许加盟商提供的支持服务，帮助加盟商快速进入正常的运营，取得良好的效益。一般的支持包括品牌支持、产品支持、技术支持、培训督导、运营支持、市场支持、财务支持、促销支持等。而这些具体的支持措施要在双方的合同约定中明确。

⑤运营设计。是针对加盟店的运营落地进行设计，包括开店经营、市场拓展、采购供应、销售业务、人员管理、现场管理、服务管理、客户管理、促销管理等。

4.3.3　新型交易模式

（1）新型交易模式的概念

随着互联网的广泛应用，相对于传统模式，交易模式不断创新，有学者把新型交易模式称为电商模式，其实这种说法不是很完善。在商业模式体系中，新型商业模式不仅仅是交易的方式，更是业务模式，也是价值传递的模式，同时也是渠道通路和顾客关系模式的创新，同时，新型交易模式也包括关键业务和核心资源的保障。

（2）新型交易模式设计

①X2X 模式

B2B、B2C 是我们耳熟能详的商业模式，同时也是对新型交易模式的提炼和总结，最早的电商平台谈到商业模式的时候都喜欢用这种说法，新型模式还在不断地被创新，新型交易模式一般按照交易主体各方的参与来进行描述，本书用"X"代表交易的一方，所以有"X2X 模式"的说法。这里列出常见的新型交易模式，详见表 4-19。

表 4-19　常见的新型交易 X2X 模式

交易模式	解释	典型企业
B2B	Business to Business，企业对企业，多用于制造业采购、配套、国际贸易等	阿里巴巴、全球资源网、敦煌网
B2C	Business to Consumer，是企业对顾客销售的模式，常用于消费品，可以拓展为 B2B2C 等	淘宝、京东、拼多多、在线旅游平台等
C2B	Customer to Business，消费者对企业，例如团购、定制、需求整合等，可以拓展为 C2B2B，C2C2B 等	美团、找我婚礼
C2C	Consumer to Consumer，顾客对顾客，常见于消费品、二手货市场、任务平台等	人人车、猪八戒网
B2G 与 G2B 与 G2C	B2G（Business to Government）企业对政府（管理部门），政府采购、招标平台；G2B（Government to Business）企业政务服务平台；G2C（Government to customer）市民政务服务平台	各类电子政务平台
F2C	Factory to customer，通路直销平台	工厂店、仓储店
P2C	Production to Consume，生活服务平台，产品平台，基于顾客提供全方位服务解决方案	支付宝（全方位生活金融服务）、58 同城

表4-19（续）

交易模式	解释	典型企业
BMC	Business-Medium-Customer 新媒体销售策略，企业应用新媒体促成交易	微信小程序、头条商城、直播平台
O2O	Online to offline，线下商务与线上商务的结合，可以转化为 OAO（线上并线下）、OMO（线上融合线下）	美团网、滴滴打车、共享单车
LBS	Location Based Service，基于位置的服务	百度地图、美团网、滴滴打车

②XaaS 模式

XaaS 模式也可以理解为云服务模式，客户如果要使用某个功能，无须自己投资开发，用很低的成本就能够获取该功能和持续的服务，例如饭店需要线上销售可以借助美团的云服务，商家需要开网店可以借助淘宝的云服务，而无须考虑资金投入、技术研发、物流配送等问题。具体应用如表 4-20 所示。

表 4-20　常见的新型交易 XaaS 模式

交易模式	解释	典型企业
SaaS	Software as a Server，是一种基于云的软件模型。SaaS 提供托管服务和应用程序，供客户按需访问，并可享受云访问、降低成本、部署快速、可靠性等优势	例如用友软件、政采云、开创云、钉钉、腾讯云
PaaS	Platform as a Server，云端搭建好平台供用户使用，用户无须进行开发即可加载自己的应用和数据，完成业务的运营	淘宝、京东、拼多多、在线旅游平台等
IaaS	Infrastructure as a Server，基础设施即服务，就是帮助用户搭建好硬件和网络等基础设施，企业可以低成本进行部署和使用	例如校园网组网
ZaaS	Zone as a Server，区域即服务。例如工业园区、自贸区、社区的一站式政务、商业服务，可以在线下或线上进行	社区商务网络、自贸区行政服务体系

③数字化人货场

数字化人货场在商业模式中，涵盖了顾客细分、价值主张、渠道通路和顾客关系，是一种新型的交易组织模式，是基于顾客需求的供应链组织者，基本要素是人货场，支持要素是信息流、商流、物流、资金流。数字化人货场不仅是新零售的变革，更是营销渠道的创新。其中，人主要是指用户，核心工作是目标市场的确定、顾客洞察和用户运营；货是指产品和服务，是顾客价值的载体，基础是产品运营，核心工作是顾客价值设计、产品策略、品牌策略、产品创新、供应链管理和价格体系；场即渠道和通路，也包括数字化时代的新媒体、新场景，需要解决的核心问题是场的要素、场的类别、场的功能、场的布局、场的发展、场的管理。数字化人货场的运营模式如图 4-15 所示。

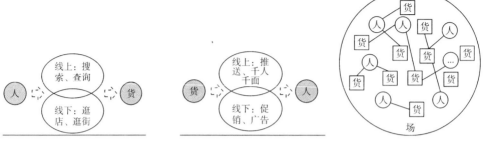

图 4-15　人货场模式

●货→场→人：以货为中心，有货，去找销售场所，实现销售（产品中心）。

●场→货→人：以场为中心，先建场，吸引和引流货和人，实现交易（渠道为王）。

●人→货→场：以人为中心，集成人的需求，根据需求组织供货，根据需求建场（需求中心）。

●人+货+场：人货场互为起点，有机融合，相互驱动。

4.3.4　数字化供应链模式

（1）数字化供应链模式的概念

数字化供应链的起点是顾客（customer），用数字化方法进行客户获取、客户分析和客户需求引导，将顾客需求整合之后提供给服务商（business），服务商根据需求整合供应商（suppliers）。有的业界人士将数字化供应链称为"智慧供应链"，或者 S2B2C 模式，并认为这是全新的供应链革命，也是对商业模式的颠覆式创新，是未来 10 年的黄金风口。如图 4-16 所示。

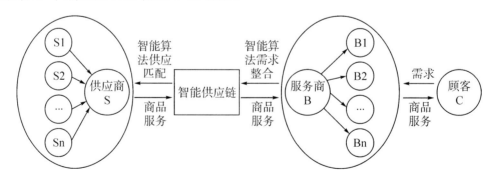

图 4-16　数字化供应链 S2B2C 模式

S2B2C 商业模式具有提高供应链效率、降低成本、精准匹配用户需求、增强用户个性体验、创新产品和服务等优势。

（2）数字化供应链模式的设计

数字化供应链的设计是"逆向革命"，以顾客需求为中心和起点，反向延伸，通过数字技术的支持决定服务商或者中间商的产品和服务，再由中间商或者服务商通过数字技术的支持确定需要的供应商，组织供应满足客户需求。

①客户端设计（C 端）

客户可以通过数字化供应链平台提出自己的需求，平台也可以向用户推荐激发顾客的需求，并把这些需求进行整合或者建立需求生态。例如一对新婚夫妻的婚礼需要婚庆主持、婚庆场地、婚纱摄影、酒店服务、蜜月旅游等服务，众多新婚夫妻向 B 端的中间商或者服务商提出，就构成了顾客群和需求矩阵。

②服务提供商设计（B 端）

B 端由不同的服务商集群构成，这些服务商专业提供某一项服务，并与顾客互动，完成产品和服务输出，并做好客户管理和支持。为了更好地提供服务，数字化供应链需要整合更多的服务提供商。

③供应端设计（S 端）

S 端根据平台算法，进行需求匹配，并进行供应商优选，匹配最合适的供应商。S 端不同的供应商提供不同的专业服务，例如美团组织供应商提供外卖、酒店预订、旅游等服务，拼多多通过整合农户、农业生产企业、生鲜物流企业等提供农业领域的 S2B2C 服务，智慧教育平台通过整合各类课程供应商和师资提供整体解决方案等。

4.3.5　共享经济模式

（1）共享经济模式的定义

共享经济是指拥有资源的机构和个人有偿让渡资源的使用权给其他机构和个人，使分享者获取使用权，让渡者获取价值回报的经济模式。共享经济是基于互联网和数字化技术，借助网络平台，实现资源的使用权暂时性转移，达到物品的重复交易和资源的高效利用，是优化资源配置、方便服务获取、社会高效治理的有效途径。共享经济运营模式如图 4-17 所示。

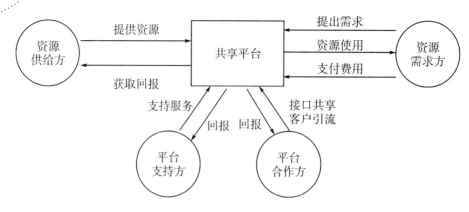

图 4-17　共享经济运营模式

（2）共享经济运营模式设计

随着数字化时代的发展和消费观念的转变，共享经济模式的应用越来越广，共享经济对社会的影响也越来越大，渗透到人们生活和企业运营的方方面面。国家信息中心发布的《中国共享经济发展报告（2023）》对交通出行、共享住宿、知识技能、生活服务、共享医疗、共享办公、生产能力等共享经济领域进行了统计[①]，我们把共享经济模式的设计与生产生活紧密联系，可以在以下领域运营共享经济模式，如表 4-21 所示。

表 4-21　共享经济模式应用设计

领域	举例
共享物品	共享充电宝、共享雨伞
共享空间	共享住宿、共享办公、共享门店
共享服务	共享出行、共享医疗、共享餐饮、共享物流、共享家政服务
共享生产	共享设备、共享工艺、共享采购
共享技能	技术共享、设计共享
共享资源	数据资源、客户资源、渠道资源、品牌资源
共享知识	知识共享、信息共享、共享经验、知识产权

4.3.6　其他新型商业模式

（1）常见的新型商业模式

商业模式的提法有很多，不同的专家和业界人士都有自己的提法，甚至不少企业也在提出自己的商业模式，尽管有些模式较小，或者没有完全成熟，但也代表在

---

① 国家信息中心. 中国共享经济发展报告. 2023

4 商业模式创新设计

商业模式的某个领域有创新。除了上述的商业模式外，本书还将列举一些常见的商业模式，这些商业模式有其不同的侧重点，例如有些侧重顾客细分、有些侧重价值主张、有些侧重渠道通路、有些侧重顾客关系、有些侧重盈利模式、有些侧重资源和合作等，在这些方面的运营设计上有独特做法的也值得学习。常见的其他新型商业模式如表 4-22 所示。

表 4-22　其他新型商业模式

板块	商业模式	举例
基于客户细分	**利基模式**：占领空白市场或者大企业没有注意、无法适应的市场	九阳豆浆机
	长尾模式：开发零散、个性化的需求所构成的长尾市场，用商业模式聚集碎片需求	网易云音乐
	团购模式：由客户发起需求，供应端响应并提供产品和服务	美团
基于价值主张	**权益模式**：给予顾客特定的权益，例如会员、积分等	华住会、银行 VIP 等
	定制模式：产品和服务根据顾客的需求定制	高端定制旅游
	订阅模式：分期订阅商品和服务，特别是信息和资讯等	
	知识付费模式：对内容进行付费的模式	薄荷阅读
	增值服务模式：简单的服务免费，增加和附加服务收费	例如游戏、小说阅读、短剧平台
基于渠道通路	**BTC 模式**：不经过中间商，直接面向消费者，用户直达	直播、官方商城
	全渠道模式：建立线上线下全渠道	屈臣氏
	新媒体模式：通过新媒体组织商业模式	太二酸菜鱼、三顿半咖啡
	代理模式：代理企业的运营，例如销售代理、媒体代理运营、流量代理	MCN 机构、达人机构
基于顾客关系	**会员模式**：通过加入会员，提供会员服务	山姆会员店
	社群模式：建立线上和线下的社群，通过社群运营商业模式	小米论坛、微信朋友圈
	种草模式：通过平台种草，改变顾客态度和认知，影响客户旅程和购买决策流程	小红书
基于盈利模式	**免费模式**：通过免费获取资源或者流量的商业模式	详见表 4-23
	流量模式：通过提升流量，形成流量资源，将流量变现的商业模式	

表4-22（续）

板块	商业模式	举例
基于资源和合作	**资源许可模式**：包括品牌、技术等	麦当劳
	众包模式：平台产品和服务不是服务商提供，而是用户和其他供应商提供	百度文库、百度知道、百度词条
	众筹模式：通过众筹获取资金或者其他资源支持	水滴筹
	外包模式：将企业的生产、研发、人力或者财务等部分功能外包给更专业的机构执行	委托生产、第三方物流
	跨界合作：不同行业相互合作，共享品牌、渠道、客户等资源	故宫文创、各类联名

表 4-23 免费模式设计

免费模式	说明
战略模式	企业投入成本，但出于市场培育、竞争需要对客户免费。很多人认为平时所说的"烧钱"就是这种模式。实际上是通过免费获取了流量或者市场资源，获取品牌影响力或者竞争优势，或者获得资本市场的增值
资源模式	企业具备某种资源或者产品具有零可变成本，不会有成本压力，为顾客提供免费服务；或者提供资源交换，例如电信基站建设之后，免费为顾客提供流量包进行促销，不会增加多少成本，但对用户开发和留存非常有效，提供文章就可以阅读平台上其他作者的资源交换等
三方市场	费用由企业和客户以外的第三方支付，顾客是免费的。例如电视节目，广告商或者赞助商为电视台提供收入
交叉补贴	通过另外的业务补贴。例如在超市多买东西、酒店住宿，停车免费
增值服务	入门或者低级服务免费，升级或者定制服务收费。例如一些网络游戏进阶收费、买装备收费
非货币效应	通过免费提升知名度、注意力或影响力，或者提升社会影响和企业形象
财务支持	为客户提供消费分期、消费信贷、补贴、红包等形式的免费、费用减免措施。例如早期的滴滴打车、共享单车提供大额红包券，以及房地产、汽车的按揭政策大大提升客户的购买能力

（2）商业模式创新驱动因素

商业模式设计中，并没有固定的策略和方法，企业也可以自创商业模式。以商业模式画布的 9 个要素为例，任何一个要素都可以作为商业模式创新的起点，需要根据具体企业的实际情况而定。本书主要介绍顾客模式、产品模式、项目模式、配套模式、渠道模式、平台模式、产业链模式、资源模式、资本模式、成本模式 10 种典型的模式，如表 4-24 所示。

4 商业模式创新设计

表 4-24 商业模式创新驱动因素

序号	策略模式	关键活动	企业需具备优势	示例
1	顾客模式：基于顾客驱动商业模式	顾客开发、顾客培育、顾客保持、顾客资源	顾客规模、顾客满意、顾客忠诚	腾讯、百度海量客户资源开发新业务
2	产品模式：基于产品和技术驱动	产品研发、产品创新、产品生产、产品销售	功能、品质、服务、品牌、特色、创新、资源	苹果、特斯拉、VR 应用
3	项目模式：以项目管理和解决方案驱动	项目开发、项目承包、项目设计（解决方案）、项目施工、产品配套、项目管理、项目交付	设计能力、工程能力、整体解决方案能力	软件公司、咨询公司、工程项目
4	配套模式：以配套业务驱动	主机配件、核心企业、配套研发、配套服务、代工贴牌、外包生产、虚拟经营	生产能力、生产规模、配套能力、质量控制、成本控制	产品配套、大客户、供应链配套
5	渠道模式：以渠道驱动商业模式创新	渠道开发、中间商管理、渠道创新	渠道资源、渠道成本、渠道便捷、渠道控制	支付宝、微信
6	平台模式：平台驱动资源和业务创新	整合资源、搭建平台、提供产品服务	资源聚集、平台流量、顾客转化	阿里巴巴、淘宝网、OTA 平台
7	产业链模式：产业链驱动业务多元化与产业合作	一体化战略（前向一体化、后向一体化、水平一体化）、产业链延伸、企业联盟、产业合作、产业互动、强链补链拓链	产业链整合能力、一站式一体化服务能力、产业集群发展	红星美凯龙、在线旅游平台（吃住行游购娱）
8	资源模式：商业模式由特定资源驱动	资源开发、资源利用、资源转化	资源占有、资源整合能力	旅游景区景点、土特产
9	资本模式：资本运营驱动商业模式	投资、收购、兼并	通过资本运作拓展市场、拓展业务、获取资源	互联网巨头收购和产业布局
10	成本模式：以成本优势驱动商业模式运营	成本管理、成本控制	低成本优势、成本控制能力	西南航空

 **案例分析**

花木园艺基地商业模式解析

某花木园艺基地于 20 世纪 90 年代创业，当时主要产品是花木种植，主要销售方式是马路地摊销售，主要顾客是家庭和个人，商业模式设计不完整，导致销售困难，企业生存困难。企业经过长期的努力和发展，在市场开发、产品开发、渠道建设、资源整合方面取得了巨大的成功，通过商业模式画布工具，可以对企业的商业模式进行解析，如图 4-18。

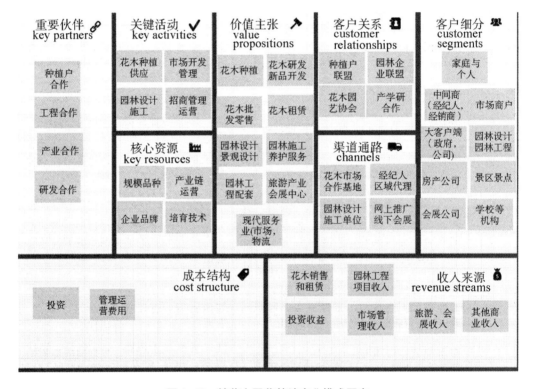

图 4-18 某花木园艺基地商业模式画布

1. 客户细分。通过市场创新，顾客从家庭和个人扩展为中间商（经纪人、代理商）、市场商户、大客户（政府、企业和组织）、园林设计和园林施工企业、房地产开发公司、为景区景点及会展公司提供服务。

2. 客户关系。公司的客户关系从简单的花木买卖交易到合作和联盟体系的建立，包括供应端的种植户联盟、产学研合作，需求端的园林设计和施工企业联盟、园林企业合作，以及产业内的行业协会和商会。

3. 渠道通路。公司的渠道通路从简单的马路销售发展为现代化专业市场、代理商、区域总部、大客户经理、合作网络、线上渠道以及活动、会展等推广渠道，全面形成销售渠道、服务渠道、推广渠道。

4. 重要伙伴。公司在运营中整合和培育了众多的合作资源，包括生产供应的种植户联盟、花木研发的产教研融合、园林工程合作、重点产业（例如房地产、旅游）合作等。

5. 核心资源。通过多年的建设，形成了公司独到的资源优势和核心能力，主要包括花木种植的规模和品种、区域性品牌影响力、全产业链的服务能力等。

6. 关键业务。随着公司的发展，关键业务活动从花木种植发展到新品研发、市场开发、园林设计与施工能力以及招商管理。

7. 价值主张。公司的产品服务从简单的花木种植和销售，扩展为花木研发、批发零售、花木租赁、园林设计、园林施工、工程配套和养护以及现代服务业（包括市场运营、物流、金融、会展）等服务，完成了自己的花木种植、销售、工程、服务产业链布局。

8. 收入来源。公司的收入从简单的花木销售收入得到拓展和提升，无论从数量上还是结构上、稳定性上均有质的飞跃，形成花木销售、租赁、园林项目、投资、市场管理与服务、旅游会展等多项稳定增长的收入来源。

9. 成本结构。随着公司规模的扩大，科学地计划和组织投资融资，并进行有效的财务管理和成本控制，保障企业的健康发展。

思考题：

1. 请总结该花木园艺基地的目标市场有哪些。

2. 该花木园艺基地针对各类目标市场的价值主张是什么？

3. 该基地为什么会取得成功？请总结其成功经验。

 高阶训练

绘制商业模式画布图

1. 训练目标：掌握和创新商业模式理论知识；了解商业模式运营实践，训练商业模式的设计和执行能力；培养创新精神和创业意识。

2. 训练内容：结合自己参加的创新创业大赛项目，运用商业模式画布进行商业模式设计。

教学模拟项目分别介绍自己的《商业模式画布》，包括：客户板块①客户细分②客户关系③渠道通路；资源板块①重要合作②关键业务③核心资源；财务板块①收入来源②成本结构；价值主张；简要的商业模式画布图（绘图）。

3. 训练方法：文献分析法、实地调查法、项目驱动法。

4. 测评标准：测评的内容从客户板块（客户细分、渠道通路、客户关系）、价值主张、盈利模式和成本结构、资源板块（关键业务、核心资源、重要合作）几个方面进行评估。

 拓展资源 ✍

［1］亚历山大·奥斯特瓦德，伊夫.皮尼厄.商业模式新生代［M］.北京：机械工业出版社，2016.

［2］亚德里安·斯莱沃斯基，大卫·莫里森，鲍勃·安德尔曼.发现利润区［M］.吴春雷，译.北京：中信出版集团，2018.

［3］魏炜，朱武祥.重构商业模式［M］.北京：机械工业出版社，2010.

［4］潘泽清.商业模式解析：商业模式画布的运用［M］.北京：九州出版社，2022.

［5］邓宏.数字化商业模式：一张画布轻松描绘数字化转型［M］.北京：清华大学出版社，2022.

［6］徐淼.经理人参阅：商业模式与商业思维［M］.北京：中国商业出版社，2022.

［7］刘知鑫.商业模式是设计出来的［M］.北京：中国商业出版社，2020.

［8］李开复等.创业必读12篇［M］.北京：中信出版社，2015.

5 技术创新与知识产权

教学目标

（1）知识目标：掌握技术创新的类型、来源和知识产权保护，掌握几种常用的技术创新方法，比如：奥斯本检核表法、奔跑法和 TRIZ 发明问题解决方法。

（2）能力目标：运用最终理想解、STC 算子法、技术进化规律等 TRIZ 发明问题解决方法提升技术创新的高阶能力。

（3）素养目标：从国家高度掌握技术创新与知识产权的意义，明确当代大学生从事技术创新的历史使命和战略目标。

思维导图

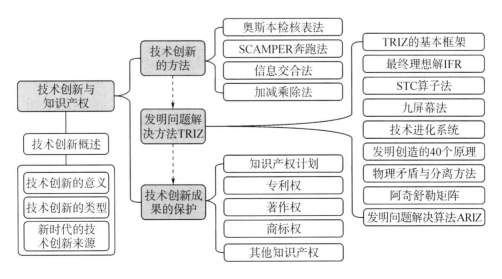

导入案例

知识产权：贸易战中的"隐形武器"

"知识产权，乃国家之利器。"这句话在中美贸易战中得到了深刻印证。当时，美国以知识产权为起点，对中国商品加征关税，试图遏制中国的崛起。这场贸易战，表面上看是商品和贸易的较量，实则是大国之间科技实力和高科技产业的争夺，更是以知识产权为核心的较量。

值得注意的是，美国加征关税的目标并非中国传统的中低端制造业，而是战略性新兴的高技术产业，如航空、新能源汽车、新材料等。这些领域正是《中国制造2025》计划重点发展的方向。美国的这一举措无疑是想提前卡位，遏制中国的科技发展。

然而，历史总是充满辩证。这场贸易战对于中国科技界而言，不仅是一次挑战，更是一次历史机遇。它逼迫中国强化知识产权的生产与保护，推动自主科技创新的进一步发展。正如古人所言："塞翁失马，焉知非福。"在这场较量中，中国转压力为动力，做实创新驱动发展战略，带动产业升级，建立创新驱动力。

如今的中国，正以前所未有的速度和力度推进自主创新，构建自主知识产权实力。从"天眼"探空、"蛟龙"探海，到高铁飞驰、5G网络遍布城乡，中国科技创新的步伐愈发坚定。这一切都离不开对知识产权的重视和保护。

展望未来，知识产权将在中国的崛起过程中发挥更加重要的作用。只有掌握了核心技术的自主知识产权，才能在全球科技竞争中立于不败之地。而这一切，都始于对知识产权的尊重和保护。

5.1 技术创新概述

5.1.1 技术创新的意义

技术创新是一个复杂且多维度的概念，它涵盖了从新产品或新工艺设想的产生到市场应用的完整过程。技术创新具有以下意义：

第一，提高社会生产力和新质生产力。技术创新能够改进生产工具和生产方法，使生产过程更加高效、精准和可持续。这不仅可以提高产品质量，还能缩短生产周期，减少资源浪费，从而提升整体的生产力水平。在医疗领域，新技术的发展可以帮助人类更好地预防和治疗疾病；在环保领域，技术创新有助于减少污染、改善生态环境；在交通领域，智能交通系统的出现可以缓解交通拥堵、提高出行效率。

第二，满足消费者需求。技术创新能够不断满足消费者日益增长和变化的需求。通过研发新产品、新服务或改进现有产品，企业可以更好地满足消费者的个性化、多元化需求，提升消费者满意度和忠诚度。

第三，获得市场竞争优势。通过新技术、新工艺或新产品，企业能够提高生产效率、降低成本、增加附加值，从而增强市场竞争力。技术创新可以帮助企业打破技术壁垒、降低成本、提高产品差异化程度，从而在市场竞争中占据有利地位。

第四，促进产业升级和经济发展。随着新技术的不断涌现和应用，传统产业将逐渐向高技术、高附加值的方向转型。新技术还将催生出一批新兴产业，为经济发展提供新的增长点，推动整个经济体系的发展。技术创新还能够催生新兴产业，带动相关产业链的发展，为经济增长注入新的活力。

第五，增强国际竞争力。在全球化的背景下，技术创新已成为国家间竞争的关键因素。拥有强大技术创新能力的国家能够在国际市场上占据领先地位，获取更多的经济利益和政治话语权。因此，加强技术创新已成为各国政府和企业的重要战略选择。

在理论上，通常用微笑曲线来说明技术创新的意义和价值。微笑曲线（Smiling Curve）是由台湾宏碁集团创办人施振荣先生在 1992 年提出的，用以描述产业链中各环节附加值的分布状况。该理论揭示了产业链中各环节附加值的高低分布情况，对产业发展和企业战略具有重要的指导意义，如图 5-1 所示。

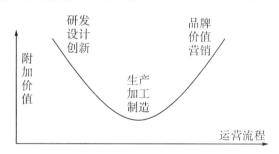

图 5-1　微笑曲线

微笑曲线呈现出一个形似微笑的曲线形态，其中两端朝上，表示附加值较高；中间部分朝下，表示附加值较低。具体来说，产业链中的高附加值环节主要集中在两端，即研发设计和品牌价值，而中间的生产制造环节附加值较低。

微笑曲线的提出，为国家和企业指明了高附加价值的发展方向，可以通过加强技术创新和品牌价值环节，提高附加值和市场竞争力，从而实现可持续发展和永续经营。同时，微笑曲线也提醒企业，在全球化竞争的背景下，只有不断往附加价值高的区块移动与定位，才能适应市场变化，保持竞争优势。综上所述，无论是国家还是企业，都需要高度重视技术创新工作，不断加大投入力度，提升创新能力水平。

有几个概念与技术创新常有密切联系，如创新、创业、创意、创造，这几个概念之间并没有明显的界限，含义甚至相互包含，本章所称的技术创新，是包含在创新的范畴之中的，是创新的一种，即技术上的创新。

创新（innovation）是指在各个领域中，利用新的思维、方法或技术，开发出具有独特特征的产品、服务或解决方案，以实现更好的用户体验、提高效率和满足不同需求。创新思维原理是创新的基石和推动力，提供了创新活动所需要的思维方式和方法，为创新提供了起点、动力和基础，同时创新实践也推动着创新思维原理的不断发展和完善，从而促进技术创新。

创业（entrepreneurship）是创业者对自己拥有的资源或通过努力对能够拥有的资源进行优化整合，从而创造出更大经济或社会价值的过程。创新创业是指基于技术创新、产品创新、品牌创新、服务创新、商业模式创新、管理创新、组织创新、市场创新、渠道创新等方面的某一点或几点创新而进行的创业活动。

创意（originality）是创造意识或创新意识的简称，它是指对现实存在事物的理解以及认知，所衍生出的一种新的抽象思维和行为潜能。更侧重于指创造新事物或新想法的能力，强调的是原创性和想象力。它通常用于描述个人或团队在艺术创作、设计、广告、文学等领域的创新能力。

创造（creativity）的概念是指把事物变成现实的过程，是指通过思考、制造、设计等方式，创造出新的产品、理论等东西。创造不仅仅是为了满足人类的物质需求，还可以为人类精神生活提供丰富多彩的体验。创造的过程包括发现问题、思考解决方案、实践实现等环节。简而言之，创造就是把以前没有的事物给产生出或者创造出来，这明显的是一种典型的人类自主行为。因此，技术发明（创造）是指在技术上有较大突破，并创造出与已有产品原型或方法完全不同或有很大改进的新产品原型或新的方法。

5.1.2　技术创新的类型

技术创新是一个长期动态的过程，根据技术创新的广度、深度以及研究侧重的不同，可以将技术创新进行不同的分类。下面介绍技术创新的几种基本类型。

（1）产品创新、工艺创新、材料创新与方法创新

根据技术创新中创新对象的不同，技术创新可分为产品创新、工艺创新、材料创新与方法创新。

产品创新（product innovation），是指技术上有变化的产品的商业化。按照技术变化量的大小，产品创新可分成重大（全新）的产品创新和渐进（改进）的产品创新。产品用途及其应用原理有显著变化者可称为重大产品创新。如美国贝尔公司发明的电话和半导体晶体管，得克萨斯仪器公司首先推出的集成电路，斯佩里兰德开发的电子计算机等是重大产品创新。重大的产品创新往往与技术上的重大突破相联系。

工艺创新（process innovation），又称过程创新，是指生产（服务）过程技术变革基础上的技术创新。工艺创新包括在技术较大变化基础上采用全新工艺的创新，也包括对原有工艺的改进所形成的创新。如炼钢工艺中的氧气顶吹转炉的降耗的工艺改进并未改变基本工艺流程和方法，但也是工艺创新，也能产生良好的经济效益。

材料创新（material innovation），在新时代的发展情况下，显得尤为重要，其中包括：一是从材料的来源上创新；二是从材料的立意上创新；三是从材料的使用上创新；四是从材料的形式上创新。材料是人类用于制造物品、器件、构件、机器或其他产品的那些物质。它可以是自然产生的物质，也可以是经过加工处理而得到的物质。材料广泛应用于各个行业领域，包括建筑、制造业、农业、工艺等。

方法创新（method innovation），是指创建能够比以前更好地利用资源的各种组织形式和工具的活动。这包括组织创新和管理方法创新两个方面。组织创新涉及创建适应环境变化与生产力发展的新组织形式和组织制度，而管理方法创新则是指创造更有效的资源配置工具的各种活动。

（2）自主创新与模仿创新

按创新战略主要可分为自主创新、模仿创新。

自主创新（independent innovation）是指通过自主的努力，探索新技术突破，完成技术的商品化，获取商业利润，达到预期目标的创新活动。自主创新强调了创新活动的自主性和独立性，即不依赖外部的技术或知识，而是依靠自身的研发能力进行创新。自主创新是一个国家发展的重要指标之一，也是企业持续发展和跻身国际竞争的关键。在全球化竞争的背景下，自主创新不仅是企业自我提升的必由之路，也是推动我国经济发展的关键要素。

模仿创新（imitative innovation）是对进入市场的产品进行再创造，也即在引入他人技术后，经过消化吸收，不仅达到被模仿产品技术的水平，而且通过创新，超过原来的技术水平。模仿创新是在模仿和学习现有技术或产品的基础上，进行改进和创新。虽然起始于模仿，但目标是创造出具有自己特色的新技术或产品。

（3）封闭式创新与开放式创新

按企业技术创新的对外开放程度分类，可以分为封闭式创新与开放式创新。

封闭式创新（closed innovation），即创新活动主要在企业内部进行，较少与外部资源进行交互和合作。特点是研发创意、产品开发设计、产品生产与市场化功能都是在企业内部自身系统中完成的。这种模式强调企业对创新过程的严格控制，包括创意产生、研发投入、成果商业化和知识产权的管理等各个环节都依赖企业内部的力量完成。封闭式创新的优势在于其对内部创新的投入和对核心技术的保护，这有利于企业内部创新能力的提高。

开放式创新（open innovation），强调了"开放式"的特点，即创新活动不仅限于企业内部，还通过合作、许可、外部采购、并购或出售等多种方式，积极与外部组织或个人进行知识和资源的交流与共享，以实现创新的目标。开放式创新的具体实践包括但不限于与外部组织的广泛合作，整合内外部创新资源，以提高创新效率与效益。通过开放式创新，企业不仅能够利用外部的创新力量降低创新门槛和提高创新效率，还能够通过知识产权的动态流动实现更高的商业价值。

（4）颠覆式创新与延续性创新

颠覆式创新（disruptive innovation），也称为破坏式创新，提出者是哈佛大学克里斯坦森（Christensen）。他在 1997 年的著作《创新者的困境：当新技术使大公司破产》中首次提出了"颠覆性技术"（disruptive technology）一词，并深入探讨了这一理论，如图 5-2。颠覆式创新是指通过引入新技术或新商业模式，从低端市场或非主流市场切入，逐步改进并最终全面替代主流市场的产品或服务，从而颠覆整个行业或市场格局的过程。颠覆式创新通常具有技术简单、成本低廉、针对特定市场需求等特点，能够吸引那些过去因价格高昂或技术复杂而无法得到满足的顾客群体。颠覆式创新往往起源于被主流市场忽视的低端市场或非主流市场，通过满足这些市场的特定需求逐渐积累实力。随着市场的逐步扩大，颠覆式创新的产品或服务将逐渐向高端市场渗透，最终对主流市场的产品或服务构成威胁并取而代之。这一过程通常伴随着商业模式的变革和竞争格局的重塑，为新兴企业提供了快速发展的机遇。

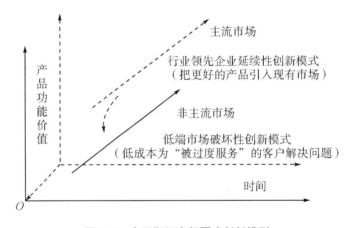

图 5-2　克里斯坦森颠覆式创新模型

与颠覆式创新相对应的是延续性创新。延续性创新，或称维持性创新、渐进性创新，是在现有技术和市场上进行持续的改进和优化，通过不断提升产品质量、降低成本、扩大市场份额等方式来保持或增强现有市场的竞争优势，它更注重在现有市场框架内的微调和完善，而不是去开发新的市场。

5.1.3　新时代的技术创新来源

技术创新的来源一直是备受关注，这是产生创新想法的地方，那么多具有创新性的"金点子"，其"窝"在哪里？尤其是在新时代，有必要给大学生整理清楚这个问题。

5　技术创新与知识产权

（1）德鲁克的七个创新来源

现代管理学之父德鲁克（Drucker）提出的技术创新来源，主要在他于 1985 年出版的著作《创新与企业家精神》中。德鲁克总结归纳了创新的七个主要来源，这些来源不仅适用于技术创新，也广泛涵盖了组织创新、市场创新等多个领域。按照德鲁克认定的重要程度，先后顺序如下：

第一，意外的成功或失败。意外的成功或失败往往能够揭示出潜在的市场机会或技术缺陷，从而成为技术创新的源泉。例如，某个产品的意外热销可能表明市场需求远超预期，或者产品设计中某个不经意的创新点得到了消费者的青睐。同样，意外的失败也可能促使企业深入分析原因，从而发现技术创新的方向。

第二，不协调。包括不协调的经济现状，现状与事实"理应如此"假设之间的差异，顾客价值期望与实际之间的差异，或客观现实与个人主观想象之间的差异。这些不协调之处往往隐藏着未被满足的需求或潜在的市场机会，这些不协调现象促使企业寻求更高效、更灵活的生产方式或产品解决方案，从而推动技术创新。

第三，工艺流程的改进，程序需要。当企业的运营流程、产品或服务存在不合理或低效之处时，就需要通过技术创新来优化和提升。这种创新可能涉及对现有程序的改进，也可能需要引入新的技术或方法。

第四，产业和市场结构的变化。随着技术的不断进步和市场的不断演变，产业的边界在不断扩大和重构。这种变化为企业提供了技术创新的机会，以适应新的市场环境和竞争格局。

第五，人口结构的变化。如人口老龄化、新生代消费群体的崛起等，都会影响市场需求和消费习惯。这些变化为企业提供了开发新产品、新技术以满足不同消费群体需求的机会。例如，针对老年人群体的健康监测技术、智能家居产品等就是人口结构变化推动技术创新的例子。

第六，人们观念认知的改变。随着社会的进步和人们知识水平的提高，人们的消费观念、生活方式等都会发生变化。这些变化促使企业不断推出符合新观念的新产品、新技术。例如，环保意识的提升促使企业研发更环保、更节能的产品和技术。

第七，新知识的产生。随着科学技术的不断发展，新的理论、新的技术不断涌现，为企业提供了丰富的技术创新资源。企业可以通过吸收新知识、新技术来推动自身的技术创新发展。

德鲁克的七种创新来源按其重要性大小依次排列。这样有助于决定如何分派任务，如何确定重点。德鲁克认为，事实上公司经常把大量资源花费在排名靠后的领域而非排名在前的更为重要的区域。

（2）新时代的七个创新来源

第一，新生代的生活生产方式发生变革。个性化、互联网、社会化媒介等新的生活方式产生了诸多技术创新机遇。这些机遇涵盖了智能家居、智能交通、在线教育、远程办公以及个性化与定制化服务等多个领域。随着技术的不断进步和应用场景的不断拓展，这些创新机遇将持续推动相关产业的快速发展和变革。

第二，通过大数据获取精准的市场需求。利用大数据分析技术，挖掘市场趋势和潜在需求，为技术创新提供数据支持。利用社交媒体平台（如微博、微信、抖音等）上的用户评论、点赞、分享等数据，了解用户对产品的态度和需求。分析网站访问者的行为数据，如浏览轨迹、停留时间、点击率等，了解用户兴趣和偏好。对于拥有移动应用的企业，可以通过应用内的用户行为数据（如使用频率、功能偏好等）来分析用户需求。

第三，人工智能（AI）技术迭代与升级。人工智能技术的迭代与升级为创新创业领域带来了前所未有的机遇。随着算法的不断优化、计算能力的提升以及大数据的广泛应用，人工智能正在逐步渗透到各个行业和领域，催生出一系列新的商业模式和服务形态。比如，开发更智能、更便捷的家居设备，如智能音箱、智能门锁、智能照明等，通过 AI 技术实现远程控制、语音交互、场景模式切换等功能，利用 AI 技术进行疾病诊断、辅助手术、个性化治疗方案制定等，提高医疗效率和准确性。

第四，跨学科交叉融合。在复杂多变的现代社会中，单一学科的知识往往难以解决所有问题。跨学科交叉融合成为技术创新的重要来源。不同学科之间的知识碰撞和融合，能够产生新的思维方式和解决方案。企业可以鼓励内部员工进行跨学科交流和学习，建立跨学科研究团队。

第五，科研机构和高校的产学研合作、技术成果转化。科研机构、大学和研究实验室是国家创新体系的重要组成部分。这些机构在基础研究和应用研究领域具有显著优势，能够产生大量的新知识、新技术和新发明。我国研究型高校的创新能力水平在全球范围里逐渐提升，产学研合作模式能够促进产业界、学术界和研究机构的紧密合作，共同进行我国的科技创新。

第六，资源共享，环境共生，低碳环保。人类只有一个地球，资源是有限的，共享经济通过互联网平台将分散的资源进行优化配置，如共享单车、共享汽车、共享住宿等，提高了资源利用效率，减少了资源浪费。发展电动汽车、氢能汽车等新能源汽车，减少传统燃油车对环境的污染。通过智能交通系统优化交通流量、提高运输效率，减少交通拥堵和能源消耗。

第七，服务基层、乡村振兴、社区治理。在民族复兴中，大学生利用所学专业技术，基于国家薄弱环节进行创新实践，实现乡村振兴、科技兴农，促进社区治理、满足基层民众所需。通过互联网和移动互联网技术，提供农业市场行情、农产品质量溯源、农村金融服务等信息服务，促进产业链和价值链的延伸。通过精准农业技术、无人机农业、智能设备等提高农作物产量和品质，提高农民收入。为农村提供新能源，推动农业生产和农民生活方式的转型升级。根据社区居民的不同需求，提供个性化、定制化的社区服务，如老年关怀、社区安全等。

5.2 技术创新的方法

技术创新的方法多种多样，比较权威的是奥斯本检核表法，以及在其基础上变化出来的奔跑法（SCAMPER）。这两种权威方法又用到了信息交合法和加减乘除法的基本思路，本书一起做简要介绍。

5.2.1 奥斯本检核表法

技术创新的检核表法，在创造学和创造工程中扮演着重要角色，由创造学之父奥斯本（Osborn）在《应用想象力》中提出的一种设问法，即检核表法，它又称为"检查单法""对照表法""分项检查单法"。该方法后来被广泛用于各种组织的管理实践，旨在通过一系列系统性的问题引导创新者从不同角度审视研究对象，从而激发新的创意和设想。

奥斯本检核表法是一套提升创造力的系统，包括九个方面的问题，这些问题覆盖了创新过程中可能考虑的大部分内容，具体如下：

①能否转移：考虑现有事物是否有其他用途或稍加改造后能否有新的用途。例如，灯泡除照明外，还可用于烘箱；电熨斗改造一下可以烙饼等。例如，顾客买画后不满意，有退货和换货两种选择，但对卖家而言，换货更理想，于是就有了一种新的服务方式：出租——画廊将画租给顾客，顾客每6个月可免费换一次画。

②能否引入：能否从别处得到启发或借用别处的经验、发明来改进现有事物。例如，摩托车中使用的前悬挂系统来源于飞机的鼻端起落架；方便米粉、方便米饭等都是从方便面那里学来的。

③能否改变：包括结构、运动、轮廓、颜色、重量、形状、形式、气味、声音、种类、意义、动力等方面的改变。例如，米多尼公司改变创可贴的颜色和形状，使其更受欢迎。例如，剃刀通常被认为是针对男性的产品，但吉列为配合女性的腿部自然线条，特别推出了一款粉红色的女士刀架"吉列维纳斯"，以向女性销售剃刀。

④能否增加：功能、时间、频度、强度、高度、长度、厚度、附加值、材料等能否增加。例如，牙膏添加药物；比利时科学家将人的基因插入油菜中，使其成为药用植物。例如，向下或向上扩大一个产品的一个或几个要素。如双人自行车、微型汽车、抛弃型隐形眼镜。

⑤能否减小：体积、尺寸、重量等能否缩小或微型化。例如，世界上最小的电池只能在显微镜下才能看见；瑞士提琴制造家史奈德制作的袖珍小提琴等。

⑥能否替代：可否利用其他材料、原理、方法、能源、成分等代替现有事物。例如，木筷可用竹筷、塑料筷代替；黄金、钻石等可用镀金、仿真饰品代替。再例如，电话去掉电话线成为无线电话，因自行车无处停放而出现可折叠车型，因胶卷

需要冲洗而出现数码相机。

⑦能否更换：顺序、布局、型号、规格、元件、速度、程序、连接、位置、因果关系等能否重新安排。例如，汽车喇叭按钮从方向盘轴心改装到方向盘下面的圆周上。例如，咖啡销售机运用信用卡概念销售咖啡，消费者刷卡消费；收费站允许用户使用ETC电子装置通过收费站，用户通过账户支付费用，不必再找零。这里，唯一的创新是利用现有方式对现有产品进行支付，与传统的支付方式有根本区别。

⑧能否颠倒：将事物的正反、上下、左右、前后、因果等颠倒过来，看是否能产生新的创意。如将熟比萨换成生比萨，这种速冻主食已风靡世界。

⑨能否组合：将不同的事物组合在一起，看是否能产生新的功能或用途。如硬糖果加上木棒制成棒棒糖。想象这样一个购买过程：迪厅里有人买了爆米花，因光线暗看不清而撒上彩盐，使之变为荧光爆米花；吃后感到口渴点了饮料——吃爆米花引起口渴，提供免费爆米花可卖出更多饮料。

以下是应用奥斯本检核表法产生产品创新想法的示例，如表5-1所示。

表5-1 奥斯本检核表法应用示例

序号	检核内容	思维导向	创新产品（以杯子为例）
1	能否转移	寻找新途径，移作他用	用于保健的磁化杯、消毒杯、含微量元素的矿物质杯
2	能否引入	借鉴、借用其他资源或方案	引入AI技术，会说话、会简单提示的智能杯
3	能否改变	改变形式以产生新效果	变色杯——随温度而能变色 发光杯——夜光照明的杯子
4	能否增大	用简单加法进行改进设计	底部重力杯——置于车船摇晃不倒 双层杯——可以装两种饮料
5	能否减小	用简单减法进行改进设计	袖珍迷你杯，可折叠便携杯
6	能否替代	寻找替代品	用袋子装饮料，新潮另类容器
7	能否更换	更换零部件或材料	换一种金属、石材、竹木、骨玉、纸布等材料制作杯子
8	能否颠倒	发现倒置后的新用途	倒置的沏茶杯、输液瓶、滴灌容器、泡酒杯
9	能否组合	寻找新组合，组成新功能	印上地方特色的文创杯 会议或重大事件纪念杯

奥斯本检核表法的实施包括以下几个步骤：

第一步，明确创新目标：首先确定需要解决的问题或创新的目标。

第二步，逐项检核：根据奥斯本检核表法中的九个问题，逐项对研究对象进行检核，并记录产生的新设想。

第三步，筛选与实施：对新设想进行筛选，选择最具价值和创新性的设想，并付诸实践。

第四步，反复检核：多次检核可以产生不同的收获，有助于更准确地找出需要创新和发明的方面。

第五步，集体检核：可以多人共同检核，互相激励，产生头脑风暴，提高创新效率。

5.2.2 SCAMPER 奔跑法

美国人艾伯尔（Eberle）参考了奥斯本的检核表，提出另一种名为奔跑法（SCAMPER）的检核表法，在产品创新中常被应用，这种方法将检核表主要的几个字的代号或缩写，代表七种改进或改变的方向，帮助将现有创意升级成为全新的创意。陈龙安用了"代、结、应、改、他、去、重"七个的中文单字作代号，以方便记熟这七种创新的方法。

S/代——替代（substitute），何物可被"取代"？

C/结——合并（combine），可与何物"结合"而成为一体？

A/应——适应（adapt），是否能"适应""调整"？

M/改——修改、扩大（modify），可否改变原物的某些特质如意义、颜色、声音、形式等？

P/他——其他用途（put to other uses），可有"其他"非传统的用途？

E/去——消除（eliminate），可否"除去"？可否浓缩、精致？

R/重——重排（rearrange），颠倒（reverse），可否重新排序？可否位置对调？

上述七个代号合并在一起，就是英文单词 SCAMPER，奔跑的意思，因此被称为奔跑法，也有翻译为奔驰法。以下是应用 SCAMPER 法产生产品创新想法的示例，如表 5-2 所示。

表 5-2　SCAMPER 奔跑法应用示例

代号	检核内容	现状	创新产品示例
S	替代 （substitute）	是否有替代品？ 是否有其他方法或其他材料制作？	能否用电子信号代替装纸质信件的邮箱？ →电子邮箱
C	合并 （combine）	是否能和其他的、不同的产品组合或混合？	能否将移动电话、随身听和相机组合在一起？ →智能手机
A	适应 （adapt）	是否能用在其他方面？ 是否有与之相似的产品？	激光常用在提升灯光照明效果，还能用在什么地方？ →激光电子尺

表5-2（续）

代号	检核内容	现状	创新产品示例
M	修改、扩大 （modify）	是否能增加一些东西？ 是否能改变颜色或外形？ 是否能增加大小、重量、厚度、长度？	传统烤火器加一个外罩壳可否用于烹饪？ →空气炸锅
P	其他用途 （put to other uses）	是否有其他使用方法或用途？ 是否有改良的方法？ 是否能在其他市场使用？	辣椒芥末胡椒等刺激性的植物溶液可否制作成非食用的产品？ →女士防狼喷雾剂
E	消除 （eliminate）	是否能够省略一些？ 是否能够减少，使其更小、更轻、更低、更短？	女生出行总要携带一把太阳伞，但包包怎么装得下？ →折叠到最短的袖珍伞
R	重排（rearrange） 颠倒（reverse）	上下、左右、前后是否可以颠倒？ 功能、用途、流程是否可以颠倒？	传统雨伞总是难以做到在上下车时不被雨淋？ →反向撑开的雨伞

5.2.3 信息交合法

信息交合法是一种在信息交合中进行思维创新的工具。具体指把物体的总体信息分解成若干要素，然后把这种物体与人类各种实践活动相关的用途进行要素分解，把两种信息要素用坐标图表示出来，构成"信息反应场"，一个轴上各点的信息可依次与另一轴上的信息交合，从而产生新的信息。

如图5-3所示，针对"曲别针的用途"这个创新性思维问题，通过信息交合法可有条理、系统性地发现曲别针多种新用途。如以横轴材料的种类与纵轴的旅游、家居、汽车、文具、礼品、音乐、美术和生活交合，就会产生八种用途。如果不用该思考方法，可能无法得出诸多结果。

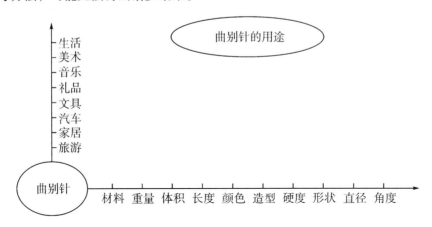

图 5-3　曲别针用途的信息交合图示

例如，把"花"作为一个焦点，对"花会凋谢"进行横向置换，就会变成"花永不凋谢"。在"花"和"永不凋谢"间如何建立联结？可以用一种东西做成花的样子，就不会枯萎，所以有了用布或塑料做的假花。"假花"就是"花"与"永不凋谢"之间的联结点。由此产生了一个新的交合概念——"人造花"。这就是创新，即联结两种大体上无任何明显或直接关系的想法后的产物。

在新时代的创新竞赛项目选题时，可以将一般创新想法和新质生产力相互交合起来，从而得到符合国家战略发展目标的创新想法。本书导言已经介绍了新质生产力的六个内涵特征包括：科技创新驱动、数智化深度融合、知识密集型、绿色环保、跨界融合、制度创新和服务升级。将这六个内涵特征与创业资源来源信息相互交合，就是新质生产力+乡村振兴的选题范围，如图5-4所示。

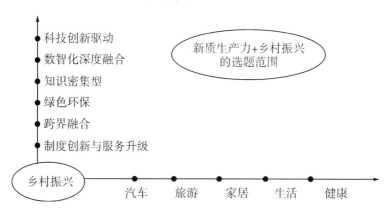

图5-4 新质生产力+乡村振兴选题的信息交合图示

信息交合法的运用方法还有很多种，可以有很多种变化，应用在不同的领域。

5.2.4 加减乘除法

加减乘除法是基于奥斯本检核表法的一种更加简化和形象的思维方法，不再像奥斯本检核表法那样仅限于产品结构上的创新，而是商业服务业皆可以运用。本方法包括以下几种。

（1）加法

加法视角是思考哪几种事物可以组合在一起，从而产生新的功能。例如，日历+唐诗=唐诗日历，剪刀+开瓶装置=多用途剪刀等。加法视角的运用技巧包括以下几种：

①实物相加

机械与电脑相结合的工业品和生活用品已屡见不鲜，如程控机床、电脑洗衣机、电子秤、电子照相机等。两种物品功能不同，但彼此联系紧密，相结合有更好的效果。

美国佛罗里达州曾有个名叫律普曼的画家，一天作画时，不小心出了个失误，须用橡皮把它擦掉。他找了好久才找到橡皮，但是等他找到橡皮并擦完想继续作画时又找不到铅笔头了。这使他非常生气，于是产生了拥有一支既能作画又带有橡皮的铅笔。他最终找到了满意的方法，即用一块薄铁皮，将橡皮和铅笔连接在一起。后来，律普曼借钱办理了专利申请手续，并最终由 PABAR 铅笔公司购买了这项专利，价钱是 55 万美金。PABAR 铅笔公司将这项专利技术做成产品，很快风靡全球，极为畅销。

②虚实相加

多数是先有实物，然后加上某种精神因素。随着社会文明的发展和公众文化水平的提高，实物产品精神化成为不可阻挡的潮流。如姓氏瓷杯、属相雨伞、名人笔记本、爱情饮料等都是实物与精神因素相加的产物。具体方法有：一是为产品附加主题。如数码影像蛋糕是高度个性化的产品，拥有深刻的精神内涵。类似的还有影像日历、影像名片、影像图章等。二是让产品负载广告。柯达公司将印有商标的小纸片贴在鸡蛋上，实现很好的传播效果，很快打开了市场。三是让产品附加拟人化功能。会说话的吸尘器可发出类似的提示："垃圾满了""垃圾袋位置没放好""吸管里好像有东西塞着"等。

③概念相加

它实质上是一种明确概念的逻辑方法——限制。逻辑限制可以明确概念、揭示实质、显示事物特征、产生创意。

（2）减法

减法视角是将复杂的事物简单化，使多样功能专一化，带来轻快灵便、简洁明了的愉悦感。合理取舍、有效增利的减法策略，可帮助企业集中优势资源，重点开发销路广、利润高的产品。减法视角的运用技巧有以下几种：

①简化结构，节约用度

许多产品是多功能的，用途广泛，给人带来方便，但伴随而来的是成本的增加，从而使产品价格高昂。如高档打火机质优价贵，低档打火机便宜好用且销量更大。消费群体有多个层次，消费环境复杂多样，消费品也应具有多种规格与档次。化繁为简有时也能出奇制胜。

比如，将计算机中的光驱与解码部分提取出来，简化成 VCD；将计算机中的文字录入编辑和游戏功能提取出来，简化成学习机，走进千家万户。通过减法视角，开发出价廉物美的普及型新产品，也是一种非常好的发展策略。日本一家公司减去 CT 诊断设备中一般病人不需要且收费高的功能，使产品售价比同类产品低 40% 以上，在国际市场上建立了强大的竞争优势。

②壮士断腕，先减后加

有道是"文武之道，有张有弛""退一步是为了进两步"。可见，弛、退、减、失并非都是坏事，要依据具体情况分析。无可奈何地失去，是被动消极的；而有计划地舍弃，则是主动积极的。壮士断腕是勇，先减后加是智。智勇双全，方可闯过难关。

③有减有加，以加养减

"凡战者，以正合，以奇胜。……战势不过奇正，奇正之变，不可胜穷也。奇正相生，如循环之无端，孰能穷之哉！"这段话出自《孙子兵法》，意思是作战不过常法和变法，以常法交战，以变法取胜。既要注重商场规范，又要打破条条框框，出奇招而制胜。

日本有个"创意药局"，它将日常售价200日元的常用膏药以80日元卖出，因价格低而生意兴隆，顾客宁可绕远也要来这家药局买膏药。随着膏药的畅销，药局亏损越来越大，但很快有了知名度。3个月后，药局开始盈利，利润增长迅速。因为许多顾客除了购买膏药，还会买其他药品，而这些药品可为药局带来利润。靠着低价售卖膏药吸引更多的顾客，通过其他药品的销售获得利润，"创意药局"不但深得顾客信任，而且建立了良好的口碑。

④精打细算，降低消耗

减法视角最直接的做法就是万事都要厉行节约，即材料、资金、人力、时间都讲究经济节约。在实际创新中，提高质量与降低成本经常难以兼顾，而减法经营可以有效解决这一难题，关键在于降低成本或提高质量后要让顾客获得物超所值的体验。

美国一名铁路工程师在铁轨上行走时发现，每一颗螺丝钉都有一截露在外面。为什么要多出这一截呢？经过试验发现，这一截完全没有存在的必要。于是他决定改造这种螺丝钉。结果每个螺丝钉可节约50克钢铁，每千米铁轨有3 000个螺丝钉，可节约150千克钢铁。公司拥有铁路1.8万千米，共5 400多万个螺丝钉，总计可节约2 700吨钢铁。

（3）乘法

古希腊阿基米德的名言：给我一个支点，我可以撬起整个地球。创新的乘法效应其实就是杠杆力，即追求思维对象成倍地增加或扩大，靠数量去创造最大的社会效益与经济效益。因此，模式复制是乘法创新最为直接和有效的实现路径。生活中常会见到一些巨型实物广告，如3米高的大皮鞋挂在皮鞋厂门口，8米高的大啤酒瓶立于桥头等，都可以体现乘法视角的独特功能。乘法视角的运用技巧有以下几种：

①滚动发展，以量取胜

许多企业通过乘法视角抓住机遇，实现滚动式发展，将利润投入扩大再生产，以迅速发展壮大。对于缺乏知名度的初创企业，乘法策略很有效。

②刻意求大，引人注意

在产品规格上用乘法大幅度扩大，以获得奇特的功效。如早期的时钟是摆在桌子上的，体积很小，后来由座钟到壁挂钟，到钟楼上很远都看得见的大钟，这就是乘法视角作用下的扩大。

③滋生繁殖，连锁成群

肯德基、麦当劳等国际公司都是以连锁形式发展起来的。连锁店是企业通过母店积累资金、拥有无形资产后，采用统一的经营内容、管理模式、服务标准，扩大规模至全国或世界各地。连锁店就是"克隆"店、"复印"店，运用的正是典型的乘法视角。企业经营中要想实现乘法经营策略，须整合多个市场环节，有效配置稀缺资源，将员工、顾客、股东、合作伙伴等直接利益相关者和社区、媒体、政府等间接利益相关者都整合到企业市场链，以转移成本、获取客户、求得支持、获得利润。

多年前，摩托罗拉在中国最早的代理商是北京心力源源电子有限公司，该公司运用乘法策略，通过"赠送"形式打造了一条超级市场链：先成为平安的保险代理，向车主赠送汽车电话，然后要求车主按协议购买平安车险。心力源源从车主交纳的车险中获得8%的合理返利；而消费者只需按正常标准交纳车险，且车主投保的期限仅为两年。两年后，车主就可完全拥有汽车电话的产权。在此多赢的乘法链中，"卖保险、卖汽车、卖汽车电话"看似分开的业务被有机地整合，形成一个利益共同体：消费者没有付出额外代价即可享受实惠；保险商获得稳定客户群；代理商收到合理佣金；代理商心力源源获得品牌、资金、市场，形成了一个良性循环。这体现了乘法经营的力量：代理商的授权+"联盟者的市场，消费者的需求"+自身的品牌信誉=资金回报，即"物流+人流+信息流=资金流"。

（4）除法

除法视角是指将本来可以一步到位的目标实现过程依次分成若干细小的战略区间，依靠战略区间的转换和技术的升级换代获取利润。也指把能独立、经济效益好的项目分离出来，单独立项运营，以实现分拆大于总和的效应。

榨菜是四川特产，一开始厂家用大坛装，大批外运，销量大，但利润率并不高。榨菜到了上海，被改为中坛包装，够一家食用一个月，价格上升，利润可观。在香港，榨菜用小坛子包装，身价大涨，利润翻倍。后来榨菜用锡箔纸包装，精美的袖珍小袋令家常小菜升格为风味佳品，价格大增，最终利润比大坛榨菜翻了数十倍。小包装食品还给旅行者带来很大便利。榨菜在市场上包装的不断变身缩小用的就是除法视角。

除法视角的运用技巧有以下几种：

①整体缩小，袖珍见奇

物品往往有其特定的存在空间，在某些领域，其规模、体积、范围是合适的；换了场地，可能会显得臃肿和累赘。如5升保温瓶适合家庭使用，用于旅行就显得过大，于是出现了保温杯。这种缩小就是除法视角的妙用，在功能上无明显变化，只是体积更小，更轻巧方便。

大城市的公园、广场常见音乐喷泉，人们聚集在那里或轻歌曼舞，或休闲纳凉。"音乐喷泉很美，富有诗意，就是大老远跑来看很不方便。"这话引起一家企业负责人的思考：音乐喷泉在一座城市不宜多设，可否用除法视角，将音乐喷泉的规模缩小再缩小，制造出小型的供宾馆、饭店使用，微型的供家庭使用。企业做了调查并进行了可行性分析。音乐喷泉本是城市的公共设施，造型大、价格高、拥有量少。企业从广大群众对音乐喷泉的喜爱与城市拥有数量有限这一矛盾出发，变庞然大物为小巧玲珑之物，变公众共赏之物为一家一户的休闲之物。

②化整为零，以小显贵

这种做法在食品行业应用广泛，原因有三：其一是小包装可给消费者带来新鲜感；其二是随着人们外出旅游增多，小包装更方便；其三是定价高的商品通过小包装可以进入大众消费市场。

金华火腿历史悠久，驰名中外，市场却有限。原因是它块头太大，价格太高，又不易加工。改革开放后，金华人对火腿做了改造：一是即取即食无须蒸煮，方便消费者食用；二是开发多种规格的小包装，满足3口之家一餐食用、宴席作冷盘用、旅途中个人食用、作为礼品等不同的需要，从而快速打开市场。

③细分细合，先分后合

人们基于各自需要购买商品总成或零部件，如买手表、洗衣机都是购买商品总成，也有人因兴趣爱好、为增长知识或节约开支自己动手组装而购买零部件，如为组装音响设备、交通工具、家用电脑等购买零部件。

物理课要讲发电原理与发电机的构造，传统教学方法效果并不理想。有家企业制造了几十台教学用的微型发电机，有手摇的、燃油的。该企业将产品送给一所中学，学生先阅读教材有关章节，然后按说明书自己动手组装，自己开机发电，然后再将其拆卸，逐一认识、理解、领会各个零件的构造、功能、原理及各个零部件之间的相互关系。最终发现，学生对此十分感兴趣，教师对教学效果也非常满意。

总之，"加减乘除"思维训练是产生创新想法的基本方法。企业可基于实践需要运用不同的视角，以收获奇效。

5.3　发明问题解决方法 TRIZ

5.3.1　TRIZ 的基本框架

产生创新想法还有一套系统且庞大的方法理论：TRIZ，中文音译为：萃智。TRIZ 的拼写是由"发明问题的解决理论"英文音译 Teoriya Resheniya Izobreata-telskikh Zadatch 的缩写，其英文全称是 theory of the solution of inventive problems，被誉为"打开创新之门的金钥匙"。

TRIZ 是由苏联海军部专利专家阿奇舒勒（Genrieh Alt-Shuller）创立的。从1946 年开始，他通过对数以百万计的专利文献进行研究，提炼出一套解决复杂技术问题的系统方法。20 世纪 90 年代初 TRIZ 传播到美国，引起了创新界和企业界的极大关注。目前，TRIZ 已成为国外技术创新领域的最热门应用工具。

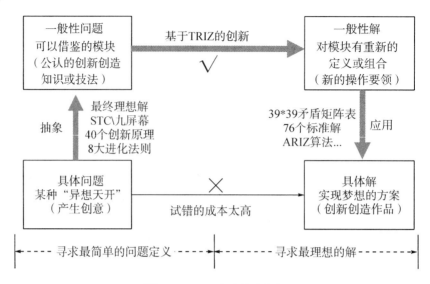

图 5-5　TRIZ 方法基本框架

　　1956 年阿奇舒勒等人首次介绍了发明背后的 TRIZ 理论方法及技术演进的规律，把 TRIZ 理论描述为一种技术矛盾，理想的最终结果、发明原则、一种程序，构建了 TRIZ 的基本理论。1961–1984 年阿奇舒勒先后出版了 *How to learn to invent*，*The foundation of invent*，*Algorithm of invention*，*Creativity as an exact science*，*The art of inventing and suddenly the invent or appeared* 等著作，从此形成了 TRIZ 理论基本框架，对创新具有重要的指导作用。

　　TRIZ 方法强调通过系统化的分析和解决过程来避免试错，如图 5-5 所示。TRIZ 包括的工具有最终理想解（IFR）、技术系统八大进化法则、40 个发明原理、39 个标准工程参数及矛盾矩阵、物理矛盾和四大分离原理、物场模型、发明问题的标准解法、发明问题解决算法（ARIZ）和科学效应和现象知识库。由于 TRIZ 理论体系比较庞大，本书选取其中一些容易被大学生理解和使用的部分进行讲解。

5.3.2　最终理想解（IFR）

　　在 TRIZ（发明问题解决理论）中，最终理想解（ideal final result，简称 IFR）是一个核心概念，它代表了在解决问题时追求的理想状态，被誉为 TRIZ 的理论支柱之一。

　　（1）最终理想解的内容和意义

　　在一般的思考模式，经常挡住创新之路的是障碍，障碍卡在思考过程中，从而看不到障碍后面的目标。因为畏难情绪、解决障碍的能力不够、克服困难的信心不充分和信息不对称，常常导致创新失败甚至放弃创新。

　　最终理想解思维，要求在问题解决之初，先抛开各种约束条件并设立各种理想模型，即以最优的模型结构来分析问题，并将达到理想解作为追求的目标。

TRIZ 认为，一个技术系统在实现功能的同时，必然有两个方面的作用，即有用功能与有害功能，理想度通常是指有用功能与有害功能和成本之和的比值。

理想度＝（总功能）／（总成本），或者表述为：理想度＝（有用功能）／（有害功能），分子为有用功能之和，分母为有害功能之和。

因此，按照理想度的最高值，提出一个理想的解决方案，这个方案应满足问题的所有需求，并达到最佳效果。最终理想解思维有助于制定理想解，有助于正确地设立目标以及抵制心理惯性的影响，如图 5-6 所示。

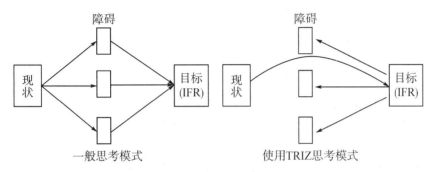

图 5-6　TRIZ 的最终理想解（ideal final result，IFR）**思考模式**

有了最终理想解之后，再找到实现这个理想解决方案的障碍。这些障碍可能来自技术、经济、法律或社会等方面。这时候的创新者能够发现，原来的障碍已经没有那么困难了，比如，加工工艺没掌握，可以外包；核心创新未达标，可以根据理想解专攻核心部分；人员不充分，可以产学合作；资金不够，可以寻求风险投资。因此，可以通过各种方法消除这些障碍，从而得到实现最终理想解的解决方案或思路。

最终理想解为创新项目设定了合适的目标，有助于提升创新效率，避免传统创新方法中思维过于发散、创新效率低下的缺陷。它像一座桥梁的桥墩，明确了创新的方向和位置，保证了在问题解决过程中能够始终沿着此目标前进并获得最终理想解。

（2）定义最终理想解的方法

定义最终理想解常用的六个问句：

第 1 问：设计的最终目的是什么？

第 2 问：最终理想解要达到的效果是什么？

第 3 问：头脑风暴找到达到效果有哪些方案？

第 4 问：找到理想度最高的方案，分析其组成结构或原理是什么？

第 5 问：实现该方案的障碍是什么？

第 6 问：突破这些障碍可用资源是什么？

以一个产品设计为例，假设要设计一个更加环保、高效的汽车发动机。在 TRIZ 理论中，可以先提出一个最终理想解：发动机在提供足够动力的同时，不产生任何污染，且能耗极低。然后，识别实现这个理想解的障碍，如技术瓶颈、材料限制等。接着，通过研发新技术、采用新材料等方法来消除这些障碍。最终，得到一个既环保又高效的新能源电动车设计方案。

（3）最终理想解的应用示例

某农场主有一大片平坦的草地，放养大量的兔子。兔子需要吃到新鲜的青草，农场主不希望兔子走得太远而照看不到。现在的难题是，农场主不愿意也不可能花费大量资源割草运回来喂兔子。这个难题该如何解决？

第 1 问：设计的最终目的是什么？答：节省人工，用青草饲养兔子。

第 2 问：最终理想解要达到的效果是什么？答：兔子随时能够吃到大草地上新鲜的青草，安全防鹰狼，兔子又能被控制不跑丢。

第 3 问：头脑风暴找到达到效果有哪些方案？答：方案 1 是完全不用人工，兔子自主；方案 2 用能防鹰狼、防跑掉的笼子，用笼子罩住兔子；方案 3 是可自主移动，兔子能自主吃到大草地上新鲜的青草。上述方案需要整合。

第 4 问：找到理想度最高的方案，分析其组成结构或原理是什么？答：球形是适合滚动的笼子造型，球面上预留较多孔洞结构，能有利于兔子吃草。

第 5 问：实现该方案的障碍是什么？答：缺少实验数据支撑球形结构的笼子，需要预留多大空隙，直径多大，材料如何？是否已经有专利，或者电商有售卖？

第 6 问：突破这些障碍可用资源是什么？答：采购原材料着手制作，电商资源，专利数据库。

5.3.3　STC 算子法

在 TRIZ 理论中，STC 算子法是一个应用较为广泛的创新思维训练方法。通过对尺寸、时间和成本三个方面的分析，可以打破固有的认知，从而打磨出理解的解决方案。

（1）STC 算子法的内容

STC 具体包括以下三个方面，如图 5-7 所示：

尺寸（size）：也翻译为空间，考虑物体在三个维度（长、宽、高）上的变化，包括逐渐增大和逐渐减小两种情况。

时间（time）：分析物体完成有用功能所需要的时间，以及完成次级、无用功能所需要的时间。

成本（cost）：理解产品制造本身的成本，以及完成主要功能所需各项运营操作的成本。

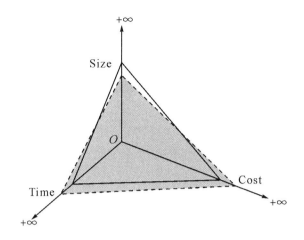

图 5-7　TRIZ 的 STC 算子坐标

（2）STC 算子法的使用步骤

第一步，明确研究对象。

首先需要明确要研究或改进的对象，并了解其现有的尺寸、时间和成本情况。

第二步，每个算子从 0→+∞ 的创新范围测试。

空间（size）方面：考虑物体在三个维度（长、宽、高）上的变化，包括逐渐增大和逐渐减小两种情况。设想产品可以逐渐增大或减小其尺寸，以适应不同的市场需求。

时间（time）方面：分析物体完成有用功能所需要的时间，以及完成次级、无用功能所需要的时间。产品从设计到生产再到销售的全过程，寻找可以缩短时间、提高效率的环节。

成本（cost）方面：理解物体本身的成本，以及完成主要功能所需各项辅助操作的成本。考虑如何降低产品的生产成本、材料成本等，以提高其性价比。

第三步，寻找 STC 三个算子都优的方案。

通过上述创新范围的测试，产品设计团队打破了传统的思维模式，思维开始活跃起来。但这个步骤需要找到三个算子的交集，努力得到适合的解决方案。可能在三个算子交集中，仍然有多个方案，需要进行评分和比较，逐渐筛选出最终理解的解决方案。

（3）STC 算子法的应用示例

STC 算子示例：如何更加方便快捷地摘果子呢？

●空间（S→∞）的解：附有梯子的苹果树干

●空间（S→0）的解：种植品种低矮的苹果树

●时间（T→∞）的解：在果树下铺设松软的垫子，防止苹果落下来摔伤；同时可以让地垫有一定倾斜度，足以使落地的苹果从着地处滚动至某一集中位置

●时间（T→0）的解：借助于轻微爆破或压缩空气喷射

● 成本（C→∞）的解：发明一种带有电子视觉系统和机械手控制器的智能摘果机

● 成本（C→0）的解：摇晃苹果树

寻找STC三个算子都优的方案：

对于山地大树，发明一种带长杆和笼子的成熟苹果采摘仪器，STC三个算子都比较理想，稍高的是人工成本。

对于平地规模化树林，发明一种可以契套在农用车前面的，摇晃树干便可接收苹果掉落的斗篷，STC三个算子都比较理想，稍高的是机器成本和损伤，但时间最短，效率最高。

5.3.4 九屏幕法

在TRIZ理论中，九屏幕法是比较容易掌握的工具，可以帮助创新者分析和解决创新的问题，打开思路，找到创新的想法。九屏幕法的意义在于它提供了一种系统性的思考方式，帮助人们多角度看待问题，分析当前系统，并从多个方面和层次寻找可利用的资源，以更好地解决问题。这种方法不仅提高了创新效率，还有助于发掘潜在的解决方案，推动科技进步。

（1）九屏幕法的内容

九屏幕法的主要内容是按照时间和空间两个维度进行思考，构建出一个包含至少九个屏幕的图解模型。九屏幕以空间为纵轴，来考察"当前系统"和"系统的环境与归属"（超系统）；以时间为横轴，来考察上述三个状态的"过去""现在"和"未来"，这样，就构成了被考察系统至少九个屏幕的图解模型。这是一个全面的分析框架，用于系统地思考问题的产生与发展，以及系统地分析资源。

图5-8是应用九屏幕创新思维分析方法的实例，假设当前系统是在郊区有一块菜地，以当前系统为核心，向上下左右进行发散思考，最终得出一系列创新想法，并在各种发散系统中分析找到最优的方案。很多大学生表示产生不出创新想法，应该是没有运用系统的分析方法。

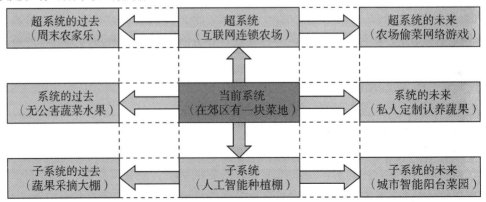

图 5-8　九屏幕创新思维分析方法的应用实例

（2）九屏幕法的使用步骤

九屏幕法的使用步骤有以下四步：

第一步，明确问题：首先，需要明确要解决的问题是什么，这可以通过对问题的定义和描述来实现。

第二步，构建九屏幕系统：将问题看作一个系统，明确系统的输入、输出和内部组成部分。画出三横三纵表格的九屏幕图，分别代表时间（过去、现在、未来）和空间（子系统、系统、超系统）两个维度。将要研究的技术系统填入正中央格子，然后考虑技术系统的子系统和超系统，分别填入格子；接着考虑技术系统的过去和未来，分别填入格子；最后考虑超系统和子系统的过去和未来，填入剩下的格子中。

第三步，分析每个屏幕：针对每个格子，考虑可用的各种类型资源，包括物质资源、场资源、信息资源、空间资源、时间资源及功能资源等。然后系统地思考问题的产生与发展，分析问题的各个组成部分以及它们之间的关系。

第四步，综合寻找解决方案：通过分析九个屏幕，可以发现问题的潜在解决方案。这些解决方案可能涉及改变系统的某个部分，或者调整系统与外部环境之间的关系。

（3）九屏幕法的应用示例

问题描述：如何提高汽车的燃油效率和安全性？

● 当前系统（汽车）：分析汽车的结构、性能以及存在的问题。

● 子系统：考虑汽车的发动机、传动系统、制动系统等子系统的性能和改进空间。

● 超系统：考虑汽车所处的交通环境、道路状况、交通规则等外部因素对汽车性能的影响。

● 过去系统：回顾汽车的发展历程，分析历史上汽车技术的演变和趋势。

● 未来系统：预测未来汽车技术的发展方向，如新能源汽车、自动驾驶等。

● 子系统过去：分析汽车各个子系统在过去的发展历史和演变趋势。

● 子系统未来：预测汽车各个子系统在未来的发展方向和可能的技术突破。

● 超系统过去：分析交通环境、道路状况等外部因素在过去的变化和影响。

● 超系统未来：预测未来交通环境、道路状况等外部因素的变化趋势以及对汽车性能的影响。

综合解决方案：通过九屏幕分析，可以发现提高汽车动力效率和安全性的潜在解决方案可能包括改进发动机技术、优化传动系统、提高制动系统性能、开发新能源汽车、推动自动驾驶技术的发展等。同时，还需要考虑交通环境、道路状况等外部因素的改善和适应。

5.3.5 技术进化系统

TRIZ 理论认为，人类有三大进化论：第一是达尔文的生物进化论，第二是斯宾塞的社会进化论，第三就是 TRIZ 的技术系统进化论。TRIZ 的进化目标就是最终理想解（ideal final result，IFR）。TRIZ 理论认为，所有技术的进化，都遵循着以下的客观规律。

（1）技术系统进化的八大法则

技术系统进化的八大法则是 TRIZ 理论的核心内容之一，这些法则基于对大量专利的分析和总结，揭示了技术系统进化的普遍规律。以下是技术系统进化的八大法则：

第一，技术系统的 S 曲线进化法则。

该法则描述了技术系统发展的生命周期，包括产生、成长、成熟和衰退四个阶段。这有助于理解技术系统的发展趋势，并预测其未来的演变。

●初创期（婴儿期）：在这一阶段，技术创新刚刚出现，市场认知度低，技术发展水平也相对较低。由于技术的不成熟和市场的不确定性，增长速度较为缓慢。然而，这一阶段是技术创新的关键时期，需要投入大量的研发资源来克服技术难题和市场障碍。

●成长期：随着技术的不断成熟和市场认知度的提高，技术创新进入快速成长阶段。此时，市场需求迅速扩大，技术渗透率快速提升，增长速度显著加快。在这一阶段，企业需要抓住市场机遇，加大市场推广力度，迅速扩大市场份额。

●成熟期：当技术创新达到一定程度后，市场趋于饱和，增长速度开始放缓。此时，技术创新进入成熟阶段。在这一阶段，企业需要关注产品的差异化竞争和成本控制，通过技术创新和产品升级来保持竞争优势。

●衰退期：随着新的技术创新的出现和替代效应的发生，原有技术逐渐失去市场竞争力，进入衰退阶段。在这一阶段，企业需要关注技术发展趋势和市场变化，及时调整战略方向，避免被市场淘汰。

在 S 曲线的初创期向成长期转变的过程中，存在一个关键的"破局点"。在这一点上，技术创新突破了技术瓶颈和市场障碍，开始进入快速增长阶段。企业需要抓住这一机遇，加大投入力度，迅速扩大市场份额。

如图 5-9 所示，在 S 曲线的成熟期向衰退期转变的过程中，存在一个"极限点"。在这一点上，市场趋于饱和，技术创新的增长速度放缓甚至停滞不前。企业需要关注市场变化和技术发展趋势，及时调整战略方向，避免陷入衰退困境。

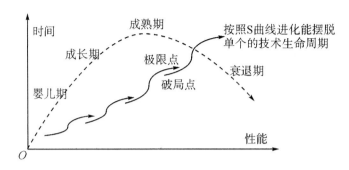

图 5-9 TRIZ 的技术生命周期与 S 曲线

如果把握好了商业机会，破局点和极限点就能够实现循环往复，呈现螺旋上升的状态，如图 5-9 所示。但是，如果技术创新的过程忽略了市场需求，没有把握住商业机会，S 曲线就会断链，一个创新的周期就结束了，创新活动就此失败。英特尔公司副总裁达维多认为，一家企业要想在市场中占据主导地位，那么就要做到第一个开发出新一代产品，第一个淘汰自己的产品。

第二，提高理想度法则。

理想度是衡量技术系统性能的一个重要指标，它反映了系统满足用户需求的能力。提高理想度法则强调在设计和改进技术系统时，应不断追求更高的理想度，以满足用户日益增长的需求。理想度法则在前面的最终理想解的内容里已经做了一定的解释。

第三，子系统的不均衡进化法则。

技术系统中的各个子系统往往以不同的速度进化，这种不均衡性可能导致系统内部的冲突和矛盾。该法则揭示了这种不均衡进化的规律，并提供了解决这些冲突和矛盾的方法。

第四，动态性和可控性进化法则。

随着技术的发展，技术系统的动态性和可控性也在不断提高。该法则强调了增加系统的动态性和可控性对于提高系统性能和适应性的重要性。

第五，提高集成度再进行简化法则。

技术系统在进化过程中，往往会通过增加集成度来提高性能，然后再通过简化来降低成本和提高效率。这一法则揭示了技术系统进化的一个重要趋势，即集成化与简化并行不悖。

第六，子系统协调性进化法则。

技术系统中的各个子系统需要相互协调才能共同发挥作用。该法则强调了提高子系统之间协调性的重要性，以确保整个系统的稳定性和高效性。

第七，向微观级和场的应用进化法则。

随着纳米技术、石墨烯技术等微观科技的兴起，技术系统正沿着减少元件外观尺寸的方向发展。同时，场的应用也日益广泛，如磁悬浮技术中的磁场等。该法则揭示了技术系统向微观级和场的应用进化的趋势。

第八，减少人工进入的进化法则。

人工智能技术是技术系统发展的重要方向，该法则强调了减少人工参与对于提高生产效率、降低成本和增强系统可靠性的重要性。

这些法则共同构成了 TRIZ 理论中技术系统进化的基本框架，为分析和预测技术系统的发展趋势提供了有力的工具。同时，这些法则也为技术创新和产品开发提供了重要的指导原则，有助于开发出更具竞争力和市场价值的新产品。

（2）完备的产品系统

在 TRIZ 理论中，一个完备的产品系统或技术系统，通常被认为应具备以下基本要素，如图 5-10 所示：

● 输入：这是系统工作的起点，代表了系统所需的各种资源、能量或信息。这些输入是系统能够执行其功能的前提和基础。

● 输出：输出是系统经过处理后得到的结果，它可以是产品、服务、信息或能量等。输出是系统价值的体现，也是用户或系统外部环境的直接受益者。

● 外部控制：反馈机制允许系统对其输出进行监测和评估，以便及时调整和优化其性能。控制要素则负责根据反馈信息进行决策和调整，确保系统能够按照预定的目标和要求循环运行。

● 产品系统：产品系统代表了系统对输入进行加工、转换或处理的能力。这是系统实现其特定功能的关键环节，通过产品处理，系统能够将输入转化为有用的输出。产品系统主要包括下列四套子系统：

● 动力子系统：提供系统运行所需的能量和动力。

● 传输子系统：负责将能量、信息或物质从系统的一部分传输到另一部分。

● 执行子系统：直接实现系统特定功能的部分，如机械臂、传感器等。

● 内部控制子系统：对系统的内部运行进行监测、控制和调节，确保系统能够稳定、高效地工作。

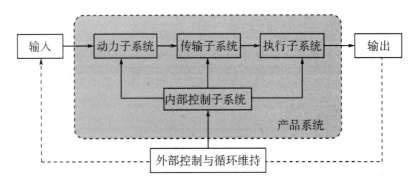

图 5-10 TRIZ 的完备产品系统

这些要素相互关联、相互作用，共同构成了一个完整的技术系统。在 TRIZ 理论中，通过分析和优化这些要素之间的关系和配置，可以有效地解决技术创新和产品开发过程中的各种问题和挑战。

TRIZ 理论认为，一个完备的产品系统，应具备上述基本要素或子系统。根据木桶原理，哪个要素最薄弱，就创新哪个要素。系统如果缺少其中的任一部件，就不能成为一个完整的技术系统。如果系统中的任一部件失效，整个技术系统也无法"幸存"。

5.3.6 发明创造的 40 个原理

TRIZ 理论包含了 40 个发明创造原理，这些原理为解决问题和发明创新提供了系统的思维方式和方法论。以下是这 40 个原理的简要概述：

●分割原理：将物体分成独立的或可拆卸的部分。例如，组合家具、分类垃圾箱、分体式冰箱等。

●抽取原理：从系统中抽取出"干扰"的部分或特性，或者只抽取需要的部分或特性。例如，避雷针、舞台上的反光镜、食品真空包装等。

●局部质量改善法：让物体的不同部分实现不同的功能，或让物体的每个部分都处在最利于其工作的条件下。例如，瑞士军刀、家庭药箱、多功能手表等。

●非对称原理：将对称形式转换成为非对称形式，或加强其不对称的程度。例如，将电脑的插口设置为非对称性的以防止不正确的使用，为增强防水保温性采用多重坡的屋顶等。

●合并原理：将空间或时间上同类或相邻的物体或操作进行合并。例如，集成电路板、冷热水混水器等。

●多用性原理：让一个物体能执行多种不同的功能，从而可去掉其他部件。例如，可以坐的拐杖、多功能螺丝刀、U 盘 MP3 等。

●嵌套原理：将一个物体放入另一个物体中，或将一个物体通过另一个物体的空腔。例如，俄罗斯套娃、伸缩式荧光棒、多功能螺丝刀（刀头嵌套在刀柄内）等。

●重量补偿原理：与其他物体结合或依靠外部环境产生的气动力补偿物体重量。例如，热气球利用燃烧形成的热空气升空。

●预先反作用原理：事先给物体施加反作用，用以消除不利的影响。例如，钉马掌、给树木罩上黑色的防护网等。

●预先作用原理：预先完成要求的作用（整体的或部分的），或预先将物体安放妥当，使它们能在现场和最方便的地点立即完成所起的作用。例如，透明胶带架、在停车场安置的缴费系统等。

●事先防范原理：以事先准备好的应急手段补偿物体的低可靠性。例如，安全气囊、降落伞的备用包、安全出口、电梯的应急按钮等。

●等势原理：在势场内应避免位置的改变，如在重力场中改变物体的工作状态以减少物体提升或下降的需要。例如，生产线将传送带设计成与操作台等高。

●逆向法：反向思维，施加相反的作用，或使其在位置、方向上具有相反性。例如，跑步机人相对不动，而机器动；为了松开套紧的两个元件，不是加热外部部件，而是冷冻内层部件等。

●曲线、曲面化原理：利用曲线或曲面替代原有的线性特征。例如，将直线部分用曲线替代，将平面用曲面替代，立方体结构改成球形结构；圆珠笔的笔尖是球形的滚珠，使书写更流利等。

●动态原理：通过运动或柔性等处理，以提升系统的适应性。例如，用于矫正牙齿的记忆合金，分成一段一段的利于转弯的火车车厢，可以弯曲的吸管等。

●未达到或超过的作用原理：如果难以取得百分之百的效果，则应当部分达到或超越理想效果，以简化问题。例如，抹墙时总是先将大量水泥抹在墙上，而后除去多余的；用针管抽取液体的时候不可能直接吸入准确的剂量，而是先多吸取而后再将多余的液体排出等。

●空间维数变化原理：把物体的动作、布局由一维变为多维，或者将物体倾斜或侧向放置。例如，旋转楼梯、拔地而起的高楼、双面集成电路板等。

●机械振动原理：使物体振动，并增加振动频率，或者用压电振动器代替机械振动器。例如，上海世博会上展出了世界上最小的便携微波炉，通过 USB 充电后振动产生热量。

●周期性作用原理：用周期作用（脉冲）代替连续作用，或者利用脉冲的间歇完成其他作用。例如，警笛、收音机用各种不同的波段来传递信息、心脏起搏器等。

●有效作用的连续性原理：物体的所有部分均应一直满负荷工作，或者消除空转和间歇运转。例如，喷墨打印机的打印头在回程也执行打印操作，避免空转，消除了间歇性动作；农业滴灌技术等。

●减少有害作用的时间原理：快速地越过有害的或者危险的过程及阶段，其本质在于大幅度缩短有害过程（紧急行动）。例如，奥运会上使用的新型网球拍，在网拍的下部第二根网线上加装一个质量阻尼小球，可将网球拍击球之后的弯曲振动很快地衰减掉。

●变害为利原理：利用有害因素获得有益的效果，或者将有害因素结合来消除有害因素。例如，再生塑料、再生纸、利用粪便和生活垃圾产生沼气加以利用等。

●反馈原理：引入反馈或者改变已有反馈。例如，驾驶室中的各种仪表将车辆所处的行驶状态反馈给驾驶员，方便驾驶员操作车辆；德国馆的感应球能对人的动作及呼声做出回应等。

●中介物原理：利用中介物质传递某一物体或中间过程，或在原物体上附加一个易拆除的物体。例如，弹琴用的拨片、放菜的托盘等。

●自服务原理：物体应当为自我服务，完成辅助和修理工作，或利用废弃的资源、能量和物质。例如，可以自己充电的机器人、用食物或野草等有机废物做的肥料等；大部分计算机都具有自我更新、自我修复的功能等。

●复制原理：用简单而便宜的复制品代替难以得到的、复杂的、昂贵的、不方便的或易损坏的物体，或用光学图像替代单件物品或系列物品，然后图像可以放大或缩小。

●廉价替代品原理：用廉价的物品代替昂贵物品，以降低最终产品的成本。这一原理强调在保证性能的前提下，选择成本更低的材料或方案。

●替代机械系统原理：用光学、声学、电磁学等系统代替传统的机械系统，以提高效率或降低成本。例如，现代通信技术中的光纤传输就替代了传统的电缆传输。

●气动或液压结构原理：利用气体或液体的压力来传递力量或实现某种运动。例如，气动千斤顶、液压传动装置等。

●柔性壳体或薄膜原理：利用软壳和薄膜取代常用结构，或者用它们将物体与外部环境分隔。例如，可折叠的手机屏幕、塑料薄膜包装等。

●多孔材料原理：让物体变成多孔的，或者加入多孔物体，如果物体已经是多孔的，那么事先往孔里填充某种物质。例如，多孔陶瓷、泡沫塑料等。

●颜色改变原理：改变物体或外部介质的颜色和透明度，或者增添某种容易观察的颜色添加剂。例如，食品着色剂、安全警示色等。

●同质性原理：主要物体与其相互作用的其他物体采用同一材料或特性相近的材料。例如，用橡胶制作汽车的轮胎和密封条，以提高它们之间的相容性和密封性。

●抛弃与再生原理：采用溶解、蒸发等手段废弃已完成功能的零部件，或在工作过程中直接变化；在工作过程中迅速补充消耗或减少的部分。例如，可降解塑料、再生金属等。

●物理化学参数变化原理：改变物体的物理或化学参数，如温度、压力、浓度等，以获得所需的性能或效果。例如，通过改变溶液的浓度来控制化学反应的速率。

●相变原理：利用物质的相变（如固态到液态、液态到气态）来获得所需的性能或效果。例如，干冰的升华用于舞台效果或食品保鲜。

●热膨胀原理：利用物体的热膨胀性质来实现某种功能或效果。例如，双金属片温度计就是利用不同金属的热膨胀系数不同来测量温度的。

●强氧化剂原理：利用强氧化剂的性质来实现某种功能或效果。例如，火箭发动机中的氧化剂用于提供燃烧所需的氧气。

●惰性环境原理：在惰性环境中进行某种操作或处理，以避免或减少与其他物质的反应。例如，在惰性气体中焊接金属以避免氧化。

●复合材料原理：使用复合材料代替均质材料，以获得更好的性能或降低成本。例如，碳纤维复合材料用于制造飞机和汽车部件等。

TRIZ 理论认为，这些原理并不是孤立的，它们可以相互结合、相互补充，为解决问题和发明创新提供更为广阔的空间和思路。

5.3.7 物理矛盾与分离方法

物理矛盾和分离方法是 TRIZ 理论的核心方法之一，它们为解决技术问题提供了有力的工具和方法。

（1）物理矛盾

物理矛盾是指对系统的同一个元素或子系统存在相反或矛盾的要求。例如，一个子系统中有害性能的降低可能导致该子系统中有用性能的降低，或者一个子系统中有用性能的增强可能导致该子系统中有害性能的增强。

在 TRIZ 理论中，物理矛盾通常用符号"A+，A-"来表示，其中"A+"表示对某一元素或子系统的某种正面要求，"A-"则表示与之相反的要求。

物理矛盾在创新过程中非常常见，例如几何类的长与短、宽与窄、厚与薄等；材料及能量类的密度大小、功率大小、冷与热等；功能类的多与少、推与拉、强与弱等。

（2）分离方法

分离方法，也称为分离原理，是 TRIZ 理论中用于解决物理矛盾的一种核心方法。其基本思想是实现矛盾双方的分离，以便在不同的空间、时间、条件或系统级别上满足对同一元素或子系统的不同要求。

●空间分离：将冲突的两边在不同的空间分开，分别处理。例如，在建筑设计中，可以通过将不同功能的区域分隔开来，以避免相互干扰。

●时间分离：将冲突的两边在不同的时间段分开，以降低问题的难度。例如，在交通规划中，可以采取错峰上下班等措施来分散高峰时段的交通流量。

●条件分离：通过设置不同的条件，让冲突的双方都实现分离。例如，在电子产品设计中，可以通过改变散热条件来平衡手机的性能和散热需求。

●整体与部分分离：将系统的整体与部分进行分离，以便更好地处理或优化系统的某个部分。例如，在机械设备维护中，常常需要对设备的各个部分进行拆分以便维修。

●系统级别分离：将对同一个参数的不同要求在不同的系统级别上实现。例如，在产品设计中，可以通过将某些功能集成到子系统中，而将其他功能保留在更高或更低的系统级别上。

在应用分离方法时，首先需要明确物理矛盾的具体表现和要求，然后选择合适的分离原理和方法进行解决。例如，对于空间分离，可以通过分割、抽取、嵌套等方法来实现；对于时间分离，可以通过动态特性、预先作用等方法来实现；对于条件分离，可以通过复合材料、多孔材料等方法来实现。

（3）应用实例

以下是一个关于手机设计与电池续航的物理矛盾与分离原则应用的例子：

物理矛盾：现代手机的设计中，存在一个明显的物理矛盾：用户希望手机的体积尽可能小，以便于携带和使用；但同时，用户也希望手机的电池容量尽可能大，以延长手机的续航时间。这两个要求是相互矛盾的，因为电池容量的增加通常会导致手机体积的增大。

为了解决这个物理矛盾，可以运用 TRIZ 理论中的分离原则。具体来说，可以采取以下策略：

第一，空间分离：在手机设计中，可以通过优化内部结构布局，将电池和其他组件更加紧凑地排列在一起，从而在保持手机体积不变或略有增加的情况下，提高电池的容量。另外，也可以考虑采用可拆卸或可更换的电池设计，这样用户可以根据需要选择不同容量的电池，从而在一定程度上实现体积与续航的平衡。

第二，时间分离：虽然时间分离在这个特定的物理矛盾中可能不是最直接或最有效的解决方法，但可以考虑通过改进手机的电源管理系统或开发更加节能的应用软件来延长手机的续航时间。这样，即使手机的电池容量没有增加，用户也可以通过更加高效地使用手机来延长其续航时间。

第三，基于条件的分离：在这个例子中，基于条件的分离可能不是最直接的应用方式。然而，可以考虑通过开发更加智能的电池管理系统来根据手机的使用情况动态调整电池的放电速率。例如，在手机处于待机状态时降低放电速率，在用户使用手机时提高放电速率，从而在一定程度上实现电池续航与手机性能的平衡。

第四，系统级别分离：在系统级别上，可以考虑将手机的电池系统与其他系统（如处理器、显示屏等）进行分离设计。例如，可以采用更加先进的电池技术（如固态电池）来提高电池的能量密度和安全性，从而在不增加手机体积的情况下提高电池的容量。

另外，也可以考虑通过无线充电、快速充电等技术来弥补电池容量不足的问题，从而在一定程度上缓解用户对手机续航的担忧。

综上所述，通过运用 TRIZ 理论中的分离原则，可以在一定程度上解决手机设计与电池续航之间的物理矛盾。当然，在实际应用中还需要综合考虑成本、技术可行性、用户需求等因素来制定具体的解决方案。

5.3.8 阿奇舒勒矩阵

阿奇舒勒矩阵（Altshuller Matrix），在 TRIZ 理论中也称为矛盾矩阵，是一种完备的工具，它旨在解决技术系统中的技术矛盾。矛盾矩阵是由 TRIZ 理论的创始人阿奇舒勒根据对大量专利的研究，将 39 个通用工程参数与 40 条发明原理有机地联系起来，建立起对应的关系，整理成 39×39 的矩阵表。这个矩阵表是阿奇舒勒对250 万份专利进行研究后所取得的成果，它旨在帮助创新者快速找到解决技术矛盾的发明原理。

（1）阿奇舒勒矩阵的构成与设计原理

阿奇舒勒矩阵表的首行与首列分别为 39 个通用工程参数的编码和名称。竖列表示要改善的参数，横行表示会恶化的参数。39×39 个工程参数从行、列两个维度构成矩阵的方格，共 1 521 个。

阿奇舒勒矩阵中的每个方格都对应着几个数字，这些数字是 TRIZ 所推荐的解决对应工程矛盾的发明原理的编号。当遇到一个技术矛盾时，可以在阿奇舒勒矩阵中找到改善的参数和恶化的参数，然后相交的那个方格中的数字就是推荐的发明原理的编号。按照这些编号查找发明原理汇总表，就可以获得该编号所对应的发明原理，用以解决对应的技术矛盾。

（2）运用阿奇舒勒矩阵的运用步骤

运用阿奇舒勒矩阵解决技术矛盾问题时，通常遵循以下步骤：

第 1 步，确定技术系统的名称和主要功能。

第 2 步，对技术系统进行详细的分解，并描述关键子系统、零部件之间的相互依赖关系和作用。

第 3 步，定位问题所在的系统和子系统，对问题进行准确的描述。

第 4 步，确定技术系统应改善的特性（即希望提高的工程参数）和确定并筛选设计系统被恶化的特性（即不希望恶化的工程参数）。

第 5 步，将这两个步骤确定的参数对应到矩阵所列的 39 个通用工程参数中，并重新描述。

第 6 步，描述工程参数的矛盾，并对矛盾进行反向描述。

第 7 步，查找矩阵表，得到所推荐的发明原理的序号。

第 8 步，按照序号查找发明原理汇总表，得到发明原理名称。

第 9 步，将所推荐的发明原理逐个应用到具体问题上，探讨每个原理在具体问题上如何应用和实现。

第 10 步，筛选出理想的解决方案，进入产品的方案设计阶段。

（3）阿奇舒勒矩阵的应用实例

例如，当遇到一个技术矛盾：想让桌子很大（越大越能多放东西），但是桌子越大就越重（对承载的压力较大）。这是一个"静止物体的尺寸"和"静止物体的重量"之间的矛盾。使用矛盾矩阵时，可以先从竖着的一列找到"静止物体的尺寸"（编号 4），再从横着的一行找到"静止物体的重量"（编号 2）。两行（列）相交的那个格子中有 35、28、40、29 这几个数字，是 40 个发明原理中的编号，分别是原理 35（改变特性原理）、28（机械系统替代原理）、10（复合材料原理）、29（气压和液压结构原理）。这些原理就可以作为解决这个技术矛盾的参考。

5.3.9　发明问题解决算法 ARIZ

发明问题解决算法 ARIZ（Algorithm for Inventive-Problem Solving）是 TRIZ 理论

中的一个主要分析问题、解决问题的方法。ARIZ 是 TRIZ 理论为解决复杂发明问题而配置的工具，其目标是为了解决问题的物理矛盾。该算法主要针对问题情境复杂、矛盾及其相关部件不明确的技术系统，通过一系列变形及再定义等非计算性的逻辑过程，实现对问题的逐步深入分析和转化，最终解决问题。

（1）ARIZ 算法的版本和特点

ARIZ 算法经历了不断完善和发展的过程，其版本不断更新，如 ARIZ-56、ARIZ-59、ARIZ-61 等。其中，ARIZ-65 是首个广受欢迎的版本，首次使用了矛盾矩阵，并采用了 ARIZ 这一名称。随着版本的更新，ARIZ 算法不断得到优化和完善，目前已成为发明问题解决理论 TRIZ 的重要支撑和高级工具。目前版本的 ARIZ 算法具有以下特点：

系统性：ARIZ 提供了一种系统性使用 TRIZ 各个工具的方法，它告诉我们在问题分析的各个步骤之后可以使用哪些 TRIZ 工具，从而帮助我们找到解决问题的最佳方案。

分析性：ARIZ 是一种帮助我们思考的分析算法，带领我们从初始问题描述开始，逐步找到巧妙的、具有创新性的解决方案。

创造性：ARIZ 使我们更具有创造力和创造性，可以帮助我们摆脱心理惯性的影响。

易操作性：ARIZ 算法具有优秀的易操作性、系统性、实用性以及易流程化等特性。

（2）ARIZ 算法的核心模块与流程

ARIZ 算法主要包含以下六个步骤模块：

第 1 步，情境分析：构建问题模型，对初始问题情境进行深入分析。

第 2 步，基于物-场分析法的问题模型分析：利用物-场分析法分析系统中所包含的资源，并定义问题所包含的时间和空间。

第 3 步，定义最终理想解与物理矛盾：从宏观和微观级上分别定义系统中所包含的物理矛盾，并确定系统的最终理想解。

第 4 步，物理矛盾解决：最大限度地利用系统内的资源并借助物理学、化学、几何学等工程学原理来消除物理矛盾。

第 5 步，调整或重新构建初始问题模型：如果矛盾不能解决，需要调整或重新构建初始问题模型。

第 6 步，解决方案分析与评价：对提出的解决方案进行分析和评价，选择最优方案。

（3）ARIZ 算法的应用实例

以摩擦焊接问题为例，一家工厂要用每节 10 米的铸铁管建成一条通道，这些铸铁管要通过摩擦焊接的方法连接起来。但要想使这么大的铁管旋转起来需要建造非常大的机器，并要经过几个车间。应用 ARIZ 算法解决该问题的过程如下：

第1步，最小问题：对已有设备不做大的改变而实现铸铁管的摩擦焊接。

第2步，问题模型：改变现有系统中的某个构成要素，在保证不旋转待焊接管子的前提下实现摩擦焊接。

第3步，对立领域和资源分析：对立领域为管子的旋转，而容易改变的要素是两根管子的接触部分。

第4步，理想解：只旋转管子的接触部分。

第5步，物理矛盾：管子的整体性限制了只旋转管子的接触部分。

第6步，物理矛盾的去除及问题的解决对策：用一个短的管子插在两个长管之间，旋转短的管子，同时将管子压在一起直到焊好为止。

总之，ARIZ算法以其易操作性、系统性、实用性以及易流程化等特性，在解决复杂发明问题方面发挥着重要作用。它特别适用于那些问题情境复杂、矛盾不明显的非标准发明问题，通过一系列逻辑过程实现对问题的逐步深入分析和转化，最终找到解决问题的最佳方案。

5.4　技术创新成果的保护

5.4.1　知识产权计划

"知识就是力量。"这句话在知识产权领域得到了淋漓尽致的体现。知识产权制度，作为保护创新主体市场利益的重要机制，为创新者提供了一把坚不可摧的护盾。同时，它也是一把锋利的利剑，助力创新者在商业竞争中脱颖而出。

一方面，拥有核心专利的企业，能申请高新技术等企业认定，进而享受减免税费、人才优惠等政策红利。成功企业更是利用知识产权筑起技术长城，防御竞争者的闯入，保护自己的利润空间。

不同类别的技术成果，需要不同的知识产权进行保护；同一个技术创新成果，需要多个不同的知识产权进行保护；同一类专利，可能需要分拆多个专利才能周全地使技术成果得到有效保护。表5-3展示的是技术创新成果与对应的知识产权种类。

表5-3　技术创新成果与对应的知识产权

技术大类	技术创新成果举例	对应的知识产权种类
通信设备	一种领先的5G基站	发明专利、实用新型专利、外观设计专利
农业机械	一种采茶终端机器	发明专利、实用新型专利、注册商标
饮料容器	一种新结构奶茶杯	实用新型专利、外观设计专利、注册商标

表5-3(续)

技术大类	技术创新成果举例	对应的知识产权种类
饮料制作	一种基于茶多酚提取物的保健溶液	发明专利、商业秘密
人工智能	一种自动行驶巡检机器人	发明专利、实用新型专利、外观设计专利、软件著作权
人工智能	一种智能对话APP	软件著作权、注册商标
集成电路	一种芯片配套电路图	集成电路布图设计权
电子商务	一种在线消费者数据采集分析系统	软件著作权

比如,韶音——一家新崛起的骨传导耳机厂商,就是一个典型的例子。在巨头环伺、增速下滑的消费电子行业中,韶音却实现了逆势增长,产品客单价高达100美金,毛利率更是达到了惊人的70%~80%。这背后的秘诀就在于韶音对知识产权的重视和运用。韶音几乎申请了所有相关技术的专利,只要涉及骨传导相关产品,都可能收到韶音的侵权律师函。这种完备的专利布局让整个行业都绕不开韶音的领先卡位,就连索尼这样的巨头也不得不绕道而行。

另一方面,知识产权的缺失也可能让创新者陷入困境。比如"追光者"项目所提到的,国外在铱配合物发光材料专利上的布局,让OLED发光显示行业被卡住了脖子。项目组不得不从原理上颠覆原有发光原理,才找到了有机发光材料这片蓝海。这充分说明了在知识产权密集的领域,只有从基础科学出发,掌握核心专利,才能摆脱受制于人的境地。

总之,知识产权既是保护创新成果的护盾,也是商业竞争中的利剑。对于创新者来说,只有善于运用知识产权制度,才能在激烈的市场竞争中立于不败之地。

5.4.2　专利权

专利的种类在不同的国家有不同的规定,在我国专利法中专利的种类规定有:发明专利、实用新型专利和外观设计专利。对于发明、实用新型及外观设计的定义,在《中华人民共和国专利法实施细则》第二条第一至第三款,有非常清楚、明确的描述。

(1)专利的分类

第一,发明专利。

专利法所称的发明,是指对产品、方法或者其改进所提出的新的技术方案。发明专利主要分为产品发明和方法发明两大类。产品发明是指人们通过研究开发出来的关于各种新产品、新材料、新物质等的技术方案。专利法上的产品,可以是一个独立、完整的产品,也可以是一个设备或仪器中的零部件。方法发明是指人们为制造产品或解决某个技术课题而研究开发出来的操作方法、制造方法以及工艺流程等技术方案。方法可以是由一系列步骤构成的一个完整过程，也可以是一个步骤。发明专利既可以是发明人首创的，也可以是发明人在现有技术方案或解决方法的基础上，对现有产品或现有方法的改进，并且这种改进与现有技术相比，是非常显而易见的，要求其具有显著的进步性。发明专利从申请到授权时间一般为2年以上，有20年保护期，保护力强。

第二，实用新型专利。

专利法所称的实用新型，是指对产品的形状、构造或者其结合所提出的适于实用的新的技术方案。实用新型专利又称小发明，其保护的也是一个技术方案，但该技术方案在技术水平上低于发明专利。实用新型专利保护的范围较窄，它只保护有一定形状或结构的新产品，不保护没有固定形状的物质。实用新型的技术方案更注重实用性，多数国家实用新型专利保护的都是比较简单的、改进性的技术发明，目的在于鼓励低成本、研制周期短的小发明创造，以更快地适应经济发展的需要。授予实用新型专利的流程没有发明专利复杂，不需经过实质审查，手续比较简便，费用较低。因此，关于日用品、机械、电器等方面的有形产品的小发明，比较适用于申请实用新型专利。实用新型专利从申请到授权时间约1年，有10年保护期，可以提供及时保护，但保护力相对弱。

第三，外观设计专利。

专利法所称外观设计，是指对产品的形状、图案或者这两者的结合，以及色彩与形状、图案的结合所做出的富有美感并适于工业应用的新设计。外观设计注重的是设计人员对一项产品的外观（包括形状、图案或者这两者的组合，以及色彩与形状、色彩与图案的组合）所做出的富于艺术性、具有美感的创造，而且这种具有艺术性的创造，不只是单纯的工艺品，它还必须能够在企业中成批制造，也就是说具有能够为工业上所利用的实用性。外观设计专利的保护对象，是产品的装饰性或艺术性外表设计，这种设计可以是平面图案，也可以是立体造型，更常见的是二者的结合，授予外观设计专利的主要条件是新颖性。外观设计专利从申请到授权时间约1年，有10年保护期，优点是可以提供及时保护。

需要注意的是，外观设计与发明、实用新型有着明显的区别。外观设计专利实质上是保护美术思想的，而发明专利和实用新型专利保护的是技术思想；虽然外观设计和实用新型都与产品的形状有关，但两者的目的却不相同，前者的目的在于使产品形状产生美感，而后者的目的在于使具有形态的产品能够解决某一技术问题。例如一把雨伞，若它的形状、图案、色彩相当美观，那么应申请外观设计专利，如果雨伞的伞柄、伞骨、伞头结构设计精简合理，可以节省材料又有耐用的功能，那么应申请实用新型专利。

（2）受专利保护的要求

专利保护是赋予发明者对其创新成果在一定时间内的独占权，以防止他人未经授权地使用、制造、销售或进口该创新产品。为了获得专利保护，产品特性需要满足特定的要求，这些要求主要包括创造性、新颖性和实用性。

第一，创造性。

创造性要求发明与现有技术相比，必须体现出显著的技术进步，不能是本领域技术人员在现有技术基础上通过常规手段容易得出的结果。评估创造性时，通常要考虑现有技术的整体发展水平、发明所解决的技术问题、采用的技术手段以及达到的技术效果等因素。如果一项发明在申请专利时，其技术方案对于本领域技术人员来说是显而易见的，那么它就不具备创造性，因此也无法获得专利保护。

第二，新颖性。

新颖性是指发明在申请专利之前，未被公开披露过，也未被他人申请专利或以其他形式为公众所知。公开披露的形式可以是出版物、使用、销售、展览等。一旦发明被公开披露，就丧失了新颖性，无法再申请专利保护。需要注意的是，不同国家或地区对于新颖性的标准可能有所不同，有些国家采用绝对新颖性标准（即在全球范围内未公开），而有些国家则采用相对新颖性标准（即在本国或指定地区内未公开）。

第三，实用性。

实用性要求发明必须能够在产业上制造或使用，并且能够产生积极效果。这意味着发明不能仅仅是一个理论上的构想或假设，而必须是能够实际应用于生产或生活中的技术解决方案。实用性还包括发明的可实施性和可重复性。也就是说，发明必须能够被可靠地制造出来，并且其效果能够稳定地再现。如果一项发明虽然具有新颖性和创造性，但缺乏实用性，那么它也无法获得专利保护。

综上所述，创造性、新颖性和实用性是专利保护产品特性的三大核心要求。只有同时满足这三个要求，发明者才能获得专利保护，从而确保其创新成果在一定时间内的独占权。

（3）专利文书

专利文书是申请专利时提交的一系列官方文件，用以描述发明创造的内容并限定专利保护的范围。以下是对权利请求书、专利说明书、说明书附图等专利文书的介绍：

第一，权利请求书。

权利请求书又称专利申请权利请求书或权利要求书，是以专利申请说明书为依据，说明发明或实用新型的技术特征，并清楚简要地写出要求专利保护的范围的文件。权利请求书是专利申请中的重要技术文件，也是专利申请文件的核心部分。它确定了申请人请求专利保护的范围，也是判定他人是否侵权的依据。从技术上说，权利请求书概述了发明或实用新型的技术方案实质内容。

权利请求书应当有独立权利要求，也可有从属权利要求。一份权利请求书中应当至少包括一项独立权利要求，还可以包括从属权利要求。独立权利要求应当从整体上反映发明或实用新型的主要技术内容，记载达到发明或实用新型的技术特征。它由前序部分和特征部分构成，前序部分写明发明的主要技术内容，特征部分写明发明的技术特征。从属权利要求应当用要求保护的附加技术特征，对引用权利要求作进一步限定。

第二，专利说明书。

专利说明书是对发明或者实用新型的结构、技术要点、使用方法作出清楚、完整介绍的文件。它包含技术领域、背景技术、发明内容、附图说明、具体实施方法等项目，用以描述发明创造内容和限定专利保护范围。

专利说明书应当对发明或者实用新型作出清楚、完整的说明，以便所属技术领域的技术人员能够实现。专利说明书中的扉页揭示每件专利的基本信息，包括专利申请的时间、申请的号码、申请人或专利权人、发明人、发明创造名称、发明创造简要介绍及主图（机械图、电路图、化学结构式等）等。

第三，说明书附图。

说明书附图是用以辅助说明专利说明书中的技术方案和发明内容的图形文件。在必要时，应当有附图来辅助说明技术方案，如图 5-11 所示。

附图的大小和清晰度必须保证，即使将图缩小到原图的三分之二大小，也应能清晰地分辨出图中的各个细节。附图应包含所有必要的细节，以便技术人员能够全面了解发明或实用新型的技术方案。附图与说明书的内容必须保持高度一致。附图中表示的发明或实用新型应与说明书中的描述相符，附图中出现的附图标记必须在说明书中有所提及。

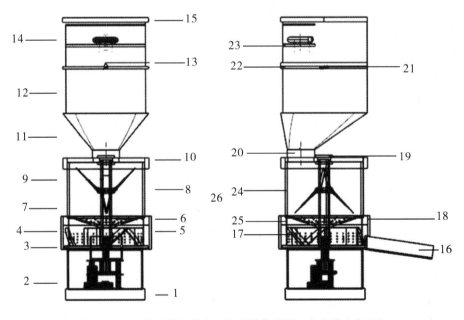

图 5-11　一种实用新型专利的说明书附图（参赛学生作品）

5.4.3 著作权

著作权（也称版权）主要保护具有独创性的作品，这些作品包括文学作品、艺术作品、科学作品以及计算机软件等。对于技术创新成果中的软件、设计图纸、技术文档等具有独创性的作品，可以通过著作权进行保护。著作权保护的是作品的表达形式，而非作品所反映的思想或情感。

（1）著作权分类

著作权的保护范围相当广泛，涵盖了多种类型的作品及相关的权益。以下是对著作权保护范围的详细归纳：

文字作品：包括小说、散文、诗歌、论文、报告、新闻稿等以语言文字形式表达的作品。

口述作品：如演讲、授课、辩论、相声等以口头语言形式表达的作品。

音乐作品：包括歌曲、交响乐、器乐曲等具有旋律和节奏感的作品。

戏剧、曲艺、舞蹈、杂技艺术作品：涵盖戏剧剧本、曲艺脚本、舞蹈动作设计、杂技表演技巧等。

美术、建筑作品：美术作品如绘画、书法、雕塑等；建筑作品则包括建筑设计图纸、建筑模型等。

摄影作品：通过摄影技术创作的具有审美意义的照片。

电影作品和以类似摄制电影的方法创作的作品：如电影、电视剧、纪录片等。

工程设计图、产品设计图、地图、示意图等图形作品和模型作品：涵盖各种设计图纸、地图、示意图以及立体模型等。

计算机软件：包括计算机程序和有关文档，如程序设计说明书、流程图、用户手册等。

民间文学艺术作品：如故事、传说、寓言、编年史、神话、叙事诗等。

法律、行政法规规定的其他作品：这是一条弹性条款，旨在涵盖未来可能出现的新作品类型。

（2）著作权的权利内容

著作权人对其作品享有以下权利：

第一，著作人身权。

发表权：决定作品是否公之于众的权利。

署名权：表明作者身份，在作品上署名的权利。

修改权：修改或者授权他人修改作品的权利。

保护作品完整权：保护作品不受歪曲、篡改的权利。

第二，著作财产权。

复制权：以印刷、复印、拓印、录音、录像、翻录、翻拍、数字化等方式将作品制作一份或者多份的权利。

发行权：以出售或者赠予方式向公众提供作品的原件或者复制件的权利。

出租权：有偿许可他人临时使用视听作品、计算机软件的原件或者复制件的权利，计算机软件不是出租的主要标的的除外。

展览权：公开陈列美术作品、摄影作品的原件或者复制件的权利。

表演权：公开表演作品，以及用各种手段公开播送作品表演的权利。

放映权：通过放映机、幻灯机等技术设备公开再现美术、摄影、视听作品等的权利。

广播权：以有线或者无线方式公开传播或者转播作品，以及通过扩音器或者其他传送符号、声音、图像的类似工具向公众传播广播作品的权利。

信息网络传播权：以有线或者无线方式向公众提供，使公众可以在其选定的时间和地点获得作品的权利。

摄制权：将作品改编为视听作品的权利。

改编权：改编作品，创作出具有独创性的新作品的权利。

翻译权：将作品从一种语言文字转换为另一种语言文字的权利。

汇编权：将作品或者作品的片段通过选择或者编排，汇集成新作品的权利。

应当由著作权人享有的其他权利：如追续权等。

（3）著作权的保护期限

著作权的保护期限根据作品类型和权利类型的不同而有所差异。一般来说：

作者为公民的：其保护期为作者有生之年加死亡后50年。合作作品的保护期也为作者终生加死亡后50年，从最后死亡者的死亡时间起算。

法人作品：保护期自作品首次发表后50年。未发表的作品保护期则为创作完成后50年。

电影作品和以类似摄制电影的方法创作的作品、摄影作品：保护期自作品首次发表后50年。未发表的作品保护期则为创作完成后50年。

作者身份不明的作品：保护期为50年，但作者身份一经确定则适用一般规定。

出版者的版式设计权：保护期自首次出版后10年。

表演者享有的表明身份和保护表演形象不受歪曲的权利，该权利属于人身权，其保护期不受限制。而表演者的财产权（如复制、发行等）保护期为50年。

录音录像制作者许可他人复制、发行、出租、通过信息网络向公众传播其录音录像制品的权利：保护期自首次制作完成后50年。

广播电台、电视台享有转播、录制、复制的权利：保护期自首次播出后50年。

综上所述，著作权的保护范围涵盖了多种类型的作品及相关的权益，旨在鼓励创新、保护创作者的权益，并推动科技进步和经济发展。

（4）受保护的作品种类

●原创作品。原创作品是作者独立创造的作品。原创软件是由软件开发者独立开发的软件。这类作品在创作过程中没有直接参考或依赖其他作品，而是完全基于作者或开发者的创新思维和技术能力创作出来的。原创作品的著作权由作者或开发者享有，作者或开发者有权对软件进行复制、发行、出租、信息网络传播等，并有权禁止他人未经许可的上述行为。

●职务作品。职务作品是指自然人在法人或者其他组织中任职期间，为完成法人或者其他组织工作任务所创作的作品。在软件领域，这通常指的是员工在受雇期间为完成工作任务而开发的软件。根据《中华人民共和国著作权法》和相关规定，职务作品的著作权归属一般遵循以下原则：一般情况下，职务作品的著作权由作者享有，但法人或其他组织有权在其业务范围内优先使用。对于某些特定的职务作品，如主要是利用法人或其他组织的物质技术条件创作，并由法人或其他组织承担责任的工程设计图、产品设计图、地图、计算机软件等职务作品，其著作权可以由法人或其他组织享有，作者享有署名权。例如，一名程序员在受雇于某软件公司期间，为完成公司的软件开发项目而编写的程序代码，通常被视为职务作品。根据具体情况，该程序员或公司可能享有该软件的著作权。

●编辑作品。编辑作品是指将不同开发者开发的、不同的程序单元进行编辑组合而形成的一个新的具备独特性的软件集合，例如软件包。根据《中华人民共和国著作权法》的规定，编辑作品的著作权由编辑人享有。在软件领域，这意味着将多个独立的软件组件或模块进行集成和编辑，以形成一个新的软件产品的开发者，可以享有该编辑作品的著作权。例如，一个软件开发者将多个开源库和组件进行集成和编辑，以创建一个新的软件产品。在这种情况下，该开发者可以享有该编辑作品的著作权。

●演绎作品。演绎作品是指在已有作品的基础上进行改编、翻译、注释或整理而产生的作品。在软件领域，这通常指的是对已有软件进行修改、优化或本地化等而产生的新版本软件。根据《中华人民共和国著作权法》的规定，演绎作品的著作权由改编、翻译、注释或整理人享有。但需要注意的是，在行使演绎作品的著作权时，不得侵犯原作品的著作权。例如，一个软件开发者对已有的开源软件进行修改和优化，以创建一个新的软件产品。在这种情况下，该开发者可以享有该演绎作品的著作权，但需要遵守原开源软件的许可证要求，并尊重原作者的署名权和其他合法权益。

值得一提的是，与技术创新成果密切相关的是计算机软件著作权，是软件的开发者或者其他权利人依据有关著作权法律的规定，对于软件作品所享有的各项专有权利。通常语境下，计算机软件著作权又被简称为软件著作权、计算机软著或者软著。计算机软件著作权与一般作品著作权有许多不同，如一般作品著作权人被称为作者，一般是自然人，计算机软件著作权人被称为开发者，一般为法人或其他组织；对著作权的归属、转让等有不同于普通作品的特殊规定。

5.4.4 商标权

注册商标可以清晰地标识出商品或服务的提供者，帮助消费者快速识别并购买所需商品或服务。注册商标具有排他性，即注册人享有在指定商品或服务上使用注册商标的独占权，有权禁止他人未经许可的相同或近似使用。注册商标有助于企业建立和维护品牌形象，提升消费者对产品或服务的信任和忠诚度。

（1）商标注册的类别

商标注册的类别，是指根据商品或服务的性质、功能、用途等特点，将商标划分为不同的类别进行注册。目前我国法律制度规定的商标注册的类别一共有45类，涵盖了化工原料、颜料油漆、日化用品、燃料油脂、医药、金属材料、机械设备、手工器械、科学仪器、医疗器械、灯具空调、运输工具、军火烟火、珠宝钟表、乐器、办公用品、橡胶制品、建筑材料、皮革皮具、家具、厨房洁具、布料床单、健身器材、食品、酒等多个领域。在申请注册商标时，申请人需要根据自身经营的范围确定商标注册的类别。

（2）注册商标的限制

注册商标的限制主要体现在以下几个方面：

第一，显著性要求：注册的商标必须为能够与其他商品或服务区别开的标志，具有显著特征，便于识别。根据《中华人民共和国商标法》第八条和第九条的规定，任何能够将自然人、法人或者其他组织的商品与他人的商品区别开的标志，包括文字、图形、字母、数字、三维标志、颜色组合和声音等，以及上述要素的组合，均可以作为商标申请注册。但申请的商标不得与他人先取得的合法权利相冲突。

第二，禁止性规定：根据《中华人民共和国商标法》第十一条的规定，下列标志不得作为商标注册：仅有本商品的通用名称、图形、型号的；仅直接表示商品的质量、主要原料、功能、用途、重量、数量及其他特点的；其他缺乏显著特征的。然而，前款所列标志经过使用取得显著特征，并便于识别的，可以作为商标注册。

第三，诚实信用原则：申请注册商标时，申请人应遵循诚实信用原则，不得以不正当手段抢先注册他人已经使用并有一定影响的商标。

其他限制：如三维标志仅由商品自身的性质产生的形状、为获得技术效果而需要的商品形状或者使商品具有实质性价值的形状，不得注册为商标。

（3）注册商标的保护

注册商标的保护主要体现在以下几个方面：

专用权保护：商标注册人享有商标专用权，包括对注册商标的专有使用权、禁止权和转让权等。专有使用权是指商标注册人在核定的商品上独占性地使用核准商标的权利。禁止权是指商标注册人有权禁止他人未经其许可，在同一种或者类似商品或服务项目上使用与其注册商标相同或近似的商标。转让权是指商标注册人可以将其注册商标转让给他人。

地域性保护：注册商标的保护范围仅限于注册国或地区。若要在其他国家或地区得到保护，需要在相应国家或地区进行商标注册。

保护期限与续展：注册商标的有效期为十年，自核准注册之日起计算。有效期满后，商标注册人可以申请续展注册，每次续展注册的有效期也是十年。续展注册经核准后，予以公告。

5.4.5 其他知识产权

除了上述三种主要的知识产权保护形式外，技术创新成果还可能获得以下保护：

①商业秘密权。商业秘密权是指企业对其商业信息、技术、经营模式等保密信息的独占性使用权。对于技术创新成果中的某些关键技术或信息，如果不适宜通过专利进行公开保护，可以通过商业秘密的形式进行保护。商业秘密权的保护没有固定的期限，只要信息保持秘密状态并采取了适当的保密措施，就可以一直受到保护。

②地理标志权：用于保护特定地理区域的产品或服务所享有的独占性权利，以区分该地区的产品或服务与其他地区的产品或服务。

③集成电路布图设计权：保护集成电路的原创设计者对其布图设计的独占性使用权。

④植物新品种权：保护培育者对其新培育的植物品种的独占性使用权。

 **案例分析**

爱迪生与通用电气

通用电气公司是自1896年道琼斯指数开始公布以来，唯一一家从未"出局"的企业，堪称企业史上的"常青树"。通用电气能够拥有今日的辉煌，应该归功于通用电气创始人、发明家爱迪生所缔造的创新精神。

托马斯·爱迪生是著名的发明家，他的一生都在发明创造，同样，他也是一名优秀的创业者和企业家。1878年，爱迪生创立了爱迪生电气照明公司，后来发展为爱迪生通用电气公司。1879年，爱迪生发明了人类历史上第一盏白炽灯，而后一发不可收拾，从电灯、电表到留声机，乃至处决囚犯的电椅……爱迪生所掌握的专利有1 100种。他的成就不是因为他有过人的天赋，而是来自他对发明、创新孜孜不倦的追求。爱迪生是有名的工作狂，他每天大约工作16个小时，有时干脆就睡在公司的实验室里。爱迪生有一句名言：成功等于1%的天赋加上99%的努力。

爱迪生在不断发明创造的同时，非常重视法律对技术成果的保护。除了对自己的发明及时申请专利之外，还非常关注竞争者的专利。比如英国人斯万也发明了电灯泡，甚至在某些技术上优于爱迪生发明的白炽灯。但是，爱迪生购买了斯万的专利，用于自己的产品的优化生产。

爱迪生还较早意识到技术与市场相结合的重要性。在发明白炽灯之后，爱迪生就预测到这种产品进入家庭的必然性。为了让白炽灯进入家庭，需要解决送电手段和分户计量两个难题。爱迪生立即开展了输电设备和电表的发明工作，也正是因为拥有这些配套的发明，才使得电灯迅速走进万千家庭，也为企业的腾飞创造了有利条件。

更重要的是，爱迪生为通用电气公司缔造了重要的创新传统。1892 年，爱迪生通用电气公司与汤姆森·豪斯顿电气公司合并为通用电气公司。并迅速成为美国乃至全世界规模最大的企业之一。

思考题：

1. 分析爱迪生为什么能够申请那么多专利。
2. 分析爱迪生为什么需要申请那么多专利。

 # 高阶训练

产品创新设计

1. 训练目标：掌握技术创新的理论知识；了解技术创新的方法，训练产品创新设计能力；培养创新精神和创业意识。

2. 训练内容：结合自己参加的创新创业大赛项目，模拟作出技术创新与知识产权计划。

教学模拟项目分别介绍自己的《产品创新设计》，包括：

● 市场定位①市场需求②客户定位③产品定位
● 理想目标①功能目标②构造目标③支撑的技术原理
● 创新方案①空间（size）可行方案②时间（time）可行方案③成本（cost）可行方案
● 方案查新①淘宝的查询结果②专利库的查询结果③知网论文查询结果
● 最终的产品设计①构造突破（绘图）②功能突破（绘图）③专利布局（列表）

3. 训练方法：翻转教学法、文献分析法、实地调查法、项目驱动法。

4. 评价标准：从产品创新设计的可行性、合理性和科学性等几个方面进行预测评估。

拓展资源

［1］根里奇·阿奇舒勒. 创新 40 法：TRIZ 创造性解决技术问题的诀窍 ［M］. 黄玉霖，范怡红，译. 成都：西南交通大学出版社，2004.

［2］维克多·费，尤金·里温. 需求导向创新：基于 TRIZ 的新产品开发 ［M］. 王海燕，游汀怡，译. 北京：科学出版社，2021.

［3］保罗·特罗特. 创新管理与新产品开发 ［M］. 焦豪，陈劲，译. 6 版. 北京：机械工业出版社，2020.

［4］迈克尔·G. 卢克斯，K. 斯科. 设计思维：PDMA 新产品开发精髓及实践 ［M］. 师津锦，译. 北京：电子工业出版社，2023.

6 文化创意与品牌创建

教学目标

（1）知识目标：掌握文化创意、品牌创建和传播设计的方法和步骤。

（2）能力目标：能结合新时代需求设计全套具有文化创意的品牌创建和传播方案。

（3）素养目标：通过文创和品牌设计，培养"文化自信、民族复兴和中国梦"的情怀及担当。

思维导图

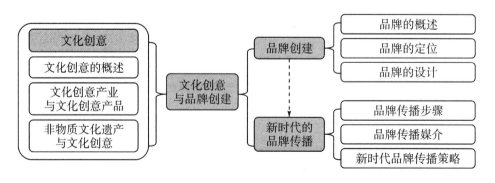

 **导入案例**

文化自信与故宫文创

文化自信是文化主体对自身文化价值的肯定与认同，是一个国家、一个民族发展中更基本、更深沉、更持久的力量。我国将文化自信与道路自信、理论自信、制度自信并列，作为经济、社会发展的指导方针和建设内涵。文创产品用现代化的方式将优秀传统文化的精髓予以展现，唤起人们对优秀传统文化的记忆和喜爱，增强公众的文化自信。作为新时代弘扬社会主义核心价值观、发展社会主义先进文化、弘扬革命文化、传承中华优秀传统文化的重要载体，文创产品可以点亮生活，赋能社会经济，讲好中国故事。目前，文创已然成为文化用品行业内公认的热门赛道，其"万物皆可文创"的包容性让包括传统文具、出版、博物馆、文旅在内的多行业得以突破发展瓶颈，吸引到更广泛的消费群体乃至创业者的关注。

2023年中国文化用品商品交易会（简称"CSF文化会"）中文创产品占比已达14%，同比增加6.5%，文创产品规模不断扩大；代际更迭，文创产品走向个性化、定制化、数字化、体验式消费。文创产品正在成为人们生活的一部分，其发展代际呈现出从保护传统文化到商业化、艺术化再到数字化的发展态势，直观反映了社会经济和技术发展的趋势和需求。

中国文创产品行业有三大亮点：国潮风起，非遗焕新，文旅正当时。国潮崛起是民族自信提升的具象化体现，非遗是文化传承的媒介、文旅是文化传播的渠道，三者积极开拓文创产品市场，对弘扬中华文明、凝聚思想共识具有正向激励作用。其中，故宫文创、红山动物园等成功案例值得分析与借鉴。

2012-2019年，是故宫文创爆红到持续出圈的黄金七年。随着文创种类的丰富及品质的提升，故宫文创的影响力不断提高，逐渐成为故宫对外进行文化传播的重要载体。

整体来看，故宫文创现已完成多产品矩阵的搭建，呈现出实用性、创新性、特色化、便携性的基本原则，结合故事性、艺术性、传承性、元素性、知识性、时尚性的设计要素，构建了包括出版、文创、壁纸、皮肤、动漫、游戏、APP在内的七大产品线。

故宫文创立足于对海量文物背后蕴藏历史文化的深度挖掘，结合树立人设、走进日常、玩转社交媒体、抢占线下场景、跨界合作的成熟营销逻辑和以"服务观众为中心"的经营理念和核心价值观，成功改革出"IP＋文创＋新消费"的商业模式，打造了品类丰富的产品矩阵，促进故宫优秀传统文化走进大众视野，得以更好地传承。

6.1 文化创意

习近平总书记号召青年大学生要"文化自信、民族复兴"，为实现中国梦而努力奋斗。大学生创新创业项目不仅需要在技术创新上获得突破，也需要在文化创意上有突出的贡献。文化创意，是新时代大学生创新创业者的历史使命和社会责任之一。

6.1.1 文化创意的概述

（1）文化创意的定义

文化是人类在社会实践过程中所创造出来的关于人与自然、人与社会、人与人之间关系的物质财富和精神财富的总和。毋庸置疑，创意是人类的一种思维活动，是创新的意识、思想。我们可以认为，平常所说的想一个"点子"，出一个"主意"，有一个"想法"都属于创意。实践中的"创意"概念极为丰富，它囊括了人类在物质与精神世界中所有具有创新性质的行为和思维。而在理论的视角下，"创意"的范围则相对局限。本书专注于从理论角度探讨"创意"的内涵。在理论的框架内，特别是在中国步入文化创意产业发展的新时代背景下，我们将创意定义为文化与审美领域的创新活动，它是对传统的一种超越和革新。

文化创意这一概念并非单纯地将"文化"与"创意"两个词汇相加，而是两者之间形成了一种超越简单相加的有机结合，产生了"1+1>2"的协同效应，从而蕴含了更加广泛的内容和更为深刻的内涵。文化与创意之间的关系错综复杂，它们相互依存，相互促进，共同构成了一个动态的、不断演化的体系。一方面，文化和创意之间存在着紧密的联系。每个人因为自身的独特性和经历的不同，对文化有着个性化的理解和感受。这种多样性源自人们对周围世界感知的差异，而如何表达这些独特的感受，本身就是一种创造性的过程。因此，当个体阐述自己对文化的见解时，这种见解也可视为其个人的创意体现。另一方面，文化与创意之间存在着相互作用的关系。自从人类诞生以来，人们就不断地运用创意去塑造和改变我们所生活的环境。这些创意经过时间的沉淀、传承和不断地再创新，逐渐凝聚成了文化。这表明，文化和创意是不可分割的。文化渗透在每一个创意之中，是创意的核心和灵魂。可以说，缺乏文化根基的创意难以拥有持久的生命力；而新文化的诞生则需要源源不断的创新思维。创新已经成为推动国家持续发展和进步的重要力量。总而言之，文化为创意提供了基础，而创意则是文化得以延续和发展的动力源泉。

基于上述分析，本书将文化创意定义为一种以知识为核心要素，通过融合多元文化、整合跨学科资源、利用各种媒介载体进行的再创造和创新活动。在这个过程中，"文化创意"强调的是创意的重要性，文化作为创意的基石，而创意则是文化表达和传播的形式。

（2）文化创意的类型

文化创意的产生需要依托一定的文化资源和创意思维。如今，随着科技的不断发展，新颖独特的文化创意大多使用了高科技技术与手段。本书从文化创意的表现形式出发，将文化创意分为了原创性文化创意、再创型文化创意和集成型文化创意。

①原创型文化创意。原创型文化创意主要运用于需要进行内容创意的产业，其中包括了文艺演出业、广播电视业、电影业、出版业和报业这五大类产业。这种文化创意来源于对文化资源的深刻理解，其作用则在于激活文化资源。例如，由教育部、国家语委联合中央广播电视总台主办的大型文化活动《中国诗词大会》，旨在推广和普及中华优秀传统诗词文化。

②再创型文化创意。再创型文化创意与原创型文化创意有着密切联系，其是在有一定文化创意的产业和项目的基础上进行"深加工"，从而使新的文化创意产品具有新的创意价值。再创型文化创意的运用，则要求创意者有能力去发掘文化资源的价值，同时也有相应的技术和手段去展现创意。

③集成型文化创意。集成型文化创意拓展了文化资源的价值，实现价值再造和价值增量，而并非简单将文化资源进行拼凑和组装。通过对文化资源进行优化整合，特别是高端价值环节的再创意、再提炼，再运用集成手段形成新的集成体，文化创意就具有显著的高效性，创意产业具有新的竞争优势。例如，景德镇的明清园——大学生创意市集，不仅展示了陶瓷艺术，还举办了陶艺讲座、创意市集等各种文化实践活动，成为集设计、生产、消费、体验、交流、共享于一体的创意空间。

（3）文化创意的思维与手段

①文化创意思维

文化创意思维是一个复杂而多元的概念，主要涵盖了发散思维、聚合思维、灵感思维、联想思维、虚构思维以及向度思维等多种思维形式。由于第一章已涵盖了发散思维、聚合思维和向度思维的相关内容，本书在此将重点阐述灵感思维、联想思维和虚构思维的相关内容。

●灵感思维。灵感思维又称顿悟，即经过长期思考却无所得，受到某些启发后，疑惑突然得到解决的心理过程。灵感思维活动本质上就是一种潜意识与显意识之间相互作用、相互贯通的理性思维认识的整体性创造过程。灵感思维也依赖于直觉，就是人脑对于突然出现在面前的新事物、新现象、新问题及其关系的一种迅速识别、深入洞察，体现为直接的本质理解和综合的整体判断。

●联想思维。联想思维是由某一事物的表象、语词、动作或特征联想到其他事物的表象、语词、动作或特征的思维活动。联想思维有三种形式。一是接近联想。甲、乙两事物在空间或时间上接近，在审美主体的日常生活经验中又经常联系在一起，已形成巩固的条件反射，于是由甲联想到乙。二是类比联想。即对某一事物的感受引起对与其在性质上或形态上相似的事物的联想。三是对比联想，即由某一事物的感受引起对和它有相反特点的事物的联想。在运用联想思维进行文化创作时，要注意在看似没有联系的事物中寻找共性，但也要注意不能生拉硬拽。

●虚构思维。虚构思维也称为想象思维，是人脑通过形象化的概括作用对脑内已有的记忆表象进行加工、改造和重组的思维活动。虚构思维需要充分发挥想象力，对客观事物进行主观分析，从新的角度去看待事物，再以形象代替理念，虚构在创意思维过程中。在文学、电影、戏剧等艺术形式中，虚构思维是不可或缺的。例如，《梁山伯与祝英台》中的"化蝶"就通过虚构思维而表现了至死不渝的爱情。虚构思维具有形象性、概括性和超越性的特点，有再造想象思维和创造想象思维之分。

②文化创意手段

文化创意手段是发现、收集和采用创意的方法和途径，主要包括特性列举法、头脑风暴法、设问法、组合法、比较发现法，类比推理法、移植法和实验法等。由于第一章中对头脑风暴法进行了阐述，本书将在此重点阐述特性列举法、设问法、组合法、比较发现法，类比推理法、移植法和实验法等方法。

●特性列举法。1931年，美国内布拉斯加大学克劳福德在《创造思维的技术》中首次提出特性列举法，主要应用于创新设计领域，特别是在老产品升级和新产品构思阶段。该方法通过对产品特性的深入剖析，引导设计者从多维度思考，从而实现产品功能的优化和外观的改进。具体而言，特性列举法首先要求设计者将目标改良物品按照名词、形容词和动词进行分类，细致梳理产品的各个方面特性。名词属性关注产品的构成和材质，形容词属性涵盖产品的外观特征，动词属性则聚焦于产品的使用功能和动作。其次，设计者需要运用联想和想象，挖掘各特性的潜在改进空间。例如，考虑是否可以采用新型环保材料替代传统材质，或是增加产品的附加功能以满足更多用户需求。最后将这些改良的特性重新整合，形成创新的设计方案或构想。除了基本形式，特性列举法还衍生出多种变体，例如，缺点列举法和希望点列举法。缺点列举法着眼于发现现有产品的不足，通过列举并改进这些缺点，实现产品性能的提升。希望点列举法则从用户需求出发，明确创新目标，进而探索解决设计问题的新途径。

●设问法。设问法通过提问的方式，对要改进的事物进行分析，以明确问题的性质、程度、范围、目的、理由、场所、责任等，从而由问题的明确化来缩小需要探索和创新的范围。本书主要介绍5W2H法和奥斯本检核表两种常用的设问法。

5W2H法，也称七问分析法，是一种常用于解决问题和决策的工具，被广泛应用于企业管理和技术活动中。这种方法通过提出七个关键问题来帮助人们全面审视问题，找出问题的根源，并制定相应的解决方案（见表6-1）。

表6-1　5W2H法

What（做什么）	明确目标或任务是什么
Why（为什么）	探究做某件事的原因或目的

表6-1(续)

When （何时）	确定行动的时间节点
Where （何地）	指定行动发生的地点
Who （谁来做）	确定负责执行任务的人
How （怎么做）	描述实现目标的具体步骤或方法
How Much （多少）	量化目标或预算等资源的分配

奥斯本检核表法是由美国创新学家亚历克斯·奥斯本（Alex Osborn）于20世纪50年代提出的一种创新性问题解决方法。它通过列出一系列问题，引导人们在创造过程中对照这些问题进行思考，帮助人们从不同的角度审视现有的发明或想法，从而激发创新思维和产生新的创意，而发现新的用途、可能性或改进空间。通常包括九大方面（见表6-2）：

表 6-2　创造技法的一系列问题

能否改变？	改变颜色、音质、味道、式样、花色、品种、意义、制造方法等
能否增加？	例如适用范围、使用功能、使用数量、零部件、使用寿命等
能否减少？	使其长度变短、厚度变薄、质量减轻，使其结构简单化等
能否替代？	现有事物能否使用其他材料、能源、工艺
有无其他用途？	现有事物能否扩大用途，做出一些改变后能否发现其他用途
能否引入？	能否从其他发明中引入技术、原理，能否模仿，能否从其他领域、产品、方案中学习借鉴新的材料、造型、工艺、思路
能否换个思考方向？	现有的事物的里外、上下左右、前后、主次、因果等顺序能否颠倒
能否组合？	能否将其与其他事物相组合？能否与别的产品在原理、材料、部件、形状、功能、目的等方面进行组合
能否变换顺序？	能否变换既定排列、位置等顺序，调整型号等

●组合法。组合法就是将整个创造系统内部的要素分解重组和创造系统之间要素的组合，从而产生新的功能和最优的结果的方法。组合法需遵循整体性原则、目的性原则和最优化原则。统计结果表明，在现代技术开发中，组合型成果已占全部发明创造的60%~70%。

常见的组合法包括两大类，一是功能组合：附加功能组合、相似功能组合和不同功能组合。二是形态组合：不同形态组合、相同形态组合、重新组合和形态与功能的组合。组合设计具有如下四个特点：第一，产品组合设计时，并不是几种构成要素的简单拼接，而是要再加入新的设计和想法。第二，组合实质是在采用目前技术和设备的基础上加入一些创意性想法，然后形成一种新产品创新设计。第三，组合在功能上是1+1>2，在结构上是1+1<2。经组合后而形成的新产品在功能上要优于组合前产品个体的功能之和，但在产品结构上应该小于个体结构之和。第四，组

合设计具有相互推动的作用。

●比较发现法。比较发现法通过将两个或多个事物放在一起进行比较，揭示事物之间的相似性和差异性，进而发现它们的本质特征和规律性。应用比较发现法进行文化创意，应注意以下基本要求：第一，文化创意中比较的对象必须在某一方面具有联系或有共同之处，即在同一维度上进行比较。如果用毫不相干的事物进行比较则没有意义。第二，文化创意中的比较发现法必须按同一标准来进行，比较的标准不同，就会得出错误的结论。第三，注重比较文化创意在本质上的异同点。

●类比推理法。类比是选择两个对象或事物（同类或异类）对它们某些相同或相似性进行考察比较，类比推理就是根据两个对象之间在某些方面的相同或相似，推论出它们在其他方面也可能相同或相似的一种方法。类比法按原理可分为直接类比、拟人类比、幻想类比、因果类比、仿生类比、象征类比六种。直接类比是在自然界或者人为成果中直接寻找出与创意对象相类似的东西或事物，进行类比创意。拟人类比就是使创意对象"拟人化"，也称亲身类比、自身类比或人格类比。这种类比就是创意者使自己与创意对象的某种要素认同、一致，自我进入"角色"，体现问题，产生共鸣，以获得创意。幻想类比是在创意思维中用超现实的理想、梦幻或完美的事物类比创意对象。因果类比是根据某个事物的因果关系，推测出另一事物的因果关系。仿生类比是将生物的某些特性运用到创意、创造上。象征类比是指将抽象的主题概念或情感通过具体的象征形象或符号进行表达。

●移植法。移植法是指将某个学科或领域中的原理、技术、方法等应用或渗透到其他学科或领域中，以解决特定问题或提供启发和帮助。具体而言，移植法可以分为技术移植、原理移植、功能移植、结构移植、材料移植和方法移植。技术移植指把某一领域中的技术运用在其他领域以解决问题。功能移植指通过设法使某一事物的某种功能也为另一事物所具有而解决某个问题。原理移植指把某一学科中的原理应用于其他学科以解决问题。结构移植指将某种事物的结构形式或结构特征，部分地或整体地运用于另外的某种产品设计与制造。材料移植指将材料转用到新的载体上，以产生新的成果。方法移植指把某一学科、领域中的方法应用于解决其他学科、领域中的问题。

●实验法。实验法是根据一定的研究目的选择一组研究对象，人为地改变与控制某些因素，然后观察其后果的一种方法。在文化创意产品的研究上，使用实验发现法即借助实验控制变量从而发现文化创意因素产生的效应。实验法的目的是通过科学的手段证明创意的可行性，为最终文化创意产品能成功在市场上发行、推广提供可信的依据，实验法在文化创意产品生命周期中具有重要且现实的意义。

6.1.2 文化创意产业与文化创意产品

（1）文化创意产业的概念与特征

①文化、创意和创新

要理解文化创意产业，首先要搞清楚什么是"文化"、什么是"创意"，特别要搞清楚"创意"和"创新"的区别。

文化是人类生活的反映，记录着我们的活动和历史沉淀，体现了人们对生活的期望与追求，以及对理想的向往。文化包含了丰富的思想和理论，指导着人们对伦理、道德和秩序的理解与实践，同时也定义了我们的生活方式和行为准则。创意是指提出一种前所未有的构想或想法的过程，其属性包括新颖性和原创性，其中缺少一个属性就不是创意。创新是利用已存在的自然资源创造新东西的活动。1912年经济学家熊彼特在《经济发展概论》中首次提出，创新是指把一种新的生产要素和生产条件的"新结合"引入生产体系，具体包括四种情况：引入一种新产品，引入一种新的生产方法，开拓一个新的市场，获得原材料或半成品的一种新的供应来源。

由此可见，文化强调的是一种物质和精神的积淀，是人类创意和创新活动的基础和源泉；创意强调的是一种思维、想法，而不是行动和结果；而创新则是实实在在的实践活动。文化是创意和创新的源泉，创意是创新的开始，创新又始于创意。

②文化创意产业的定义

人们往往将创意产业、文化创意产业、文化产业、体验产业混淆为同一概念。实际上，这些概念之间存在着根本性的差异。正确区分和理解它们之间的关系，对于把握文化创意产业在整体产业结构中的位置至关重要。对于它们概念定义的比较见表6-3。

表6-3 四种产业概念比较

名称	概念本质
文化产业	文化产品和服务的规模化复制或生产
体验产业	关注消费者的体验需求，根据消费者需求提供产品，产品未必就是差异化的，面临激烈的市场竞争
创意产业	挖掘消费者的潜在需求，创造差异化的新体验，包括物质体验和精神体验，通过差异化尽量避免市场竞争
文化创意产业	与创意产业不同之处在于其非物质性，通过挖掘用户潜在需求，创造具有高附加值的"差异化的精神体验"

资料来源：王文革. 文化创意十五讲［M］. 北京：中国传媒大学出版社，2013.

文化创意产业其实是创意产业的子范畴，是创意产业中以为消费者提供差异化精神体验为本质特征的部分。文化创意产业以创意为核心，向大众提供文化、艺术、精神、心理、娱乐感受，赋予一般产品以差异化的精神体验，从而获得超出物质形态的体验附加值、审美附加值、知识附加值等文化附加值。文化创意产业的产生，是消费新趋势下的必然产物。为了深入把握创意与创新的核心意义及其相互联系，本书对创意产业做出如下界定：文化创意产业是创意产业的一个分支，它是指以个人创造力、技能和才华为核心，通过知识产权的开发和运用，能够创造财富和就业机会的行业。它通常包括广告、建筑、艺术和文物交易、设计、影视制作、音乐、表演艺术、出版、软件、游戏开发、互动媒体等领域。

③文化创意产业的特征

●高知识性特征。文化创意产品通常以文化、创意理念为核心，是人的知识、智慧和灵感在特定行业的物化表现。这一行业与信息技术、传播技术和自动化技术等的广泛应用密切相关，呈现出高知识性、智能化的特征。

●高附加值特征。文化创意行业处于技术创新和研发等产业价值链的高端环节，科技和文化的附加值比例明显高于普通的产品和服务。

●强融合性特征。文化创意产业是经济、文化、技术等相互融合的产物，具有高度的融合性、较强的渗透性和辐射力，为发展新兴产业及其关联产业提供了良好条件。

●差异化的精神体验。文化创意产业的本质特征在于提供差异化的精神体验，通过创意生产力的解放与发展，满足人们的精神需求，这在文化创意产业实践中尤为重要。

（2）文化创意产品的特征与分类

①文化创意产品的特征

●文化性。创意产业凭借其人文底蕴，通过创新思维为产品注入新意，提升文化价值并带来经济效益。文化创意产品不仅是物质的展现，更是民族、时代精神的传递者，消费者购买的不单是功能，还是文化体验和生活态度。在体验经济的浪潮中，文创产品需承载独特文化与故事，体现精神价值和社会意义，回应消费者的文化诉求。文化创新可以是多元融合，但必须尊重文化的核心精髓，防止失真。

●艺术性。艺术性要求设计师在考虑设计条件、材料和环境的基础上，遵循审美规律，创作出展现美学要素的作品。文创产品应蕴含艺术价值，体现目标群体的审美特点，具备艺术鉴赏的双重维度——外在形态与内在精神，才能给予受众愉悦，激发生活乐趣与价值感知，促进文创与人的交流。设计师在创作文创产品时，需深入了解材料、工艺和形式的特性，融合文化传统、地方特色、神话故事及生活模式，打造外观符合形式美原则且契合当代审美的产品，同时确保内在故事引人入胜，多角度彰显艺术审美价值。

●地域性。地域文化是基于特定区域、历史脉络、景观实体和社会现象的人文精神活动总和，映射该地区的经济、政治、宗教等文化面貌，并孕育了民族的哲学、艺术、宗教及价值观念。地域性设计涉及对地域环境的适应性设计和文化遗产的传承性设计，本质上是生态设计。每个地域都有其独特的文化空间和环境，地域性设计通过提取传统文化符号和功能应用于现代设计，以满足当地文化共同体的审美认同，并形成地域间的文化差异。在设计文创产品时，应提炼文化的共性与个性，凸显地域特色，展现自然风光和民俗风情。当前许多文创产品未能深入挖掘文化内涵，导致同质化问题。

●民族性。艺术源自人类，而人植根于民族及其文化。民族通过文化、语言、历史等区别于他者，而艺术共享历史、生产方式、语言、文化、习俗及心理认同。艺术上，民族特色越鲜明，其世界性越强。民族文化的多样性也维护了文化的丰富性。设计师应深刻理解民族文化核心，把握共性与个性，对民俗、纹饰、器物等进行系统整理，在不违背民族传统的基础上创新，打造富含民族韵味的产品，以推广和延续民族文化。

●纪念性。纪念性赋予文创产品情感与记忆的重量，它不仅是个人与集体文化意象的积累，也是文明多样性的塑造者。文创产品不仅要提供审美享受，更要助人追溯历史，深化自我与世界的认知。纪念性强调消费者与纪念对象的联系，文创产品则通过赋予纪念意义来唤醒记忆。在设计纪念性文创产品时，可运用象征手法，例如数字象征（生日、纪念日）、视觉象征（品牌、纹饰）、场景体验（诗意、建筑），以形象传达深层含义，强化与消费者的情感纽带。

●实用性。尽管文创产品的实用性不是强制要求，但对于我国设计者来说，它应该考虑到本土消费者选择实用性功能产品的消费偏好，有必要将实用性作为设计的重要考量因素。

●经济性。经济性旨在以最小能耗实现最优设计，文创产品设计需追求高性价比，根据消费者群体设定适宜价格。在旅游景点或文博单位，我们常常看到文物复制品或手工艺产品，缺乏创新性却价格虚高，让不少游客"望物兴叹"。

●时代性。艺术在人类生活中扮演着关键角色，不仅提升我们的认知、锻炼创造力，还提升了我们的审美鉴赏力。在设计文创产品时，不仅要融入深厚的文化底蕴，还要反映现代人的审美趋势，确保文化的活力与时代同步。相反，墨守成规会导致一些手工艺或非物质文化遗产无法持续传承，主要是因为它们未能紧跟时代步伐，与现代生活节奏融合不足。

②文化创意产品的分类

●根据产品设计对象分类。一是旅游纪念品。旅游纪念品的概念模糊，通常分为广义和狭义。广义包括所有满足文化感受和精神消费的旅游活动，而狭义则专指游客购买的地域或民族特色小礼品。二是娱乐艺术衍生品。艺术衍生品源自艺术品的多重价值，转变为具有审美价值的批量生产商品。例如，基于影视、艺术家作品、动漫 IP 等衍生的文创产品。三是生活美学产品。生活美学强调美学与日常生活的结合，通过感性体验理解美。生活美学产品通过观察生活，将美学融入日常产品，创造出美观且能引领生活方式的产品。四是活动与展会文创。这类文创产品是为特定活动（如展会、论坛）设计的，具有纪念意义，但生产和销售周期较短，通常随活动结束而停止。五是企业与品牌文创。企业与品牌文创产品源于企业或品牌文化，用于展示企业文化、作为商务礼品或进行网络营销。品牌联名是常见的合作方式。

●根据产品材料与工艺分类。一是陶瓷与金属类。陶瓷是一种人类最早使用的非天然材料。它硬度高、强度强，常用于制作摆件、餐具和饰品等文创产品。金属材料拥有悠久的历史，其可塑性和光泽为设计师提供了广阔的创作空间。设计师需掌握金属工艺，以灵活运用这一材料。二是布艺与竹木类。布艺被广泛应用于服饰、寝具、饰品及玩具等领域。它融合了剪纸、刺绣等多种工艺，通过布料的巧妙剪裁和绣制，赋予物品独特的装饰美。布艺品的分类多样，但最核心的是其使用功能和所在空间。竹木类材料，尤其是木材，因其易于加工的特性，自古以来便是人类常用的材料之一。木材的自然质感、丰富色彩和纹理，以及宜人的香气和触感，使其广泛应用于家具和装饰品。在设计竹木类文创产品时，应充分考虑木材的不同特性，巧妙利用其自然特征，创造出既有温度又有情感的产品。三是塑料与玻璃类。塑料易成型、成本低廉且重量轻，被广泛应用于家电外壳、办公用品和装饰等领域，尤其在中低端纪念品市场中常见。玻璃属于脆性材料，抗张强度有限但硬度高。其独特的透明性和光学特性使其成为望远镜、眼镜、灯具等产品的理想选择，同时也用于制造酒杯、灯泡和建筑幕墙等。四是泥塑与皮革类。泥塑是中国古老的民间艺术，以黏土掺入棉花纤维，手工塑造人物与动物形象，经干燥、上粉、彩绘而成，俗称"彩塑"或"泥玩"。皮革，特指天然真皮，因其珍贵性受中高端消费者青睐。牛皮革细腻耐磨，适合制鞋；羊皮革轻盈柔软，是理想的服装面料；猪皮革透气性好，适合特殊用途。皮革因种类差异，特性与应用亦不同。

●根据产品市场需求分类。一是消费型。消费型文创产品是指能被消费者快速消耗，不适宜长时间保存的文创商品，例如土特产与农副产品等。二是保存型。保存型文创产品一般具有较强的纪念性，会带有时代、地域或者是某种精神的印记，同时能被消费者长期保存，例如扬州漆器。三是馈赠型。馈赠型文创产品，往往代表赠予方的地位和价值认同，一般来讲做工比较精致、大气和文化内涵丰富等，例如常体现国家文化的国礼、蕴含企业文化的商务礼品。

●根据产品功能分类。商品开发种类多样且功能众多，以功能面来划分，文化创意商品包括：生活实用类（例如，服饰、饰品、文具、生活居家、食品）和工艺品类（例如，装饰性工艺品、实用性工艺品）。鉴于市场上商品种类繁多但同质化问题严重，现代消费者越来越偏好个性化和差异化的商品。因此，在设计商品时，应注重增加独特功能，并融入创新元素和清晰的文化内涵，以满足消费者对个性化和差异化商品的需求。

（3）文化创意产品的设计与创新

①满足行为需求与创新

优秀的设计师应该以人为中心，把重点放在理解和满足使用产品的人的需求上。就行为需求满足而言，安全性是前提，实用性是基础。因此设计师应该做到：一方面，保障安全性的创新。安全性是文创产品设计的核心，它体现了产品的经济性、可靠性和先进性，是实现其经济目标的前提。另一方面，兼顾实用性的创新。实用性也是文创产品设计不可或缺的部分，它要求产品设计能够满足用户的实际需求，提供舒适便捷的使用体验，确保产品的使用不会引起误解。

②技术进步与创新

技术进步是推动文创产品设计发展的关键因素，它不仅加速了产品迭代，提升了审美标准，而且彻底改变了设计工具和流程，引发了设计理念的革新。计算机技术的引入开启了文创设计的全新篇章，催生了并行设计系统，实现了设计、分析与制造的一体化，这对设计师的职业素养、团队协作和知识结构提出了更高要求。技术进步必然牵动产品设计的创新，并大致分为以下三种类型：一是，原创型文创产品设计。涉及全新的产品概念和技术开发，虽然周期长、风险高，但成功后可开创全新市场，带来显著经济效益。二是，次生型文创产品创新。通过对现有产品的改进，解决已知问题，提升性能，完善用户体验。这种改良基于原有产品的良好市场反响，旨在满足用户反馈，优化产品。三是，产品的联盟与合并。通过跨领域的合作与整合，创造新产品。全球化经济促使企业生产与制造机制变革，追求效益、效率和全球市场份额的最大化。

③流行与创新

流行是在一定时期内广泛传播的社会心理现象和行为，对文创产品设计有着重要影响。流行既是群体性的体现，也具有个体性，其核心特征是新奇性。文创产品设计的出发点在于洞察受众的求新求异心理，设计活动受社会机制制约。流行的强烈暗示性和感染力会影响个人行为，导致从众消费。设计师需具备识别和引导流行趋势的能力，深入分析公众心理，捕捉创新元素，并通过媒介引导公众共同创造流行。

④隐喻与创新

隐喻作为一种思维方式，通过类比和转换，揭示了新事物、新观念和新表达方式的诞生。在文创产品设计中，隐喻超越了表面的形态，指向深层的内涵。现代文创产品设计中，形态文创产品设计要素不仅具有外显性，其内隐性，即内涵性意义更成为现代文创产品设计追逐的精神品质。文创产品设计体验诠释着观赏者和使用者的自我形象、社会地位，其深层感悟往往标志着一定的社会意义及历史文化。这种"意义创造"是对产品情感属性的深入挖掘，旨在与消费者产生情感共鸣。因此，设计师应深入探索隐喻的力量，以创造出既有情感共鸣又能反映社会现实的作品。

⑤文化情结与创新

文化因素在心理学中被认为是塑造人格和激发创造行为的关键要素。文创产品设计不仅是一种文化表现，也在创造新的文化。设计师需深入理解地域传统艺术，把握传统文化的精神，将其融入设计，并在整合中加入新的艺术元素，创造出具有民族精神和美感的作品。要设计反映时代或引领时尚的产品，必须以传统文化为基础，了解其发展脉络，并预测未来趋势。民族文化为设计提供了丰富资源，从中汲取创意元素将为消费者带来惊喜。

⑥潜意识与创新

人脑接收信息的方式包括有意识和无意识两种，都是有目的的心理智能活动。潜意识是人脑深处未被充分开发的心理潜能，包括直觉和灵感思维。灵感是一种极具创造性的心理现象，它的激发依赖于丰富的信息系统和知识储备。对于设计师而言，建立和完善个人的知识体系和信息结构至关重要，这不仅有助于灵感的涌现和创意的迸发，还关乎设计技能和个人品质的提升。信息和源文化构成了设计师的"现有素材"，通过敏锐的观察、不懈的思考和日常的关注，这些素材在大脑中被分解、整合和重组，形成了潜意识中的珍贵资源。在进行设计时，这些潜意识资源会被激活，成为设计师独有的宝贵财富，支持他们在设计创作中展现出深厚底蕴和创新能力。

⑦时尚心理与创新

时尚与从众行为密切相关，是从众行为的一种表现形式，对文创产品设计有着重要影响。时尚是一种既定模式的模仿，既满足了社会适应的需要，又满足了人们对差异性、变化和个性化的需求。时尚的形成体现了社会环境对文创产品设计的影响，而时尚本身也受到生产水平、经济、政治、外交、文化等多种社会情景因素的影响与制约。这些因素共同作用，塑造了具有时代特征和社会因素的时尚现象。

⑧文化差异与创新

文化是社会成员通过社会交往而不是生物遗传继承下来的全部，包括思想、技术、行为模式、宗教仪式和社会风俗等，它是人们信念、价值观和风俗的总和。文化无形中影响着人们的心理和行为，为其社会生活提供秩序和方向。从消费者角度来看，人们倾向于选择与其文化背景相匹配的物品和服务。面对多样化市场的消费者，设计师需要考虑不同的文化背景、偏好和禁忌。在进行跨文化设计时，文化差异尤为关键，忽略这一点可能导致严重的设计失误。为了有效地针对不同文化背景的消费者进行设计，设计师应采取以下措施：避免自我参照标准、进行文化调研、认知和尊重文化差异、谨慎处理文化禁忌，并非试图强制移植一种文化到另一种文化中，但可以利用文化的移情作用。通过这些方法，设计师可以将设计失误降到最低，更好地满足不同文化背景消费者的需求。

6.1.3　非物质文化遗产与文化创意

（1）非物质文化遗产的定义

非物质文化遗产作为当今最具特色的文化要素，是一个国家独特的文化财富，更是一个国家进行文化创意源源不断灵感的来源。何为非物质文化遗产？联合国教科文组织于 2003 年发布的《保护非物质文化遗产公约》文件给出定义，非物质文化遗产是指被各社区、群体和个人视为其文化遗产组成部分的各种社会实践、观念表述、表现形式、知识、技能以及相关的工具、实物、手工艺品和文化场所。这种非物质文化遗产世代相传，在各社区和群体适应周围环境以及与自然和历史的互动中，被不断地再创造，为这些社区和群体提供认同感和持续感，从而增强对文化多样性和人类创造力的尊重。

（2）非物质文化遗产的特征

了解非物质文化遗产的特征，有助于我们在进行文化创意活动时更好地把握非物质文化遗产代表性项目，提出更符合非物质文化遗产现实的创意。非物质文化遗产一般具有传承性、稳定性、活态性与地域性等特点。

●传承性。与物质文化遗产不同，非物质文化遗产的核心价值，在于其开展文化活动时所必需的技艺技巧、行动经验，这些知识常常通过师傅的口传心授，或是徒弟在学艺时的耳濡目染流传下来，因此选择接班人是每一个非遗传人最为关注的事。倘若存于脑中的精神财富一旦失传，即使技艺产物、工具、器物得以流传后世，也只是物质载体被留存下来，非物质文化遗产的"灵魂"却不复存在。

●稳定性。非物质文化遗产是民众在长期的社会实践中创造、享用并不断传承的传统文化和与传统文化表现形式相关的文化空间。非物质文化遗产一旦产生，就会在人们长期的生产生活过程中相对固定下来，直至成为民众日常生活的一部分。只要人们的生活方式、经济基础没有发生巨变，非物质文化遗产的本质形态和内涵几乎不会发生改变，具有稳定性。许多有着上千年历史的非物质文化遗产，即使经历了政权更迭、朝代更替，依然保持其最本真的特色和形态。

●活态性。非物质文化作为民族（社群）民间文化，它的存在必须依靠传承主体（社群民众）的实际参与，体现为特定时空下一种立体复合的能动活动，如果离开这种活动，其生命便无法实现。与物质文化遗产传承的静态过程不同，非物质文化遗产的传承是一个发挥人的创造性的动态过程。非物质文化遗产的外在形式并不是一成不变的，而是经过历代传人因时而变、不断发展创新。只有适应时代的社会环境和需求，非物质文化遗产才能更好地生存下去。

●地域性。不同的地域、民族、文化群体之间存在一定的差异，这也对该区域内文化的发展和传承产生影响。一项非物质文化遗产技艺传入不同地域、不同文化中，便会产生不同的形态，例如木版年画这一非遗技艺，就因地域特色产生了诸多形式：朱仙镇木版年画、佛山木版年画、高密扑灰年画、桃花坞木版年画等。

（3）非物质文化遗产与文化创意

非遗文创化，是一种非物质文化遗产和文化创意产业结合发展过程中产生的新兴文化态势。依靠个人或团队的力量，以非遗作为生产资料，通过技术、创意和产业化的方式进行文化产品的开发营销，把非遗与市场运行机制相结合，形成完整的产业链条，创造出适应人们物质及精神需求的文化产品或服务，同时使非遗本身具备系统性、普及性及经济附加值。目前，文化创意从业者通常采用以下四种方式将非物质文化遗产与文化创意结合，为非物质文化遗产"插上翅膀"。

①走非物质文化遗产工艺品销售之路。技艺类非物质文化遗产的文化创意产品一般有两种形式：一是直接销售非物质文化遗产产品，例如刺绣、首饰等工艺品，但没有强大的品牌作为依托，此类产品很难在众多工艺品中脱颖而出；二是从非遗资源中提取无形或有形的元素，融合应用到现代的平面设计、广告设计、产品设计、服装设计、建筑设计、数字媒体设计等领域之中，开发出能够为大众消费和文化传承所用的新产品。例如京剧脸谱抱枕、故宫联名信用卡等。

②走非物质文化遗产精品 IP 打造之路。IP 是推动非物质文化遗产创意产品销售的重要力量，具有生命力的 IP 是消费者购买产品的重要理由。一种方法是寻找专业策划团队，对品牌名、品牌理念、品牌口号、品牌故事进行建构并通过营销活动增加品牌曝光率。此外，也可以基于已有著名 IP 进行宣传、联动，强强联合、达到"双赢"，例如南京夫子庙与热门网络游戏《诛仙》进行合作，将夫子庙搬入了游戏场景，让更多游戏玩家了解夫子庙非物质文化遗产。

③走非物质文化遗产旅游景区建设之路。非遗地区承载着特定文化环境下的非遗人物、非遗内容等，当地居民世代与这些非遗资源相互依存。打造非遗旅游景区是指依托非物质文化遗产为景区赋能、打造景区特色。一方面，对本区域的民风、民俗、民间艺术进行挖掘和演绎，突出区域非物质文化遗产，通过创意设计将现代文化或传统文化与非遗艺术相融合，推动非遗艺术形成新风格、新样式、新内涵，例如中国青瓷小镇；另一方面，非遗小镇汇聚了众多的非遗代表性传承人，这些匠人、手艺人、民俗艺人作为非遗保护和传承的中坚力量而存在，通过引入文化创意和艺术设计领域的从业者、设计师、艺术家等创意阶层，实现传承人与文创者的相互促进，打造特色非物质文化遗产景区。

④走非物质文化遗产数字化传播之路。非物质文化遗产传播建设需要融入现代科技手段。强化文化创意与生产制作技术、展陈传播技术和消费终端技术等协同能力，以互联网及移动互联网技术推动传统文化保护传承、创新发展和产业开发，不断利用新媒体、多媒体等手段打造具有当地非遗元素的文化娱乐产品或活动，如举办非遗新媒体艺术节，以声光电组合的装置艺术、影像作品等提高传统文化的吸引力，增强非物质文化遗产旅游项目的体验性。同时逐步将 VR、AR、MR、AI、体感科技、大数据等前沿科技应用到非物质文化遗产建设事业和文创产业发展上，改善非物质文化遗产服务内容和方式，例如在特色非遗博物馆建设中，设置文化交互体验，虚拟还原出非遗历史场景等。

6.2 品牌创建

大学生创新创业项目，不仅需要在"微笑曲线"的左侧创造出技术创新成果，还需要在"微笑曲线"右侧做好品牌建设，以提升产品服务的附加价值和核心竞争优势。因此，需要学习品牌创建的内容，并在创业计划书中突出品牌的定位和价值主张。

6.2.1 品牌的概述

（1）品牌的概念

"品牌"（brand）一词起源于古挪威语中的 Brandr，意为"燃烧"或"烙印"，最原始的功能在于"印记"和"识别"，在古代，人们通过在牲畜身上以烙印的方式来标识所有权。20 世纪 50 年代，大卫·奥格威首次提出了现代意义的品牌概念，直到 20 世纪 90 年代，我国也出现了品牌概念。品牌到底是什么？业内外权威人士可谓是仁者见仁，智者见智，但是可以从狭义层次和广义层次来分别理解品牌概念。

①品牌狭义概念。美国市场营销协会（American Marketing Association，AMA）1960 年在《营销术语词典》中将品牌的定义表述为：品牌是不同竞争者为相互识别而赋予各自产品或服务的名称、说明、标记、符号、形象设计或者它们的组合应用。国际品牌权威凯勒（Keller）称之为"小品牌概念"。在我国，狭义范围内的"品牌"经常与"商标"混淆，但是"品牌"实际上并不等同于"商标"。"品牌"是一个集合概念，作为产品或服务的象征，它包括品牌名称、品牌标志、商标等部分。其中品牌名称是指品牌中可以用语言称呼表达或发出声音的部分，如我国牛奶著名品牌伊利、蒙牛、光明等。品牌标志是指品牌中可以识别但不能用语言表达的部分，常用图案、符号、色彩来表示，如小米公司的标志是由英文字母"MI"和橘黄色的底色组成。商标作为符号性的识别标记，属于法律范畴，强调对生产经营者合法权益的保护，是受法律保护的一个品牌或品牌的一部分。品牌可以等同或者不同于商标。

②品牌广义概念。广义层次的品牌概念中，"品牌"是品牌有形要素在消费者心目中建立起来的品牌意识和品牌联想，以及由此引发的消费者对其产品的感觉、评价和购买等的总和。国际品牌权威凯勒（Keller）称之为"大品牌概念"。强有力的品牌存在于消费者的心智之中，代表了消费者对经营者及其所提供产品或服务质量、价值、声誉和个性的认知总和。

综合在狭义和广义层面的概念，可以概括出品牌三大特征：识别性、价值性、领导性。一是，识别性特征是品牌名称、标志物等符号系统带来的外在特征。经营者通过整体规划和设计所获得的品牌造型符号，具有特殊的个性和强烈的视觉冲击力，能够帮助目标受众区别本产品和其他产品。二是价值性特征是因其品牌具有的优质性能和服务而成为一种企业的外化形象。品牌具有的知名度和美誉度等社会因素，形成独立于产品或服务以外的无形资产价值，同时能给企业带来巨大的经济利益。三是，领导性特征体现在品牌因其高质量、高价值、高信誉而根植于消费者心中且占有不可替代的地位，影响着消费者的价值观，占据着目标市场领导地位。

（2）品牌的内涵

菲利普·科特勒认为，品牌本质上是卖者长期向买者交付的产品特征、利益和服务的承诺，优质的品牌传递了质量的保证。品牌还是一个复杂系统，其内涵不仅在于向消费者传递品牌的属性和利益，更倾向于向消费者传递品牌价值、品牌个性及在此基础上形成的品牌文化。品牌内涵可以从属性、利益、价值、文化、个性、使用者六个方面来理解。

①属性。品牌属性是指品牌产品在性能、质量、技术、定价等方面所具有的特性。经营者往往可以借助一种或者几种属性为产品做广告。例如，小米手机品牌往往以其高性价比著称，提供了接近旗舰级别的硬件配置，但价格更为亲民。

②利益。品牌利益是指产品的属性能给消费者带来的好处和收益。消费者最终购买的不是产品属性，而是产品属性所带来的利益。耐久的属性可以转化为消费者的功能性利益，昂贵的属性可以转化为消费者的情感性利益。

③价值。品牌价值体现了经营者追求与评估的产品品质，其本质是产品提供给消费者利益的一种提炼。这种价值体现在功能上或者情感满足上的价值性，还可以体现在消费者自我表达上的象征性价值。

④文化。品牌文化是指品牌精神层面隐含的内容。品牌文化往往体现一种特定地域文化，例如国家文化、民族文化等。

⑤个性。品牌个性是指消费者认知中品牌所具有的人格特质。品牌个性化形象具有强烈情感方面的感染力，能够抓住现有及潜在消费者的兴趣。例如，鸿星尔克的品牌是倡导"年轻、时尚、阳光"。

⑥使用者。品牌使用者是指品牌所指向的消费者类型或目标市场细分。品牌可以从消费者的年龄、收入等表象特征区分消费者，还可以从心理特征和生活方式上区分消费者。

品牌的属性、利益、价值、文化、个性、使用者六个内涵要素并不是孤立存在的，而是一个关系紧密的统一体，同时又隶属于不同的层级。作为第一层级的属性、利益和使用者可以视为品牌的基础。品牌如果具备了这三个基本要素，则可被称为浅意品牌。作为第二层级的文化和个性是第一层级三个基本要素的提炼和浓缩，品牌属性与利益可以作为文化的象征体现，品牌使用者是品牌个性的一种诠释。作为第三层级的价值是品牌精髓所在，是六大要素的中心。一个品牌如果同时具备六大要素，则可以被称为深意品牌。

（3）品牌的意义

①品牌对消费者的意义

品牌对消费者的意义可以从三个方面理解：第一，品牌不仅代表了多样化的产品形态和质量，还体现了其背后的服务承诺，有利于降低消费者信息收集成本和选择成本，帮助消费者快速有效地识别并购买所需的产品，得到相应的服务便利。第二，品牌能够提高消费者购买和消费产品的安全感，降低购买和消费产品的风险，有效解决无品牌时代中无法追溯产品信息、出现商品质量问题无法找到责任承担者的弊端。第三，品牌声誉代表着品牌对消费者的承诺，持续性的品牌承诺能够强化品牌与消费者之间的契约关系，在满足消费者功能性和情感性需求的同时，也为消费者维护权益提供了方便。

②品牌对经营者的意义

品牌对经营者的意义可以从四个方面理解：一是，品牌有利于促进产品销售，增加经营者利润。相较于无品牌产品而言，品牌产品会具有价格优势，尤其是强势品牌所特有的品牌个性与品牌美誉度等因素会产生品牌溢价，消费者往往愿意支付较高的价格。二是，获得法律保护。品牌名称和附属品牌标志具有知识产权，注册为商标后，商标所有权人就拥有了品牌的专有使用权，该权利具有排他专有性而受法律保护。三是，品牌有助于经营者更加便捷地管理和追溯产品，监督产品的质量。消费者可以追溯品牌产品来源，并将产品的意见直接反馈给经营者，有助于督促经营者提升产品质量。四是品牌是更具有持久影响力的无形资产，可以超越产品的生命周期，产生品牌价值，也可以作为商品参与市场交易。有关调研机构统计数据显示：品牌价值在企业无形资产中可以占到 5%～60%。

③品牌对社会的意义

品牌在社会中发挥着积极的推动作用，其重要性主要体现在以下两个方面：一是，品牌作为共享价值观的桥梁，促进了人与人之间的联系；二是，品牌的象征意义允许消费者通过它来表达自己的身份和个性。当消费者对某一品牌形成偏好时，这通常意味着他们共享相似的价值观或精神特征。因此，品牌有效地将持有相同价值观念或生活方式的人群聚集在一起，从而增强了社会内部的凝聚力和归属感。

6.2.2 品牌的定位

（1）品牌定位的定义

1972 年，艾·里斯（Al Ries）和杰克·特劳特（Jack Trout）在美国营销杂志《广告时代》上发表了《定位新纪元》的文章，首次阐释了定位的概念。他们认为在产品越来越同质化和传播过度的时代，任何一个品牌有必要在目标受众的心智中占据一个特定的位置。20 世纪 70 年代末，这些有关定位的文章内容以《品牌定位》的形式出版，该书成为世界上最畅销的营销书籍之一。1995 年，杰克·特劳特

（Jack Trout）与瑞维金（Steve Rivkin）合作出版了《新定位》，使定位理论发展成为更加成熟和完整的思想体系，在全世界各个领域得到了广泛应用。

艾·里斯（Al Ries）和杰克·特劳特（Jack Trout）认为：消费者的大脑就如同吸满水的海绵，其中储存着各种各样的产品信息；只有吸纳新的产品信息，才有可能挤掉原有的产品信息。他们认为，定位并不是要对产品本身做任何改变，而是对未来潜在的消费者心智所下的功夫，也就是把产品定位在未来潜在消费者的心中。定位关键要点是"消费者心智"和"相对于竞争对手"。

综上，品牌定位，就是对品牌名称、包装和价格等进行设计，为经营者的产品在市场上确立明确的、有别于竞争者产品的、符合消费者需要的形象，从而使其能在目标消费者心智中占有一个独特的、有利的地位。品牌定位是市场营销发展的必然产物与客观要求，是品牌建设的首要任务，对品牌的成功起到了决定性作用。

品牌定位也体现三个方面的重要意义：

①品牌定位有助于品牌信息占据在消费者有限的心智之中。1956 年，美国心理学家乔治·米勒（George A. Miller）研究发现：人的心智往往不能同时处理七个以上的单位信息。基于"二元法则"，消费者的心智中最多只能容纳七个品牌，其中最终只能记住两个品牌，例如食品饮料中的可口可乐和百事可乐，快餐业的肯德基和麦当劳。居于消费者心智中的第三位及以后的品牌则记忆程度较弱。只有通过科学的品牌定位，才能够提升品牌在消费者的心智中记忆阶梯的排序。

②品牌定位可以传达品牌核心价值，打造消费者认可的强势品牌。品牌核心价值是品牌最独特、最有价值的本质，是对消费者承诺的核心利益。然而，仅仅拥有品牌核心价值并不够。品牌核心价值必须以有效的方式传达给消费者并得到消费者的认可。品牌定位就是这样一种有效的沟通方式。品牌定位可以基于品牌核心价值，通过整合传播等手段在消费者的心智中留下深刻的烙印，建立起强有力的品牌形象。品牌核心价值在整合品牌定位时拉近了与目标消费者的关系，从而为建立消费者认可的强势品牌提供了可能性。

③品牌定位是成功品牌建设的基础。品牌定位是整个品牌建设体系的第一个环节，也是其他环节的基础。如果品牌定位不当，品牌建设的过程就会产生传导效应，其他环节也会产生偏差和失误，最终品牌建设的整个过程都达不到预期的效果。同时，如果在品牌建设的中间过程中出现失误，品牌定位可以为纠正这些中间过程的失误提供导向参考，从而达到品牌建设的预期效果。

（2）品牌定位的本质

品牌定位的本质在于差异化。差异化包括两个方面：一是目标消费者的差异化，二是消费者价值的差异化。这两个差异也是经营者展开品牌定位所要遵循的指导性原则。

目标消费者的差异化，就是经营者的产品应当从该类产品的消费者中选择一个特定的细分人群展开服务。每一个产品不能完全满足所有消费者的需求，明智的经营者应该根据消费者差异性需求进行市场细分，选择某一细分市场作为企业的目标市场。值得注意的是，市场细分过程中选择与竞争对手明显不同的目标消费群体至关重要。

消费者价值的差异化要求经营者的产品能够为目标消费群体提供不同于竞争对手的利益。这种差异化优势可以是功能性利益。例如，汰渍洗衣液的定位是"全效洗衣液"，强调其清洁、护色、柔顺三效合一的洗衣效果，从而与其他同类产品划清界限。差异化利益也可以是情感性利益。例如，金六福酒诉求"中国人的福气酒"，对福的追求也迎合了大多数中国人的情感需求。差异化利益也可以是自我表达利益。

每个品牌的定位可以基于目标消费者的差异化，也可以基于消费者价值的差异化。然而，一个品牌若想长期维持其差异化竞争优势，它需要同时具备目标消费者差异化和消费者价值差异化，并形成一种竞争对手难以复制的品牌定位。

（3）品牌定位的方法

一般而言，经营者可以从产品利益、竞争者、消费群体、质量与价格、文化、情境等方面展开品牌具体定位。

①产品利益定位

产品利益定位主要包括：一是，功能利益定位。强调产品的功效是品牌定位的常见形式。消费者购买产品主要是为了获得产品的使用价值，并希望所获得的使用价值能够符合期望的功效。许多产品有多种功能，在对一个品牌进行定位时，并没有绝对要求是向消费者传达单一功能还是多种功能，但是向消费者承诺单个功能诉求，往往更容易凸显品牌个性，实现成功定位。二是，情感利益定位。该定位是将关怀、牵挂、思念、温暖、怀旧、爱等人类情感内涵融入品牌之中，让消费者在购买和使用产品的过程中获得这些情感体验，从而唤起消费者内心深处的认可和共鸣，最终获得对品牌的偏爱和忠诚。三是，自我表达利益定位。这种定位借助某种独特的品牌形象和内涵，让品牌成为消费者表达个人价值观、审美情趣、自我个性、生活情趣的载体和媒介，从中获得自我满足、自我陶醉的愉悦感受。

②竞争者定位

竞争者定位主要包括：一是，首席定位。首席定位就是强调品牌在同行业或同种类中领先、专业性的地位。在信息爆炸的时代，消费者对大部分信息都不能留下深刻的印象，但对领先、专业性品牌的印象会比较深刻。二是，类别定位。类别定位就是与某些知名而又属司空见惯类型的产品作出明显的区别，或给自己的产品定为与之不同的另类，这种定位也可称为与竞争者划定界线的定位。三是，比附定位。比附定位就是攀附名牌的定位策略。经营者通过各种方法和同行中的知名品牌建立一种内在联系，借名牌提升自己品牌知名度。

③消费群体定位

消费群体定位以获得目标消费群的认同为目的，突出产品专为此类消费群体服务。通过品牌与目标消费者相结合，增进消费者自身的品牌归属感。

④质量与价格定位

质量和价格是消费者最关注的要素之一，消费者往往希望买到质量好、价格适中或便宜的物品。该定位是将质量与价格结合起来形成品牌识别，往往表现宣传产品的价廉物美和物有所值。

⑤文化定位

文化定位是将文化内涵融入品牌之中，大大提高品牌品位，使品牌形象更加具有个性特色。我国地域文化十分丰富，品牌更要凸显文化底蕴，结合产品自身所蕴含的自然资源和历史人文等方面进行深入挖掘。例如，西湖龙井、五常大米等地理标志农产品品牌都具有鲜明的地域文化特色。

⑥情境定位

情境定位是将品牌与一定环境、场合下产品的使用情况联系起来，以唤起消费者在特定情境下对该品牌的联想，从而产生购买欲望和购买行动。例如，脉动饮料的不同情境广告不断提示人们在生活任何状况下，脉动饮料都会为其随时准备更佳状态。

6.2.3　品牌的设计

（1）品牌命名

品牌名称对商品的市场流通和传播具有重要影响，并且对广告设计的整体流程及其成效起着决定性作用。品牌命名成为企业创建知名品牌的关键决策，同时具有至关重要的作用。

①品牌命名原则

优秀的品牌名称能够在消费者心目中留下较为深刻的印象，增强品牌的市场竞争能力，相反品牌命名不当，便会使消费者对品牌产生反感情绪，降低购买欲望。凯文·莱恩·凯勒（Kevin Lane Keller）在其著作《战略品牌管理》中提出了品牌命名应遵循的六条原则：可记忆性、有意义性、可爱性、可转换性、可适应性、可保护性。

一是，可记忆性。品牌名称简洁但仍具有内涵，朗朗上口，容易记忆，能够同时捕捉顾客的视觉与听觉，便于给消费者留下深刻印象。要做到简洁，一是品牌名称的音节不要太长，二是不要使用生僻难认的字词。例如，"华为"品牌名称就是一个简单且容易记住的名字。

二是，有意义性。品牌名称应当传达品牌的核心价值和特点，使消费者可以通过品牌名称理解品牌的产品或服务。

三是，可爱性。品牌名称应具有吸引力和亲和力，使消费者对其产生好感和喜爱。例如，"Coca-Cola"（可口可乐）这个名字给人以甜美和可口的感觉，容易获得人们的喜爱，进而增进与企业及其产品之间的亲密度。

四是，可转换性。品牌名称要在产品大类内和产品大类间具有可转换性，也能跨越地域和文化界限以及不同的细分市场，以适应不同的市场环境和消费者需求。

五是，可适应性。品牌名称应能适应时代的发展和变化，随着市场环境、消费者需求和企业战略的变化而进行调整和优化，体现出品牌的时代感和前瞻性。

六是，可保护性。品牌名称应能够获得法律保护，避免与其他品牌名称产生混淆和侵权。策划人员在品牌命名时应遵循相关的法律条款，品牌命名是否符合法律相关规定，能否在法律上得到保护，成为品牌命名时必须要考虑的问题。

②品牌命名策略

品牌命名策略是一个将市场、定位、形象、情感、价值等转化为营销力量并启动市场定位与竞争的过程。通常可以借鉴七种命名策略。

一是，地域命名策略。一方水土养一方人，将品牌与地名联系起来，有利于借助消费者对地方的感情促进其对产品产生信任感和亲近感。例如，山西老陈醋、信阳毛尖等。一般来说，如果该品牌产品极具地域特色，命名时将企业产品与地域名称联系起来，有助于借助地域积淀，促进消费者对品牌的认同。

二是，目标命名策略。以目标消费者为对象，通过品牌名称将这一目标对象形象化，并将其形象内涵转化为一种形象价值，从而使这一品牌名称既能清晰地告诉市场该产品的目标消费者是谁，同时又能使此品牌名称所转化出来的形象价值具备一种特殊的营销力。例如，"太太口服液"是由深圳太太药业有限公司研发的一种专门针对成年女性的补血产品，其名称直观地传达了该产品的目标消费群体为已婚女性。

三是，人名命名策略。这种命名方式是以人的信誉吸引消费者，或以历史、传说人物形象引起人们对商品的想象，利用名人效应，促进消费者认同产品。例如，"褚橙"就是借以褚时健年逾八旬种橙子东山再起的故事，利用名人励志效应，创造了一个农产品知名品牌。

四是，数字命名策略。用数字来为品牌命名，借用人们对数字的联想效应，促进品牌的独有特色。例如，"国窖1573"是泸州老窖系列酒之一，源于明朝万历年间（1573年）的"国宝窖池"，目前已成为知名品牌。

五是，功效特色命名策略。用产品功效为品牌命名，使消费者能够通过品牌名对产品功效产生认同。例如，"元池"有机大米生产企业的生产基地采取稻田养鸭生态技术，代替农药化肥的使用，"元池"二字也道明了产品原生态、自然、健康的品牌诉求。

六是，价值命名策略。凝练企业所追求的价值来为品牌命名，使消费者看到该品牌，就能感受到企业的价值观念。例如，新希望六和股份有限公司就秉承"立足现代大农业，创建百年新希望"的企业追求来命名，这对消费者迅速感受其企业价值观具有重要的意义。

七是，形象命名策略。运用动物、植物和自然景观来为品牌命名，可增强品牌名的亲切感。例如，"三只松鼠"休闲食品，给人以伙伴、陪伴的感受，借助动物、植物的形象，可以使人产生联想与亲切的感受，提升认知速度。

（2）品牌标识

品牌标志（也称为品牌标识，或者 LOGO）作为一种视觉语言，是企业形象、特征、信誉、文化的综合与浓缩，以特定、明确的图形来表示事物。它不仅起着单纯指示事物存在的作用，更重要的是以具体可见的图形来表达一种抽象的精神内容。为了实现有效的沟通并激发消费者的情感共鸣，设计师必须透彻理解标志背后的象征意义，并确保设计策略精准地对接目标受众的心理预期。

①品牌标志设计原则

在品牌标志设计中，除了最基本的平面设计和创意要求外，还必须考虑营销因素和消费者的认知和情感心理。归纳起来，应遵循下述四大原则。

一是，识别性。识别是标志最基本的功能。标志设计要简洁鲜明、富有特色和感染力，才具有独特的个性与强烈的视觉冲击力，并易于区别、传播、理解和记忆，也有利于品牌形象的建立。品牌标志如果含义不明、形象模糊，就很难让消费者认知和记住。

二是，造型性。品牌标志必须具备良好的造型。良好的造型不仅能提高标志在视觉传达中的识别性和记忆性，提高传达企业信息的效果，加强对企业产品或服务的信心与企业形象的认同，而且能提高标志的艺术价值，给人们以美的享受。

三是，延展性。标志应能在各种传播媒介、各种应用项目以及各种制作方式和品质材料上具备良好的视觉表现效果。这就要求品牌标志在视觉识别系统的设计及应用中必须具有延展性，即除了有一定的标准设计形态外，还需要有一定的变体设计，产生具有适合度的效果与表现。例如，阴阳变化、彩色黑白、空心线框、放大缩小等。

四是，时代性。标志要为消费者所熟知和认同，企业必须长期宣传和使用。随着经济发展、生活方式的改变和消费者心理的变化，企业有必要根据时代的需要重新检视，改进原有标志或设计新标志，这样才能避免僵化、陈腐过时的印象，体现企业敢于创新、勇于开拓、追求卓越的精神。

②品牌标志设计思路

品牌标志的设计构思可以从与品牌相关的各个方面汲取灵感，包括但不限于产品的外形、功能，企业的地理环境、远景规划等。总体来说，可以将设计思路归纳为以下五大角度。

一是，说明性品牌标志设计。说明性品牌标志设计主要是通过行业、产品、关键部件、技术、成分等的形态、造型、原理、功能、用途、象征物等来传达品牌的业务类型或特征，具有一些提示功能。

二是，工业性品牌标志设计。工业性品牌标志的主要特征是面积感强，造型与线条单纯、丰满、有力。工业性品牌标志的主要功能就是使人对其品牌产生正规感、可靠感，提高消费者对其产品和服务的信心。

三是，技术性品牌标志设计。技术性品牌标志主要传达出创新感、精密感、技术感、太空感。

四是，情感性品牌标志设计。情感性品牌标志主要表现产品或服务给消费者带来的直接情感共鸣。例如，愉悦、自由、关爱等。

五是，精神性品牌标志设计。精神性品牌标志的文化性、艺术性、人格化特征比较明显，一般与产品的联系较小，其目的在于给目标受众一种符合品牌文化内涵的心理感受，满足目标受众精神需要。

③品牌识别系统

品牌识别是指经营者期望其品牌在消费者心中形成的正面联想集合，赋予品牌明确的方向、目标及存在价值。例如，伊利通过其口号"心灵的天然牧场"传达纯净自然的形象；农夫山泉利用"有点甜"的表述来强调产品的天然水源特性；而康师傅冰红茶则通过"冰力十足"来体现其产品带来的冰爽激情。

品牌识别必须全方位地展示企业或品牌的真实面貌，涵盖众多细节，构成一个错综复杂的系统。为了从广度和深度上进行整体的品牌识别系统设计，珍妮弗·艾克（Jennifer Aaker）提出了符号、产品、个人和企业四大品牌识别要素（见图6-1）。

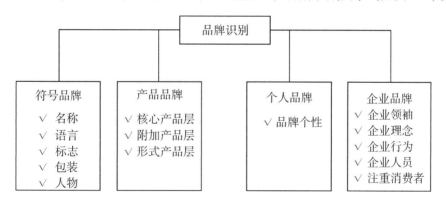

图6-1 品牌识别系统

一是，符号品牌。涉及视觉形象标识、象征符号、形象代言人和物。例如，"光明"品牌之所以能实现品牌突围并且保持品牌价值的增值，很大程度上归功于其极具识别化和符号化的"光明牛"。

二是，产品品牌。涉及产品范围、产品特性、品质/价值、使用体验、用户和原产地、功能性利益。例如，原产地（眉山青见柑橘）、使用体验（关爱牙齿，餐后嚼两粒益达）。

三是，个人品牌。涉及品牌个性、使用者形象、情感利益、自我表现利益等，主要强调品牌与消费者之间的关系。例如，情感利益（金龙鱼：温暖亲情的大家庭）、自我表现利益（新希望：新鲜一代的选择）。

四是，企业品牌。涉及企业领袖、企业理念、企业人员等。例如，企业领袖（华为的任正非）。

（3）品牌个性

品牌个性是指品牌所具备的人类特性与此特性向外界传播的过程中消费者对这些特性的感知。从品牌管理者的角度来看，品牌个性是品牌管理者期望通过沟通所要达到的目标，是传播者所期望的品牌形象；从消费者角度来看，品牌个性实际是消费者对品牌的个性感知和认可，是消费者对该品牌的真实感受与想法。

①品牌个性的维度

一是，西方的个性维度量表。珍妮弗. 艾克（Jennifer Aaker）根据西方人格理论的"大五"模型，开发了一个系统的品牌个性维度量表。品牌个性一共可以分为五个维度，分别是真诚、刺激、能力、精细和粗犷。这五个维度下有 15 个具体指标词，具体见图 6-2 所示。

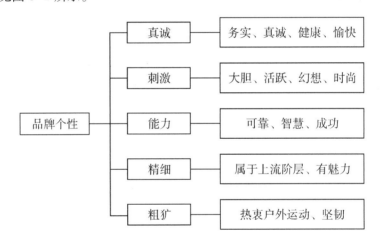

图 6-2　品牌个性的 BDS 维度量表

资料来源：AAKER. Dimensions of brand personality［J］. Journal of marketing research，1997，34（3）：347-356.

这套量表是迄今为止有关品牌个性最系统、最具影响力的测量量表。它可以解释西方 93% 的品牌个性的差异。该量表在西方营销理论研究和实践中也得到了广泛运用。

二是，中国的个性维度量表。品牌个性体现了国家和民族文化的独特融合。鉴于中国东方文化与西方文化之间存在显著差异，我国学者卢泰宏与黄胜兵于 2003 年对本土化品牌个性维度进行了深入的研究，构建出本土化的品牌个性维度及其量表，并从中国传统文化视角阐述了这些维度的核心要素：仁、智、勇、乐、雅，如表 6-4 所示。

表6-4　中国品牌个性维度

变量	衡量项目
仁	正直、温馨、仁慈、务实
智	成功、智慧、信赖
勇	强壮、刚毅、粗犷、进取
乐	吉祥、时尚、乐观
雅	魅力、品位、儒雅

资料来源：黄胜兵，卢泰宏．品牌个性维度的本土化研究［J］．南开管理评论，2003，6（1）：4-9．

②品牌个性的特征

一是，人格化属性。消费者很容易把品牌看作某个特定的人群，并将其内化为自我认同的一部分。产生这种现象的原因，可能是广告商在推广活动中为品牌赋予了人格化特征，从而促进了消费者与品牌之间的个人情感联结。

二是，不可模仿性。品牌个性的发展与强化有利于将该品牌与竞争品牌相区别。当许多产品在技术上相同或相似时，品牌个性是用来进行品牌间区别的有效途径之一。若一个品牌能够建立与众不同的品牌个性并为大众所认可和喜好，则该品牌可以形成长期并有效的竞争优势。

三是，持续稳定性。品牌个性的塑造是一个长期、系统工程，类似于个人性格的形成，需要长时间培养。通常情况下，消费者与某个品牌建立了友谊关系之后，他们通常期望品牌的形象能够保持稳定。

四是，互动性。尽管品牌个性具有一定的稳定性，但任何成功品牌都需要随着时代的发展变化而不断演变，以期与顾客长期保持亲密的关系。因此，品牌个性要保持灵活性、亲切感，就必须与时俱进，紧扣时代脉搏，明确迎合消费趋向。

③品牌个性的影响因素

品牌个性的塑造过程必须整体把握和综合运作影响品牌的各种因素，使之加强消费者对品牌个性的认知。这些因素基本上可以分为两类：与产品相关的因素和与产品无关的因素。与产品相关的因素主要包括：产品类别、包装、价格、产品属性。与产品无关的因素主要包括：使用者形象、公共关系、广告风格、象征符号、名人背书。

④品牌个性塑造流程

品牌个性的塑造应该以满足目标顾客的需求为重点。塑造品牌个性一般要遵循以下三个步骤：

一是，识别象征性联系。识别目前市场上的产品类型和竞争性品牌的象征性联系，目的在于找出同类产品中仍然未被发掘的品牌个性。

二是，选择并确定品牌个性。在塑造品牌个性时，首要任务是对目标细分市场进行细致的人口统计分析，以便洞察该群体所追求的生活价值和个性特征。例如，娱乐、享受和刺激往往被年轻的消费者看重，而安全感则随年龄的增长而更被看重。

在确定品牌个性时还需要关注社会趋势的变化。

三是，实施品牌个性战略。一旦确立品牌个性，经营者需要执行一整套相适应的营销策略来向消费者传递品牌个性。这些策略涵盖企业形象、品牌命名、包装设计、定价策略及促销活动等多个方面，它们共同作用于品牌个性的塑造。消费者在整个认知、熟悉、购买及使用产品的过程中所接收的所有信息，包括视觉、听觉、触觉、味觉还是嗅觉的感受，均构成对品牌个性的体验。因此，品牌个性的塑造应该采用长期、稳定且统一的广告宣传，要求与产品开发、形象设计、公共关系管理及促销活动等环节紧密协作，确保各方面的连贯性和一致性。

6.3　新时代的品牌传播

6.3.1　品牌传播步骤

品牌传播的本质是在品牌与顾客之间建立一种稳定的长期精神联系，即品牌关系。根据美国营销专家菲利普·科特勒（Philip Kotler）的观点，品牌传播步骤包括确定目标受众、确定品牌传播的目标、设计传播信息、选择传播渠道、编制传播预算、确定传播组合和测定传播效果这7个步骤，具体流程见图6-3。

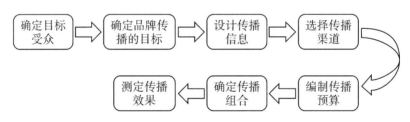

图6-3　品牌传播步骤流程图

（1）确定目标受众

在实施任何形式的营销活动之前，首先要明确识别并定位目标受众。这些目标受众可能包括个人、小组、特殊公众或一般公众。品牌传播者需要根据不同目标受众制定相应的传播策略和接触方式。例如，针对特定受众时，品牌传播者需要了解个体的特殊生活经历和价值观念，以此选择使用大众传播或人员传播作为最有效的传播手段，以更好地满足其具体需求。

（2）确定品牌传播的目标

品牌传播的目标旨在实现营销人员设定的预期成果。营销人员致力于通过传递品牌信息来改变消费者的态度或行为，寻求目标受众在认知、情感和行为上的反应。品牌传播目标涉及提升目标受众对品牌的知晓、认识、喜爱、偏好、信任以及购买率等某一层面。但总体而言，传播策略致力于提升品牌的认知度、美誉度，并刺激消费者的购买欲望，最终实现销售转化的终极目标。

（3）设计传播信息

在理想状态下，信息应能引起注意，提起兴趣，唤起欲望，导致行动。因而，制定信息需要解决四个问题，即说什么（信息内容），如何合乎逻辑地叙述（信息结构），以什么符号进行叙述（信息形式）和谁来说（信息源）。信息内容通常分为三类：理性诉求、情感诉求和道义诉求。理性诉求强调产品的实际利益，能展示其带来的具体好处；情感诉求则通过激发否定或肯定的情感来促使消费者购买，分为正面和负面两种形式；道义诉求则引导受众识别正确与适宜的行为，常用于鼓励支持社会事业或参与公益活动。在信息结构设计中，关键解决信息点的排序、如何引导受众作出结论以及信息内容的两面性。而信息表达形式主要依靠文字、视觉和听觉元素，且必须具备吸引力。信息源的可信度是确保信息效果的关键，它包括专长、可靠和令人喜爱三个方面。专长指信息传播者所具备的支持其论点的专业知识；可靠性涉及信息源的客观性和诚实度；而喜爱性则是信息源对受众的吸引力。

（4）选择传播渠道

从传播方式的角度，信息传播渠道可以被分为人员传播渠道和非人员传播渠道。

①人员传播渠道。人际传播渠道涉及两个或更多个体间相互传递信息。这些交流可以是面对面，例如演讲者与听众之间；也可以是通过电话或电子邮件等方式进行。人际传播依赖于直接互动和实时反馈来达成效果。这类传播可细分为倡议者、专家和社会三个子类别。其中，倡议者渠道由销售团队在目标市场中与潜在买家的直接接触形成；专家渠道涉及具备特定知识的独立个体，例如医药广告中出现的医生；而社会渠道则包括朋友、家庭成员及邻里与潜在客户的互动，在这一过程中，"意见领袖"通常扮演关键角色。

②非人员传播渠道。非人员传播是一种不直接面对个体的传播方式，涵盖了媒体传播、销售促进、事件和体验及公共宣传四大形式。其中，媒体传播是非人员传播的主要形式，包括印刷、广播、网络、电子以及展示媒体。销售促进涉及消费者促销（例如折扣、优惠券）、贸易促销（例如对经销商补贴）和销售人员促销（例如销售代表竞赛）。事件和体验包括运动、艺术、娱乐等事件以及与消费者互动的故事性活动，使得消费者参与体验成为营销趋势。公共关系渠道则包括公司内部的员工传播和外部消费者、其他公司、政府和媒体之间的多向传播。

（5）编制传播预算

最常见的预算编制方法有四种，即量入为出法、销售百分比法、竞争对等法和目标任务法。这些方法是不同时期的主流策略。

①量入为出法。这种方法以对公司未来收入的预测为基础来决定传播预算，同时也考量了公司能够承受的费用水平。然而，在市场多变的环境下，公司的收入往往难以准确预估。因此，这种预算制定方式未能充分考虑营销传播对销售量的直接影响，导致年度预算的不确定性，为制定长期市场预算带来难题。此外，该方法无

法根据市场动态及时调整策略。

②销售百分比法。许多企业根据特定的销售水平（当前或预测）或定价来制定营销传播预算。采用销售百分比法，企业能够根据自身和竞争者的费用承受力进行资金分配，并激励管理层将营销传播成本、销售定价及单品利润纳入战略考量。但该方法可能导致资金分配过于依赖现有财力而非市场机遇，缺乏必要的灵活性。

③竞争对等法。竞争对等法设定预算，是基于行业内主要竞争对手的传播费用。采用此法的企业认为销售成果取决于竞争的实力。然而，必须充分了解行业与竞争对手，但这些资料获取困难，通常仅反映过往市场和竞争状况。此外，公司声誉、资源、机会和目标差异显著，使得预算难以标准化。

④目标任务法。此方法是目前在预算编制领域内应用最为广泛且执行起来相对简易的一种策略。此方法要求营销人员首先明确设定特定的营销目标，进而确定实现这些目标所需完成的具体任务，并对完成这些任务所需的营销费用进行估算，以此为基础来决策品牌传播预算的分配。通过这种方法可以有效分配资源以达成预定目标。然而，企业管理层必须对花费、显露度、使用率以及传统方法之间的关联性进行深入研究和假设验证。此外，这种方法的实施依赖于充分的数据支持，并需要较大的管理工作量。

（6）确定传播组合

在完成品牌传播预算的制定之后，下一步便是依据预算规模来确定传播组合。品牌传播的组合决策涉及广告、销售促进、直接营销、公共关系和人员推销等多种传播手段的筛选与搭配。不同行业背景的公司对传播组合的选择存在差异。以化妆品行业为例，雅芳公司倾向于将促销资金主要投入到人员推销传播中，而露华浓公司则更加侧重于广告宣传。企业不断尝试用一种传播工具替代另一种，旨在实现品牌传播的更高效率。例如，许多公司已通过广告、直邮和电话营销来替代部分现场销售活动。同时，互联网的广泛应用为多样化的传播组合提供了强大的支持平台。

（7）测定传播效果

在品牌传播活动启动后，营销传播者需要对目标受众的反应进行评估。这涉及询问受众是否能识别或记住信息，比如他们看到信息的次数，记住了哪些要点，以及对信息的感受如何。同时，企业也应收集关于受众行为的数据，例如购买产品的人数，以及喜欢并与他人分享产品的人数。测量传播效果主要是为了确定是否达到了预设的品牌传播目标，并为未来的传播活动提供反馈。对品牌传播效果的测量可以从两个角度进行：一是直接比较传播前后的销售效果，虽然这种方法以销售为导向，可能无法全面反映品牌传播的效果，但由于其简单性，许多营销传播者将其视为唯一的衡量方法；二是态度测量，即关注消费者对品牌的态度变化。态度测量涉及询问消费者是否知道某品牌，是否能记住接收到的信息，以及经过一次传播活动后，消费者对品牌的态度是否有改变，改变的程度和性质等。这些都是评估传播效果时需要完成的任务。

6.3.2 品牌传播媒介

新时代的品牌传播需要构建一个全方位、多维度的媒体矩阵，实现信息的快速传播和互动。媒体矩阵能够有效整合多种媒体平台，达成综合、立体的传播效果，从而扩大受众范围，提高传播效率。具体的品牌传播媒介主要归纳为非媒体传播、自媒体传播和大众媒体传播。

（1）非媒体传播

非媒体指的是那些本身并非作为传播媒介使用，但对传播品牌信息有重要作用的信息载体，主要包括产品包装、企业领导者、员工和办公设备等。

①产品包装。产品包装是对在流通过程中保护产品，方便储运，促进销售的辅助物的总称。对品牌而言，产品包装不仅能为消费者提供视觉上的体验，更是激发品牌联想的关键要素，在构建品牌性中发挥着关键作用。

②企业家。企业家是在企业内居于某一领导职位，拥有一定领导职权，承担领导责任与实施领导职能的人。企业家在各种社交活动中展现的个人特质如仪容仪表、言行举止、个性以及道德水平塑造了其独特的个人形象。对于企业品牌而言，企业家本身也扮演着传播媒介的角色。通常，消费者倾向于将企业家的个人形象与品牌形象联系起来。因此，积极的企业家形象能够增强公众对品牌的正面认知和好感。

③员工。企业员工代表着与企业建立劳动关系的各类工作人员。所谓的员工品牌，是指在消费者心目中形成的对企业员工的整体印象和认知。这种认知直接影响并塑造了企业的品牌形象。因此，员工品牌的建设和维护对于企业整体的品牌策略具有至关重要的影响。

④办公设备。办公设备涵盖了办公场所及办公用品两个方面。其中，办公场所是指企业内部的办公环境，它包括生产厂房、办公室、销售门店、会议室、休息室等关键工作区域。而办公用品则是指企业在日常运营过程中所需的各类物品，这些包括但不限于信封、信纸、名片、工作证、请柬、文件夹、账票、备忘录、公文表格、公务礼品以及交通工具等。在消费者与企业品牌的互动过程中，消费者常常有机会接触企业的办公设备，例如消费者到海尔电冰箱厂观看一台家电生产的全过程等。此时，办公设备便成为承载和传递品牌信息的重要载体，发挥着关键的品牌传播作用。因此，对于企业而言，优化办公设备的设计与管理，不仅是满足提高工作效率的需要，更是加强品牌形象构建与传播的重要策略。

（2）自媒体传播

自媒体指的是那些具有媒介性质，品牌对其具有完全自主使用权的信息载体，主要包括企业内刊、品牌官方网站和博客、微博等社会化媒体等。

①企业内刊。企业内刊是由企业自办的报型或刊型读物。它作为企业内部员工与外部特定受众群体的沟通和推广工具，不仅促进内部交流，增强团队凝聚力，还

有助于提升品牌知名度和美誉度，从而树立良好企业形象。

②官方网站。消费者浏览品牌网站时将接触到各种信息，这些信息可能会激发浏览者积极或消极的情绪，并将其附加在品牌之上。例如，一位顾客在浏览一家电子产品品牌的网站时，看到了详尽的产品规格和优质的客户服务承诺，可能会产生信任感和满意度，从而增强品牌的正面形象。

③社会化媒体。社会化媒体这一概念最早由美国学者安东尼·梅菲尔德提出，他将其界定为一种用户可以广泛参与的网络媒体。在社交媒体的环境中，每个人都可以自由地制作、传播内容，与他人进行开放的交流和对话。如今，社会化媒体已经成为品牌与消费者进行双向交流的关键渠道。美国的社交媒体以 Facebook 和 Twitter 为代表；中国的社交媒体则以微博、微信、抖音等平台为主流。这些社交媒体工具促进了信息的自由流通，也极大丰富了人们的社交体验。

（3）大众媒体传播

大众媒体指的是那些具有媒介性质，但品牌对其没有完全自主使用权的信息载体，营销人员需要通过购买或租用来发布信息，主要包括商业广告、营销公关和销售促进等。

①商业广告。根据美国广告主协会对广告的定义，广告是付费的大众传播，旨在通过传递信息、改变消费者对商品或品牌的态度，并最终诱发购买行为。作为品牌传播的重要工具，广告不仅仅是信息传递的手段，更是塑造品牌形象、建立品牌认知的重要环节。

②营销公关。营销公关是一种旨在塑造组织形象的传播活动。美国营销专家菲利普·科特勒（Philip Kotler）提到，营销公关主要依靠各类媒体平台（如印刷媒体、广播等）获得报道版面。通过媒体的传播，提升品牌的可见度与认可度。这种方式是通过媒体的报道，而非直接付费广告的方式来推广品牌。

③销售促进。品牌通过销售促进策略激励消费者购买或做出预期反应，其核心目的是通过短期的激励手段，直接影响消费者的购买决策。这种策略通常以奖励、优惠或回报的形式，提供给目标受众一定的诱因，以刺激销售。虽然它在短期内能产生较好的销售反应，但若过度依赖，也可能带来品牌形象受损和消费者忠诚度下降的风险。对于小品牌而言，广告预算有限的情况下，销售促进是吸引消费者尝试产品的有效手段，有助于在短期内获得更多的市场曝光和消费者关注，从而打破市场竞争壁垒，吸引初期客户。

6.3.3 新时代品牌传播策略

（1）新时代品牌传播特征

①去中心化、强社交化的传播形式。以往品牌推广主要通过央视、纸媒等权威媒体进行海量信息投放，以打造知名度。然而，这种传播方式的效果逐渐减弱，用

户难以从中获取足够的喜好和信息满足，从而导致其对品牌的信任度和满意度下降。在新的传播体系下，传播渠道、工具、模式乃至主体都发生了变化。随着移动社交的迅猛发展，社交化和社群化传播成为当前的主流趋势。同时，传播的"去中心化"特征日益明显，不仅媒介本身去中心化，品牌及传播过程也如此。换句话说，品牌需要通过内容带入情绪与用户对话，而非单向传播。

②个性化、娱乐化的传播延展。在新时代下，人们的大脑适应了碎片化的思考模式和追求情感需求的即时满足。这种心理变化使得"娱乐"自然而然成为品牌建设的核心理念。尽管企业品牌传播通常追求病毒式扩散，希望信息能迅速传递给广大群众，但是这一目标的实现不仅需要巧妙的创意支撑，也需要个性化的功能提供辅助，才能有效吸引并留住消费者的注意力。

③品牌传播与用户建立情感纽带。品牌传播的成功关键在于讲述引人入胜的品牌故事，其中情感层面的沟通是吸引受众的核心。新时代的品牌传播更加注重与用户建立情感连接，通过共情来触动用户。品牌可以运用情感设计的三个层次——听觉、感觉和视觉，来传递特定的感受和特征，从而创造出能够打动用户的情感体验。此外，当用户对品牌进行讨论和评价时，会产生二次性或多维度的传播效应，这有助于在情感层面上提升品牌价值。因此，品牌传播应密切贴合受众需求，服务客户，将群众关注的热点作为企业关注和努力的方向。在宣传中品牌应避免过分专业的内容和单纯从企业视角出发的工作成效展示，而应深入挖掘受众的关注点，将这些作为宣传的焦点，以确保新闻内容具有实际价值。

④短视频大爆发带来营销新思路。短视频最短时效的视听效果与移动用户随时随地获取内容的需求相契合，成为品牌营销新趋势。同时，短视频营销的兴起催生了内容营销时代的到来，这使得品牌讲述接地气的故事和价值主张更容易触动用户情感，从而吸引关注。此外，短视频"网红经济"在品牌传播中日益重要。在短视频传播中，网红的影响力逐渐超过明星艺人的影响力，且这种互动式传播模式也更受年轻消费者青睐。借助网红资源为品牌搭建情感桥梁，成为企业成功实施短视频营销的关键策略。但需注意，短视频是内容创作与传播工具，旨在创造流量而非仅利用流量。因此，品牌应用短视频营销的核心在于精准掌握品牌内容端口而非单纯追求流量。

（2）新时代品牌传播内容策略

移动互联网的飞速发展不仅加快了信息传播的速度，也改变了其方式，进而深刻影响了消费行为和营销策略。现今，品牌不再依赖传统媒体单一渠道，而是向多元化新媒体平台扩展。在此背景下，企业需要制定有效的品牌传播策略来适应新环境。具体而言，可以从以下三个方面入手：

①夯实品牌定位。企业夯实品牌定位能更准确地对接目标市场，凸显品牌独特价值，增强与消费者的情感连接。具体来说，企业可以通过大数据和人工智能技术分析消费者行为，了解目标消费者的需求和偏好，从而更精准地定位品牌。同时，

企业还可以提供定制化的服务或产品，以满足消费者的个性化需求，增强品牌与消费者之间的联系。此外，企业将品牌的社会责任和环保理念融入品牌故事中，能够吸引更多关注企业责任的消费者。

②增强内容创意。在新时代，创意在品牌传播中扮演着举足轻重的角色，而优质内容则是吸引消费者和建立用户忠诚度的关键。新颖独特的内容能够从信息过载的环境中脱颖而出，迅速抓住消费者的注意力。若这些内容能与目标消费者的价值观相呼应，更能促使消费者关注品牌的产品和服务。再者，企业在品牌传播中利用热点话题不仅能够增强内容的吸引力，同时也能在提升品牌的曝光度和认知度方面起到事半功倍的作用，这种策略使品牌传播更加高效和自然。

③拓展传播渠道。拓展传播渠道能提升品牌可见度和影响力，帮助品牌更好地与消费者互动，满足个性化需求，并在竞争激烈的市场中保持领先地位。在互联网时代，企业可以通过以下几种渠道进行媒体矩阵式传播信息：

一是新媒体传播。新媒体如微博、微信、抖音等，为人们提供了便捷的信息交流空间，超越地理和时间限制。品牌方可利用这些工具迅速传播品牌信息，其影响力和覆盖范围远超传统媒体。

二是短视频传播。短视频作为新媒体的重要组成部分，以其时长短、表现力强、应用场景多的优点，满足用户碎片化时间利用的需求，受到广大用户喜爱。企业通过制作精良的短视频能获得大量点赞和完播，从而得到平台算法的推荐，实现良好的营销效果。

三是直播传播。现今，越来越多的消费者观看直播并通过直播购物，网络直播已然成为重要的品牌传播方式。品牌商可以通过直播随时为顾客提供重播、点播，延长直播时间，让品牌形象"时时在线"。再者，品牌商还可以针对不同的直播主题进行场景搭配，或直接将商场搬进直播间，将卖货直播间升级为"品牌沟通+体验"的直播间。过去被认为是"线上"绝缘的大件产品，例如房产、汽车、家具等，也借助直播和 VR 技术实现了线上销售；例如贝壳网、链家等房屋中介平台运用 VR 技术向消费者展示房屋实况，让隔空买房成为可能。

（3）新时代品牌年轻化传播策略

传播媒介技术的快速进步、消费观念的更新升级以及消费模式的持续迭代，导致消费者的时间分配和思维模式日益碎片化和个性化。这些变化不仅影响了品牌生命周期的发展轨迹，也加速了品牌的老化过程。在这一背景下，品牌年轻化成为企业管理者们关注的焦点。

①目标消费者转向年轻群体。在互联网时代背景下，年轻人已经崛起为主流消费群体。他们不仅具备强大的购买力，还能影响潮流趋势，将其消费偏好传播至其他群体。基本生活的满足赋予了年轻消费者自信以及勇于表达自我的性格，其中以"Z 世代"和"千禧一代"为核心的年轻消费力量正塑造一种独特而强大的市场影响力。这些年轻消费者追求更高的生活品质，偏爱那些能提升幸福感的高品质商品

与服务。需要注意的是，真正的品牌不应仅仅作为迎合年轻消费者需求和欲望的"工具理性"存在，因为这样的关系会使品牌失去了一个有生命力品牌应有的独立性。一个优秀的品牌应具备"人格化"特征，需要超越单纯的市场需求迎合，真正建立起自身的价值观。而通过与消费者之间的相互认同和互相建构，品牌才能够在与消费者的互动中共同成长，从而实现品牌真正意义上的年轻化。

②更新品牌传播方式。在新时代背景下，品牌想要成功融入新的传播渠道并强化与年轻消费者之间的沟通，必须及时调整其传播策略。在传统媒体时代，由于消费者对核心媒体的高度信赖，品牌通过这些主要渠道的传播便能迅速地接触到广泛的消费群体。然而，进入新媒体时代后，媒介传播更加注重对目标消费群体的精准定位和有效触达。因此，品牌企业需要从传统的单向传播模式转向构建一个更加多样化、更具包容性且年轻化的传播体系，这不仅仅是改变过往的传播方式，更要求在品牌形象和内容的深度上进行细致的打磨。同时，品牌需要用充满青春气息的视觉元素来展现其年轻状态，运用贴近年轻人的语言去表达品牌的活力，以年轻的心态与消费者建立对话，通过真实、诚恳、积极的态度成为年轻消费者信赖的好伙伴。

③内容与场景并存。一方面，伴随着媒体的多元化，内容逐渐成了引导消费的重要抓手，在消费主体年轻化的背景下，品牌的内容输出也需要面向年轻消费者群体做出改变。例如，在传播品牌内容时，品牌可以用优质视频和高质量文案替代冰冷的设备和枯燥的数据，用常识性语言表达晦涩的专业术语，用多元化的案例呈现产品和服务等。另一方面，随着品牌塑造年轻消费者的认同感更多依赖于互动交流与体验，"场景营销"转变为打入年轻消费群体的基本策略。品牌需要贴近年轻人的生活方式和社交圈，确保其存在感触手可及，这要求品牌推广摆脱传统媒介的限制，并在新媒体环境中营造新的"场景"。将品牌与特定场景结合，不仅能让年轻消费者在无形中接受品牌信息，还能在类似场景下触发品牌记忆。此外，内容可以融入或创造场景，而场景可以辅助内容传播并转化为内容本身，这种内容与场景的相互补充，成为品牌吸引年轻消费者的关键营销策略。

 **案例分析**

普罗甬诚甄选品牌策划方案

普罗农场是宁波普罗农业有限公司旗下品牌，该公司一直致力于横溪镇凰山岙农旅小镇——农业休闲板块的开发与建设。目前以普罗农场为主的农业生产板块已初具规模，已建成约 300 亩的现代化设施农业种植基地，并斥资开发科学完善的食品安全追溯系统以及便捷实惠的线上销售平台，为宁波的城市精英提供更放心、更完善、更健康的蔬菜供应配送全过程体验服务。通过品牌创建及传播策略的理论模型，从以下几个方面来分析品牌策划方案的成功之处。

1. 品牌定位：不只农场，更是创造一万种理想生活方式。

（1）产品定位：提供绿色有机天然生态的产品，创造环保可续的生活方式。

（2）选址定位：溯源绿水青山悠然自得的农场，创造人人富足的生活方式。

（3）客户定位：吸引中高消费追求品质的客户，创造健康高端的生活方式。

（4）合作定位：携手互助资源同修同盟的伙伴，创造合作共赢的生活方式。

2. 品牌体系构建

（1）品牌形象体系，见图6-4

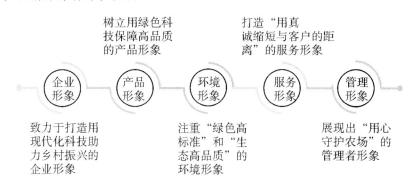

图6-4 品牌形象体系

（2）品牌价值体系

品牌名称："普罗"取自英文"pro"的中文谐音，普罗正如同"pro"代表的专业高级，并且与公司的愿景、核心价值和经营理念十分相符。

品牌口号：从田间到身边。强调了农产品的原始来源、新鲜质量、本地化。支持和透明的生产过程，使消费者在购买时更容易与农产品建立情感连接。

品牌核心价值：专业品质、绿色助农、安心快捷。从产品种植、养殖、加工到市场销售等各个环节，都拥有专业的团队和技术，并且专注于提供高品质的农产品和服务。

品牌大使："普罗"作为宁波土生土长的品牌，邀请的品牌大使为著名主持人贾军。

品牌故事：宁波普罗农业总经理李晓升心怀热忱守田园，脚踏实地做农事是品牌故事的代表。这位出生于河南农村，以知识改变农业为理想，并有着20余年有机农业从业经验的农业"匠人"，自2022年末加入宁波普罗农业以来，与全体宁波普罗农业人一起，用心守护着农产品的自然与安全，给万千家庭的餐桌增添更多美味。

品牌原则：我们坚持没有什么比品质更值得坚持，传达了公司对于产品品质的高度重视和坚定信念。

（3）品牌组合体系

如图6-5所示，"普罗·甬诚甄选"为母品牌，旗下"普罗·有些新鲜""普罗·有亩良田""普罗·有点便捷"等子品牌，子品牌则是在母品牌"普罗·甬诚甄选"的基础上，专注于独立的销售目标和市场定位，通过推广不同的特性和品牌名称，满足特定消费者需求的品牌。"普罗·有些新鲜""普罗·有亩良田""普罗·有点便捷"这些子品牌在享受母品牌（普罗·甬诚甄选）的声誉和市场影响的同时，也可以充分利用自身的品牌形象，开拓新市场和提高市场占有率，有效地提升了母品牌（普罗·甬诚甄选）的忠诚度。

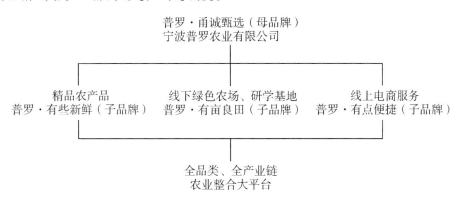

图 6-5　品牌组合体系

（4）品牌视觉体系

主品牌普罗 logo 设计如图 6-6，采用古法印章，设计理念源于对传统文化的尊重与传承，以及对现代审美的追求。在创作过程中，力求将传统书法的韵味与现代设计的简约大方相结合，以达到一种和谐的美感。

子品牌主体风格均与母品牌相一致，采用创意书法艺术字为 logo 主体要素，并以各自特点设置主题色，在 logo 设计中均有"普罗"古法印章，明确子母品牌形象。设计简单明了，提高在消费者和大众心目中的记忆力和辨识度。更容易在不同大小和媒介上应用，并且能够长时间保持时尚感。

主品牌普罗下设母品牌和子品牌，不同品牌分别对应公司的不同业务，因此在 IP 形象设计中为母品牌和子品牌分别设计系列形象，如图 6-7，各个 IP 形象取名源自各品牌名称，母品牌（普罗·甬诚甄选）形象 IP 名为"诚诚"，子品牌（普罗·有亩良田）IP 形象名为"有点田"，子品牌（普罗·有些新鲜）IP 形象名为"一点鲜"，子品牌（普罗·有点便）的 IP 形象名为"快点鸭"。各个 IP 主题颜色选取 logo 设计主题色，使得 IP 形象和品牌形象相统一，并且各自 IP 形象设计符合明确性、独特性、可衍生性和与品牌理念相符合等原则。

图 6-6　字母品牌体系 logo

诚诚　　　　有点田　　　　一点鲜　　　　快点鸭

图 6-7　IP 形象体系

3. 品牌推广与传播

将品牌推广与传播策略划分为 3 个阶段，见图 6-8，根据各阶段重心稳步推进。

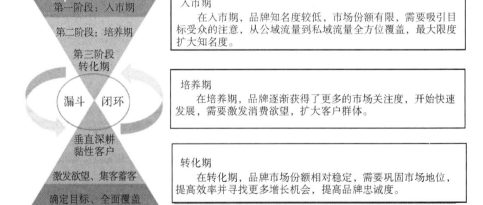

图 6-8　宣传-推广一览图

思考题：

1. 请分析该农业品牌的市场现状。

2. 如何分析该品牌的市场竞争者?

3. 讨论该品牌推广与传播每个阶段的工作重心和具体举措。

 高阶训练 ━━━━━━━━━━━━━━━━━━━━━

品牌创意设计

1. 训练目标:理解并掌握文化创意、品牌创建和品牌传播策略理论知识;了解品牌文化创新和传播实践,训练品牌广告的设计和制作能力;设计符合商业化市场需要的广告。

2. 训练内容:结合全国高校商业精英挑战赛品牌策划竞赛,分析新时代某创业企业品牌传播的需求和痛点,运用文化创意的思维和方法,根据平面广告设计流程,采用 Photoshop、Illustrator、CorelDRAW、InDesign 等设计工具为某新品牌设计全套方案。教学模拟项目分别介绍自己的"品牌策划",包括以下内容:

(1)品牌定位

(2)品牌名称与注册商标(商标查询)

(3)LOGO 徽标与价值内涵(绘图)

(4)产品包装设计(绘图)

(5)使用场景设计(绘图)

(6)广告视觉设计(绘图)

(7)品牌传播策划

3. 训练方法:文献分析法、实地调查法、项目驱动法。

4. 测评标准:测评的内容从品牌理念展示(核心理念或价值主张传达准确)、广告要素创意(图形和文字的创意新颖)、广告主题突出性(使人能够迅速理解广告的内涵)、广告布局合理性(色彩、图形、动画等设计相互协调)几个方面进行评估。

 拓展资源 ━━━━━━━━━━━━━━━━━━━━━

[1] 白庆祥,李宇红.文化创意学 [M].北京:中国经济出版社,2010.

[2] 薛可,余明阳.文化创意学概论 [M].上海:复旦大学出版社,2021.

[3] 张浩,张志宇.文化创意方法与技巧 [M].北京:中国经济出版社,2010.

[4] 周承君,何章强,袁诗群.汇文创产品设计 [M].北京:化学工业出版社,2019.

[5] 覃业银,张红专.非物质文化遗产导论 [M].沈阳:辽宁大学出版社,2008.

［6］余伟萍. 品牌管理［M］. 北京：清华大学出版社，2007.

［7］王新刚，黄静. 品牌管理［M］. 上海：华东师范大学出版社，2013.

［8］凯文·莱恩·凯勒. 战略品牌管理（第 3 版）［M］. 卢泰宏，吴水龙，译. 北京：中国人民大学出版社，2009.

［9］王海忠. 品牌管理［M］. 北京：清华大学出版社，2014.

［10］余明阳，朱纪，肖俊崧. 品牌传播学［M］. 上海：上海交通大学出版社，2022.

［11］苏朝晖. 品牌管理：塑造、传播与维护［M］. 北京：人民邮电出版社，2023.

7　创业运营计划

教学目标

（1）知识目标：掌握创业生产计划、营销计划和人力资源计划的主要内容。

（2）能力目标：能结合新时代需求制定全套系统的创业运营计划方案。

（3）素养目标：通过方案可行性和可操作性的细致打磨，培养严谨踏实的态度和企业家精神。

思维导图

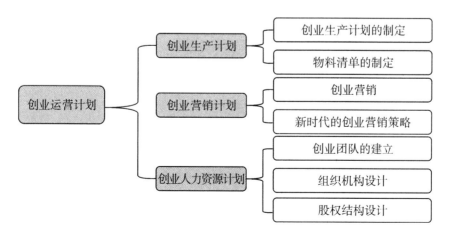

导入案例

公司股权结构带来的危机

1994 年，四个要好的年轻人在四川简阳开设了一家只有 4 张桌子的小火锅店，这就是知名火锅品牌"海底捞"的第一家店，4 个人各占 25% 的股份。后来，这四个年轻人结成了两对夫妻，两家人各占 50% 股份。一家企业成为两家人平均持股的生意，这在小规模企业中比较常见。

随着企业运营越来越好，需要一个决策的人支撑门面，张勇逐渐成为企业领袖，几乎所有大事、难事都是张勇拿主意。逐渐地，张勇自然认为另外 3 个股东跟不上企业的发展，于是让他们先后离开企业只做股东。张勇最早先让自己的太太离开，2004 年辞退了施永宏的太太。2007 年，在海底捞步入快速发展的时候，张勇又比较强势地让施永宏退出了公司管理，还以原始出资额的价格从施永宏夫妇的手中购买了 18% 的股权，张勇成了海底捞的绝对控股股东。

海底捞通过内部回购的方式，解决了股权均分的创业者天花板难题，这一方面得益于海底捞从一开始就是张勇为主、施永宏为辅，形成了张勇是核心股东的事实；另一方面也得益于施永宏的大度、豁达与忍让。这一股权分配的改革避开了可能的股东矛盾的风险，将海底捞从家族企业管理转向标准化流程的企业管理，奠定其未来的发展，成为整个餐饮业学习的标杆和各路资本追逐的"香饽饽"。

另一个案例是中国最大的中式快餐连锁品牌之一"真功夫"，其创立于 1990 年，门店遍布全国 50 多个城市近千家门店。业界普遍认为，如果不是股权纷争，"真功夫"可能比现在发展得更好。

1990 年，潘宇海在东莞开办 168 甜品屋。1994 年，潘宇海的姐姐与姐夫入股，与潘宇海各占 50% 的股权。随着公司从"168 蒸品店"到"双种子公司"，最后到"真功夫"，这种股权设计并没有改变。到了 2006 年，姐姐姐夫协议离婚，潘宇海与前姐夫蔡达标的股权也由此变成了 1∶1。2007 年真功夫引入了两家风险投资基金，谋求上市。真功夫在蔡达标的主持下，开始推行去"家族化"的内部管理改革，以职业经理人替代原来的部分家族管理人员，这些人基本上都是由蔡总授职授权，潘宇海被架空，二人的矛盾公开化。再后来，潘宇海不满被边缘化，状告蔡达标，蔡达标因挪用公司资产被捕，资本方退出，再后来潘宇海重新掌舵，公司重新起航。

虽然真功夫的股权之争暂时告一段落，但是却错失了中式快餐发展的黄金时期，股权之争的几年，开店数量几近停滞，IPO 也随之泡汤。如果没有股权纷争，真功夫在国内有可能已经超越了肯德基、麦当劳、乡村基等快餐连锁品牌。

资料来源：真功夫 VS 海底捞：最差股权结构公司的不同命运. 聚英商

道，2016.9

新时代的高校并不缺少研究成果，而是缺少创新的成果，以及成果的商业转化。本章内容旨在指导大学生作出技术创新成果及其商业转化的设计，即创业运营计划。大学生创新创业项目在技术创新和品牌创意之后，需要在三个重要方面作出运营计划，第一是生产产品（生产计划），第二是销售产品（营销计划），第三是生产和销售产品的团队（人力资源计划）。因此，本章采用上述三节结构。

7.1 创业生产计划

创业生产计划与一般的生产计划最大的区别，是创业者紧缺能生产出让目标顾客满意产品的生产条件，包括设施设备和生产线，包括质量标准和品质要求等。因此，创业生产计划需要区分生产运营中的核心和非核心环节，将非核心环节尽量外包给合作伙伴，集中设计核心环节。

7.1.1 "哑铃型"的轻资产生产管理模式

基于"微笑曲线"的思想，缺少制造工厂配套的大学生创新创业项目比较适合选择哑铃型管理模式（Dumbbell Management Model），如图7-1，在这种管理模式中，企业的产品开发和营销能力强，而生产能力相对较弱，形成了一种中间小、两头大的管理结构。其中，"哑铃"的一端是新产品研发与技术创新环节，另一端是品牌与市场营销环节，而中间细长的部分则是产品的生产制造环节。

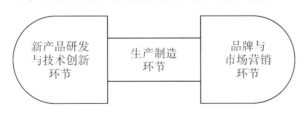

图7-1 "哑铃型"管理模式

哑铃型管理模式强调企业在产品开发和市场营销方面的投入和实力，而将生产制造环节相对弱化，以适应市场经济条件下激烈的市场竞争。因此，哑铃型公司属于"轻资产"公司，哑铃管理模式属于轻资产运营的理念。对于大学生创新创业项目，首推"轻资产"。

关于生产环节，哑铃型管理模式中的生产主要以外包组装为主，少数关键、重要零部件由企业自己生产，多数零部件则是择优选择生产厂家进行外协和外购。由于哑铃型管理模式将生产制造环节相对弱化，因此企业可以选择将这部分业务外包给专业的生产厂家，从而降低生产成本。同时，企业可以更加灵活地调整生产规模，能够更专注于产品开发和市场营销，以适应市场需求的变化，从而提高整体效率和竞争力。

但是，长期的制造外包可能导致企业逐渐失去生产制造能力，进而产生产业空心化的问题。哑铃型管理模式使企业高度依赖于外部供应商的生产能力和质量控制。如果供应商出现问题，如采购延误、质量问题等，企业可能面临生产中断的风险。

基于哑铃型管理模式的优点和缺点，不少成功企业在哑铃型管理模式的基础上，进一步选择了"核心环节自主，非核心环节外包"的生产计划。属于核心环节自主的有"投产计划""核心原材料采购"和"仓储"；属于非核心环节外包的有"非核心原材料采购""加工""分装"和"运输"，如图 7-2 所示。

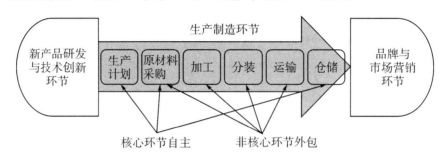

图 7-2　"核心环节自主，非核心环节外包"的生产计划

传统制造企业发展套路是"建工厂→拓市场→树品牌"的三步走，公司都一一覆盖产品的研发、生产、储存、转运等环节。大规模进入一个新的市场之前，传统制造企业都会在当地建设工厂，然后再逐渐打开市场空间。但这种方式的资金占用太高，于是三只松鼠等互联网企业抛弃了前面工厂建设的那一步，直接去把握微笑曲线的另一端，通过"线上树品牌→网络营销→卖产品"反传统的逻辑，开启了公司的百亿帝国。这样做的好处就是，三只松鼠可以不用负担重资产的采购、加工、运输等环节。公司轻资产运营，可以轻装上阵，加快资金周转，缩短周转周期，也降低了资金占用。

7.1.2　生产计划的主要内容

生产计划的内容涉及很宽，非专业人员不容易掌握。下面提供一个简化版，供创新创业项目参考，如图 7-3 所示。

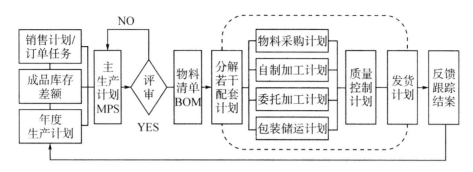

图 7-3 生产计划的主要内容

第一，主生产计划。

主生产计划（master production schedule，简称 MPS）是对企业生产计划大纲的阶段实现，它将生产计划大纲中的大类计划转换为具体的产品计划。主生产计划需要基于销售计划或者订单任务，基于成品库存差额，还基于上一年度的生产计划。然后根据市场需求预测，制定详细的生产计划，包括月度、季度和年度的生产计划；明确新产品的投产时间、生产规模以及预期的产量和产值。主生产计划需要经过企业决策层评审通过之后，才能分解执行。

主生产计划需要详细对新产品进行介绍，详细阐述新产品的特点、性能、用途、参数。图 7-4 是一件新产品的分解图，可以供制定生产计划使用。

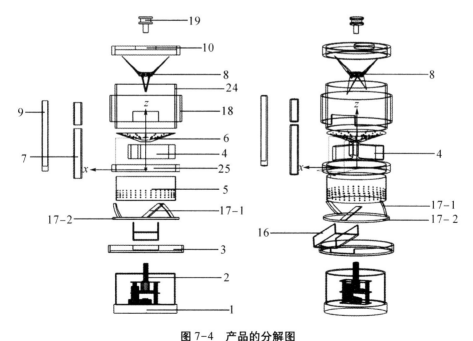

图 7-4 产品的分解图

（资料来源：创新大赛金奖项目）

产品的分解图（或称为爆炸图、拆装图）是一种详细展示产品各部件如何组装在一起的图示。通常使用绘图软件：如 AutoCAD、SolidWorks、Photoshop 或 Illustrator 等，用于绘制和编辑分解图。在绘图软件中，按照拆卸顺序绘制产品的分解图，使用不同的颜色、线条或阴影来区分不同的部件。在分解图中添加必要的文字说明，如部件名称、功能描述、拆卸步骤等，使用箭头指示部件之间的连接关系和拆卸方向。

第二，物料采购计划。

根据主生产计划，制定详细的物料需求计划，包括原材料、零部件和辅助材料的采购计划。目前主流的物料采购是通过互联网完成的。网上采购是在电子商务环境下的采购模式，由采购人员在网上寻找供应商、寻找所需品种，在网上洽谈贸易、网上订货甚至在网上支付货款，但是在网下送货、进货，这样完成全部采购活动。电子商务采购能够冲破地理和语言的羁绊，使供求双方能够更有效地连接，降低采购成本，节约采购费用，缩短采购周期。但网上采购依赖于电子商务的发展和物流配送水平的提高。网上采购正在不断地发展和普及。比如，阿里巴巴旗下的1688批发网、淘宝、天猫都提供了大量产品供应信息，采购方只要登录网站，就可以浏览到大量的产品供应信息，采购方只要在网上下订单、付款，供应方就可以给采购方发货。此外，在网上采购中，采购方需要关注供应商的信誉和产品质量。

第三，自制加工计划。

自制加工计划是指企业决定自行生产产品中的某些部分或全部组件的计划。这通常涉及原材料采购、生产线安排、工人调度和工艺控制等方面。例如一家生产智能穿戴设备的企业，自制加工计划可能包括自行设计和制造设备的核心部件，如传感器、处理器等，非核心部件才会选择外包委托加工。企业会制定详细的工艺路线和生产流程，确保这些核心部件的质量和性能达到设计要求。同时，企业还需要考虑原材料采购的周期和成本，以及生产线的产能和效率，以确保自制加工计划的顺利实施。

第四，委托加工计划。

委托加工计划是指企业将产品中的某些非核心部分或全部组件的生产任务外包给其他企业的计划。这通常是为了降低成本、提高效率或利用外部企业的专业优势。

外包生产商的选择，是每个创新型企业都必须面对的重要问题。一个好的生产商不仅可以提供高质量的产品，还可以帮助企业降低成本、提高效率。然而，如何从众多的生产商中筛选出最适合自己的呢？本文将为你提供五个关键步骤，帮助你轻松找到最合适的生产商。第一步，初步筛选：根据供应商的基本信息，如公司规模、经营年限、生产能力等进行初步筛选。第二步，资质审查：对初步筛选合格的供应商进行资质审查，包括生产许可证、质量管理体系认证等。第三步，产品测试：对供应商提供的小批量样品进行质量、性能等方面的测试。第四步，综合评估：根据测试结果、价格、交货期、服务等综合因素对供应商进行评估。第五步，最终选定：经过综合评估后，选定符合公司要求的供应商，建立长期合作关系。

第五，包装、仓储、运输等物流计划。

包装储运计划是指企业为确保产品在运输和储存过程中不受损坏而制定的包装、仓储和物流运输计划。这包括选择合适的包装材料、设计合理的包装结构、制定运输路线和储存策略等。例如一家生产无人机的企业，包装储运计划至关重要。企业会选择抗震、防潮、防尘的包装材料，并设计合理的包装结构以保护无人机在运输过程中的安全。同时，企业还会与物流公司合作，制定最佳的运输路线和储存策略，以确保产品能够按时、安全地送达客户手中。

第六，质量控制计划。

质量控制计划是指企业为确保产品质量符合设计要求而制定的检验、测试和监控计划。这包括原材料检验、生产过程监控、成品测试等环节。例如一家生产医疗器械的企业，质量控制计划是确保产品安全性和有效性的关键。企业会制定严格的原材料检验标准，确保所有原材料都符合医疗级标准。在生产过程中，企业会设置多个质量控制点，对关键工序进行实时监控和记录。在成品测试阶段，企业会进行多项性能测试和安全性测试，确保产品符合相关标准和法规要求。

第七，发货计划与跟踪反馈。

发货计划是指企业根据客户订单和库存情况制定的产品发货计划。这包括确定发货时间、发货方式、发货数量和发货顺序等。例如一家电商平台上的初创服装品牌，发货计划是确保客户满意度的关键。企业会根据客户订单和库存情况，制定详细的发货计划。在发货前，企业会对产品进行最后的检查和包装，确保产品完好无损。同时，企业还会选择合适的物流方式和快递公司，以确保产品能够按时送达客户手中。在发货过程中，企业还会实时跟踪物流信息，及时反馈并解决可能出现的问题。反馈并结案的项目，又是下一年度生产计划的重要依据。

7.1.3　物料清单的制定

物料清单（bill of materials，BOM）是产品结构的技术性描述文件，是创新创业项目需要整理清楚的重要文件之一。

（1）BOM 的功能与类型

BOM 详细列出了生产某个最终产品所需的原材料、零部件、组件及子组件等所有物料的清单，以及每个组装件所需要的各下属部件的数量。它表明了产品组件、子件、零件直到原材料之间的结构关系，这种结构通常被描述为一种树型结构，称为产品结构树。BOM 的主要功能包括：

第一，为生产和采购提供确切的物料依据。

第二，准确计算出产品的原材料成本。

第三，支持产品设计、生产制造、采购管理、库存管理、质量控制等环节的决策和流程优化。

根据应用阶段和目的的不同，BOM可以分为多种类型：

工程BOM（Engineering BOM，EBOM）：由产品设计部门根据客户订单或设计要求制定，反映产品的组成结构和功能需求。

工艺BOM（Process BOM，PBOM）：由工艺部门根据实际生产工艺过程确定，反映产品的制造流程和工艺要求。

制造BOM（Manufacturing BOM，MBOM）：由生产部门在生产准备阶段编制，反映生产所需的确切物料清单，包括备件和替代件等。

此外，BOM还可以根据其他标准进行分类，如单层BOM和多层BOM（单层BOM只列出直接用于某个上层产品的下层材料，而多层BOM则列出所有直接或间接用于最终产品的材料）、正向BOM和逆向BOM（正向BOM从成品到原材料逐级创建，逆向BOM则从原材料到成品逐级创建）等。

（2）BOM的组成部分

BOM的组成部分根据其不同的分类和应用场景，可能有所不同。但一般而言，BOM的组成部分主要包括以下几个方面：

●BOM的基本信息

物料编码：每个物料在系统中的唯一标识，用于区分不同的物料。

物料名称：物料的名称或描述，便于理解和识别。

规格型号：物料的规格和型号，描述了物料的具体尺寸、性能等特征。

单位：物料的计量单位，如个、件、米、千克等。

●BOM的数量信息

需求数量：生产某个产品所需的物料数量。

已分配数量：已经分配给某个生产任务或订单的物料数量。

可用数量：库存中可用的物料数量，或根据生产计划预计可用的数量。

●BOM的层级结构

BOM通常按照产品的层级结构进行组织，从上到下依次列出产品的部件、零部件、零件、原材料等。这种层级结构有助于清晰地了解产品的组成和装配关系，也有利于优化生产管理，如图7-5所示。

●BOM的其他信息

物料属性：如自制件、外购件、标准件等，描述了物料的来源和类型。

供应商信息：对于外购件，通常需要列出供应商的名称、联系方式等。

价格信息：物料的采购价格或内部结算价格。

替代物料：如果存在替代物料，需要列出替代物料的编码、名称等信息。

工艺信息：在某些情况下，BOM中还可能包含与物料相关的工艺信息，例如加工方法、工艺流程等。

表7-1是BOM的表格示例，可用于创新创业项目生产计划物料清单的制作。

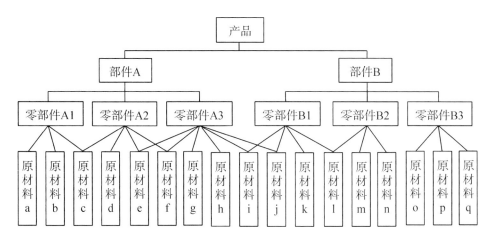

图 7-5 BOM 的层级结构图

（3）BOM 的数字化与智能制造

在智能制造为代表的新时代，BOM 的数字化成为实现产品全生命周期数字化的基础。通过数字化的 BOM，企业可以实现从设计、供应链到生产的信息数据融合，为智能制造提供基础数据支持。同时，基于精确的 BOM 数据，企业可以进行精确的材料需求规划和产能规划，实现生产过程自动控制和优化。此外，数字化的 BOM 还支持个性化定制和弹性生产，为企业的转型升级和可持续发展提供有力支持。

综上所述，物料清单 BOM 是生产计划中不可或缺的重要工具，它在产品设计、生产制造、采购管理、库存管理、质量控制等多个环节都发挥着关键作用。随着数字化和智能制造的不断发展，BOM 的应用价值和作用将进一步提升。

表 7-1 BOM 的表格示例

产品	部件	零部件	零件	物料编码	物料名称	规格型号	单位	需求数量	已分配数量	可用数量	物料属性	供应商信息	价格信息	替代物料	工艺信息	备注
甲	A	A1	A11	A111												
				A112												
			A12	A121												
		A2	A21	A211												
			A22	A221												
	B	B1	B11	B111												
				B112												
			B12	B121												
		B2	B21	B211												
			B22	B221												

表7-1（续）

产品	部件	零部件	零件	物料编码	物料名称	规格型号	单位	需求数量	已分配数量	可用数量	物料属性	供应商信息	价格信息	替代物料	工艺信息	备注
乙	C	CI	C11	C111												
		...	...	...												

7.2 创业营销计划

在创业运营计划中，生产产品（生产计划）之后，就是销售产品（营销计划）。营销计划一般采用科特勒的 4P's 营销组合策略。本书跳出对 4P's 或者 6P's 的介绍，而是结合创业的特点，介绍创业营销及其几种较为新颖的营销策略。

7.2.1 创业营销

（1）创业营销的概念

关于创业营销的定义，业界和学术界形成了三种主流观点。第一种观点主张，创业营销是创业者为了降低营销成本而采取的一种营销手段。在此过程中，他们倾向于采用新颖、非传统的营销战术，并借助个人网络来开展多样化的营销活动。因此，这种观点认为创业营销是对那些非传统、非线性、且以创业精神为特征的营销活动进行的理论化概括。第二种观点将创业营销与中小企业紧密联系起来，认为创业营销本质上就是中小企业的营销实践。这种观点强调了创业营销在中小企业中的普遍性和重要性。第三种观点则来源于斯坦福大学、哈佛大学等西方著名学府的创业营销课程。它认为创业营销特指那些高科技企业在寻求高增长的过程中，面对高风险所采取的、由市场机会驱动的市场营销活动。

创业营销是基于机会视角，营销者主动寻求新手段为目标顾客创造价值，从而建立顾客忠诚。营销者不受当前的资源限制，产品或市场创新是建立核心营销职责和维持竞争优势的关键手段。目前，被学术界广为接受的关于创业营销的定义是："通过创新的途径进行风险控制，资源利用，以及价值创造，从而进一步识别和利用那些能够获取和留住有利可图的客户的机会"（Morris et al., 2002）。该定义涵盖了创业学的一些要素（比如积极主动性、机会、冒险和创新）以及营销学的一些要素（比如客户关注、资源利用、游击营销以及价值创造），同时也考虑到了适用于那种破碎的、动态的、甚至恶劣的商业环境的营销行为方式。营销学大师菲利浦·科特勒（Philip Kotler）就曾基于企业生命周期理论提出：当一家公司还很弱小、灵活，并且愿意接受新兴事物的时候，它就会采取一种非正式的营销方式。

根据创业营销的定义，创业营销适用于中小企业，也适用于大企业。只要是营销者不受当前资源限制、基于机会视角主动寻求新策略并为目标客户创造价值的活动都属于创业营销的范畴。

（2）创业营销的构成要素

莫里斯等（Morris et al., 2002）认为创业营销包含先发制人、执着于机会、亲近顾客、关注创新、风险控制、资源整合和价值创造七个构成要素。

●先发制人。在创业营销的理念中，企业所处的外部环境被视为充满不确定性，因此，企业不应仅仅局限于被动响应或适应这一范畴。相较于传统营销通过评估现有环境、预测环境变动、调整营销组合以创造价值的方式，创业营销则强调引领市场趋势，勇于重新定义产业实践，创新市场定位或进行动态的定位调整。它要求企业能够迅速开发出恰当的营销方法，前瞻性地关注并满足顾客的差异化需求，以目标为导向采取行动，从而积极影响环境并主动把握市场机遇。在此过程中，创业营销者应当致力于减少不确定性，以及企业对外部环境的依赖，重新定义市场格局，将营销变量转化为推动变化、适应变化的有力工具。

●执着于机会。机会作为市场中的潜在利润源泉，往往隐藏在未被察觉的角落。创业者需积极挖掘和把握这些机会，通过增强营销活动的创新性和创业性来开拓市场。同时，对现有资源的有效利用和营销活动的有效管理同样重要，它们是创造市场价值的关键。机会的识别与追求不仅是创新的核心，更是创业营销不可或缺的一环。环境分析虽然有助于管理者把握市场趋势，但要发现那些被忽视或尚未成熟的市场，则需要创业营销者具备独特的洞察力和敏锐性，通过拓宽思路、提高警觉来发现市场机会。

●亲近顾客。创业营销活动并非单纯依赖于逻辑和数据分析，而是蕴含着深厚的信念、热忱和使命感，这些元素共同构成了企业对于目标追求的深刻理解。在营销过程中，直觉、敏锐的观察力和深入的分析能力被用来不断巩固和深化与顾客的关系。创业营销所倡导的亲近顾客策略，具有两方面的内涵。一方面，它促使企业深入了解客户，通过不断捕捉客户的需求变化，来指导企业的产品和服务创新，从而将营销策略与顾客的价值、关系和情感深度融合。另一方面，这种亲近策略还有助于企业与主要客户建立长期的合作共生关系，通过拓展新的关系网络或深化现有关系，为企业开拓新的市场机会。

●关注创新。创新思想是创业营销中至关重要的哲学基石。在创业营销实践中，持续关注创新意味着不断重新审视和定义产品与市场环境，积极组建富有创新精神的团队，致力于创造性地开发新产品和服务。这一过程中，创新涵盖了细分市场、定价策略、品牌管理、包装设计、客户沟通与关系维护、信用体系构建、物流优化以及服务水平提升等多个方面。持续创新是在内外部环境动态变化的背景下，催生新创意，并将其转化为新产品、新服务、新流程、新技术以及开拓新市场的综合活动。为实现这一目标，创业营销者应当通过资源整合，有效管理创新组合，敏锐识别市场机遇，积极产生创新思路，并提供必要的技术支持，从而助力企业实现创新型增长，乃至在逆境中实现增长。

●风险控制。在企业创业或营销的过程中，资源分配、产品、服务及市场选择等各个环节均伴随着潜在风险。因此，首先，需通过严谨的识别机制，精确识别风险因素，并采取相应的措施以减少或分散风险，从而最大限度地降低环境不确定性带来的潜在影响。其次，必须实施灵活且稳健的资源管理策略，如积极寻求与其他企业的合作开发项目、进行创新的市场测试、分阶段有序推出产品、与主要客户共同构建稳固的战略联盟、外包核心营销活动，以及提供与绩效紧密挂钩的资源支持等，以确保风险得到有效管理和控制。

●资源整合。资源整合旨在实现资源利用的最优化，确保以最经济的方式达到最大的效益产出。在创业营销过程中，即便面临当前资源的局限性，创业者仍需通过多元化的途径，积极开拓并高效利用各类资源。这包括但不限于对既有资源的延伸利用、发掘被忽视资源的潜在价值、借助外部资源或合作企业的力量、对资源进行创新性组合以及实施资源交换策略等。因此，成功的创业营销者必须具备卓越的创造性资源利用能力，能够精准识别并充分利用各种资源，同时采取非传统的资源利用方式，如易货贸易、融资、租赁、资源共享、循环利用及外包服务等，以实现资源的最大化价值。

●价值创造。价值创造是交易实现与关系建立的根本基石，创业营销专注于创新性价值的打造。其核心使命在于探寻尚未被发掘的客户价值，通过构建具有独特性的资源组合，实现价值的创造。在持续演进的市场中，价值的内涵不断被更新与定义，这要求创业者必须具备独特的洞察力，从不同于竞争对手的视角理解顾客需求，建立基于价值的顾客关系，并灵活运用各种营销组合元素，不断发掘和创造新的顾客价值源泉。

需进一步澄清，企业在制定创业营销策略时，具备灵活性至关重要。根据内部资源、市场环境及发展目标，企业可以选择性地整合创业营销的多个关键要素，以实现最佳的市场响应效果。这些要素的运用程度和组合方式，将直接体现创业营销的强度与效果。企业在不同的发展阶段和市场环境下，对创业营销各要素的需求和侧重亦会有所不同。若企业未能全面考虑和有效运用这些要素，如先发制人、机遇把握、顾客导向、创新思维、风险评估、资源整合及价值创造等，其营销策略可能难以充分展现出创业性特质，从而影响其市场竞争力。这些要素并非孤立存在，而是相互关联、相互影响的。例如，企业在寻求外部合作时，虽然能够通过资源整合提升竞争力，但也可能因此增加对合作伙伴的依赖性和潜在风险。因此，在运用创业营销要素时，企业需要综合权衡利弊，确保策略的全面性和有效性。

在当前市场变化迅速、竞争激烈的背景下，创业营销已成为企业获取竞争优势、实现持续发展的重要途径。企业应积极拥抱创业营销的理念和方法，不断优化策略组合，提升市场响应速度和创新能力，以适应不断变化的市场需求。

（3）创业营销与传统营销的区别

创业营销旨在为营销者提供更有针对性、更有效的营销新方法，它并不排斥传统营销的基本框架及手段。所以，创业营销与传统营销所采用的许多营销方法是相同的，很难用简单的二分法加以区分。为了突出创业营销的创新性和特殊性，这里对创业营销与传统营销进行对比，见表7-2。

传统营销学是以客户为中心的；但对于创业营销而言，客户和创业者在塑造公司的文化、战略和企业行为方面扮演着同等重要的角色；创业营销是通过创新的途径进行风险控制、资源利用以及价值创造，从而进一步识别和利用那些能够获取和留住有利可图的客户的机会，即以创新为导向，涵盖了创业学和市场营销学的很多元素，会深受创业者的性格特征和价值取向的影响而形式各异。

相对于传统意义上的营销而言，创业营销是一种新的营销思想和营销精神。它回避了传统营销中的很多规则，采用一些新颖的、非常规的营销策略来帮助创业公司在一个竞争激烈的市场中站稳脚跟。很多的创业营销策略都是随着现实的需要而产生的。通常来说，创业公司只有很少的营销人员，甚至很多时候都只是创业者本身。这些营销人员手头的预算捉襟见肘，通常情况下都只有竞争对手的几分之一、几十分之一、甚至几百分之一。对于他们来说，完整的营销团队、专业的图文设计师、昂贵的广告顾问等大公司营销部门的标配都只能是奢望，他们只能想方设法地将手头有限的资源效用最大化。

创业公司也具有一些大公司无可比拟的优势。第一，创业公司船小好调头。他们的营销团队通常人数很少，因此行动比较敏锐，反应速度快，执行力强。第二，创业公司会很灵活。他们没有过多的历史经验以及与外界千丝万缕的联系，因此更容易接受改变。第三，贴近产品。创业公司中的销售、研发、管理等人员之间通常非常熟悉，有助于信息的流通。第四，创业公司会更加贴近市场。创业公司对于自己的客户会非常了解，有时候他们甚至可以做到了解每一个客户。因此，他们会更容易理解客户的真正需求。

表7-2 创业营销与传统营销的区别[①]

项目	传统营销	创业营销
概念	以客户为中心：市场驱动，产品开发紧跟顾客需求	以创新为导向：想法驱动，对市场需求的直观的评估

① 杨晓明，赵彦辉，隋静. 创业营销——一场颠覆传统营销的革命［J］. 清华管理评论，2019（06）：28-35.

Hisnch. Robert D.，Eland Ramadan.. Effective Entrepreneurial Management：Strategy, Risk Management and Organization. Springer International Publishing. 2017：75-99.

表7-2(续)

项目	传统营销	创业营销
战略	自上而下的市场细分、锁定以及定位	自下而上的锁定客户以及其他有影响作用的人群
战术	4p/7p 的营销理论	互动式的营销方法，口碑相传的营销
对环境的反应	外部市场环境相对稳定，通过低程度的创新被动反应	外部市场环境很不确定，试图影响、重新定义或细分市场
对消费者的态度	针对现存市场，通过调研识别消费者需求	创造崭新市场，引导消费者，通过动态创新或逆向调研洞察消费需求
营销主角	聘请营销专业人士；品牌推广者	创业者及其核心创业团队；新品类的创立者
营销焦点	对营销组合进行有效管理	通过关系、联盟、资源整合和新产品、新价格、新渠道、新媒体为客户创造新的价值
客户角色	提供知识及反馈的外在资源	是企业营销过程的积极参与者，共同议定产品、价格、分销和传播策略
市场响应	市场渠道	驱动市场
产品	基于市场调研对于现有产品的改进，对于现有需求的解决方案	顾客参与产品设计与研发，是积极的共同创造者
价格	基于成本	基于能为客户创造的价值
市场	针对现存市场	创造崭新市场
促销	通过调研识别并清楚地说明顾客需求	通过动态创新和领先用户，了解引导顾客需求
风险	最小化营销风险	风险在可控范围内
市场情报	正式的市场调研和情报系统	非正式的人脉关系，非正式的市场情报收集

　　正如我们在先前的创业营销的定义中所提到的，创业营销涵盖了创业学和市场营销学的很多元素。传统营销学是以客户为中心的，但对于创业营销而言，客户和创业者在塑造公司的文化、战略和企业行为方面扮演着同等重要的角色。有意思的是，创业营销会深受创业者的性格特征和价值取向的影响而形式各异。

　　传统营销强调在开发产品或者服务之前，一定要对客户需求进行彻底的调研。而创业营销则更多地关注创新以及通过对市场需求进行主观的评估从而迸发出更多的创意。例如，大疆科技是一家创新型创业公司，一开始做飞行控制系统。创始人汪滔是典型的技术派，他的成功在于抓住了一位新西兰客户的反馈——控制系统一个月才卖 10 多套，但是云台可以卖 200 多套。于是，大疆转型做多旋翼飞行器+云台+相机的解决方案，解决了客户买了云台回去搞航拍还要 DIY 焊接的问题，抢占先机，开发出会飞的相机，成为目前无人机领域的领先者。

相对于传统营销中对于市场自上而下的细分、锁定和定位，创业者通过自下而上的方式建立顾客接触。他们更偏好于客户互动的营销方式，与现有客户密切合作，依靠口碑效应来发展新的客户。例如，1998 年 Priceline 推出独特的 NYOP（name your own price）营销模式，使其在众多的初创企业中脱颖而出。消费者根据自己对酒店地理位置和酒店评级的要求确定自己的心理价位，参与产品和服务的定价，Priceline 根据用户的需求在系统里自动匹配最佳的酒店。众所周知，酒店的固定成本高，变动成本低，每天都面临销库存的问题，但是公开打折又会严重损害品牌形象。NYOP 很好地解决了该问题，实现了顾客、酒店、平台三方共赢。

在创业营销中，更强调用户的参与，在产品开发过程中强调用户参与产品设计与研发，是积极的共同创造者；强调领先用户、天使用户在新产品或新服务推广过程中发挥重要作用。在战术选择上，传统营销通常采用 4p 或 7p 的营销理论，而创业营销更多地采用互动式的、口碑相传的营销等，下一部分我们会重点介绍创业营销的战术。在市场情报的收集方面，对于传统的营销而言，通常的做法是兵马未动，粮草先行。大公司通常的做法是先通过营销部门或者专业的市场调研公司对于客户需求、市场规模、支付意愿等信息进行大规模、系统化的调研，然后再根据调研的结果进行下一步策略的制定。然而对于创业营销而言，则是更多通过各种非常规的方式建立人脉网络以及收集市场信息。例如，Airbnb 和 Uber 这样的平台鼓励消费者信息共享，并且基于消费者之间的相互信任，口口相传。了解顾客需求的同时提供了增长、效率和盈利的新机会。例如，Airbnb 和 Uber 这样的平台鼓励消费者信息共享，并且基于消费者之间的相互信任，口口相传。了解顾客需求的同时提供了增长、效率和盈利的新机会。

7.2.2 新时代的营销策略

对于创业者而言，最佳的营销策略并非一定是最普遍推崇的，而是需与其具体情况相匹配。传统的、基于 4P 理论的营销策略，由于其投资成本高、周期长等特性，往往对处于创业初期的大多数企业并不适宜。相反，创业营销策略更为注重投入低而见效快的特点。在特定情境下，创业者需要积极探索并寻求营销策略上的高效路径，即所谓的"捷径"。然而，寻求这样的捷径并非易事，需要创业者充分发挥其创造力和想象力，以弥补营销预算的不足。这些被称为游击营销（Guerilla Marketing）的策略或战术，正是创业者在资源有限的情况下，实现营销目标的有效手段。

游击营销的概念，最初由杰伊·康拉德·莱文森（Jay Conrad Levinson）在其著作《游击营销》中明确阐述。该策略强调通过巧妙利用公共区域（如街道、商场等）的资源，以最低的成本实现品牌曝光的最大化。

（1）偷袭营销

在《三十六计》中，"瞒天过海"作为首计，其精髓在创业营销中被创造性地应用为"偷袭营销"。偷袭营销（Ambush Marketing）是一种营销策略，指的是官方赞助商的竞争对手通过分散公众注意力，从官方赞助商那里吸引公众的注意，以此开展其营销活动。此策略通常涵盖运用网络、短信等新媒体、电视剧、电影中的广告植入等多种方式，通过构建与特定事件或活动的紧密联系，以引发公众的关注。偷袭营销的核心目标在于，在不成为正式官方赞助商的前提下，借助创新和巧妙的营销策略，达到与官方赞助商相媲美的宣传效果，从而有效提升品牌知名度和销售业绩。以 2012 年伦敦奥运会为例，Paddy Power 品牌虽未获得正式赞助资格，却在伦敦的多个区域广泛设置广告牌，自称为"本年度伦敦最具影响力赛事的官方合作伙伴"。然而，在广告牌的角落处，存在一则不易察觉的注解："此声明特指法国伦敦的某小型赛事"。实际上，Paddy Power 所赞助的仅为法国一个名为伦敦的小镇上的小型活动。尽管此策略引起了国际奥委会的注意，甚至触发了法律争议，但最终 Paddy Power 凭借这一独特的营销创意，成功吸引了公众的关注和讨论，实现了品牌的广泛传播。

偷袭营销的概念具有广泛的适用性，不仅局限于体育赛事，亦扩展至其他多元的活动与场合。在自媒体时代，当某些企业由于种种原因未能成为特定活动或项目的正式参与者或赞助商时，它们可能采取偷袭营销策略，通过一系列营销活动向消费者传达误导性信息，使消费者误认为这些企业是活动或项目的参与者、赞助商或与活动存在某种关联，从而达到提升品牌曝光度和市场影响力的目的。

然而，偷袭营销并非始终受到正式赞助商或活动组织者的欢迎。在某些情境下，如南非世界杯期间，国际足联为保护官方赞助商的利益和维护赛事的商业权益，对偷袭营销采取了坚决的打击措施。这充分说明，尽管偷袭营销作为一种营销策略是有效的，但也必须在法律和道德的规范内进行操作，以避免侵犯他人权益或造成市场秩序的混乱。

（2）街道营销

街道营销不同于传统营销中的街边广告牌。街道营销利用街道马路上的各种元素直接接触顾客，用独特的设计吸引顾客注意，从而形成更深刻的品牌记忆。街道营销可以使用传统的广告形式，如广告牌和宣传页等。但这些广告的传播形式不是被动地等待被顾客注意，而是主动出击，用别出心裁的设计吸引顾客的兴趣。比如，一个叫 Vivianne 的工作室把芭蕾舞课的广告宣传页贴到电线杆上。这听起来很普通，但不普通的是广告宣传页的下半部分设计成了芭蕾舞裙摆的形状。电线杆看起来就像一个芭蕾舞演员。公交车扶杆上的拉环是帮人站稳的，IWC 奢侈表品牌却把这些拉环加上了手表图案。这样每次乘客把手伸进拉环中，就像戴上了 IWC 的手表，极大增加了品牌的顾客接触。

此外，街区型商户还可以通过社交媒体平台如微信、小红书、抖音等发布新品信息和优惠活动，与顾客建立起紧密的互动关系。在抖音平台上，通过短视频的形式展示产品制作过程和店铺的日常运营，让顾客更加直观地了解产品和服务。这些多元化的营销方式有助于拓展客源渠道，增强顾客黏性，提高复购率。

（3）草根营销

草根一般代指平民百姓和广大群众。草根营销，顾名思义就是指利用群众的力量进行营销，草根营销有时候也叫蜂鸣营销。单个顾客的力量可能微乎其微，但星星之火，可以燎原。人数众多的顾客形成合力，就能把一个品牌或者活动的影响传播放大。草根营销的最初阶段往往是一个针对非常特定群体的信息，这个信息需要传达很强烈的情感诉求，能够使特定群体形成强烈的情感共鸣。这些强烈的情感会促使这个特定群体不断向群体之外的人传播这种诉求，最终把一个品牌或运动的传播推向高潮。这几年在美国甚至全球形成强大社会影响的各种运动，比如冰桶挑战等最初都是在一部分群体里传播，后来扩展到人民大众，形成燎原之势。创业者一方面可以借助这些运动进行品牌传播（比如参与冰桶挑战），另一方面通过赞助一些本地的活动在当地培养口碑，从群众中来，到群众中去。

（4）病毒营销

偷袭营销、街道营销、草根营销以及所有游击营销的成功一定程度上都依赖于病毒营销。由于不借助大众传媒方式，如果没有病毒营销，各种游击营销战术的影响可能仅限于直接看到、接触到广告的顾客。只有通过病毒营销，游击营销战术的影响才会呈指数级的增长。所以，无论创业者采用何种创意的游击营销，其中最关键的一环是在网络、微博、微信中把这种创意传播出去。让人们看到、关注、关心、转发是病毒营销的内核。现在微信朋友圈中大量流行着"求转发""求点赞"的信息。这种靠"求"的营销方式并不是真正的病毒营销。真正的病毒营销通过创意让人们自发地、主动地传播。2021年6月，蜜雪冰城推出的"洗脑神曲"，火到大街小巷，火爆各大网络平台，而蜜雪冰城在短时间内获得大量的流量，并形成较好的转化，短期内开设了大量加盟店。

（5）增长黑客

增长黑客（growth hacking）是指一切以增长为终极目标的营销战术之总称。这一概念由 GrowthHackers 网站的创始人和 CEO 西恩·埃利斯（Sean Ellis）所提出，其核心宗旨即为追求增长。增长黑客通过迅速迭代非传统营销方案，以实现用户数量的迅速扩张。鉴于资金与经验的限制，增长黑客的营销方法主要聚焦于创新、可规模化以及用户间的互联互动。他们常将用户的获取、注册、盈利、留存以及病毒式传播等潜在增长动力与产品本身进行巧妙的融合。

尽管不同公司实施的增长黑客策略各异，但其核心目标始终聚焦于实现快速的增长。这些公司往往能够巧妙地利用一种类似于病毒传播的机制，在获取用户环节取得成功。新用户往往通过其人际网络得知某一产品或服务，并在成为这些产品或服务的用户后，再次将相关信息分享至其人际网络中。这一过程呈现出漏斗形状，包括客户获取、激活、保留、营利以及推荐给亲友等环节，该过程将不断循环，从而促成用户数量的指数级增长。而优化漏斗中的每一个环节，将促使最具优势的环节吸引更多用户。众多独角兽创业公司，如 Hotmail、谷歌、推特、脸书、Dropbox、YouTube、滴滴、微信、拼多多、keep 等，都曾运用增长黑客的营销手段来构建品牌并提升利润。

拼多多所采用的互惠团购策略，是增长黑客模式的典型应用。该策略通过对比单独购买、参与拼单及发起拼单三种模式的价格差异，促使消费者倾向于选择以更低单价和成本参与或发起拼单，从而将单一购买行为迅速扩展至多人购买。此外，拼多多推出的"砍价免费拿"营销模式，通过设定一定时间内参与人数越多，发起者成功速度越快的规则，结合分享好友、分享群聊、邀请新用户等多种砍价形式，引导用户按照系统指引完成操作，直至砍价率接近百分之一。这种游戏化的营销方式在推广产品的同时，也吸引了大量用户的关注与参与。根据用户属性，新用户的助力额度远高于老用户，因此，为了快速获取商品，用户更倾向于邀请更多新用户参与，从而显著提升了拼多多的注册用户数和平台流量，为拼多多带来了可观的收益增长。

（6）社群营销

社群营销，作为一种依托关系网络和社群构建的创业营销策略，其核心在于借助产品用户社群（如用户俱乐部、在线社群、粉丝群等）作为交流平台，以用户间的互动和反馈来塑造产品及品牌形象。

社群营销倾向于围绕特定关键词或名人效应以最大化其价值，其中，增强用户权益的关键在于提高他们在社交网络中的参与度。相较于人为构建的社区，用户自发形成并维护的社群能够引发更为丰富和深入的交流互动，进而产生更多的用户权益，从而更有效地推广产品和品牌。

用户倾向于在这样的虚拟空间中自由表达他们的意见和建议，同时也可以无拘无束地提出或解答关于产品使用的问题。营销研究揭示，将产品推广给新用户的成本高达现有社群用户成本的 6~7 倍。因此，众多知名企业如耐克、星巴克、苹果、小米、蔚来、理想等已开始积极采纳这一创业营销方式。对于创业公司而言，当积累了一定数量的用户群体后，社群营销将显著降低营销成本并显著提升营销效果。

小米公司利用社交媒体平台成功构建了稳固的社群生态圈。通过在微信、抖音、微博、知乎等知名平台设立官方账号，小米积极与用户进行互动，定期分享产品信息、技术突破及公司最新动态，从而显著提升了品牌的影响力。此外，小米还充分利用各类社交工具，如微信群、微信公众号、小米社区等，为用户打造了一个高效的沟通平台，促进了用户间的互动和信息交流，逐步形成了庞大的用户社群。在社群营销策略上，小米注重内容营销与情感化营销的结合。公司不仅向用户推送产品相关信息，更致力于提供具有价值的内容。通过发布技术解析、用户案例分享、行业趋势解读等内容，小米进一步加深了用户对品牌的认知和好感。同时，小米通过品牌文化建设和产品情感化营销，成功激发了用户的共鸣，极大地提升了用户忠诚度和品牌黏性。在社群营销实践中，小米引导用户参与和传播。通过举办线上线下活动、抽奖活动、互动问答等多种形式，小米有效激发了用户的参与热情，鼓励用户积极分享和转发品牌内容。这种策略不仅实现了用户口碑的有效传播，还显著扩大了品牌影响力和产品曝光率。

7.3　创业人力资源计划

在创业运营计划中，生产产品（生产计划）和销售产品（营销计划）之后，就是生产和销售产品的团队管理（人力资源计划）。

7.3.1　创业团队的建立

在创业教育之父蒂蒙斯的创业过程模型中，创始人支撑着创业团队进行创业活动，创业团队与商业机会、创业资源一起，是创业过程的三个要素之一。基于大学生创新创业团队的常见类型，除大学生团队本身之外，还得包括专家/导师/顾问团队。狭义的创业项目团队由创始人和创业团队核心成员组成，在大学生创新创业竞赛中，要求都是有学籍的大学生。广义的创业团队还包括创业企业内部员工和外部合作伙伴。

（1）创始人

创新创业项目的创始人是该团队的主要发起者、创建者和推动者。创始人通常是团队的核心领导者，负责制定项目的愿景、目标和战略，并带领团队将其转化为现实。创业项目的创始人在新创企业中需要承担多种角色，其中重要的一项就是领导者。现代管理学"权威接受学说"认为，决定命令是否执行的关键是发令者是否具有威望，而与他所在的职位无关。因此，创始人首先要做的是树立权威。创始人的创新思维和解决问题的能力是项目成功的关键。创始人需要有能力领导并激励团队，将他们的想法转化为具体的行动和成果。创始人还需要具备组织和管理能力，以确保项目的顺利进行和资源的有效利用。在创新创业过程中，创始人需要做出许多关键的决策，包括产品方向、市场策略、融资选择等。同时，创始人也得承担风险，并对项目的成功或失败负责。创始人还需要善于整合和利用各种资源，包括人才、技术、市场等。创始人需要具备良好的沟通能力，能够与团队成员、投资者、合作伙伴和媒体等有效地交流。创始人还需要能够清晰地传达项目的愿景和价值，以吸引更多的支持和关注。创始人通常拥有独特的创意或想法，创始人看到市场中的机会或问题，并希望通过创新的方式来解决或满足这些需求。

（2）创业团队核心成员

按照创业教育之父蒂蒙斯的划分方法，创业团队核心成员，也是创业者的一部分。有的创业团队，甚至还把核心成员称之为联合创始人，以激励和彰显重要价值。

所谓团队，可以定义为是由少数具有技能互补的人组成，他们认同于一个共同目标和一个能使他们彼此担负责任的程序，并相处愉快，乐于一起工作，共同为达成高品质的结果而努力。团队就是合理利用每一个成员的知识和技能协同工作，解决问题，达到共同的目标的共同体。

而创业团队，就是由少数具有技能互补的创业者组成，他们为了实现共同的创业目标和一个能使他们彼此担负责任的程序，共同为达成高品质的结果而努力的共同体。

联想创始人柳传志曾说过，"领军人物好比是阿拉伯数字中的 1，有了这个 1，带上一个 0，它就是 10，两个 0 就是 100，三个 0 是 1 000。创业团队成员选择的一种平衡方法是，在知识、技能和经验方面主要关注互补性，而在个人特征和动机方面则考虑相似性"。通过对大量团队形成方式的调查，不难发现这些千变万化的组成方式中蕴含着一些共同的地方，可以将创业团队的组建特征总结为以下三点：

①互补性：互补性是指团队成员在性格、能力和背景上的互补，各取所长，各补所短。团队成员之间可以有一定的交叉，但又要尽量避免过多的重叠。一般意义上讲，一个新创企业的团队是由它的创始人组织的。而创始人不可能也没有必要对企业经营中所有的方面都精通，他可能在某些方面存在不足之处，比如营销或财务，那就有必要利用其他团队成员或是外部资源来弥补。故如果团队成员能为创始人起到补充和平衡的作用，并且相互之间也能互补协调，则这样的团队对企业才会做出很大的贡献。

②渐进性：并不是所有的新创企业创立之时都要配备完整的团队，团队的组建不一定要一步到位，而是可以按照"按需组建、试用磨合"的方式创建。在正式吸收新成员之前，各团队成员之间最好留有相当一段时间来相互了解和磨合。在发展过程中，创业团队应该清晰企业需要有哪些专业技术、技能和特长？需要进行哪些关键工作，采取何种行动？成功的必要条件是什么？公司的竞争力突出表现在哪里？需要有哪些什么样的外部资源？企业现有的空缺大小及其严重程度如何？企业能负担的极限是多少？企业能否通过增加新董事或寻找外部咨询顾问来获得所需的专业技能？这些问题决定了在创业的不同阶段面临不同的任务，而对完成任务的团队成员各方面的才能也有不同需求，可以逐渐地补充团队成员并日益完善。

③动态性：一开始就拥有一支成功、不变的创业团队是每个创业企业的梦想，然而这种可能性微乎其微，即使新创企业成功地存活下来，其团队成员在前几年的流动率也会非常高。在创业企业发展过程中，由于团队成员有更好的发展机会，或者团队成员能力已经不能满足企业需求，团队成员也需要主动或被动调整。在团队组建的时候就应该预见到这种可能的变动，并制定大家一致认同的团队成员流动规

则。这种规则首先应该体现公司利益至上的原则，每个团队成员都认可这样的观点：当自己能力不再能支撑公司发展需求的时候，可以让位于更适合的人才。此外，这种原则也应体现公平性，充分肯定原团队成员的贡献，承认其股份、任命有相应级别的"虚职"以及合理的经济补偿都是安置团队成员退出的有效方式。团队组建的时候应该有较为明晰的股权分配制度，而且应该尽可能地预留一些股份，一部分用来在一定时间内（如1年或3年）根据团队成员的贡献大小再次分配；另外一部分预留给外来的团队成员和重要的员工。

（3）专家/导师/顾问团队

大学生创新创业项目受限于大学生的行业经验和专业知识水平，非常需要对所在领域有深入的了解、具备丰富的行业经验和见解独到的专家加入。专家的身份可以是导师，也可以专门组建顾问团队。他们应能够提供有关市场趋势、竞争对手分析、产品开发和商业模式等方面的专业指导。新时代创新创业项目的专家/导师/顾问团队，应该具有以下特征。

第一，创新思维和前瞻性：专家/导师/顾问团队应具备创新思维，能够预见行业未来的发展趋势，为项目提供前瞻性的战略建议。他们应鼓励团队成员不断尝试新的想法和方法，推动项目不断向前发展。

第二，创业经验和指导能力：团队成员最好有成功的创业经历，能够分享他们的创业经验、教训和成功案例。他们应能够提供实用的创业指导，帮助项目团队解决在创业过程中遇到的各种问题。

第三，资源整合能力：专家/导师/顾问团队应具备强大的资源整合能力，能够协助项目团队获取所需的资金、人才、技术和市场资源。他们应能够建立广泛的行业联系，为项目提供有力的支持。

专家/导师/顾问团队成员是创业项目的宝贵资源，可以甄选重要的人，积极邀请入股，争取共同利益捆绑。

此外，广义的创业团队还包括合作伙伴、创业企业的员工。因为利益关系不同，这两种人的管理方式不一样。对合作伙伴来说，要与之共赢互利，巩固合作忠诚度；对创业企业员工来说，要通过企业文化或者员工持股期权池，将企业目标与个人目标结合一起。如图7-6所示。

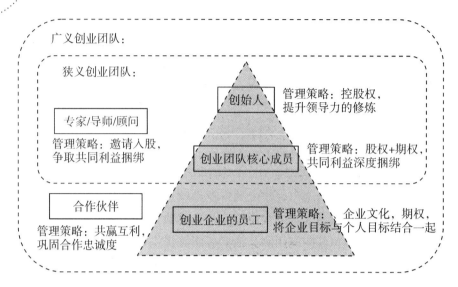

图 7-6　创新创业项目团队组成

（4）创业企业的员工

创业企业的员工也属于广义创业团队的一部分，而且还是内部团队成员。创业者需要善于调动员工的积极性。对于新创企业而言，创业者能否通过事业和情感吸引、激励员工具有深刻的意义。要不断吸纳德才兼备、志同道合的人共创事业，要学会用人、善于用人，发挥每个人的长处，即"知人善用，用人所长"，并建立责、权、利统一的团队管理机制。

第一，确立明确的团队发展目标。

目标在团队组建过程中具有特殊的价值。首先，目标是一种有效的激励因素。如果一个人看清了团队的未来发展目标，并认为随着团队目标的实现，自己可以从中分享到很多的利益，那么他就会把这个目标当成是自己的目标，并为实现这个目标而奋斗。从这个意义上讲，共同的未来目标是创业团队克服困难，取得胜利的动力。其次，目标是一种有效的协调因素。团队中各种角色的个性、能力有所不同，但是"步调一致才能取得胜利"。孙子曰："上下同欲者，胜。"只有真正目标一致、齐心协力的创业团队才会得到最终的胜利与成功。

第二，创业团队内部需要妥善处理各种权力和利益关系。

妥善处理创业团队内部的权力关系。在创业团队运行过程中，团队要确定谁适合于从事何种关键任务和谁对关键任务承担什么责任，以使能力和责任的重复最小化。

妥善处理创业团队内部的利益关系。在设置股权结构的时候，最差的股权架构是均等。在创始的阶段，创业公司一般比较草根，合伙人不是特别多，比较合理的架构是三个人，一定要有带头大哥，也就是核心股东。股权结构要简单清晰、资源互补，且股东之间相互信任。

创业团队内部的利益关系还与新创企业的报酬体系有关。一个新创企业的报酬体系不仅包括诸如股权、工资、奖金等金钱报酬，而且包括个人成长机会和提高相关技能等方面的因素。每个团队成员所看重的并不一致，这取决于其个人的价值观、奋斗目标和抱负。有些人追求的是长远的资本收益，而另一些人不想考虑那么远，只关心短期收入和职业安全。

由于新创企业的报酬体系十分重要，并且在创业早期阶段财力有限，因此要认真研究和设计整个企业生命周期的报酬体系，以使之具有吸引力，并且使报酬水平不受贡献水平的变化和人员增加的限制，即能够保证按贡献付酬和不因人员增加而降低报酬水平。

第三，制定创业团队的管理规则。

要处理好团队成员之间的权力和利益关系，创业团队必须制定相关的管理规则。团队创业管理规则的制定，要有前瞻性和可操作性，要遵循先粗后细、由近及远、逐步细化、逐次到位的原则。这样有利于维持管理规则的相对稳定，而规则的稳定有利于团队的稳定。

企业的管理规则大致可以分为三个方面：

一是治理层面的规则，主要解决剩余索取权和剩余控制权问题。治理层面的规则大致可以分为合伙关系与雇佣关系。在合伙关系下大家都是老板，大家说了算；而在雇佣关系下只有一个老板，一个人说了算。除了利益分配机制和争端解决机制，还必须建立进入机制和退出机制。没有出入口的游戏规则是不完整的，因此要约定以后创业者退出的条件和约束，以及股权的转让、增股等问题。

二是文化层面的管理规则，主要解决企业的价值认同问题。企业章程和用工合同解决的是经济契约问题，但作为管理规则它们还是很不完备的。经济契约不完备的地方要由文化契约来弥补。它包括很多内容，但也可以用"公理"和"天条"这两个词简要地概括。所谓"公理"，就是团队内部不证自明的东西，它构成团队成员共同的终极行为依据。所谓"天条"，就是团队内部任何人都碰不得的东西，它对所有团队成员都构成一种约束。

三是管理层面的规则，主要解决指挥管理权问题。管理层面的规则最基本的有三条：平等原则，制度面前人人平等，不能有例外现象；服从原则，下级服从上级，行动要听指挥；等级原则，不能随意越级指挥，也不能随意越级请示。这三条原则是秩序的源泉，而秩序是效率的源泉。当然，仅有这三条原则是不够的，但它们是最基本的，是建立其他管理制度的基础。

（5）新时代对创业团队的要求

新时代对创业团队通常具有以下几个要求，大学生参照这些要求组建团队，更加符合国家和社会发展的紧缺需要：

第一，技术创新驱动：新时代创业团队以创新驱动为核心，不断追求技术创新、模式创新或产品创新。他们不仅关注当前的市场需求，更致力于通过创新来创造新的需求或改变行业的格局。因此，新时代创业团队通常拥有一定的技术积累，包括技术研发能力、技术转化能力和技术创新能力。他们可能由一群具有深厚技术背景的专家组成，能够迅速将新技术应用于产品或服务中。

第二，跨界融合，多方资源组合：在新时代，跨界融合成为了一种趋势。新时代创业团队往往能够跨越不同的行业或领域，将不同领域的知识、技术和资源进行整合，创造出具有独特竞争力的产品或服务。

第三，灵活应变、市场导向：由于人工智能、大数据技术发展和市场环境的快速变化，新时代创业团队需要具备高度的灵活性和应变能力。他们能够快速适应市场的变化，调整战略和业务模式，以应对各种挑战和机遇。

第四，团结协作、凝聚力强：一个强大的团队是创业成功的关键。新时代创业团队通常具备高度的团队协作能力和凝聚力，成员之间能够相互信任、相互支持，共同面对困难和挑战。拥有正确团队理念的成员相信他们处在一个命运共同体中，共享收益，共担风险。团队工作，即作为一个团队而不是靠个别的"英雄"工作，每个人的工作相互依赖和支持，依靠事业成功来激励每个人。

第五，集体责任、社会责任：除了追求商业成功外，新时代创业团队还通常具备强烈的社会责任感。他们关注社会问题，致力于通过创业活动来解决这些问题，为社会创造更多的价值。诚信正直、集体责任等个人品德是有利于顾客、公司和价值创造的行为准则。它排斥纯粹的实用主义或利己主义，拒绝狭隘的个人利益和部门利益。

第六，共同的愿景使命和目标：拥有正确团队理念的成员相信他们正在为企业的长远利益工作，正在成就一番事业，而不是把企业当作是一个快速致富的工具。没有人打算现在加入进来，而在困境出现之前或出现时退出而获利，他们追求的是最终的资本回报及带来的成就感，而不是当前的收入水平、地位和待遇。即拥有正确团队理念的成员承诺为了每个人而使"蛋糕"更大，包括为顾客增加价值，使供应商随着团队成功而获益，为团队的所有支持者和各种利益相关者谋利。

最后，创业教育之父蒂蒙斯的下列观念值得我们借鉴，他认为创业者要这样对待团队成员。

●分享：和所有在各个层面上为财富创造做出贡献的人共同分享财富。

●绩效：每个达到或超过高标准绩效目标的人，都可以参与全公司的红利、利润分享和股票期权计划。

●宽容：开发新产品失败的经理不会被驱逐出组织或调走以示惩罚，失败是学习和继续进步的阶梯。

●善待：你希望别人怎样对待你，就要怎样对待别人。

7.3.2　组织机构设计

对于新创企业的组织机构设计，与成熟企业的组织机构是不完全一样的。

对于小企业的创业者，在创业初期的组织机构，一般来说是比较简单为好。在经理与员工之间不设置组织机构的障碍，创业者或经理不仅对部门负责人，而且和部门负责人一起面对企业的全体员工及其岗位；创业者或核心管理者通常又是技术或市场等业务员。经理可以直接深入一线，普通员工可以直接与创业者对话，这是创业初期的必要，这样容易控制，但也会产生一些漏洞。创业者在创业初期，需要考虑人力成本，常常一人多职，但有些职位是不能兼顾的。比如：出纳与采购或销售人员不能由一人担任、出纳与库管不能由一人担任、出纳与会计不能由一人担任、经理不宜担任出纳。

随着企业的成长，组织机构需要随着企业的发展而变化。创业家需要使组织创新与技术创新、市场创新、管理创新等相一致、相融合而协调发展，才不至于使新企业过早地老化以致创业失败。而且，也有很多创业者，创业启动资金、技术、市场规模等起步平台较高，因此创业管理的平台也相对较高，从一开始就设计成事业部制的组织机构。而一般的小企业，开始可以设计成直线结构，随着企业的成长，再逐渐向事业部制、项目部制、矩阵制转化。

（1）矩阵制组织机构

在较为成熟的企业组织机构建设中，最常见的是矩阵制的组织机构，如图7-7所示。传统的组织机构是金字塔结构，上下分层，等级严格，部门壁垒较高的科层制。而矩阵组织机构与金字塔结构相比，增加了横向的项目，企业是靠一个又一个的项目盈利的，因此项目制的加入很重要。尤其是创新项目，需要各个部门的配合才能有效完成。

一般来说，对于制造业企业，大致分为几个部门：研发部门：技术支持、新产品开发等；市场部门：市场开拓与产品销售，以及营销策划、营销广告、营销公关、品牌推广等；生产部门：原材料采购、产品生产、产品包装、库管、生产计划、质量管理等；财务及行政部门：财务管理、人事管理、办公室等。

矩阵型组织机构是一种把按职能划分的部门同按产品、服务或工程项目划分的部门结合起来的组织形式。在这种组织中，每个成员既要接受垂直部门的领导，又要在执行某项任务时接受项目负责人的指挥。这种组织机构主要适用于科研、设计、规划项目等创新性较强的工作或者单位。

这种结构的主要优点是：灵活性和适应性较强，有利于加强各职能部门之间的协作和配合，并且有利于开发新技术、新产品和激发组织成员的创造性。其主要缺陷是：组织机构稳定性较差，双重职权关系容易引起冲突，同时还可能导致项目经理过多、机构臃肿的弊端。

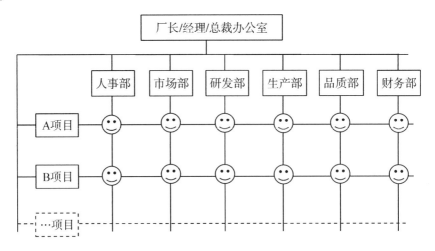

图7-7　矩阵制组织机构示意图

（2）扁平化的组织机构

本书认为，最适合提升新质生产力和创造力的创新创业项目的组织机构是扁平化的组织机构。传统的组织机构是金字塔结构，上下分层，等级严格，部门壁垒较高，不适合创新。而扁平化的组织机构通过减少管理层级、精减职能机构以及人员，是一种紧凑且富有弹性的新型团体组织。

图7-8是以CEO体制为例的扁平化的组织机构，其中，CEO（首席执行官，Chief Executive Officer）：是公司最高层的管理者，负责决策公司的方向、目标、策略和政策，领导并监督公司的整个运营和管理，向董事会汇报工作。CFO是首席财务官（Chief Financial Officer），CHO是首席人力资源官（Chief Human Resource Officer），CTO是首席技术官（Chief Technology Officer），COO是首席运营官（Chief Operating Officer），CMO是首席营销官（Chief Marketing Officer），CIO是首席信息官（Chief Information Officer），CSO是首席安全官（Chief Security Officer），CLO是首席法务官（Chief Legal Officer）。这些首席职位在企业中扮演着重要的角色，各自承担着不同的职责和任务。他们共同协作，推动企业的发展和实现战略目标。

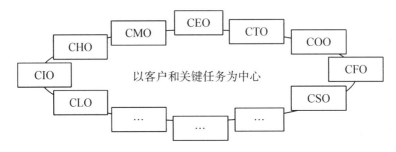

图7-8　扁平化的组织机构（以CEO体制为例）

这种扁平化的组织机构在促进创造力方面有着重要优势，主要体现在以下几个方面：

①能减少管理层级，缩短决策路径：扁平化结构通过减少管理层级，使得高层管理人员能够更直接地与基层员工和创新团队沟通，从而更快地做出决策，降低了企业的管理成本。这有助于企业将更多资源投入到创新项目中，提高创新投入的效率。

②能增强灵活性：扁平化组织机构赋予员工更大的自主权和决策权，员工更接近客户和市场的第一线，能够更迅速地根据实际情况做出决策。这种快速决策机制有助于抓住市场机遇，及时响应消费者需求。这种灵活性有助于企业快速调整战略方向和创新目标，应对市场变化。

③能打破部门壁垒：扁平化管理打破了传统组织机构中部门之间的界限，促进了资源和知识的共享。通过建立跨职能团队，不同部门的员工可以共同参与创新项目，形成协同创新的氛围。

④能赋予员工更多自主权，提高信息透明度：扁平化结构中的信息共享机制确保了信息的及时、准确传递。员工可以更加自主地开展工作，可以更容易地获取所需信息，减少信息失真和延误，从而提高创新项目的成功率。

⑤能建立激励机制：扁平化组织机构的员工被赋予更多的决策权和责任，提出创新想法和建议。这有助于激发他们的创造力和积极性。企业可以通过设立创新奖项、提供培训和发展机会等方式，激励员工积极参与创新活动，并产生创新成果。

⑥能提升组织绩效：扁平化组织机构使得企业能够更快地适应市场变化，抓住市场机遇。同时，通过跨部门协作和信息共享，企业可以更有效地整合资源，提升整体绩效。

最后，创业教育之父蒂蒙斯的下列观念值得我们借鉴，他以考夫曼基金会的组织机构为例，认为在创业团队管理中可以学习考夫曼的经验，具体有以下几点：

● 没有人是雇员，他们都是伙伴。

● 即便销售额达到 30.6 亿美元，也没有正式的组织机构图。

● 津贴方案对所有伙伴一视同仁，即使是高层管理者也不例外。

7.3.3 股权结构设计

创业企业的股权结构本质上是不容设计的，因为股权来自法人公司的认缴或实际出资，出资越多的股东，其股权越大。但是，无数创业成功或失败的案例证明，创业企业之所以具备凝聚力、创造力和抗风险能力，与其创立时设计的股权结构有较大关系。

对于初次创业者来说，一个非常容易被忽略的问题，则是创业公司的股权结构。在投资人看来，股权结构意味着对公司的控制权，而由于许多创业者在这一问题上缺乏考虑，致使投资人们面对不合理的股权结构纷纷摇头，不敢贸然介入。在笔者接触过的众多创业方案（特别是学生创业方案）中，许多团队都不假思索地让创业成员们均分股份，这是非常不可取的。要知道，按照公司法的规定，公司的普通决议需要半数以上的表决权通过，而特别决议则需要三分之二以上的表决权。混乱的股权结构会显著影响公司的运行效率，甚至导致伙伴反目，对创业成果带来严重伤害，如图 7-9 所示：

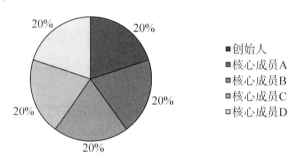

图 7-9　最差的创业公司股权结构

从图 7-9 可以看出，创业公司 α 由创始人和其他 4 位核心成员共同创立，但由于各种各样的原因，几位合伙人选择均分公司股权，即各自持股 20%。乍一看这种安排非常公平，但实质上却埋下了巨大隐患：一方面，一旦各位成员想法不一致，就会立马陷入谁也说服不了谁的尴尬境地——若是遇到有关整体战略的重大决策，这样的矛盾将会迅速激化，轻则影响发展效率，重则摧毁整个创业项目。从另一方面来讲，一个成功的创业公司，通常不会仅仅进行一轮（种子轮或天使轮）融资，随着事业的进步和发展，还会经历 A 轮、B 轮、C 轮、直到 IPO 等多次后续融资。由于每次融资都会稀释原始股份，事实上削弱创始人对公司的控制权，比如在刚才的例子中，某风险投资机构对 α 进行投资并部分持股，再通过股权交易的形式慢慢扩大股权份额，最终彻底将创业团队边缘化，也是有可能的。因此，一个明智的创业者有必要在创业初期就设置一个有利于未来发展的股权结构。

本书介绍几种比较适合发挥创造力，又不失去控制力的股权结构。

（1）创始人初期持股的安全线

根据持股比例，大股东对公司的控制力有所差异，其中控股 67% 以上被称为绝对控制（拥有特别决议权）、51% 以上被称为相对控制（拥有普通决议权）、34% 以上被称为消极防御（拥有重大决议一票否决权）。通常情况下，建议创业公司有一个能够一锤定音的最终决策者（一般是公司创始人），因此在考虑到未来融资会造成的股权稀释，应当在公司创立时，让此决策者持有经过精确计算过的、相对较高的股份。比如，公司计划在未来进行 3 次融资，每次融资出让 10% 股份（事实上，建议每次融资出让股份不超过 20%），则决策者拥有的原始股份额度需超过

$$\frac{51\%}{(100\% \div 110\%)^3} \approx 67\%$$ 以上，才可在 3 次融资后依然保证对公司的相对控制。这

一方法的缺点在于要求创始人在创业初期就拿出相当大一笔资金（《中华人民共和国公司法》要求股东会议按照股东出资比例实行表决权），对于经济能力较差的创业者来说有一定难度。

这一方案体现在创业计划书中的股权结构如图7-10：

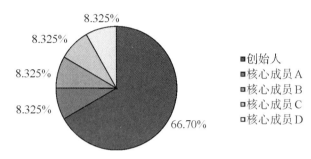

图7-10　保证基本持股安全线时的公司股权结构

另外，通过公司章程确保控制权。如果创业团队无法就安全持股比例达成一致，或者创始人无法拿出相应的资金，则可以退而求其次，通过在公司章程中增加相应的保障性措施来保证决策人对公司的控制力。在这种情况下，公司章程中可约定投票权委托机制，即要求数位指定的股东，将其通过股份得到的投票权委托给一位特定的股东，即主要决策人，使其投票权比例达到理想程度。或者要求特定股东同意一致行动人协议，这样可保证当股东们意见不一致时，这些股东会跟随一致行动人来进行投票。这一方法的缺点在于实际上违反了上市相关规章制度（中国A股股市严格要求同股同权，而这一方法导致的却是同股不同权），所以在公司后期进行IPO时遇到一些障碍。在此约定下，公司的股权结构严格来说没有明确限制。

（2）创业初期股权结构的415原则

创业初期股权结构的415原则是一个具有指导意义的架构设计理念，具体解释如下：

●4人原则。415原则中的"4"指的是创业公司合伙人的最佳人数不超过4个。因为超过4个合伙人容易形成小团体或帮派，导致决策效率低下和内部矛盾。而人数过少则可能缺乏足够的资源和视角来应对创业过程中的挑战。

●1人决策原则。415原则中的"1"指的是在合伙人团队中，只能有一个人拥有最终决策权。因为在创业过程中，合伙人之间难免会产生分歧。为了确保决策的迅速和有效，需要有一个明确的领导者来做出最终决定。这有助于减少内部消耗，提高团队效率。

●50%股权控制原则。415原则中的"5"指的是在股权架构中，需要有一个人的股份超过50%，以确保对公司的相对控制权。因为股权控制是公司治理的基础，拥有一个超过50%股权的股东，可以在合法情况下对公司的决策做出选择，确保公司的稳定性和长远发展。同时，这也为投资者提供了明确的投资对象和信心。

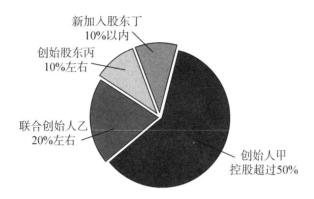

图 7-11　符合 415 原则的创业初期股权结构

符合 415 原则的创业初期股权结构如图 7-11 所示。415 原则旨在避免平均分配股权：平均分配股权容易导致决策僵局和内部矛盾。创始股东之间的股权应保持一定的梯度差距，以体现各自在团队中的贡献和角色差异。随着公司的发展和团队成员的变化，股权结构也需要进行动态调整。这有助于保持团队的活力和稳定性。

（3）适合吸引风险投资的股权结构

为了吸引风险投资（VC），设计一个合适的股权结构至关重要。以下是一些建议，旨在构建一个既能吸引风险投资，又能确保公司稳定发展的股权结构：

第一，风险投资都需要创始人应持有足够的股权比例，以确保对公司的绝对或相对控制。这有助于维护公司的战略方向和长期利益。股权过度分散可能导致公司决策效率低下，甚至引发内部矛盾。因此，创始人应谨慎分配股权，避免股权过度分散。

第二，预留期权池：期权池是指在公司融资前预留的一部分股权，用于激励员工和吸引外部人才。期权池的比例应根据公司的实际情况和发展需求进行合理设定。一般来说，预留 10%~20% 的股权作为期权池是较为常见的做法。

第三，股权结构灵活性：在设计股权结构时，应考虑到未来可能引入的风险投资需求。例如，可以设定可转换优先股、可转换债券等灵活的投资工具，以满足风险投资的不同风险偏好和回报要求。

第四，要平衡风险与收益：风险投资通常寻求高风险高回报的投资机会。因此，在设计股权结构时，应平衡风险与收益的关系，确保风险投资的合理回报和公司的长期稳定发展。

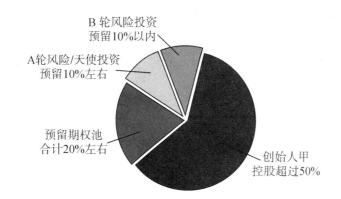

图7-12 适合吸引风险投资的股权结构

(4) 适合激励员工的股权结构

为了激励员工，设立股权激励计划，构建一个合适的股权结构、利用工会持股以及设立内部员工期权池是有效的策略。

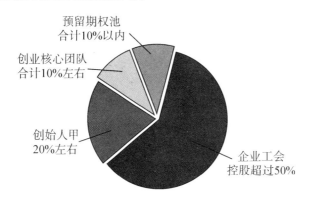

图7-13 适合吸引风险投资的股权结构

股权激励计划是吸引和留住人才的重要手段。通过授予员工股权或期权，使员工成为公司的股东或潜在股东，从而与公司形成利益共同体，激发员工的积极性和创造力。股权激励计划可以包括股票期权、限制性股票、业绩股票等多种形式，根据员工的贡献、职位、工作年限等因素进行分配。

工会持股是指由公司内部员工组成的工会作为持股主体，代表员工持有公司股份。工会持股可以减少员工直接持股带来的管理成本和复杂性。工会作为员工的代表，可以更好地维护员工的权益，促进公司与员工之间的沟通和协商。工会持股还可以增强员工的归属感、凝聚力和创造力，提升公司的整体竞争力。华为是工会持股的典型案例。华为通过工会持股平台，实现了员工广泛持股，激发了员工的积极性和创造力，推动了公司的快速发展。

通过设立期权池，公司可以根据员工的贡献和表现进行动态调整，确保股权激励的公平性和有效性。这有助于提升员工的归属感和忠诚度，同时为公司未来发展储备人才。公司应建立完善的期权池管理制度和流程，明确期权的授予、行权、转让等规定，保障员工的合法权益。

为了激励员工，设立股权激励计划，构建一个合适的股权结构、利用工会持股以及设立内部员工期权池是有效的策略。

值得一提的是，股权结构没有正确的标准，每个行业和企业都有太多的不同。只有适合的，才是最好的。本书推荐的上述几种股权结构，都有不同的适应场景，可供设计股权结构参考，但没必要照搬。

 **案例分析**

稻花香的味道

2024年6月14日，四川省广元市剑阁县普安镇赶集现场，广元耕鑫农业有限公司总经理邓小燕和团队正通过公益赶集直播的形式帮集上的老乡推广宣传销售土鸡蛋、折耳根、背篓等农产品；第二天，邓小燕又来到四川眉山市青神县汉阳镇云插秧现场，通过直播形式展示大米如何从田间到餐桌，宣传推广家乡的贡米；刚下播，邓小燕又和团队商量接下来的日程。连日来，邓小燕马不停蹄地奔走在推动乡村振兴的路上……

● 让"小贡米"走出大山

1989年出生的邓小燕，性格开朗活泼，身上总是散发着一种热情阳光的感染力，满满的正能量。

小时候，邓小燕的梦想是成为一名教师。19岁那年，她如愿考进西南民族大学，攻读音乐教育学专业。随着父母年龄渐长，挣钱养家的重任便落在了邓小燕尚且有些稚嫩的肩膀上。思索许久，她放弃了儿时的梦想，孤身一人踏上了南下珠海的火车，她在服装店卖过服装、在芯片厂数过芯片、在公司做过前台……忙碌的打工生活中，邓小燕一边沉淀自己，一边寻找着更好的机会。经过多次简历投递，邓小燕被深圳一家环保公司录用，成为一名农村污水处理从业者。她参与建设了珠海市多个幸福村污水处理项目，因为成绩突出，被评为珠海市"幸福使者"，短短一年多时间就拿到了年薪20万元的待遇。

身处热闹繁华大城市的邓小燕，看着沿海农村的发达程度，常常想起自己贫瘠的家乡，她总想为家乡做点什么。带着在大城市开阔的眼界和积累的经验，2015年，邓小燕返乡了。

邓小燕的家乡东宝镇位于四川省广元市剑阁县西部。充足的光照、宜人的气候、得天独厚的土壤孕育出的稻米粒粒饱满、色泽圆润，做出的米饭香软可口，在唐朝就是贡米。受制于传统种植方式，一直以来，稻米产量不高，贡米并没能给村民带来良好的经济收益。

7 创业运营计划

"这么好的米，不能就这样困在大山里。" 2015 年，邓小燕返乡创业的第一件事就是让"小贡米"走出大山。

返乡创业的第一年，邓小燕引种"越年再生稻" 100 亩，可由于对水稻种植技术和管护不熟悉，最终以失败告终，花光了积攒下的 40 万元积蓄。"一个没下过地的女娃娃，能靠水稻带动致富吗？"乡亲们的质疑声此起彼伏，让邓小燕几度想放弃。

是坚持还是放弃，邓小燕在心中不停地斗争着，最终不服输的她咬牙坚持了下来。"从哪里跌倒就从哪里爬起，既然选择了这条路，不管有多艰难，也要走完。"邓小燕说："我坚信只要把在沿海城市学到的'三农'新知识、新理念带回家乡，就能带领乡亲们富起来。"

邓小燕重整旗鼓，那一年的 365 天，她天天在路上，车子一年开了 7 万公里，四处考察学习，到市内省外学习技术，邀请科研院所专家选育优良品种、走进田间地头指导种植。通过对当地土壤、水质、气候进行专业分析，最终选择了川优 6203 水稻品种。2016 年，邓小燕采用先进覆膜育秧技术试种的良种水稻大获丰收，卖了好价钱，越来越多的村民主动加入。邓小燕又以核心产区为示范，严格按照有机标准生产，成立了广元耕鑫农业有限公司，打造出属于自己的贡米品牌，产品一上市便成为"抢手货"。

● **多元经营，持续发展**

后来，邓小燕又相继开通了淘宝、京东、微店几大电商平台，通过直播带货促进销售，以统一生产计划、生产资料、技术培训、技术规程、品牌包装和保护价回收的"五统一保"方式运作，走上规模化种植优质水稻之路。如今，"东宝贡米"的价格稳定在每公斤 20 元左右，优质水稻种植面积超过 1 万亩，带动周边 8 个镇的 2 000 多村民人均年增收约 1.2 万元。

为更好地带动乡亲共同致富，邓小燕的公司实施"土地流转+土地入股+订单回购"生产利益联结模式，在东宝镇双西村、长梁村，武连镇寨桥村等地开启规模化种植，公司优先妇女就业，优先贫困户就业。脱贫户王连秀就是受益人之一，现如今她不仅成为技术能人，还每年种植水稻增收 2 万元，盖起了一幢二层小洋楼。公司目前已实现规模带动种植水稻面积 1 万余亩，覆盖 8 个乡镇 19 个村，助力 728 户 2 356 名村民致富。

"东宝贡米"打出了品牌，卖出了价，但如何持续发展的问题，摆在邓小燕面前。

邓小燕成立四川燕乡肴传媒科技有限公司，采取"农业产业扶贫+厨房新零售+电商"模式，做线下体验，开设"现碾米·城市打米坊"；向上争取更多的项目资金，建设水稻育秧基地、烘干基地和加工基地、高标准农田基地，改造乡镇集镇，建设双西村村委会贡米文化馆，打造贡米文化之乡，为家乡的贡米产业带去实实在在的效益。

"大米是最普通的农产品，价格会有'天花板'，要想让老乡得到更多实惠，就必须多元经营。"邓小燕实行"以商招商"的方式，引进了四川福果农业科技有限公司，合伙投资 600 万元，利用东宝镇长梁村、桐梁村 1 200 亩土地拓展，建起了脆红李产业园。如今，东宝"女皇李"成为当地又一特色优势产业，持续释放效能。在普安镇、龙源镇，邓小燕引进了四川田木果农业科技有限公司，合伙投资 1 000 万元，流转承包 3 000 亩地建设水果产业园，种植春见、猕猴桃等，成功打造集餐饮、观光、体验一体化的农耕体验基地，带动 3 镇 6 村 1 800 户农户通过种植蔬果致富增收。

邓小燕还牵头举办"插秧节""打谷节"，活动中开展的"爱心认购""体验购买""乡村玩乐"等销售方式吸引了成千上万的游客前来体验，不仅健全了自己的产业链条，还为家乡解决了农产品难卖的问题。

● **"走得再远，也不能忘记为什么出发！"**

"走得再远，也不能忘记为什么出发！"邓小燕在微信个性签名里写着这句话。从大山走出来的邓小燕，也在帮助其他大山里的乡亲。2020 年，她以购代扶，采购凉山州布拖县土豆 10 万余斤（1 斤 = 500 克，下同），给贫困留守儿童送去价值 10 余万元的生活学习用品。2022 年 7 月，她又向凉山州昭觉县地莫乡中心小学校送去 800 套桌椅。

2022 年 6 月，剑阁县枇杷、李子、梨子等水果丰产，短时间集中上市带来了滞销难题。面对群众求助，邓小燕组织团队连夜拍视频、搞宣传，在微信朋友圈、抖音直播带货，成功卖出了 5 万斤枇杷；帮助剑阁县、凉山州昭觉县、巴中市等地销售 20 万余斤李子。

如今，在邓小燕的带货直播间，除了"东宝贡米"，还有菜籽油、腊肉、香肠等几十种当地特色产品，以及资中血橙、攀枝花番茄、甘孜酥油茶、凉山土豆等四川其他地区的优质农产品，每年销量高达 5 000 余吨。

返乡创业 8 年间，在邓小燕的影响下，越来越多的年轻人回到家乡。"95 后"大学生母沿海就是受到邓小燕创业经历启发而回乡创业。不久前，他和团队组建的综合农事服务中心投入使用，为附近的 6 个行政村、1 万亩粮油生产提供综合服务。母沿海说："作为一名返乡创业者，我会像小燕姐一样，用自己的专业知识为老百姓带来高效育种和高产稳产技术，把科技的种子播撒进乡村的沃土。"

"每一次站在田间地头，都让我看到无限希望，农村的发展大有可为，我要投身农业一线，带动更多农户种好粮，让更多的农产品走出大山，让乡村更美好。"邓小燕望着一望无际的稻田满脸喜悦，憧憬着 3 个月后进入成熟期的水稻——风过千顷浪，万里稻花香。

返乡八年来，邓小燕带领村民种植优质水稻超过 1 万亩，带动 8 镇 19 村 2 000 多名群众人均年增收 1.2 万元。2020 年，邓小燕被乡亲们选为双西村党支部委员、村委会委员，2023 年她获得了"中国青年五四奖章"。（案例来源：央视网. 青春是

稻花香的味道. https：//news.cctv.com/2023/05/05/）

　　问题 1：通过该案例谈谈你对创业运营管理的认识。

　　问题 2：当代大学生该如何看待创业？

　　问题 3：邓小燕是如何开展创业营销的？

　　问题 4：返乡创业可以如何开展创业营销？

 高阶训练

创业营销计划

　　1. 训练目标：掌握创业运营的理论知识；了解创业营销实践，训练创业营销计划能力；培养创新精神和创业意识。

　　2. 训练内容：结合自己参加的创新创业大赛项目，模拟作出创业营销计划。教学模拟项目分别介绍自己的《创业营销计划》，包括但不限于以下内容：

　　（1）新产品开发和生产计划

　　（2）销售渠道建设计划

　　（3）促销活动计划

　　（4）直播带货电商计划

　　（5）客户关系维持计划

　　（6）新型营销模式介绍

　　3. 训练方法：翻转教学法、文献分析法、实地调查法、项目驱动法。

　　4. 评价标准：从创业营销计划的可行性、合理性和严谨性等几个方面进行预测评估。

 拓展资源

　　［1］Morris Michael & Schindehutte，Minet & LaForge，Raymond. Entrepreneurial Marketing：A Construct for Integrating Emerging Entrepreneurship and Marketing Perspectives ［J］. Journal of Marketing Theory and Practice，2002.

　　［2］米内特. 辛德胡特. 创业营销：创造未来顾客 ［M］. 金晓彤，译. 北京：机械工业出版社，2010.

　　［3］菲利普·科特勒，加里·阿姆斯特朗. 市场营销原理与实践 ［M］. 楼尊，译. 17 版. 北京：中国人民大学出版社，2020.

　　［4］布莱德里克. 顾客价值的 7 项通则 ［M］. 金玉芳，译. 北京：机械工业出版社，2004.

　　［5］米歇尔·罗伯特. 颠覆式产品创新：创造全新产品，获得话语权 ［M］. 池

静影，等，译. 北京：电子工业出版社，2019.

[6] 杨晓明，赵彦辉，隋静. 创业营销——一场颠覆传统营销的革命 [J]. 清华管理评论，2019（06）：28-35.

[7] 姚飞. 创业营销：前沿、实训与微课 [M]. 北京：中国纺织出版社，2022.

[8] 陈冲，赵俊强 等. 创业团队动态股权激励机制：理论与实践 [M]. 北京：人民出版社，2020.

[9] 曹磊，杨丽娟. 从13人到9 000多万人：史上最牛创业团队 [M]. 北京：人民日报出版社，2020.

[10] 左仁淑，朱丽萍，杨泽明. 营销策划：原理与方法 [M]. 北京：中国人民大学出版社，2021.

8 创业财务与融资计划

 教学目标

（1）知识目标：掌握的创业项目的收入预测、成本预测、利润预测、现金流量预测和融资计划的方法。

（2）能力目标：能够基于目标市场容量预测以及创业计划书前面章节内容的分析结果，逻辑严密地推导出创业项目未来三年的全套财务表格数据。

（3）素养目标：通过各类财务表格数据的严密推导过程训练，培养严谨踏实的态度和负责任的精神。

思维导图

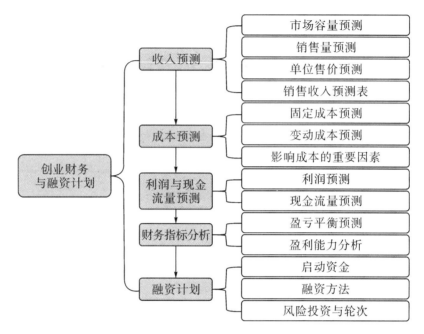

 导入案例

从银杏叶提取双黄酮的财务预测

银杏有植物活化石的美称，广泛种植在祖国的很多地方。湖北省安陆市素有"中华银杏市"的美誉，江苏省泰兴市有"中国银杏之乡"称号，山东省郯城县更是有"天下银杏第一县"之称。天府之国的四川省成都市，也以满街的银杏树出名。成都市最古老的银杏树是青城山天师洞前的银杏树，树龄超过 1 900 年。

据《本草纲目》的记载：银杏叶性味：甘、苦、涩、性平；归经：肾经、肺经；果实：敛肺气、定喘嗽、缩小便、消毒杀虫；主治：哮喘、咳嗽。而银杏双黄酮的功效有：调节血压、降低血糖、预防老年痴呆症等功效。银杏中黄酮是主要的有效成分，双黄酮提取及衍生品的开发具有较大的市场容量。

从 2016 年到 2021 年，全球银杏提取物市场的需求量将从 722 吨增长到 919 吨，年均复合增长率将达到 4.93%。2022 年我国银杏黄酮市场总销量达 589.43 吨，同比增长了 12.20%。预计 3 年内（2023—2026 年）我国的银杏叶产量将会接近 1 万吨，若按 2% 提取，可得银杏提取物（GBE）约 2 000 吨。同时，我们也看到的是大量银杏落叶满街纷飞，大量宝贵资源被浪费。

吴莎莎的杏杏向蓉项目，创建了控点化的商业模式，通过自主研发的三大核心专利技术，将原材料加工形成产品化，通过银杏叶进行双黄酮提取后，联通了上游的银杏树种植业主，下游的茶厂，实现原料+银杏茶产品一体化全方位覆盖，通过线上线下多平台运营推广，创业初期达成合同订单27单，总计262万元。

杏杏向蓉项目第一年的营收状况：银杏茶17.8元/300g/盒，银杏双黄酮粉60元/50g，此部分销售收入占比为75%；代加工银杏，从中游收取服务费，占总收入的15%；专利技术租赁，银杏黄酮配方售卖、租赁，通过多方合作盈利，占总收入的10%。

杏杏向蓉项目在第一年获得了重庆市恒旭实业集团有限公司投资100万元，释放股权15%，计划再通过风险投资得到融资100万元，预计公司未来五年收入达到795万元，净利润238万元，五年内预计带动就业530余人。

上述财务和融资数据，将用于本章后续财务分析示例。

资料来源：吴莎莎 等. 杏杏向蓉——银杏叶提取双黄酮及衍生品开发引领者。

财务与融资计划是创业计划书的重点和难点。对于大学生创新创业者而言，常常不知如何下手。他们创业计划书中的财务与融资计划，常常连他们自己都不知所云。对此，本章以"少则得，多则惑"的原则，选择了以创新创业者而非财会职员为主要视角的精简阐述方式。

企业一般是指以盈利为目的，运用各种生产要素（土地、劳动力、资本、技术和企业家才能等），向市场提供商品或服务，实行自主经营、自负盈亏、独立核算的法人或其他社会经济组织。根据这一定义，不难看出盈利对于企业的核心意义。我们先从两个会计恒等式开始介绍。

会计恒等式一：资产=负债+所有者权益。

这是会计记账和核算的基础，更是编资产负债表的基础。它表明了股东与债权人二者在企业的资产中到底占了多大份额。

会计恒等式二：收入−费用=利润（或亏损）。

这一会计等式，称为财务成果等式，它反映了收入、费用和利润三个会计要素的关系，揭示了企业在某一特定期间的经营成果。

下面，我们就从会计等式二"收入−费用=利润（或亏损）"开始，去探究一个企业的盈利奥秘。

8.1　收入预测

对企业而言，收入的定义是什么呢？收入是指企业在销售商品、提供劳务及让渡资产使用权等日常活动中所形成的经济利益的总流入，这种总流入表现为资产的增加或债务的清偿。俗话说"擒贼擒王"，下面我们就从财务计划中的销售收入切入。

一家企业成立之初的一段时间内，有支出而无收入，故而需要一些必要的资金维持（来自启动资金），直到跨过盈亏平衡点。

盈亏平衡点又称零利润点、保本点、盈亏临界点、损益分歧点、收益转折点，通常是指全部销售收入等于全部成本时（销售收入线与总成本线的交点）的产量。以盈亏平衡点的界限，当销售收入高于盈亏平衡点时企业盈利，反之，企业就亏损。盈亏平衡点可以用销售量来表示，即盈亏平衡点的销售量；也可以用销售额来表示，即盈亏平衡点的销售额。

那么，一个新创企业的收入从何而来呢？

最直接的答案就是企业的产品销售带来的收入，即销售收入。我们在制订创业计划书的时候，企业尚未产生真实的销售，因此我们用销售收入预测来进行表达。

接下来，我们从一个基本公式"销售收入 = 销售产品数量 * 销售产品单价"开始，按年度逐月制作一张完整的销售收入预测表，如表 8-1 所示，目的是便于掌握原理。

表 8-1　销售收入预测表

月份	1	2	3	4	5	6	7	8	9	10	11	12	全年
预计销售量													
预计单位售价													
预计销售收入													

根据表 8-1，我们要得到预计销售收入的数值，就必须先得到预计销售量和预计单位售价。因此，下面我们先从预计销售量和预计单位售价两个维度进行阐述，在本节最后完成销售收入预测。

8.1.1　市场容量预测

市场容量，即市场在一个时期（一般为一年）内的需求总量，也是该时期购买者可能购买该类产品的总量。在某种程度上，该指标可以视为新创企业所在行业的蛋糕到底有多大。在市场容量众多的影响因素中，市场需求无疑是决定性因素，从某种角度来讲，销售收入就是市场需求的货币性量化。下面，我们就重点分析市场需求。市场需求分析的内容包括：产品，市场容量，顾客群，地域范围，时间周期，营销环境，企业营销活动，实际购买，预计市场份额九个方面。

（1）产品需求量预测

产品需求量预测方面，可以从产品价值和产品组合两个方面进行量化观测。

①产品价值预测

产品价值，对新创企业生产的产品而言，是否符合市场需求首先要看产品价值，即产品在多大程度上满足了购买者的需求。

一是，价值测算

说到产品价值，就需要给价值一个界定。此处所说的"价值"有其特定的含义，与哲学、政治经济学、经济学等学科关于价值的概念有所不同，此处采用价值工程对价值的界定。价值工程中的"价值"就是一种"评价事物有益程度的尺度"。价值高说明该事物的有益程度高、效益好、好处多；价值低则说明有益程度低、效益差、好处少。例如，人们在购买商品时，总是希望"物美而价廉"，即花费最少的代价换取最多、最好的商品。价值工程把"价值"定义为："对象所具有的功能与获得该功能的全部费用之比"，即：

$$V = \frac{F}{C}$$

式中，V 为"价值"，F 为"功能"，C 为"成本"。

功能价值分析是通过计算出 V 值，来判断功能的状态，决定解决措施的方法。

当 $V=1$ 时，表示 $F=C$，可以认为是最理想的状态，此功能无改善的必要。

当 $V>1$ 时，可能由于数据收集和处理不当导致实际必要功能没有实现。此时应具体分析，若原因为后者，应改善。

当 $V<1$ 时，说明该项功能的成本有花不当的地方或有功能过剩的情况。

因此，提高价值的基本途径有 5 种：

●功能不变，成本降低，价值提高；

●成本不变，功能优化，价值提高；

●功能优化的幅度大于成本增加的幅度；

●功能减少的幅度小于成本降低的幅度；

●功能优化，成本降低，价值大大提高。

二是，功能测算

价值工程认为，功能（function）对于不同的对象有着不同的含义：对于物品来说，功能就是它的用途或效用；对于作业或方法来说，功能就是它所起的作用或要达到的目的；对于人来说，功能就是他应该完成的任务；对于企业来说，功能就是它应为社会提供的产品和效用。总之，功能是对象满足某种需求的一种属性。认真分析一下价值工程所阐述的"功能"内涵，实际上等同于使用价值的内涵，也就是说，功能是使用价值的具体表现形式。任何功能无论是针对机器还是针对工程，最终都是针对人类主体的一定需求目的，最终都是为了人类主体的生存与发展服务，因而最终将体现为相应的使用价值。因此，价值工程所谓的"功能"实际上就是使用价值的产出量。

②产品组合预测

创业企业在进行产品决策时，除了考虑以什么样的产品进入市场之外，还应该考虑产品组合。消费者都希望拥有选择的权利，在作出购买决策之前，消费者总是习惯性地在多个选择中做比较，因此，必要的产品组合，是新创企业进行产品决策时必须考虑的。所谓产品组合，是指一个企业提供给市场的全部产品线和产品项目的组合或结构，对于新创企业而言，即企业的业务经营范围。产品线是指产品组合中的某一类产品大类，是一组密切相关的产品，它由类似的方式发挥功能、售给相同的顾客群，通过同一的销售渠道出售或属于同一的价格范畴。产品项目是衡量产品组合各种变量的一个基本单位，指产品线中不同品种及同一品种的不同品牌。产品组合包括四个衡量变量：长度、宽度、深度和关联度。

表8-2　宝洁公司的产品组合（部分）

护肤/化妆	洗发水	口腔护理	香皂/沐浴露	洗衣粉
玉兰油 吉列 Illume（伊奈美） ANNA SUI（安娜苏） SK-II Maxfactor ……	飘柔 海飞丝 潘婷 沙宣 伊卡璐 ……	佳洁士 欧乐-B	舒肤佳 玉兰油 激爽 卡玫尔	碧浪 汰渍

一是产品组合的长度

产品组合的长度是指企业所拥有产品项目的平均数，即全部产品项目总数除以全部产品线数所得的商。如表8-1所示的产品组合总长度为18，每条产品线的平均长度为18÷5＝3.6。新创企业往往由于受到资金、技术和精力的限制，产品组合长度不宜过长。

二是产品组合的宽度

产品组合的宽度是指产品组合中所拥有的产品线数目。如表8-2所示的产品组合宽度为5。新创企业在创立初期一般设计较少的产品线，以降低成本和运营风险。

三是产品组合的深度

产品组合的深度是指产品项目中每一品牌所含不同花色、规格、质量产品数目的多少。如佳洁士牙膏有四种规格和两种配方，其产品组合深度就是8。新创企业在进行产品决策时，产品组合深度不宜过深，可随着企业的成长，逐步加强对核心产品的深度开发，拓展产品组合深度。

四是产品组合的关联度

产品组合的关联度是指各条产品线在最终用途、生产条件、分销渠道或其他方面相互关联的程度。如表8-2所示的宝洁公司的产品组合,虽有5条产品线,但都为个人或家庭洗护用品,表中所列产品组合则具有较强的关联度。相反,经营多个非相关产业的企业,其产品组合的关联度则可能较小甚至无关联。新创企业创业初期往往经营的产品系列都呈相关关系,关联度较高,以便给消费者清晰的认知。

(2)市场容量综合观测指标

市场容量对新创企业的销售预测意义重大,一般通过市场调查(包括官方统计数据),尤其是对行业标杆企业的市场份额调查而取得。

在市场容量调查中,需要重点搜集以下几个方面的数据:

第一,需要了解的是同类产品在目标市场中销售的具体数字和品牌、规格、来源、生产厂家、价格,并根据当地的有关统计人口、社会经济统计数据,寻找出过去和现在发生的变化情况,预测将来可能发生的变化。

第二,要了解当地市场有关产品的消费变化,主要查清当地同类产品的生产数量和可能发生的变化、当地产品的就地销售数量、当地的工资收入水平、消费习惯等,运用定性分析和定量分析的方法,综合地分析产品今后的消费变化趋势。

第三,查明同类产品在当地的年消费量、消费者数量和产品的消费方式、产品消费范围的大小、消费频度、产品用途,以及具有什么竞争性代用品等因素。

第四,为了对产品今后消费情况的变化趋势进行预测,还应查明产品在当地市场上的生命周期状况,并结合其他因素同时进行综合分析和推断。几乎所有的产品都以某种形式经历生命周期的五个阶段,但不同类型的产品或同类产品中的不同品牌产品的变化速度是各不相同的。因此,查明产品在市场周期中所处的阶段是重要的。此外,还必须注意的是,产品销售利润的下降通常要比销售量下降得早,也下降得快些。

此外,由于工业产品的需求量取决于需用它作为生产原料的产品需求量,或用货单位本身生产业务的发展状况,因此,对这类"派生"产品的需求量的研究,就必须查明这些用户行业的发展现状和前景,对产品的需求量作出较为准确的推测。

同时,在进行产品调查工作时,还必须对产品市场进行细分,从而了解在当地市场上什么类型的消费者可能会购买本企业产品,准确地估计当地市场的发展潜力,正确地选择产品销售的目标市场,并进而了解不同类型的消费者对产品的要求,有针对性地采取改进产品的策略和措施,使之适销对路,以扩大产品的销路。

一般而言,这项工作必须由消费者调查来进行,具体而言应该了解当地市场的人口构成和消费习惯,包括年龄、性别、职业、工资收入、文化程度、居住地点、价格标准、购买习惯、生活方式、购买动机和使用方法等内容。对于工业用户的产品,则应了解清楚有关行业、代表性企业规模、货源供应、存在问题、采购方法和企业负责人等。对中间批发企业和零售企业,所需了解的情况基本与工业用户相同。

8.1.2　销量预测

前面讲到市场容量预测，市场容量是整个行业相关产品的大致市场规模，但不代表你的创新创业项目就能占满整个市场。因此，接下来还需要进行自己产品的销售量预测。

下面，介绍一些销量预测的方法。

预计销售量一般可以视为市场营销中的销售预测，对很多创业新手来说难度极大，下面介绍一些可行的、简单且有效性高的预测方法。

●时间序列分析法：通过分析历史销售数据的时间序列，预测未来的销售趋势。

●趋势分析法：通过分析销售数据的趋势，预测未来的销售量。

●因果预测分析法：通过分析影响销售量的因素及其函数关系进行预测。

●市场反应法：通过市场调研和专家判断，预测销售量。

●意见调查法：通过调查消费者和专家的意见进行预测。

●高级经理意见法：通过销售经理的经验判断进行预测。

●销售人员意见法：通过一线销售人员的意见进行预测。

●购买者期望法：通过调查购买者的消费意愿进行预测。

●订单预测法：通过前期的拜访沟通，争取部分组织客户的购买意向，并与之签订本公司产品的购买意向书（意向订单），然后根据这些意向订单预估未来的产品销量。

●抽样调查法：选取一部分有代表性的潜在顾客，通过发放调查问卷或访谈的方式，了解他们的购买意向及购买习惯，依此测算可能的市场销量。

●实地测试法：选择几个具有一定代表性的市场，小量试销本公司的产品，然后根据实际销量进行销售预测。

●类比预测法：将本公司的企业要素如产品、资源、营销等与竞争对手进行比较，依照竞争对手的实际销量来预测本公司的大概率销量。

下面引用"杏杏向蓉"项目进行销售预测。该项目的预测方法使用了订单预测法，根据其部分订单（订单详细情况略）计算的各项产品的年度销售预测如表 8-3：

表 8-3　"杏杏向蓉"项目年度销售预测表

产品类型	单位	销售量
瓶装银杏茶	瓶	29 800
散装银杏茶（50g）	瓶	7 300
小罐装精品银杏茶	罐	3 970
瓶装银杏粉	瓶	1 760
银杏茶纪念盒装	盒	8 000

我们要进行销售预测，就需要对影响销售的相关因素进行分析。一般来讲，在进行销售预测时考虑内外部两大类因素，其中外部因素中的市场需求是其中最重要的因素，我们将进行重点阐述。

8.1.3　单位价格预测

有了销售量的数据之后，还需要单位售价的预测。要确定预计单位售价，就要分析行业内每个竞争产品项目的销售单价。

（1）定价的方法

这里我们先看看三种基本定价方法，即成本导向定价法、需求导向定价法和竞争导向定价法。

①成本导向定价法

这是一种主要以成本为依据的定价方法，包括成本加成定价法和目标收益定价法，其特点是简便、易用。主要包括：

●成本加成定价法：指按照单位成本加上一定百分比的加成来制定产品销售价格。

●目标收益定价法：又称投资收益率定价法，是根据企业的投资总额、预期销量和投资回收期等因素来确定价格。

②需求导向定价法

这是一种以市场需求强度及消费者感受为主要依据的定价方法，包括认知价值定价法、反向定价法和需求差异定价法三种：

●认知价值定价法：企业根据购买者对产品的认知价值来制定价格。

●反向定价法：企业依据消费者能够接受的最终销售价格，计算自己从事经营的成本和利润后，逆向推算出产品的批发价和零售价。

●需求差异定价法：产品价格的确定以需求为依据，首先强调适应消费者需求的不同特性，而将成本补偿放在次要的地位，对同一商品在同一市场上制订两个或两个以上的价格，或使不同商品价格之间的差额大于其成本之间的差额。

③竞争导向定价法

竞争导向定价法通常有两种方法，即随行就市定价法、差别定价法、投标定价法：

●随行就市定价法：将本企业某产品价格保持在市场的平均价格水平，利用这样的价格来获得平均报酬。

●差别定价法：企业通过不同营销努力，使同种同质的产品在消费者心目中树立起不同的产品形象，进而根据自身特点，选取低于或高于竞争者的价格作为本企业产品价格。

下面引用"杏杏向蓉"项目进行预计单位售价的计算。

该项目的定价方法使用了竞争导向定价法，其竞品详细的定价分析表省略。该项目由竞争导向定价法计算的各项产品的预计单位售价如表8-4所示：

表8-4 "杏杏向蓉"项目预计单位售价表

产品类型	销售单价/元	单位
瓶装银杏茶	17.8	瓶
散装银杏茶（50g）	25	瓶
小罐装精品银杏茶	68	罐
瓶装银杏粉	200	瓶
银杏茶纪念盒装	32	盒

（2）定价的策略和步骤

新创企业的价格策略应用可以先从以下五个方面进行思考：

第一，要考虑零售价与批发价之间的合理关系，即产品价格表；

第二，要考虑产品作价的策略；

第三，要确定基本目标，是销量最大化，还是利润最大化；

第四，要权衡产品中的可见价值、成本、利润三者之间的合理比例；

第五，要协调好产品价格、市场份额、市场规模、产品生命周期、市场竞争程度之间的关系。

在此基础上，就可以依照下面六个步骤来设计我们的产品价格：

第1步，定价目标：首先确定定价目标，是销量优先还是利润优先；

第2步，价格弹性：测定需求的价格弹性，可以通过试销等办法来测定目标顾客对价格的敏感程度，即他们对价格的高低到底有多在乎；

第3步，成本估算：在确定价格以前，需要先测算产品的全部成本，包括生产成本、管理成本等；

第4步，对手价格：分析竞争对手的产品与价格，由此可以预测本企业产品在价格上的竞争力，以及可能的市场销售情况；

第5步，拟定价格：先根据实际情况选择三种基本定价法中的一种，再选择适当的具体定价方法；

第6步，确定价格：在已经拟定的价格基础上，最后综合考量确定产品的最终价格。

了解了三种基本定价法之后，我们就可以使用这些方法为企业的每个产品项目进行产品定价了。

8.1.4 影响销量和价格的重要因素

在奥斯特瓦尔德（Osterwalder）的商业模式九要素画布里，影响收益来源的有市场细分、客户关系和渠道通路。其实影响销量和价格的因素还不止这三个，本书按照外部因素和内部因素进行了系统的划分。

（1）外部因素

影响销售量预测的外部因素有以下几种：

●宏观经济形势变化。销售收入深受经济变动的影响，经济因素是影响商品销售的重要因素，为了提高销售预测的准确性，应特别关注商品市场中的供应和需求情况。尤其近几年来科技、信息快速发展，更带来无法预测的影响因素，导致企业销售收入波动。因此，为了正确预测，需特别注意资源问题的未来发展、政府及财经界对经济政策的见解以及基础工业、加工业生产、经济增长率等指标变动情况。尤其要关注突发事件对经济的影响。

●细分市场的需求变化。市场需求是外界因素之中最重要的一项. 如流行趋势、爱好变化、生活形态变化、人口流动等，均可成为产品（或服务）需求质与量方面的影响因素，因此，必须加以分析与预测。企业应尽量收集有关对象的市场资料、市场调查机构资料、购买动机调查等统计资料，以掌握市场的需求动向。

●细分市场的竞争程度。销售额的高低深受同业竞争者的影响，古人云"知己知彼，百战不殆"。为了生存，必须掌握对手在市场的所有活动。例如，竞争对手的目标市场在哪里，产品价格高低，促销与服务措施等。

●政府等机构的支持程度。需要考虑政府的各种经济政策、税收优惠政策、出口保护政策、销售奖励政策等，尤其在宏观调控影响程度比较大的行业。

●客户关系的亲疏程度。拥有良好的客户关系，客户对产品拥有较好的忠诚度或美誉度，必然能稳定并扩大销量。

（2）内部因素

影响销售量预测的内部因素有以下几种：

●营销策略。市场定位、产品政策、价格政策、渠道政策、广告及促销政策等变更对销售额所产生的影响。

●渠道通路。渠道通路属于上述营销策略的组成部分，单列出来是因为渠道的影响较大。正所谓渠道为王，得渠道得天下，即使在互联网时代依然如此。渠道越近，通路越通畅，销量越大。

●销售政策。考虑变更管理内容、交易条件或付款条件、销售方法等对销售额所产生的影响。

●销售人员。销售活动是一种以人为核心的活动，所以人为因素对于销售额的实现具有相当深远的影响力，这是我们不能忽略的。

●生产状况。货源是否充足，能否保证销售需要等。

8.1.5 销售收入预测表

在明确了预计销售量和预计单位售价之后，下面我们进行销售收入预测（该项目进行了五年的销售收入预测），见表 8-5。

表 8-5　五年销售收入预测表

年份	产品类型	销售单价/元	单位	销售量	销售额（元）
2024	瓶装银杏茶	17.8	瓶	29 800	530 440
	散装银杏茶（50g）	25	瓶	7 300	182 500
	小罐装精品银杏茶	68	罐	3 970	269 960
	瓶装银杏粉	200	瓶	1 760	352 000
	银杏茶纪念盒装	32	盒	8 000	256 000
	合计				1 590 900
2 025	瓶装银杏茶	17.8	瓶	49 800	886 440
	散装银杏茶（50g）	29	瓶	7 300	212 160
	小罐装精品银杏茶	68	罐	3 970	1 921 560
	瓶装银杏粉	200	桶	2 560	512 000
	银杏茶纪念盒	32	瓶	17 200	550 400
	合计				4 082 560
2026	瓶装银杏茶	17.8	瓶	60 200	1 071 560
	散装银杏茶（50g）	26.8	瓶	73 000	244 800
	小罐装精品银杏茶	68	罐	3 970	1 956 400
	银杏茶纪念盒装	200	盒	3 770	754 000
	瓶装银杏粉	32	瓶	26 500	848 000
	家庭装（2+1）	56.8	套	6 460	366 928
	超值装（4+2）	106.8	套	3 220	343 896
	合计				5 585 584
2027	瓶装银杏茶	17.8	瓶	80 500	1 432 900
	散装银杏茶（50g）	26.8	瓶	73 000	269 960
	小罐装精品银杏茶	68	罐	3 970	2 254 148
	银杏茶纪念盒装	200	盒	4 490	898 000
	瓶装银杏粉	32	瓶	32 800	1 049 600
	家庭装（2+1）	568	套	734	416 912
	超值装（4+2）	1 068	套	417	445 356
	合计				6 766 876

表8-5(续)

年份	产品类型	销售单价/元	单位	销售量	销售额（元）
2028	瓶装银杏茶	17.8	瓶	92 170	1 640 626
	散装银杏茶（50g）	26.8	瓶	73 000	305 320
	小罐装银杏茶	68	罐	3 970	2 662 312
	银杏茶纪念盒装	200	盒	5 180	1 036 000
	瓶装银杏粉	32	瓶	38 900	1 244 800
	家庭装（2+1）	568	套	906	514 608
	超值装（4+2）	1 068	套	513	547 884
	合计				7 951 550

8.2 成本预测

作为未来企业的所有者与经营者，我们喜爱收入而讨厌成本。但理性告诉我们，世上没有无本买卖，企业成本是我们必须面对的。那么在明确了收入之后，我们再来看看成本。首先，我们需要知道成本的构成，然后我们就要学习在企业中如何管理和控制这些成本。

价值工程中产品成本（cost）是指产品寿命周期的总成本。产品寿命周期从产品的研制开始算起，包括产品的生产、销售、使用等环节，直至报废的整个时期。在这个时期发生的所有费用与成本，就是价值工程的产品成本。

寿命周期成本=生产成本+使用成本，即 $C = C_1 + C_2$。

与一般意义上的成本相比，价值工程的成本最大的区别在于：将消费者或顾客的使用成本也算在内。这使得企业在考虑产品成本时，不仅要考虑降低设计与制造成本，还要考虑降低使用成本，从而使消费者或顾客既买得合算，又用得合算。产品的寿命周期与产品的功能有关，这种关系的存在，决定了寿命周期费用存在最低值。

还是从我们较为熟悉的成本分类方式切入，即我们把成本分为固定成本和变动成本两类，两个成本最直观的差别就是与营业量的关联：与营业量无关的成本为固定成本，与营业量无关的成本为变动成本。企业成本的发生永远无法避免，其中有些成本我们比较容易接受，比如变动成本；有些成本我们似乎不太愿意接受，比如固定成本。很多人把这看作一种直觉，最终我们发现，这个直觉是奇妙的。本文的建议就是，在企业经营管理中，尽可能让企业中的每个成员（尤其是合伙人）理解固定成本与变动成本的关键差别，我们企业的成本与绩效（销售收入）挂钩才是最好的，所以应该竭力控制固定成本，因为固定成本与我们的绩效无关。

全部成本按其形态分类可分为固定成本、变动成本和混合成本三大类。

固定成本是指在一定条件下，其总额不随业务量发生任何数额变化的那部分成本。固定成本一般包括下列内容：房屋设备租赁费、保险费、广告费、不动产税捐、管理人员薪金和按使用年限法计提的固定资产折旧费等。

变动成本是指在一定条件下，其总额随业务量成正比例变化的那部分成本，又称可变成本。我国包括与产量成正比的原材料、燃料及动力、外部加工费、外购半成品、按产量法计提的折旧费和单纯计件工资形式下的生产工人工资等。

混合成本是指介于固定成本和变动成本之间、既随业务量变动又不成正比例的那部分成本。混合成本一般可以采用一定的方法分解为固定成本和变动成本。

此外，还要考虑边际成本。边际成本定价法是企业以单位产品的边际成本为基础的定价方法，是随着产量的增加而变化的。在产量较低时，由于固定成本（如场地租赁费、设备购置费等）的分摊效应较小，边际成本可能较高。但随着产量的增加，固定成本被更多单位的产品所分摊，边际成本逐渐降低。然而，当产量增加到一定程度后，由于资源限制（如设备容量、工人数量等）的影响，边际成本可能会再次上升。因此，在成本控制中，我们需要密切关注边际成本的变化趋势，以便做出合理的财务预测。

8.2.1 固定成本预测

固定成本（又称固定费用）最直接的表达就是，企业必须支出且不随销量变化而变化的成本。它相对于变动成本，是指成本总额在一定时期和一定业务量范围内，不受业务量增减变动影响而能保持不变的成本。

固定成本的特征是在一定时间范围和业务量范围内其总额维持不变，但是，相对于单位业务量而言，单位业务量所分摊（负担）的固定成本与业务量的增减呈反向变动。

固定成本总额只有在一定时期和一定业务量范围内才是固定的，这就是说固定成本的固定性是有条件的。这里所说的一定范围也可理解为相关范围。如业务量的变动超过这个范围，固定成本就会发生变动。

固定成本划分见表8-6。

表8-6　固定成本划分

项目	固定部分
1 房屋设备租赁费	√
2 保险费	√
3 广告费	√

表8-6（续）

项目	固定部分
4 不动产税捐	√
5 管理人员薪金	√
6 销售人员及生产人员基本工资	√
7 和按使用年限法计提的固定资产折旧费等	√

根据表 8-6 的固定成本划分，下面引用"杏杏向蓉"项目进行固定成本预测。

表 8-7　"杏杏向蓉"项目固定成本预测表　　　单位：元

费用项目	第一年	第二年	第三年	第四年	第五年
职工薪酬	408 000	427 200	446 400	679 200	765 600
广告费及宣传费	340 000	300 000	180 000	170 000	130 000
折旧费	14 300	16 500	16 500.01	12 706.67	15 106.67
租金费	60 000	60 000	60 000	60 000	60 000
研发费用	220 000	260 000	260 000	150 000	150 000

8.2.2　变动成本预测

变动成本最直接的表达就是随着销量变化而变化的成本。它是指那些成本的总发生额在相关范围内随着业务量的变动而呈线性变动的成本。直接人工、直接材料都是典型的变动成本，在一定期间内它们的发生总额随着业务量的增减而成正比例变动，但单位产品的耗费则保持不变。一般新创企业的变动成本划分，见表8-8。

表 8-8　变动成本划分

项目	变动部分
1 原材料	√
2 燃料及动力	√
3 外部加工费	√
4 外购半成品	√
5 计件工资	√

根据表8-8的变动成本划分，下面引用"杏杏向蓉"项目进行变动成本预测，见表8-9。

表8-9 "杏杏向蓉"项目变动成本预测表　　　　　单位：元

费用项目	第一年	第二年	第三年	第四年	第五年
原材料	841 530	1 123 540	1 572 650	1 894 850	2 217 710
公共费用	4 000	4 000	4 000	4 000	4 000
运输费	13 200	15 840	23 760	26 400	29 040

8.2.3 影响成本的其他因素

影响成本的因素除了固定成本和变动成本之外，还有其他几个重要因素。在奥斯特瓦尔德（Osterwalder）的商业模式九要素画布中，成本结构（cost structure）描述了企业经营所需的各种成本。其中合作伙伴、核心资源是两个重要因素，而关键活动也是影响成本结构的重要方面，具体如下：

（1）合作伙伴

合作伙伴是描述企业为了让商业模式有效运作所需要的供应商和合作伙伴网络。合作伙伴的选择、合作方式以及合作关系的稳定性都会对企业的成本结构产生影响。例如，与供应商建立长期稳定的合作关系可能有助于降低采购成本，而与具有互补优势的合作伙伴合作则可能通过资源共享和协同效应来降低成本。

（2）核心资源

核心资源指企业为了让商业模式有效运作所需要的核心资源。这些资源是企业为了创造和交付价值主张所必需的关键资产，包括物理资源（如设备、技术）、知识资源、人力资源等。核心资源的获取、配置和利用方式会直接影响企业的成本结构。

（3）关键活动

关键活动指企业为了实现商业模式所必须执行的核心运作和业务。这些活动可能包括生产、设计、售后服务、市场推广等。关键活动的执行效率和效果会直接影响企业的成本结构。例如，通过优化生产流程、提高生产效率，企业可以降低生产成本；而通过精准的市场推广和客户服务，企业可以降低营销和服务成本。

综上所述，核心资源、合作伙伴和关键活动是影响成本结构的三个重要因素。在财务计划的设计和优化过程中，需要综合考虑这些因素，以制定出合理的成本结构，从而确保创新创业项目的可持续性和盈利能力。

8.3 利润与现金流量预测

8.3.1 利润预测表

（1）利润预测表

利润这个内容应该是很多人（尤其是老板）非常喜欢的部分，利润也是企业追求的主要目标之一。现在，作为一个老板，我们该如何客观准确地衡量本企业的利润呢？那么，我们就需要通过毛利、纯利和利润率等概念，帮助我们客观准确地衡量本企业的利润。

我们前面的公式"利润=收入-成本"中的利润一般指的是毛利润（俗称毛利），毛利润是指销售收入扣除主营业务的直接成本后的利润部分。其中的直接成本不包括企业的管理费用、财务费用、销售费用、税收等。

净利润（俗称净利或纯利）是指在利润总额中按规定缴纳了所得税以后公司的利润留存，一般也称为税后利润或净收入。

净利润的计算公式为：净利润=利润总额×（1-所得税率）。

净利润是一个企业经营的最终成果，净利润多，企业的经营效益就好；净利润少，企业的经营效益就差，它是衡量一个企业经营效益的主要指标。

净利润=利润总额-所得税费用。其中，所得税费用是根据企业会计准则的要求确认的应从当期利润总额中扣除的当期所得税费用和递延所得税费用。

显然，作为企业老板，我们认为净利润最能体现经营企业的最终收益。但毛利润无疑也真实反映了企业经营的绩效。

表 8-10　预计利润表

编制单位：　　　　　　　　　　　　年　月　　　　　　　　　　　单位：元

项目	行次	本月数	本年累计数
一、营业收入	1		数据来自销售预算
减：营业成本	2		数据来自产品成本预算
营业税金及附加	3		数据来自销售收入、成本及税金预算
销售费用	4		数据来自销售及管理费用预算
管理费用	5		数据来自销售及管理费用预算
财务费用	6		数据来自现金预算
资产减值损失	7		数据来自公司预计值
加：公允价值变动净收益	8		数据来自公司预计值

表8-10（续）

项目	行次	本月数	本年累计数
投资收益	9		数据来自公司预计值
二、营业利润	11		
营业外收入	12		数据来自公司预计值
减：营业外支出	13		数据来自公司预计值
其中：非流动资产处置净损失	14		数据来自公司预计值
三、利润总额	15		
减：所得税（税率25%）	16		数据来自现金预算
四、净利润	17		
五、每股收益	18		股份有限公司填列
基本每股收益	19		股份有限公司填列
稀释每股收益	20		股份有限公司填列

编制说明：

●第一年的预计利润表要按月编制；

●除了编制第1年的预计利润表外，还要对第2-5年的预计利润表进行评估。

（2）预计利润表示例

下面引用"杏杏向蓉"项目进行利润预测示例说明，见表8-11。

表8-11　"杏杏向蓉"项目利润表

编制单位：　　　　　　　　　　　　　　　　　　　　　　单位：元

项目	行次	第一年	第二年	第三年	第四年	第五年
一、营业收入	1	2 920 640	4 082 560	5 585 584	6 766 876	7 951 550
减：营业成本	2	841 530	1 123 540	1 572 650	1 894 850	2 217 710
营业税金及附加	3					
销售费用	4	497 500	467 490	362 910	370 000	400 240
管理费用	5	562 300	616 500	628 500	733 106.67	754 706
财务费用	6	18 750				
资产减值损失	7					
加：公允价值变动损益（损失以"-"号填列）	8					
二、营业利润（亏损以"-"号填列）	9	1 000 560	1 875 030	3 021 524	3 768 919	4 578 893

表8-11(续)

项目	行次	第一年	第二年	第三年	第四年	第五年
加：营业外收入	10					
减：营业外支出	11					
三、利润总额（亏损总额以"-"号填列）	12	1 000 560	1 875 030	3 021 523	3 768 919	4 578 893
减：所得税费用	13					
四、净利润（净亏损以"-"号填列）	14	1 000 560	1 875 030	3 021 523	3 768 919	4 578 893

编制说明：

税收，是指以国家为主体，为实现国家职能，凭借政治权力，按照法定标准，无偿取得财政收入的一种特定分配方式。它体现了国家与纳税人在征税、纳税的利益分配上的一种特殊关系，是一定社会制度下的一种特定分配关系。

按征税对象分类，可将全部税收划分为流转税类、所得税类、财产税类、资源税类和行为税类五种类型。①流转税类——以流转额为征税对象（如增值税、消费税、营业税和关税等）。②所得税类（收益税）——以各种所得额为课税对象（如企业所得税、个人所得税）。③财产税类——以纳税人所拥有的财产数量或财产价值为征税对象（如房产税、车船税、船舶吨税等）。④资源税类——以自然资源和某些社会资源为征税对象（如资源税等）。⑤行为税类——以纳税人的某些特定行为为课税对象（如印花税、车辆购置税、城市维护建设税等）。

企业应交所得税=应纳税所得额×所得税税率。

应纳税所得额=收入总额-不征税收入-免税收入-各项扣除-以前年度亏损。

8.3.2 现金流量预测表

如果把一个企业比作一个人，那么成本就好比企业的食物，人没有食物无法存活；而现金流就好比一个人的呼吸，人没有呼吸必然休克而亡。

现金流也是部分同学感觉不太好理解的一个概念，我们就使用一个最为简单明了的定义：现金流是指一个企业一定时期的现金和现金等价物流入和流出的数量。这个定义中的现金，不是我们通常所理解的手持货币，而是指具有及时支付功能的企业的库存现金和银行存款，还包括现金等价物（即企业持有的期限短、流动性强、容易转换为已知金额现金、价值变动风险很小的投资）。

所以，对创业者来讲，对现金流量像对利润一样进行逐月评估是非常重要的，因为一个赢利的企业也会由于现金的短缺而破产。

（1）现金流量预测表

现金流量预测表见表8-12，表中的数据大部分来自预计利润表，但要根据现金可能变化的时间进行适当的调整。在创业初期，经营活动和投资产生的现金流入量小于流出量，导致经营和投资活动产生的现金净流量为负，创业者就需要借入现金，或者保证银行账户中有足够的现金来保证冲销高出的支出额，这个时候现金流量的状况是：经营活动产生的现金净流量为负，投资活动产生的现金净流量为负，筹资活动产生的现金净流量为正。创业企业进入正轨，达到稳定增长阶段的时候，经营活动产生的现金净流量为正，这个时候就可以考虑进行扩大投资，或者归还一部分银行借款，这个时候的现金流量表现为：经营活动产生的现金净流量为正，投资活动产生的现金净流量为负，筹资活动产生的现金净流量为负。

表 8-12　现金流量预测表

编制单位：　　　　　　　　　年　月　　　　　　　　单位：万元

项目	行次	上年度	本年度（数据来源）
一、经营活动产生的现金流量			
销售商品、提供劳务收到的现金			销售收入、成本及税金预算
收到的税费返还			公司预估值
收到其他与经营活动有关的现金			公司预估值
经营活动现金流入小计			
购买商品、接受劳务支付的现金			销售收入、成本及税金预算
支付给职工以及为职工支付的现金			
支付的各项税费			销售收入、成本及税金预算
支付其他与经营活动有关的现金			公司预估值
经营活动现金流出小计			
经营活动产生的现金流量净额			
二、投资活动产生的现金流量			
收回投资收到的现金			公司预估值
取得投资收益收到的现金			公司预估值
处置固定资产、无形资产和其他长期资产收回的现金净额			公司预估值
收到其他与投资活动有关的现金			公司预估值
投资活动现金流入小计			
购建固定资产、无形资产和其他长期资产支付的现金			启动资金预算与现金预算
投资支付的现金			启动资金预算与现金预算

表8-12(续)

项目	行次	上年度	本年度（数据来源）
支付其他与投资活动有关的现金			公司预估值
投资活动现金流出小计			
投资活动产生的现金流量净额			
三、筹资活动产生的现金流量			
吸收投资收到的现金			启动资金预算与现金预算
取得借款收到的现金			启动资金预算与现金预算
收到其他与筹资活动有关的现金			公司预估值
筹资活动现金流入小计			
偿还债务支付的现金			现金预算
分配股利、利润或偿付利息支付的现金			现金预算
支付其他与筹资活动有关的现金			公司预估值
筹资活动现金流出小计			
筹资活动产生的现金流量净额			
四、汇率变动对现金及现金等价物的影响			公司预估值
五、现金及现金等价物净增加额			预计资产负债表
加：期初现金及现金等价物余额			预计资产负债表
五、期末现金及现金等价物余额			预计资产负债表

编制说明：第一年的预计现金流量表要按月编制；除了编制第 1 年的预计现金流量表外，还要对第 2~5 年的预计现金流量表进行评估。

（2）现金流量预测表示例

下面引用"杏杏向蓉"项目进行现金流分析，见表8-13。

表 8-13　"杏杏向蓉"项目现金流量表

编制单位：　　　　　　　　　　　　　　　　　　　　　　　　　　单位：元

项目	行次	第一年	第二年	第三年	第四年	第五年
一、经营活动产生的现金流量						
销售产成品、商品、提供劳务收到的现金	1	2 920 640	4 082 560	5 585 584	6 766 876	7 951 550
收到其他与经营活动有关的现金	2					
购买原材料、商品、接受劳务支付的现金	3	1 901 030	2 207 080	2 563 310	2 997 156	3 371 456
支付的职工薪酬	4	408 000	427 200	446 400	679 200	765 600

表 8-13（续）

项目	行次	第一年	第二年	第三年	第四年	第五年
支付的税费	5					
支付其他与经营活动有关的现金	6					
经营活动产生的现金流量净额	7	611 610	1 448 280	2 575 874	3 090 519	3 814 493
二、投资活动产生的现金流量						
收回短期投资、长期债券投资和长期股权投资收到的现金	8					
取得投资收益收到的现金	9					
处置固定资产、无形资产和其他非流动资产收回的现金净额	10					
短期投资、长期债券投资和长期股权投资支付的现金	11					
购建固定资产、无形资产和其他非流动资产支付的现金	12	83 580	22 000			38 000
投资活动产生的现金流量净额	13	−83 580	−22 000			−38 000
三、筹资活动所产生的现金流量						
取得借款收到的现金	14	300 000	200 000			
吸收投资者投资收到的现金	15		1 000 000			
偿还借款本金支付的现金	16					
偿还借款利息支付的现金	17	4 700.00	4 700.00			
分配利润支付的现金	18					
筹资活动产生的现金流量净额	19	304 700	1 204 700			
四、现金净增加额	20	832 730	2 630 980	2 575 873	3 090 519	3 776 493
加：期初现金余额	21					
五、期末现金余额	22	832 730	2 630 980	2 575 873	3 090 519	3 776 493

8.4 财务指标分析

财务分析是以财务报表和其他资料为依据，运用专门的方法，系统分析和评价企业过去和现在的经营成果、财务状况及其变动，目的是了解过去、评价现在、预测未来，帮助有利益关系的集团改善决策。

不同的报表使用者基于不同的目的进行财务分析，创业企业对预计报表进行分析的目的，主要是判断创业企业的财务状况、经营成果和现金流量是否令人满意，找出存在的问题及时加以解决。财务分析的内容可归纳为：①偿债能力分析：企业偿还债务的能力；②营运能力分析：企业资产的利用能力；③盈亏平衡预测；④盈利能力分析：企业获取经营利润的能力。下面重点介绍其中两种分析。

8.4.1 盈亏平衡预测

盈亏平衡点（Break Even Point，简称BEP）又称零利润点、保本点、盈亏临界点、损益分歧点、收益转折点。通常是指全部销售收入等于全部成本时（销售收入线与总成本线的交点）的产量。以盈亏平衡点的界限，当销售收入高于盈亏平衡点时企业盈利，反之，企业就亏损。盈亏平衡点可以用销售量来表示，即盈亏平衡点的销售量；也可以用销售额来表示，即盈亏平衡点的销售额。盈亏平衡曲线有助于企业制定定价策略、生产计划、成本控制和市场营销策略；可以评估不同销售水平下的风险和收益；可以根据盈亏平衡曲线设定销售目标和融资计划。

（1）盈亏平衡点的计算

盈亏平衡点的计算公式为：

$BEP = Cf / (p-cu-tu)$

其中：BEP——盈亏平衡点时的产销量；

Cf——固定成本；

P——单位产品销售价格；

Cu——单位产品变动成本；

Tu——单位产品增值税及附加。

由于单位产品营业税金及附加常常是单位产品销售价格与营业税及附加税率的乘积，因此公式可以表示为：

$BEP = Cf / [p (1-r) -cu]$

其中：r——营业税金及附加的税率。

按实物单位计算：盈亏平衡点=固定成本/（单位产品销售收入-单位产品变动成本）。

按金额计算：盈亏平衡点=固定成本/（1-变动成本/销售收入）=固定成本/贡献毛利率。

（2）盈亏平衡曲线的绘制

盈亏平衡曲线的绘制

确定关键参数：首先需要确定固定成本、单位售价和单位变动成本。

●计算盈亏平衡点：使用上述公式计算盈亏平衡点的销售量。

●绘制曲线，如图8-1所示。

在 X 轴上表示销售量，Y 轴上表示利润或亏损。绘制一条斜率为（单位售价-单位变动成本）的直线，表示随着销售量的增加，利润的变化。将盈亏平衡点的销

售量标记在 X 轴上，并将对应的利润标记在 Y 轴上。连接这两个点，形成盈亏平衡曲线（在实际情况中，这通常是一条直线，但也可以表示为曲线，特别是当考虑到更复杂的成本结构或非线性关系时）。

值得注意的是，盈亏平衡曲线是基于特定假设和条件的，如固定成本和变动成本不变。在实际操作中，这些成本可能会随着市场环境的变化而变化。盈亏平衡曲线没有考虑时间因素，即它假设所有成本和销售都是瞬间发生的。在实际业务中，成本和销售往往存在时间延迟。盈亏平衡曲线主要关注财务方面，而没有考虑产品质量、市场需求、竞争状况等非财务因素。

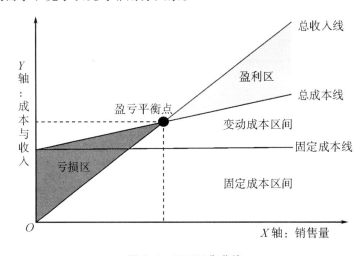

图 8-1　盈亏平衡曲线

8.4.2　盈利能力分析

从企业投资者的角度来看，特别关心企业的盈利能力。所谓盈利能力，是指企业获取利润的能力。企业的盈利能力反映着企业的财务状况和经营绩效，是企业偿债能力和营运能力的综合体现。一般企业通常使用销售净利率、销售毛利率、资产净利率、净资产收益率等指标。

●销售净利率

销售净利率是指净利与销售收入的百分比，计算公式如下：

$$销售净利率 = \frac{净利润}{销售收入}$$

该指标反映一元销售收入带来的净利润是多少，表示销售收入的收益水平。企业在增加销售收入的同时，必须相应地获得更多的净利润，才能使销售净利率保持不变或者有所提高。

通过分析销售净利率的升降变动，可以促使企业在扩大销售的同时，注意改善经营管理，提高盈利水平。

●销售毛利率

销售毛利率是毛利占销售收入的百分比，其中，毛利是销售收入与销售成本的差。计算公式如下：

$$销售毛利率 = \frac{销售收入 - 销售成本}{销售收入}$$

销售毛利率表示每一元销售收入扣除成本后，还有多少剩余可以用于各项期间费用和形成盈利，它不仅是企业经营效率的集中体现，也揭示了企业的定价政策。该指标还有助于找出经营中存在的具体问题。如销售毛利率下降，则表明销售成本比重加大，可能是销售价格下降，也可能是制造成本上升造成的。

●资产净利率

资产净利率是企业净利润与平均资产总额的百分比，计算公式如下：

$$资产净利率 = \frac{净利润}{平均总资产}$$

资产净利率主要用来衡量企业利用资产获取净利润的能力，它反映了企业资产的利用效率。该指标越大，表明企业的盈利能力越强，企业资产的利用效率越高，说明企业在节约资金增加收入等方面取得了良好的效果，否则相反。

●净资产收益率

净资产收益率是净利润与平均净资产的百分比，也叫权益净利率或者权益报酬率，计算公式如下：

$$净资产收益率 = \frac{净利润}{平均净资产}$$

净资产收益率反映了企业自有资本的获利能力，是反映企业盈利能力的核心指标。因为企业的根本目标是所有者权益或者股东财富最大化，而净资产收益率既可以直接反映资本的增值能力，又影响着企业股东财富的大小。该指标越大，说明资本带来的利润越多。

此外，净资产收益率还是企业决定是否举债的一个标准，只有当净资产收益率高于银行利息率时，适当举债才可以提高净资产收益率，对投资者才是有利的。

8.5 融资计划

8.5.1 启动资金

（1）启动资金的含义及内容

当创业者根据自己的创业构想，形成企业创办的一些具体方案后，一个企业蓝图由此产生，但如果要将这个纸面上的企业变为现实，我们还需要启动资金。启动资金是创业企业为使项目达到设计的生产能力，开展正常经营而需投入的全部资金。包括支付场地（土地和建筑）、办公家具、机器设备、原材料和库存商品、营业执照和许可证、开业前广告和促销、工资以及水电费和电话费等费用的资金。总的来说，启动资金包括建设投资和流动资金投资两项内容。

●建设投资，是指在建设期内按一定生产经营规模和建设内容进行的投资，具体包括固定资产投资、无形资产投资和其他资产投资三项内容。固定资产投资，是指项目用于购置或安装固定资产应当发生的投资。固定资产原值与固定资产投资之间的关系为：固定资产原值＝固定资产投资＋建设期资本化利息。无形资产投资，是指项目用于取得无形资产应当发生的投资。其他资产投资，是指建设投资中除固定资产投资和无形资产投资以外的投资，包括生产准备和开办费。

●流动资金投资，是指创业企业投产前后分次或者一次性投放于流动资产项目的投资增加额，又称为垫支流动资金或者营运资金投资。

启动资金的内容及相互关系见图 8-2。

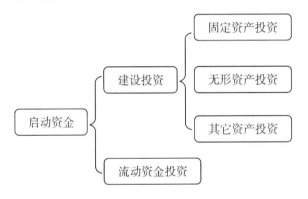

图 8-2　启动资金内容

●**项目计算期**

项目计算期是指项目从投资建设开始到最终清理结束整个过程的全部时间，包括建设期和运营期（具体又包括投产期和达产期）。

其中，建设期是指项目资金正式投入开始至项目建成投产为止所需要的时间，建设期的第一年称为建设起点，建设期的最后一年末称为投产日，从投产日到终结点之间的时间间隔称为营运期。

一般而言，项目计算期越长，其所面临的不确定性因素越多，从而风险也越大，投资者要求的报酬可能会越高。具体关系如图 8-3 所示。

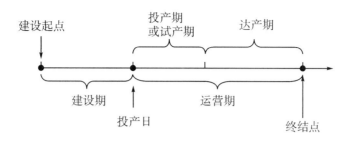

图 8-3　项目计算期

（2）启动资金预算

在了解了启动资金的含义及内容后，我们现在接着研究创业企业如何编制启动资金预算。编制启动资金预算比较复杂的是固定资产预算和流动资金预算。固定资产预算包括：企业用地和建筑、办公家具和机器设备等；流动资金预算包括：原材料和成品库存、促销、工资、租金、保险和其他费用。下面分别说明这两种预算的编制。

●企业用地和建筑

根据公司法规定，设立有限责任公司，应当具备的条件之一是"有公司住所"。也就是办企业或者开公司，都需要有适用的场地和建筑。也许是用来开工厂的整个建筑，也许只是一个小工作间，也许只需要租一个铺面。创业者根据自己要创办企业的特性，就可以确定需要什么样的场地和建筑时，一般来说选择有如下三个：新建建筑；买现成的建筑；租一栋楼或者其中一部分。

●机器设备

机器设备是指您的企业需要的所有机器、工具、工作设施、车辆、办公家具等。对于制造商和一些服务行业，在机器设备上的投资往往金额巨大，所以选择正确的设备类型就显得非常重要，创业者要慎重考虑需要哪些设备，并把它们编入启动资金预算。

●流动资金垫支预测

一般来说，企业开张后要运转一段时间才能有销售收入，比如制造商在销售之前必须先把产品生产出来形成产成品；服务企业在开始提供服务之前要购买原材料及其他用品；零售商或者批发商在销售之前必须先进货。另外，创业企业在揽来顾客之前还必须采用各种方式进行广告宣传和促销。创业者必须明白，在你获得第一笔收入之前，你必须在很多方面垫支流动资金，具体包括：购买并储存原材料和成品；应收账款或者票据；促销；工资；租金；保险和许多其他费用等。

有的企业需要足够的流动资金来支付 6 个月的全部费用，也有的企业只需要支付 3 个月的费用。你必须预测，在获得销售收入之前，你的企业能够支撑多久。一般而言，刚开始的时候销售并不顺利，因此，你的流动资金要计划得富裕些。

8.5.2 融资方法

马云创业时创办的第一个小企业叫"海博翻译社"，他曾经回忆说："为了向银行借3万元，发票、家具都拿去抵押了，花了3个月时间，也没有向银行借到这笔钱，我那时想，如果有一家银行能够做这样的事情，就能够帮助很多人成功。"所以，对创业者来讲，再好的创业方案如果没有资金支持，也只能是镜花水月。

创业者有了比较好的创业方案以后，就需要制定比较详细的融资计划。融资，就是资金筹集，涉及的问题主要有融资的渠道与方式、融资方式选择等问题。但是，融资方式的选择会影响企业的资金成本，另外，最重要的是，融资方式的选择会影响企业的财务风险，而风险的控制对创业企业来讲是头等大事。

（1）融资渠道与方式

筹资渠道主要解决向谁筹资的问题，而筹资方式主要解决在筹资渠道既定的情况下，采用什么最合适的手段来筹集资金。

一般来说，资金的来源有两种：债务资金来源和权益资金来源，这两种来源形成了资产负债表的负债和所有者权益。就负债融资和权益融资来讲，还包括很多具体的形式，例如负债融资包括银行借款、企业债券、融资租赁、短期融资券及应收账款贴现等。企业常见的筹资渠道、筹资方式及其组合见表8-14所示。

表8-14　企业融资渠道与方式及其配合

融资方式 ＼ 融资渠道	财政资金	法人资金	银行资金	非银行金融机构的资金	公众资金	境外资金
以参股方式进行股权融资	√	√			√	√
公开发行股票融资		√		√	√	√
公开发行债券融资		√		√	√	√
信贷融资			√			√
票据融资		√		√		√
委托贷款融资		√		√	√	√
发行短期融资券融资			√	√		
信托融资				√		
国债贴息	√					
风险投资		√				√
以参股方式进行股权融资	√	√			√	√
公开发行股票融资		√		√	√	√

企业生命周期理论也适合解释创业过程。企业发展从成立开始，经过不断的发展，一般会经过不同的阶段，这就是企业的生命周期。根据盈亏发展情况，大致可

以划分为种子期、发展期、扩张期、成熟期和衰退期。在种子期的创业风险一开始很大，亏损还未见底。随着利润的不断提高，风险越来越小，如图8-4所示。

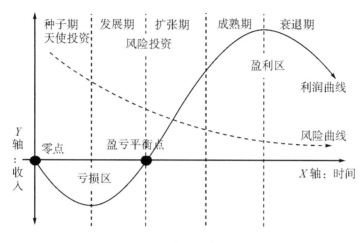

图8-4 企业生命周期

企业在不同的阶段，采用的融资方式也是不同的，如图8-5所示，创新创业项目可以考虑多种融资方式。

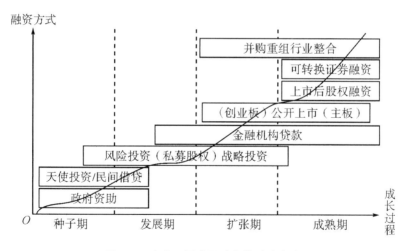

图8-5 企业不同发展阶段的融资方式

当前我国经济进入了"新常态"，"互联网+"的兴起产生了很多新业态，技术和金融的创新产生了很多新的融资方式，同时传统的融资方式还在继续起着主导作用，下面，我们以创业企业的成长发展过程为框架，介绍一些对创业企业比较有用的融资方式：银行借款融资；股权融资；互联网金融背景下的新融资模式。

（2）银行借款融资

①银行借款的含义及分类

银行借款是指企业向银行或其他非银行金融机构借入的、需要还本付息的款项，包括偿还期限超过1年的长期借款和不足1年的短期借款；主要用于企业购建固定

309

资产和满足流动资金周转的需要。

银行借款的分类有很多，主要有：按用途不同可以分为固定资产投资贷款、更新改造贷款、科技开发和新产品试制贷款；按贷款提供者不同可以分为政策性银行、商业银行和其他金融机构；按是否有担保可以分为抵押贷款和信用贷款；按偿还方式可以分为到期一次偿还和分期偿还贷款。

②银行借款注意事项

当企业申请贷款时，贷款机构对企业主和企业都有一定的要求，所以，创业者在申请贷款需要注意如下事项：

第一，维护好企业信用。企业申请贷款的时候，贷款机构也会观察借款企业的信用情况，而企业的信用主要表现在四个方面：银行信用：企业与银行业务往来中是否有欠款、欠息行为；商业信用：企业在合同履行、应付账款债务上是否守信；财务信用：在财务报表上是否弄虚作假；纳税信用：是否根据相关规定纳税。

第二，选择合适的贷款机构。因为不同贷款机构的要求不一样，所以企业选择贷款机构时，应结合自身条件多找几家机构进行对比，看看哪家贷款机构更适合自己，这样可保证顺利获贷。

第三，确定好贷款额度。企业申请贷款的时候，一定要根据自己的资金需求确定好贷款额度。因为，若贷款额度过低，肯定会制约企业发展；不过，若贷款额度过高，不但会增加贷款成本，而且会造成资金浪费。

第四，按时还本付息。企业申请贷款成功获贷后，企业主一定要记得每月按时足额还款，否则，出现逾期对企业和企业主的信用记录都会受到严重的影响。

③银行借款融资的优缺点

银行借款融资具有如下的优点：一是，借款筹资速度快。企业利用长期借款筹资，一般所需时间较短，程序较为简单，可以快速获得现金。由于企业与银行直接打交道，可根据企业资金的需求状况提出要求，而且因为企业经常性地与银行交往，彼此相互了解，对借款合同的有关条款内容和要求也相对熟悉，从而能避免许多不必要的麻烦。二是，借款成本较低。利用长期借款筹资，其利息可在所得税前列支，故可减少企业实际负担的成本，因此比股票筹资的成本要低得多；与债券相比，借款利率一般低于债券利率。此外，由于借款是在借款企业与银行之间直接商定。因而大大减少了交易成本。三是，借款弹性较大。在借款时，企业与银行直接商定贷款的时间、数额和利率等；在用款期间，企业如因财务状况发生某些变化，亦可与银行再行协商，变更借款数量及还款期限等。四是，企业利用借款筹资，与债券一样可以发挥财务杠杆的作用。五是，易于企业保守商业秘密。向银行办理借款，可以避免向公众提供公开的商业信息，因而也有利于减少财务秘密的披露，对保守商业秘密有好处。

银行借款融资也有一些缺点，如下：一是，筹资风险较高。借款通常有固定的利息负担和固定的偿付期限，企业的偿付压力很大，故借款企业的筹资风险较高。

二是，限制条件较多。银行为了保证贷款的安全性，对借款的使用附加了许多约束条件，这可能会影响到企业以后的筹资和投资活动。三是，筹资数量有限。一般不如股票、债券那样可以一次筹集到大笔资金。

（3）股权融资

股权融资是最适合大学生创新创业项目的融资方式。股权融资是指企业的股东愿意让出部分企业所有权，通过企业增资的方式引进新的股东的融资方式，总股本同时增加。股权融资所获得的资金，企业无须还本付息，但新股东将与老股东同样分享企业的盈利与增长。

创业者需要明白的是，股权融资通常是企业融资的一种方式，企业引入资金做大公司的盘子，投资人取得公司股权成为公司的新股东（法律上称为"增资入股"）；而股权转让可以简单理解为股东的套现，股权转让的收益归属于股东而不是公司。

从法人治理结构来讲，股东完成出资后，就丧失了其出资的所有权，换来的是法人的股权。其出资的所有权归法人所有，是法人实际的资本。法人的股权大小由其名下的资本多少决定。从公司成立的程序上看，法人的资本分为注册资本和实收资本。

企业资产负债表的所有者权益部分有四个科目：实收资本（有限责任公司适用）或者股本（股份有限公司适用）、资本公积、盈余公积和未分配利润。实收资本是指投资者按照企业章程或合同、协议的约定，实际投入企业的资本，即企业收到的各投资者根据合同、协议、章程规定实际交纳的资本数额。

另外，在企业的营业执照上面，通常有企业的注册资本描述，那么，什么是注册资本，它与实收资本又有什么区别呢？

注册资本是工商管理的术语，是法律上对公司注册的登记要求，是企业的一种偿债责任与能力的认定，企业需要向工商行政管理机关登记注册的资本总额，并且在一定时间内完成注册资本的投入。有限责任公司的注册资本为在公司登记机关登记的全体股东认缴的出资额。法律、行政法规以及国务院决定对有限责任公司注册资本实缴、注册资本最低限额另有规定的，从其规定。

由此可见，实收资本与注册资本除了以上的区别以外，在金额上还是有一定的区别；新公司法中注册资金采取认缴制的，即约定时间的分期付款，注册资本在一般公司注册时可能小于实收资本；新公司法中注册资金采取实缴制的，缴纳的注册资金就是实收资本，也是如实登记的。

在公司注册时，企业需要慎重选择注册资本，当企业发展之后进行相应的注册资本变更。而且也要注意在一段时间内的实收资本等于注册资金，保证注册资本与实收资本的一致性。

股权对于一个企业是很重要的，比如一个企业谁的股权最多谁说话就更有分量，股权可以转让买卖等。股权转让是股东行使股权经常而普遍的方式，《中华人民共和国公司法》规定股东有权通过法定方式转让其全部出资或者部分出资。

（4）互联网金融背景下的新融资模式

①P2P 网络借贷

P2P 网络借贷是互联网上个人对个人的直接贷款模式，P2P 的本质是一种债权市场，P2P 平台在借款时会对资金需求方的发展前景、财务管理情况等经营信息进行考察，如到达平台的标准则可进一步利用互联网这个平台通过贷款的方式把资金的需求方和拥有资金且有理财投资愿望的投资者联系起来。由于我国互联网金融发展尚不成熟，国内当前的 P2P 模式和国外也有所不同，国外的 P2P 网贷平台只是作为一种信息中介，更多的作用只是在线上寻找投资人和资金需求人由投融资双方自由组合。国内的 P2P 平台除了少数单一线上的纯信用模式，更多的是线下线上结合，并结合平台自身特点形成了多种业务模式。我国当前比较具有代表性的 P2P 平台有人人贷、有利网、陆金所等。

②互联网众筹融资

众筹又称大众筹资，是指利用互联网通过提前团购或预购的形式向多数人募集小额资金来支持资金需求方的某个项目或者产品，然后以实物、作品或者股权等作为投资回报的一种筹措项目资金的模式。理论上任何资金不足的创业者如小企业和个人都可以通过这种平台向社会公众展示自己产品或项目的创意和优势，以争取公众的支持，获得资金援助。众筹这种模式一定程度上消除了机构融资和传统创业者之间的许多障碍。我国当前约有 365 家众筹平台，但有 70% 到 80% 的市场份额都被阿里的淘宝众筹和京东众筹这两大巨头所占有。除此之外还有一些比较具有代表性的众筹平台如"红岭创投""点名时间"等。

8.5.3 风险投资与创业融资轮次

大学生创新创业项目主流的融资方式是寻求风险投资，是否被风险投资机构青睐，甚至成为评价项目好坏成败的重要依据之一。

（1）风险投资

风险投资（venture capital）属于股权融资的一种，是指投资者向创业者或新设企业提供种子期、早期以及发展期所需的资金，以获取目标企业的股权，并最终获得高额的回报。

①风险投资的特点

风险投资的特点主要体现在以下几个方面：

第一，高风险高收益性：风险资本投资的行业主要集中在成长性较好的高科技行业，这些行业本身的未来具有不确定性，且受市场环境、科技发展水平等因素的影响较大，所以总体投资的风险较高。根据风险与收益的对称性原则，高风险性决定了它的高收益性。

第二，长期权益性：风险投资的投资周期一般要经过研究开发、创业投资、扩大生产和赢利进一步扩大等几个阶段，从创建风险投资到上市，期间一般都需要3-7年的时间，有的期限甚至更长。

第三，专业性：风险投资不仅提供资金，更重要的是提供管理经验。从投资策略上看，风险投资是一种组合投资，因此在分析、评估标的时，需要有更专业的知识以判断风险企业的经营和赢利能力。

②风险投资对创业项目的作用

风险投资往往是创业融资的重要来源之一，尤其是在创业企业初期难以获得传统融资渠道支持的情况下。风险投资的投资者通常具有丰富的经验和资源，在提供资金的同时，还会给予创业者战略指导、运营支持等方面的帮助。这些协同作用能够帮助创业企业快速发展，提高成功概率。

具体来说，风险投资对创业融资的作用主要体现在以下几个方面：

●资金支持：风险投资能够为创业企业带来强大的资金支持，解决创业初期资金短缺问题，助力企业规模化发展。

●战略指导：风险投资机构通常具有丰富的行业经验和资源，能够为创业企业提供战略指导，帮助企业明确发展方向，优化运营策略。

●资源对接：风险投资机构能够帮助创业企业快速对接市场、寻找合作伙伴、拓展业务渠道，提升企业的商业价值。

●管理优化：引入风险投资意味着引入了专业的投资人和管理团队，他们可以通过董事会参与公司治理，提供战略指导，优化企业治理结构。

（2）创业融资轮次

一家成功的公司在它上市前，可能需要经历四到五轮甚至更多轮的股权融资。下面简要介绍各轮次融资：

①种子轮融资

该轮融资额度一般是10万~100万元人民币。融资成功的关键是想法和创始人，初创期的项目可能只是一个好的想法以及对企业未来的规划的蓝图，产品或服务只停留在概念或DEMO阶段，需要投入资金才能启动。此阶段天使投资人和投资机构一般更倾向于投自己熟悉的人、朋友介绍的人，或者在行业内有一定知名度的大咖、大牛。总之如果不是自己了解的人，关键还是看个人背景，作为一名草根创业者，你几乎没有机会获得种子轮融资。"3F"是你唯一的选择，即family、friend、fool。

②天使轮融资

天使投资（Angel Investment），是权益资本投资的一种形式，是指富有的个人出资协助具有专门技术或独特概念的原创项目或小型初创企业，进行一次性的前期投资。天使投资人可以是单独的一个人，也可以是合伙机构或公司，融资额度一般是100万~1 000万元人民币。一个较理想的创业团队，建立了较可信的商业模式，产品初具雏形，有的甚至积累了一些种子用户，取得了一部分可以证明其商业模式的用户数据。这个阶段投资人仍然更重视创始人及团队的资历背景；高学历或者 BAT 背景创业者的成功率更高；天使轮拿到资本之后要做的一般是通过局部市场验证商业模式。

③A 轮融资

融资额度一般是 1 000 万~1 亿元人民币，资金来源一般是专业的风险投资机构。该阶段的公司已经具有较完善的产品，公司业务顺利运营，拥有一定数量的核心用户。虽然此阶段的公司很可能无法做到收支平衡，但是其盈利模式清晰完整，可以通过较丰富的用户数据验证，在其领域内拥有领先地位或口碑。融资的目的是迅速扩张，复制成功模式。

这个阶段投资人更关注整个团队的执行力，同时也开始关注公司业务的市场前景了。

④B 轮融资

融资额度一般在 2 亿元人民币以上。资金来源大多是上一轮的风险投资机构跟投、新的风投机构加入、私募股权投资机构（private equity，PE）加入。公司已经通过上轮融资获得快速发展，应用场景和覆盖人群已经很明确，在行业或领域内已经形成一定优势，商业模式已经被证明没有任何问题，甚至已经开始盈利。但是可能需要进一步抢占市场、展开新业务、拓宽新领域，以巩固其行业领先地位，因此需要更多资金。新 VC、PE 加入，天使退出。此时投资人更看重商业模式的应用场景及覆盖人群。

⑤C 轮融资

融资额度一般在 10 亿元人民币以上，资金来源主要是 PE，有些之前的 VC 也会选择跟投。这个阶段公司已经非常成熟，拥有很大的用户规模，具备了很强的盈利能力，并在行业内有很大的影响力，至少是行业内前三。但可能还需要进一步整合行业资源，一般都是持续扩展市场，与主要竞争对手争夺市场，为上市做准备。在这个阶段盈利能力很重要，但是如果你的市场占有率够高，即使不盈利一样会被机构抢投。除了 PE、VC 之外，战略投资人也开始投资布局，比如腾讯系阿里系。一般来讲 C 轮是公司上市前的最后一轮融资，主要作用是为了给上市定价。

⑥D 轮、E 轮、F 轮融资

这些轮次的融资都是 C 轮融资的升级版，一般被称为 Pre-IPO 轮次。处于该阶段的公司已经获得自我造血的能力或者已经占据市场的较大份额成为寡头，需要资金推动公司业绩以达到上市标准，一般来说，选择 D 轮及之后 N 轮融资的公司一般都是体量大、花钱抢市场的超级型项目，如滴滴、饿了么、OFO、摩拜单车等。

上述的任何一个轮次如果没有达到阶段性目标、估值没有出现大的翻倍甚至数倍的情况下，一般以同一轮次加数字的形式称呼。

（3）股权融资轮次中的股权稀释

投资人增资入股将会同比减少所有股东原有的股权比例，这是通常意义上大家说的融资导致的股权稀释。例如：天使轮融资 100 万元，让出公司 10% 股权，那么原股东的股权都要等比稀释为 100%-10%=90%，如果公司有二位创始股东，分别持有 70% 和 30% 股权，融资后就变成了 70%×90%=63% 和 30%×90%=27%，剩余10% 为投资人股权。

假如某创业企业原来有甲与乙两位原始股东，分别持股 90% 和 10%。以后每轮融资稀释 20% 的股权，则经过多轮融资到 IPO 时，股权稀释如下表 8-16 所示。

不同轮次的融资规模没有统一的划分标准，至于每轮出让股份多少虽然也没有定论，但还是有规律的：种子轮有一定的特殊性，通常专家都不建议种子轮出让太多股份，因为日后的融资之路还很漫长，如果股权结构不合理，那么融资就玩儿不下去了。一般建议是不要在种子轮融资，当然如果你能融到的话，说明你很有魅力。天使轮和 Pre-A 通常在 10%～20% 之间（A 轮：通常 10%～20%，B 轮、C 轮通常10%～15%；D 轮、E 轮通常不超过 10%），最多到 30%，如果有投资人要求 35%，可能是因为你的项目太好了。除非是天文数字，不然宁可日子过得紧一点也别同意。

表 8-15 融资轮次与股权稀释表　　　　　　　单位:%

股权人	初创期	天使融资前	天使融资后	A 轮融资	B 轮融资	C 轮融资	IPO
		20	20	20	20	20	20
甲	90	72.00	57.60	46.08	34.56	27.65	22.12
乙	10	8.00	6.40	5.12	3.84	3.07	2.46
期权池		20.00	16.00	12.80	9.60	7.68	6.14
天使投资			20.00	16.00	12.00	9.60	7.68
A 轮投资				20.00	20.00	16.00	12.80
B 轮投资					20.00	16.00	12.80
C 轮投资						20.00	16.00
IPO							20.00

案例分析

"亲亲宝贝公司"的启动资金

湖南电视台节目《爸爸去哪儿》的热播将公众的视线聚焦到了亲子教育上面，李明认为随着人们生活水平的提高，家长们会将更多的时间与资金在亲子教育上，因而他决定成立一个"亲亲宝贝公司"，通过组织一些特别的活动，为每个有小孩的家庭创造一个亲子教育的机会与舞台，每个参与家庭只要交一定的费用，便可以亲身体验平民版的《爸爸去哪儿》，公司也因此赢取一定的利润。公司提供的亲子教育活动主要有"家有宝贝活动"和"幸福蓝天活动"。项目启动资金预算如表 8-16 所示。

表 8-16　"亲亲宝贝公司"启动资金预算表

类别	项目	数量	单价	金　额	说明
固定投资	店面装修	1 间	10 000	10 000	按 2 年摊销
	电脑	3 台	4 000	12 000	按 3 年计算折旧
	办公桌椅	3 套	500	1 500	按 5 年计算折旧
	DV 机	4 部	4 000	16 000	按 3 年计算折旧
	电话	2 部	150	300	按 3 年计算折旧
	饮水机	1 台	200	200	按 5 年计算折旧
	文件柜	6 个	300	1 800	按 5 年计算折旧
	挂式空调	1 台	3 000	3 000	按 5 年计算折旧
	其他			1 000	
	小计			45 800	
企业开办费	登记注册和营业执照费			3 500	作为待摊费用在 5 年内摊销
	小计			3 500	
流动资金	店面租金	3 个月	15 000	15 000	包括水电费
	保险费	12 个月	2 400	2 400	
	备用金	1 个月	2 000	2 000	
	广告宣传费	3 个月	50 000	50 000	预计需要 3 个月时间企业才能达到收支平衡
	人员工资	3 个月	120 000	120 000	
	办公费	3 个月	1 800	1 800	
	其他	3 个月	6 300	6 300	
	小计			197 500	
合计				246 800	

备注：为了使企业在资金上保留一定的富裕度，公司启动资金预算为 25 万元，主要用于第一阶段的固定资产投资、开办费用和流动资金等。

思考题：

1. 请总结该项目中对固定投资和流动资金归类的标准是什么。

2. 请参考该表格，绘制自己创业项目的启动资金预算表。

高阶训练

财务与融资计划

1. 训练目标：掌握创业财务与融资的理论知识；了解企业融资实践，训练创业企业财务规划能力；培养创新精神和创业意识。

2. 训练内容：结合自己参加的创新创业大赛项目，模拟作出财务计划和融资计划。

内容一：创业财务计划

（1）销售收入预测表（附表）

（2）成本费用预测表（附表）

（3）利润预测表（附表）

（4）现金流量预测表（附表）

（5）盈亏平衡、投资回报率

内容二：创业融资计划

（1）项目启动所需资金预测

（2）首轮资金金额及折让股份

（3）所融资金使用预算

（4）融资阶段规划

3. 训练方法：翻转教学法、文献分析法、实地调查法、项目驱动法。

4. 评价标准：从财务数字的可行性、合理性和严谨性等几个方面进行预测评估。

 拓展资源

[1] 约翰·T·门泽尔，卡罗尔·C·贝恩斯多克. 销售预测：方法系统管理 [M]. 刘静，译. 北京：人民邮电出版社，2004.

[2] 韩德昌，郭大水，刘立雁. 市场调查与市场预测 [M]. 天津：天津大学出版社，2008.

[3] 简明，胡玉立. 市场预测与管理决策 [M]. 北京：中国人民大学出版社，2014.

[4] 左仁淑，朱丽萍，杨泽明. 营销策划：原理与方法 [M]. 北京：中国人民大学出版社，2021.

9　创业计划书与路演

教学目标

（1）知识目标：掌握《创业计划书》章节内容结构和编写技巧。

（2）能力目标：能高效地编写全套创新创业项目的计划书，具备组织学习能力、领导与沟通能力、多方案解决复杂问题等高阶能力。

（3）素养目标：通过《创业计划书》的编写和路演，培养项目驱动下的团队协作精神、做人做事的态度和全局整体意识。

思维导图

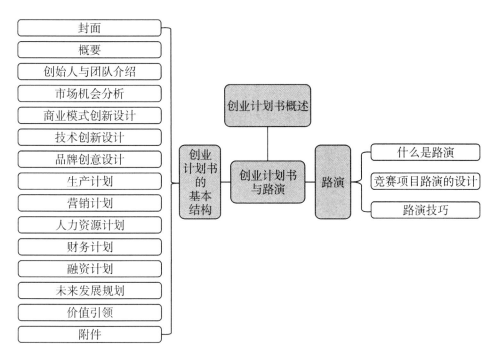

导入案例

马云打动软银投资阿里巴巴的过程

马云打动软银投资阿里巴巴的过程，是一段充满传奇色彩的故事。1999 年，创业之初的阿里巴巴 CEO 马云获得了与风险投资商软银 CEO 孙正义面谈的机会，孙正义以其大胆的投资眼光而闻名，当时阿里巴巴还未展现出显著的商业成就，但马云凭借其独特的魅力和对电子商务的深刻洞察吸引了孙正义的兴趣。在初次见面后的短短 6 分钟内，他就做出了向阿里巴巴投资 2 000 万美元的决定。这一决策不仅基于他对马云和阿里巴巴的信任，还源于他对互联网行业的深刻理解和对未来发展趋势的敏锐洞察。

软银的投资对阿里巴巴的成长和成功起到了至关重要的作用。这笔早期投资不仅为阿里巴巴提供了急需的资金支持，还帮助该公司迅速扩大了业务规模。随着阿里巴巴的快速发展和业务多元化，软银继续对阿里巴巴进行投资，并为其提供了扩大市场影响力所需的财务资源和战略指导。同时，马云也展现出了卓越的领导力和战略眼光。他带领阿里巴巴不断创新和拓展业务，使其逐渐成长为电子商务领域的龙头企业。软银与阿里巴巴的合作成为一种互惠互利的合作关系，帮助两家公司在科技行业取得了重大成功。软银对阿里巴巴的投资获得了巨大的回报。随着阿里巴巴的快速发展和成功上市，软银所持股份的价值急剧增长。这笔投资不仅巩固了软银在全球科技行业中的地位，还为孙正义带来了丰厚的经济收益。

现在回过头来思考，为什么马云打动软银投资阿里巴巴的过程会那么快呢？两人当时说了什么具体内容已不得而知，但是根据一份创业计划书与路演的主要内容，可以推测出以下四个要点：一是行业背景与需求，作为朝阳的电子商务行业未来发展前景广阔，快速增长，时不可待；二是顺应中国崛起趋势，中国是全球范围内少有的高速增长经济体，而阿里巴巴正是中国电商行业的引领者，不可替代性强；三是新产品开发的潜力，资金用途是开发中国首家 B2B 电商平台，其市场预测和投资回报率可观；四是创始人及其团队，显示出马云个人及其团队较高的素养和能力。展示完这四点，差不多就 6 分钟了。

9.1 创业计划书概述

创业计划书，也被称为商业计划书 BP（Business Proposal）。自现代金融体系日渐成熟，创业计划书作为一种帮助创业者获取投资的重要工具被广泛运用，已经成为创业者在接触投资人之前，比如事前准备好的一项重要文书材料。

那么，何为创业计划书？从定义上讲，创业计划书是创业者或企业家出于获取经营资金和资源的目的，根据合理的格式和内容而撰写的，向读者全面介绍公司和项目运作情况，阐述产品、市场、竞争、风险等发展前景和融资要求的文本材料。由于创业计划书的本质在于吸引投资，因此在文本中，应反映几乎一切投资人感兴趣的内容，这也意味着：创业计划书的撰写应当是以受众需求为核心，而不是根据创业者自身的主观意愿来写的。

随着创业理念的发展，创业计划书也不再拘泥于其原本使命，开拓了许多新的用途。在接触政府部门、寻求关键合伙人、打通重要渠道时，如果创业团队中没有知名人士，则很难快速说服对方。这时，如果有一份精心准备的创业计划书，展示独特的商业模式和创业价值，则更容易打动对方，获取重要资源，帮助企业快速成长。

因此，除了基本的创业素养，创业者也应当具备将想法落实到纸面、写出漂亮的创业计划书，以此获得投资人青睐的能力。安达信公司于 2002 年进行的一项调查证明：相对于没有创业计划书的企业，拥有创业计划书的企业的融资成功率要高出100%。随着"大众创业、万众创新"浪潮的来临，越来越多的草根创业者开始借鉴科学的创业方法，自然也开始重视创业计划书的重要作用。

9 创业计划书与路演

不论是对内还是对外，创业计划书都具备重要的意义。因此，对于不同的读者，创业计划书产生的价值也是不同的，具体来说，其价值可分为：

（1）获得风险投资

获得来自风险投资人的支持，这是创业计划书最关键、最原始的使命之一。对投资人来说，看一份创业计划书，就如同和一个人交流，怎样在这份文档中体现出内容和风度，对创业者来说是一种挑战——要知道，不同的投资人，其社会阅历、思维方式、投资诉求、风格偏好等都有很大不同，这也要求创业者根据不同投资人的独特诉求，准备多个版本的创业计划书以备用。

值得一提的是，许多人认为投资人能提供的仅仅是资金支持，但事实并非如此。对投资人而言，除了提供资金，还能提供许多宝贵的社会和商业资源来帮助创业项目快速发展，如供应商、销售渠道、合作伙伴、关键技术、用户数据等，意义重大。举例来说，一个为在线旅游平台提供第三方服务的创业项目，如果能够得到红杉资本（曾投资途牛网、客路旅行等项目）的投资，其意义绝不仅仅只是获得了经济支持而已。

（2）获得政府支持

在创业大潮的背景下，各地政府也愈加重视创业对国民经济的巨大意义，也更加致力于打造理想的创业环境。许多城市的地方政府在制定创业扶持政策时，往往会投资建设创业园区和孵化器，为创业者们提供启动资金、办公场地、能源等必要的硬件基础，税收减免、快速审批、住房补贴等政策优惠，以及一系列第三方服务。

但政府的支持并不是无条件的，事实上，各个地区的政府对本地的产业发展都有清晰的规划，在选择扶持对象时，往往更偏向于符合地区产业规划、能够带动本地就业、提升地区影响力、带来税收和环保收益的项目。这也要求创业者在撰写提供给政府部门的创业计划书时，必须突出以上内容，以说服政府并获得扶持。

（3）说服创业团队

这里说的创业团队，不是创业公司雇佣的员工，而是与创始人同甘共苦、分担风险的关键成员。优秀的创业团队能够发挥巨大的作用：有的合伙人自带大量经费进入团队、有的合伙人掌握了核心技术、有的合伙人对市场和渠道非常熟悉、有的合伙人经营着高价值的人脉资源……对初创企业来说，这些都是无比宝贵的资产。

然而，优秀的合伙人往往也是其他企业争取的对象，如何说服合伙人加入？这就是创业计划书的意义所在了。对合伙人来说，放弃当前的事业成为创业成员，要么是寻求经济回报，要么是寻求个人成就，要么是追求自我实现——无论是哪一种，都需要创业者根据合伙人的诉求，去针对性地设计创业计划书的内容。

（4）理清创业思路

从另一个方面来讲，撰写创业计划书也并不是为创业者增加额外的工作负担。创业计划书涉及企业的战略、环境、产品、营销、财务、人力资源、股权结构、发展规划等方方面面，设计创业计划书，也是对创业计划进行审视和反思的过程，能够加深对项目的理解，提醒创业者注意关键问题，变相提高创业成功率。设计出内容翔实、逻辑严谨的创业计划书，本身也是创业团队能力的体现。

除了以上几点以外，创业计划书也能在其他许多场合发挥作用。在许多行业里，相对于需求不稳定、机制不健全的创业公司，供应商更愿意与成熟的大客户合作。如果创业者能够拿出一份翔实的创业计划书，则能够展示自身的能力和严谨态度，提高对方的合作意愿，最终达成商业目标。

9.2　创业计划书的基本结构

创业计划书没有所谓的标准格式，应该根据读者诉求和使用场合的不同而加以调整，有时创业者自己的风格也会对创业计划书的格式造成影响。因此，参照了多位创业者和天使投资人的意见，本章节将提供一个在线下详谈时使用的创业计划书基本结构，供参考使用。但无论如何，创业计划书都必须明确地告知读者四个信息（尤其是投资人）：创业的原因是什么？解决方案是什么？项目进度如何了？当前的资金和资源需求有哪些？

为此，我们建议创业计划书以如下的结构进行设计，见表 9-1：

表 9-1　创业计划书基本结构

序号	章节名	内容要求	备注
1	封面	整洁鲜明，标题简要	
2	目录	三级目录，结构清晰	
3	概要	要点一览，7C	亮点在哪里？ WHERE
4	第 1 章 创始人与团队介绍	1.1 创始人初心故事 1.2 核心团队成员 1.3 重要合作伙伴 1.4 专家顾问团队 1.5 公司基本情况介绍	谁能创？ WHO
5	第 2 章 市场机会分析	2.1 行业环境分析 2.2 市场痛点与需求 2.3 竞争者比较分析 2.4 市场细分、市场选择与目标市场定位 2.5 目标市场容量测算	为什么能创？ WHY

表9-1(续)

序号	章节名	内容要求	备注
6	第3章 商业模式创新设计	3.1 客户板块三要素 （客户关系、客户选择、渠道通路） 3.2 资源板块三要素 （合作伙伴、核心资源、关键业务） 3.3 价值主张 3.4 收入与成本（收入来源、成本结构） 3.5 商业模式画布一览图	创什么？ WHAT
7	第4章 技术创新设计	4.1 需求分析 （回顾前面的市场定位与商业模式设计） 4.2 满足需求的最理想方案（TRIZ） 4.3 已有方案查询 （电商查询、专利查询、论文查询） 4.4 我们的实际方案 （构造图、功能图等，研发过程与结果） 4.5 我们的创新点 4.6 自主知识产权计划（清单）	创什么？ WHAT
8	第5章 品牌创意设计	5.1 品牌定位 5.2 品牌名称与注册商标（商标查询） 5.3 LOGO 徽标与价值内涵（绘图） 5.4 产品外观包装设计（绘图） 5.5 消费场景设计（绘图） 5.6 广告视觉传播设计（绘图）	创什么？ WHAT
9	第6章 生产计划	6.1 生产计划 6.2 产品物料 BOM 清单 6.3 原材料供应商清单 6.4 外包加工厂商清单 6.5 质量保障措施	怎么创？ HOW
10	第7章 营销计划	7.1 product 新产品开发 7.2 price 定价 7.3 place 渠道 7.4 promotion 促销 7.5 public 公共关系 7.6 power 权力	怎么创？ HOW
11	第8章 人力资源计划	8.1 股权结构设计（绘图） 8.2 组织机构设计（绘图） 8.3 员工招聘、绩效与薪酬管理方案 8.4 企业文化设计（CIS）	怎么创？ HOW
12	第9章 财务计划	9.1 三年销售收入预测（附表） 9.2 三年成本费用预测（附表） 9.3 三年利润预测（附表） 9.4 三年现金流量预测（附表） 9.5 主要的财务观测指标（包含投资回报率、盈亏平衡图及其说明）	未来怎样？ WHEN

表9-1（续）

序号	章节名	内容要求	备注
13	第 10 章 融资计划	10.1 三年资金需求预测 10.2 股权融资 ABC 轮与 IPO 计划 10.3 所融资金的用途预算 10.4 风险预测与规避措施	未来怎样? WHEN
14	第 11 章 未来发展规划	11.1 战略体系设计（愿景使命与目标） 11.2 三年发展规划	未来怎样? WHEN
15	第 12 章 价值引领	12.1 社会价值 12.2 教育引领	价值在哪里? WHERE
16	附件	专利证书、软件著作权证书、商标注册证书、论文、公司营业执照、公司财务流水、新闻报道、实地调研、销售场景等	

下面，就该结构中的重要环节进行详细说明。

9.2.1 封面

封面是读者首先看到的部分，但同时也是许多创业者忽略的部分。实际上，作为创业计划书的门面，封面的意义非凡，甚至在某些场合，投资人仅凭借封面的信息就对创业团队产生浓厚的兴趣，从而促使合作的产生，如图 9-1。

图 9-1　某金奖项目的 PPT 封面

简明整洁、内容清晰的计划书封面，既能表达必要的信息，又能展示作者的审美，还可激发继续阅读的欲望。作为典型的商业文书，创业计划书的封面非常忌讳花哨的装饰和繁多的文字，应当尽可能采取有力、干净的简洁式布局，展现创业团队的商业素养。如果创业者在事前已经为创业品牌进行了 VI（视觉识别系统）设计，则务必将 VI 元素运用于封面设计中。

封面的内容不宜过多，通常包括企业名称、品牌 LOGO、完稿时间等，如有需要，也可添加联系方式、版本号、"商业计划书"字样等，但最关键的，则是品牌口号。以"新垦北大荒"项目为例，该创业计划书在封面上写出了"小小黄菊花，播撒中国梦"这句品牌口号，用最简洁的语言告知了该项目的价值主张，既为评审人节省了大量时间，又体现了精炼的归纳能力，给人以精心准备的感觉，无形中提高了对创业者的评价。通常，封面上的这句品牌口号不超过 15 个字。

9.2.2　概要

概要是对整个项目介绍的浓缩，涵盖了创业计划书中重要的基本内容。可以认为，在很多情况下，概要都是整个计划书最重要的部分，其原因在于投资人们通常受限于时间和精力，不可能将每份计划书都从头到尾精读一遍。根据调查，一位专业的投资人一般不会花超过 5 分钟的时间去阅读一份商业计划书，对创业者来说，这意味着巨大的挑战：如何在极短的时间内让投资人了解项目的关键内容？

这就是项目概要的重要意义。投资人通常会通过浏览概要来快速了解项目，只有当他们被打动了，才会接着翻下去，继续阅读其他部分，也就是说，如果概要写不好，就算后面的内容再精彩，也难以让投资人对方案感兴趣。因此，概要忌讳面面俱到，而应当力求精练，只展示结论而不展现论证过程，多用数据而少用叙述，用短语代替完整语句。尤其是在介绍创业项目时，务必把全部信息归纳到一句话当中，如果无法做到，很可能会被投资人认为是缺乏逻辑，或者商业模式太复杂。整个概要应当尽可能压缩到一页以内，如果是 PPT 版本，也不应超过两页幻灯片。

建议在项目概要中陈列以下内容，关键的 7C：

●concept（概念）核心产品，价值主张。

●customers（客户）明确的目标客户，有痛点，有需求。

●competitors（竞争者）你的东西有人卖过吗，是否有替代品，竞争者跟你的关系是直接还是间接。

●capabilities（能力）超越竞争对手的核心竞争优势能力。如果没有这个能力，至少合伙人要会做，至少也要有鉴赏的能力，不然最好是不要做。

●capital（资本）要很清楚谁能提供资源，需要多少启动资本，多少轮融资。

●continuation（持续经营）商业计划是否动人，能否抗风险。

●creativity（创造性）自主的知识产权，证明自己具备持续创新的潜力。

上述 7C 是个逻辑体系，但不建议项目概要一成不变、按部就班地照搬 7C 结构，毕竟每个项目的亮点是不一样的。

9.2.3　创始人与团队介绍

（1）创始人初心故事

在创业的征途中，每一个成功的公司背后都有一个动人的初心故事。这不仅是关于一个商业想法的诞生，更是关于创始人对梦想的执着追求和对社会需求的深刻洞察。例如，某科技公司的创始人，在目睹了传统行业在数字化转型中遇到的种种困难后，决心创立一家专注于为企业提供智能化解决方案的公司。他希望通过自己的努力，帮助更多的企业实现高效、智能的运营，从而推动整个社会的数字化进程。在创业初期，他面临了资金短缺、技术瓶颈等重重困难，但凭借着对梦想的坚持和对市场的敏锐洞察，最终带领团队走上了成功的道路，如川小椒的创始人故事，见图 9-2。

图 9-2　金奖项目的创始人初心

指导要点：

●情感共鸣：强调创始人的个人经历、挑战与成长，以及这些经历如何激发了创业的想法。故事应能触动人心，让评委和听众感受到创始人的热情与决心。

●明确愿景：清晰地阐述创始人希望通过创业解决的社会问题或满足的市场需求，以及公司的长远愿景。

●真实性：保持故事的真实性和可信度，避免夸大其词或编造事实。

（2）**核心团队成员**

一个优秀的团队是公司成功的关键。核心团队成员通常来自不同的背景和专业领域，他们各自拥有独特的技能和经验，共同为公司的愿景和目标而努力。例如，一家初创公司的核心团队可能包括一位拥有丰富行业经验的 CEO，一位擅长技术开发的 CTO，一位精通市场营销的 CMO，以及一位在财务管理方面有着深厚背景的 CFO。他们各自发挥自己的专长，共同推动公司的快速发展。

指导要点：

●团队成员简介：注意以下几点，一是照片，尽可能选择正装照，至少也应当是商务休闲装，不推荐使用生活照或者艺术照；二是履历，学历并不总是越高越好，专业与岗位对口可能更重要，在创业领域深耕多年的工作经历是典型的加分项；三是成就，比如运营经理经营过的社区、学者发表过的论文和科研成果、IT 工程师开发过的互联网产品、财务人员考取过的证书、学生获得过的竞赛奖项，都能让投资人高看一眼，并强化他们的信心。

●多样性：展示团队成员在背景、技能和经验上的多样性，强调这种多样性如何促进团队的创新和协作。

●职责与角色分配：明确每个团队成员的职责和专长，以及他们在公司中的角色。

●团队合作与协作机制：强调团队成员之间的紧密合作和共同目标，展示团队的凝聚力和战斗力。

（3）重要合作伙伴

在创业过程中，与重要的合作伙伴建立稳固的关系对于公司的长期发展至关重要。这些合作伙伴可能包括供应商、分销商、投资者等。例如，一家科技公司可能与全球知名的芯片制造商建立战略合作关系，以确保其产品的核心部件质量和供应的稳定性。同时，它也可能与大型电商平台合作，通过其平台进行产品的销售和推广。此外，与风险投资基金的合作也为公司的快速发展提供了充足的资金支持。

指导要点：

●互补性：说明合作伙伴与公司之间的互补关系，如技术、市场、资源等方面的互补。

●成功案例：提供与合作伙伴共同完成的成功案例，展示合作带来的积极成果。

●未来合作方向：展望与合作伙伴未来的合作方向，强调合作关系的长期性和稳定性。

（4）专家顾问团队

专家顾问团队是公司决策过程中的重要智囊团。他们通常来自不同的领域，如法律、财务、市场等，为公司提供专业的咨询和建议。例如，一家创业公司可能聘请了一位在科技行业有着丰富经验的法律顾问，以协助公司在知识产权保护、合同审查等方面的工作。同时，公司还可能聘请了一位在市场营销方面有着卓越成就的顾问，以指导公司的品牌建设和市场推广策略。

指导要点：

●权威性：强调专家顾问在各自领域的权威性和影响力，以及他们为公司提供的专业指导和建议。

●具体贡献：举例说明专家顾问在产品开发、市场策略、技术难题解决等方面的具体贡献。

●持续合作：展示公司与专家顾问团队的持续合作关系，以及这种关系对公司未来发展的重要性。

（5）公司基本情况介绍

公司基本情况介绍是了解一个公司的基础。它通常包括公司的成立时间、主营业务、市场规模、财务状况等关键信息。例如，一家成立于 2024 年的科技公司，主营业务是为企业提供智能化解决方案。需要介绍的有：公司的注册信息（附营业执照）、公司的注册资本、公司的经营范围、公司的法定代表人、公司的股权结构、公司的组织机构。此外，公司还注重企业文化的建设，倡导创新、协作和诚信的价值观，为员工提供了一个良好的工作环境和发展平台。

指导要点：

●简洁明了：用简洁的语言和清晰的逻辑结构介绍公司的基本情况，避免冗长和复杂的表述。

●亮点突出：突出公司的核心竞争力、技术优势与创新能力、市场地位、企业文化等亮点，让评委和听众对公司留下深刻印象。

●图文并茂：比如股权结构图、组织机构图、战略规划图、企业文化 CIS 等，还可以展示公司的短期和长期发展规划，以及实现这些规划的策略和措施。

综上所述，在准备创新创业竞赛项目介绍时，要注重内容的真实性、逻辑性和吸引力。通过讲述创始人的初心故事、展示核心团队成员的多样性和团队精神、强调重要合作伙伴和专家顾问团队的贡献与影响力，以及清晰明了地介绍公司的基本情况，可以让评委和听众更加全面地了解项目，从而提高竞赛的胜算。同时，也要注意语言表达的准确性和流畅性，以及演示文稿的视觉效果和逻辑性，使项目介绍更加生动、有趣和易于理解。

9.2.4 市场机会分析

几乎一切商业策划都要求设计者对当前环境进行充分的分析，创业计划书也不例外。环境分析是整个创业计划书的基础，创业者需要通过对整个市场环境进行深度思考，并从中找到切实的证据证明当前正是进入市场的最佳时机——若太早，可能会在高昂的市场教育成本下成为"烈士"；若太晚，则会被竞争对手卡住位置、难以发展。

为此，环境分析必须回答以下问题：该领域的市场机会在哪里？该机会的增长潜力有多大？市场上有哪些利好和利空因素？创业公司具备的优势和劣势有哪些？创业者需要用翔实的数据说明以上问题。

基于这一点，推荐使用完整的市场环境分析模型来展开本节描述。一个理想的、适用于创业计划书的环境分析需包含以下内容（具体方法可参考本书"市场机会分析"章节相关内容）：

（1）行业环境分析

建议用 PEST 分析法展开，即政治、经济、社会、技术这几个子环境。创业者应当翔实分析当前大环境下的各种趋势，并指出创业团队应当如何趋利避害、找到生存和发展的空间。见表 9-2 的行业环境分析表。

表 9-2 行业环境分析表

品名	特征	有利因素	有害因素	我们的对策
政治环境				
经济环境				
技术环境				
社会环境				

（2）市场痛点与需求

"痛点"一词可以理解为"当前市场上未被满足的、竞争对手未能解决的需求"，准确地指出市场痛点，是对市场深刻理解的能力体现，也是打动投资人的重要理由。在结构上，这部分内容可以与机会分析部分进行合并，但若单独提出，则能够起到提醒读者的作用，节约阅读时间。

指出市场痛点的意义在于引出市场需求，以设计创业项目的市场定位。为此，以在线成人教育市场为例，建议参考表 9-3 展开本节讨论：

表 9-3 市场定位分析示例

市场痛点		市场需求	
痛点 A	用户工作太忙，空闲时间少，难以系统地学习知识	需求 A	一款能利用碎片化时间进行学习的产品
痛点 B	线上无人督促，在学习时动力不足、难以集中精力	需求 B	一款能激发用户持续高效学习的产品
痛点 C	市场上同类产品的体验不佳，用户容易半途而废	需求 C	一款新奇、有趣、用户黏性高的产品

通过对痛点的分析，则可以明确创业项目的定位，为之后的商业模式设计打下基础。至此，整个创业方案就有了立足点，引出后面的内容也就顺理成章了。

（3）竞争者比较分析

创业者需要在这部分中指出该行业的特征和态势，探究行业与市场的关系变迁，预测未来的发展方向，以此来证明创业项目的合理性。创业者们一定要重视对竞争对手的分析——如果忽略这部分，或者写得不够深入，容易被投资人怀疑创业者的能力和项目的真实性。其意义在于向读者说明：为什么顾客会选择本企业的产品，而不是同类竞争对手的产品。事实上，投资人们更倾向那些在市场上存在竞争对手，但能够做得比对手更好的项目。为此，建议在本节中以如下（或类似的）方式将企业产品与竞品进行直观对比，见表 9-4。

表 9-4　竞争者比较分析表

品名	竞争者公司	特征	优势	劣势
竞品 A：＊＊＊＊＊				
竞品 B：＊＊＊＊＊				
竞品 C：＊＊＊＊＊				
竞品 D：＊＊＊＊＊				
竞品 E：＊＊＊＊＊				
……				
本品：＊＊＊＊				

这部分内容应当尽可能内容翔实，并以数据为主要论据，做到公正客观。对竞争对手的贬低，不仅容易被投资人看破，同时也是对自己的不负责。

（4）目标市场定位分析（STP）

主要对创业企业想要接触的顾客群体进行分析。在这里，要指出顾客是谁、顾客群体规模、顾客购买动机和购买力、心理和行为特征变迁、未来趋势等关键信息。可以借助市场细分中的地理、人口、心理、行为细分来讨论。

目标市场定位分析（STP）包括市场细分（S）、市场选择（T）与目标市场定位（P）三个步骤。由于环境分析涵盖的内容众多，这部分应当占据相对较大的篇幅，但也并非总是如此。如果创业者试图接触的投资人对本行业了解不多，则篇幅可相对较长；若投资人对该行业有深入研究、或已经投过多个该行业的项目，则不需写得太长，列出关键因素，证明你对市场的深刻理解就足够了。

这部分是对机会分析的总结。"市场定位"指的是，创业项目在其目标受众心目中占据的独特位置，一句话清晰表达出来即可。为了更精确地设计市场定位，有必要整合在机会分析中探讨的关键内容，将其整理为"市场痛点"，引导出相应的"市场需求"，为市场定位找出重要依据。

最后，创业者需要对目标市场容量进行一个有理有据的测算，作为后面财务预测的重要依据，也是投资人需要观察的主要指标，测算方法见创业财务计划。

9.2.5　商业模式创新设计

商业模式的意义在于告诉投资人，创业团队将如何解决上一部分中提出的痛点。许多创业者常犯的错误就是仅仅介绍创业公司提供的产品和服务，而不去细讲产品是如何在满足市场需求的同时，又能够创造利润。为此，建议参考本书"商业模式设计"中提出的九要素模型来展开论述（详细内容请参考相应章节）：

（1）客户板块三要素

①客户关系

客户关系描述了企业与目标客户之间建立的联系和互动方式，这包括如何维护客户忠诚度、提供个性化服务、建立社区等。良好的客户关系可以增强客户黏性，提高客户满意度和忠诚度。

②客户选择（或客户细分）

客户选择是指企业根据市场需求和自身能力，选择并定位特定的客户群体。这需要对市场进行细分，识别不同客户群体的需求和偏好，以便为他们提供定制化的产品和服务。

③渠道通路

渠道通路是企业与客户之间传递价值主张和交付产品或服务的路径，这包括直销、分销、零售、在线销售等多种渠道。企业需要选择合适的渠道通路，以确保价值主张能够有效地传递给目标客户，并满足他们的购买需求。

（2）资源板块三要素

①合作伙伴

合作伙伴是企业为了共同实现商业目标而与其他企业或组织建立的合作关系。这包括供应商、分销商、技术合作伙伴等。合作伙伴可以帮助企业降低成本、提高效率、拓展市场等。

②核心资源

核心资源是企业为了提供价值主张而必须拥有的关键资源。这些资源可能是有形的（如设备、原材料等），也可能是无形的（如技术、品牌、专利等）。核心资源是企业竞争优势的重要来源。

③关键业务

关键业务是企业为了实现商业模式而必须执行的核心活动。这些活动可能包括研发、生产、销售、客户服务等。关键业务是企业创造价值的核心环节，需要得到充分的重视和投入。

（3）价值主张

价值主张是企业为客户提供的独特价值或好处。它描述了企业如何满足客户的特定需求或解决他们的痛点。一个清晰、有吸引力的价值主张可以帮助企业在竞争激烈的市场中脱颖而出。

设计价值主张，需要同时考虑资源板块三要素和客户板块三要素，从战略愿景、使命和目标体系进行顶层设计，从技术创新和品牌创意出发提升产品的附加价值。

（4）收入与成本

①收入来源

收入来源是企业通过销售产品或服务而获得的收入，这包括产品销售收入、服务费用、订阅收入等。企业需要制定多样化的收入来源策略，以确保收入的稳定性和可持续性。影响收入来源的是上述客户板块三要素。

②成本结构

成本结构是企业为了运营商业模式而需要承担的成本，包括固定成本（如租金、工资等）和变动成本（如原材料费用、销售费用等）。企业需要合理控制成本，以提高盈利能力。影响成本结构的是上述资源板块三要素。

（5）商业模式九要素画布

商业模式九要素模型仅用于简化展示，实际的商业模式画布可能更加详细和复杂。企业可以根据自身情况，在画布上添加更多的细节和元素，以便更全面地描述自己的商业模式，见表9-5和图9-3。

表9-5 商业模式九要素模型

合作伙伴	关键业务	价值主张	客户关系	客户细分
	核心资源		渠道通路	
成本结构			收入来源	

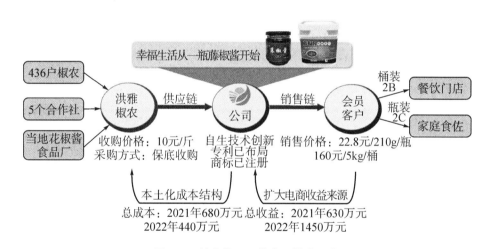

图9-3 某金奖项目的商业模式画布

综上，在市场需求的基础上，商业模式必须设计得丝丝入扣、逻辑严谨，因此商业模式需要进行长期反复地打磨和修改，并在产品测试的基础上进行调整和优化。商业模式也是投资人们最常发问、质疑的部分，这也对创业者提出了较大的挑战。本书建议创业者们提前就这些问题做好充足的准备。

9.2.6 技术创新设计

以下是对技术创新设计步骤的详细阐述，包括其关键点、重点和难点：

（1）需求分析

需求分析是技术创新设计的起点，其核心在于紧扣项目的目标市场定位与商业模式设计，找到技术创新的需求点。包括前面已经完成的：一是市场调研：通过环境分析、竞争者比较分析、数据分析等手段，深入了解目标市场的需求、痛点、竞争态势等。二是，目标市场定位：基于市场调研结果，明确项目的目标市场、目标客户群体以及市场定位。三是，商业模式设计：根据目标市场定位，设计符合市场需求的商业模式，包括价值主张、收入来源、成本结构等。结合商业模式设计，提炼出技术创新的需求点，即需要通过技术创新解决的问题或满足的需求。

（2）满足需求的**最理想方案**

基于 TRIZ 理论里的"最终理想解"思维工具，设想满足需求的最理想方案。具体步骤：

第一步，理想解设定：设定一个完全满足需求的理想状态，即"最终理想解"。这个解可能是一个完美的产品或服务，能够完全解决目标市场的痛点。

第二步，方案构思：围绕"最终理想解"，进行头脑风暴，可以从 STC 三个维度出发，构思可能的解决方案。这些方案可以是对现有技术的改进，也可以是全新的技术创新。

第三步，方案评估：对构思出的方案进行评估，筛选出最具可行性和创新性的方案。

（3）已有方案查新

运用电商查询、专利查询、论文查询三大查询平台，了解已有方案，避免重复创新。

电商查询：在主流电商平台搜索类似产品或服务，了解市场现状、竞争态势以及消费者反馈，比如淘宝。

专利查询：在专利数据库查询相关专利，了解已有技术的保护范围和创新点，避免侵犯他人专利权。

论文查询：在学术数据库查询相关论文，了解最新研究成果和技术趋势，为技术创新提供理论支持。

（4）我们的实际方案

基于需求分析、理想解设定和已有方案查新的结果，设计实际方案，并绘制构造图、功能图等。

构造图绘制，包括绘制产品的构造图，展示产品的外观、结构和组成部件。

功能图绘制，包括绘制产品的功能图，展示产品的功能、操作流程和交互界面。

详细描述研发过程，包括技术路线、实验方法、数据分析等。展示研发成果，包括产品原型、测试数据、用户反馈等。

这些资料，越详细越好，图文并茂，真实有据。

（5）我们的创新点

列出项目的创新点，明确技术创新的核心价值。基于实际方案的设计过程，提炼出项目的创新点。这些创新点可以是技术上的突破、设计上的创新或商业模式上的变革。对每个创新点进行详细描述，解释其创新之处和核心价值。

（6）自主知识产权计划

制定自主知识产权计划，包括专利、软件著作权等打算申请的知识产权清单。分析项目涉及的知识产权类型，包括专利、软件著作权、商标等。列出打算申请的知识产权清单，包括专利名称、申请时间、保护范围等。根据项目的市场定位和技术特点，制定知识产权布局策略，确保项目的核心技术和设计得到充分的保护。

9.2.7 品牌创意设计

大学生创新创业项目，往往缺少商业落地气息，文案缺乏创新创意，非常有必要增加品牌创意设计。品牌名称及 LOGO 还需要放置在创业计划书的封面上，因此特别重要。品牌创意设计的步骤建议如下：

①品牌定位：品牌定位是品牌创意设计的基石，它涉及对目标市场、消费者需求及竞争对手的深入分析，以确定品牌在消费者心中的独特位置和价值主张。这一过程要求明确品牌的差异化优势，为后续的创意设计工作提供方向。品牌定位的展示方式可以多样，比如设计一个动人的品牌故事。

②品牌名称与注册商标（商标查询）：品牌名称是品牌识别的第一步，它应简洁、易记且富有吸引力，能够准确传达品牌的核心价值。在选择品牌名称后，必须进行商标查询，以确保名称未被他人注册使用，从而避免法律纠纷，保护品牌的独特性。

③LOGO 徽标与价值内涵（绘图）：LOGO 徽标是品牌的视觉象征，它通过图形、色彩等元素传达品牌的理念和价值。设计 LOGO 时，需确保其与品牌定位相符，具有高度的识别度和美感。同时，明确并传达品牌的价值内涵，增强品牌的情感连接和认同感。

④产品外观包装设计（绘图）：产品外观包装设计是品牌与消费者直接接触的界面，它直接影响消费者的购买决策。设计时应注重美观性、实用性和品牌一致性，通过色彩、形状、材质等元素的巧妙运用，提升产品的吸引力和市场竞争力。

⑤消费场景设计（绘图）：消费场景设计旨在模拟和展示品牌产品在实际使用中的场景，帮助消费者更好地理解产品的功能和价值。通过绘图方式呈现消费场景，可以激发消费者的购买欲望，增强品牌与消费者之间的情感联系。

⑥广告视觉传播设计（绘图）：广告视觉传播设计是品牌推广的重要手段，它通过创意性的视觉元素和文案，传达品牌的核心价值和产品特点。设计时应注重目标受众的接受度和传播效果，通过吸引人的图像、色彩和布局，提高广告的吸引力

和传播效率，从而增强品牌的知名度和影响力。

总之，多用图像可视化展示品牌创意设计的效果，图文并茂，形象生动，烘托出鲜明的核心价值。

9.2.8 生产计划

大学生创新创业竞赛项目的生产计划是确保项目从概念到实际产品转化的关键环节。它不仅决定了项目的可行性、成本控制和交货时间，还直接影响到项目的市场竞争力和最终成功。生产计划的特点在于其全面性和前瞻性。它不仅要考虑当前的生产需求，还要预测未来的市场变化，确保项目能够灵活应对各种挑战。此外，生产计划还需要与项目的整体战略、财务计划和市场营销策略紧密配合，以实现项目的整体目标。生产计划的主要内容通常包括生产目标、生产流程、生产周期、资源需求、质量控制和风险管理等方面。这些内容的制定需要基于详细的市场调研、技术评估和财务分析，以确保生产计划的合理性和可行性。

（1）生产计划

在制定生产计划时，首先要明确项目的生产目标和时间表。这包括确定产品的数量、规格、交货期等关键要素。对于大学生创新创业竞赛项目而言，由于资源有限，可能需要考虑将部分生产任务外包给专业的生产商或服务提供商。要评估外包可行性，考虑成本、质量、交货期等因素，选择信誉良好的外包合作伙伴。要准备生产制定《生产外包合同》，明确双方的责任、权利和义务，确保外包过程的顺利进行。

（2）产品物料 BOM 清单

BOM（bill of materials）清单是生产计划的重要组成部分，它详细列出了生产产品所需的所有物料和零部件，一般是一张比较大的表格。BOM 清单的准确性直接影响到生产效率和成本控制。要详细列出所有物料，包括原材料、零部件、辅助材料等。要确保 BOM 清单的准确性，通过多次核对和验证，避免遗漏或错误。还需要随着产品设计和生产流程的变化，及时更新 BOM 清单。

（3）原材料采购计划（供应商清单）

原材料供应商的选择对于生产计划的实施至关重要。要选择信誉良好的供应商，考虑供应商的资质、信誉、交货能力和价格等因素。要与供应商建立稳定的长期合作关系，确保原材料的稳定供应。同时，要根据生产计划和 BOM 清单，制定合理的采购计划，避免库存积压或短缺。

（4）外包加工厂商清单

对于需要外包加工的部分，制定外包加工厂商清单同样重要，有助于确保外包加工过程的顺利进行和质量控制。该清单与产品物料 BOM 清单可以配套使用。

（5）质量保障措施

质量保障措施是生产计划中不可或缺的一部分。它确保了产品的质量和可靠性，提高了客户的满意度和忠诚度。首先，需要制定明确的质量标准。然后，需要建立质量控制体系，包括原材料检验、生产过程控制、成品检验等环节。其次，需要建立监督机制，对外包加工过程进行定期检查和评估，确保产品质量和交货期。最后，需要实施持续改进，通过质量数据分析，不断优化生产流程和质量控制措施，提高产品质量和生产效率。

9.2.9 营销计划

在企业运营中，营销职能承担了许多独特而重要的工作，而作为一家创业公司，将创业期的营销计划写入创业计划书中，不仅能让投资人明确基本的营销规划，也能使创业者重新反思营销问题，实现最高效的价值产出。完整的营销规划是一个复杂而又庞大的体系，因此一般情况下，投资人不会仔细看完整个计划，但需要明确其中的重点问题。为此，建议在计划书中按照如下方式展示营销计划中的重要内容，基于6Ps组合策略的创业营销的具体注意事项：

（1）Product 策略

在新产品开发方案中，创业团队需密切关注市场需求和消费者偏好，确保产品具有差异化竞争优势。要注重产品的创新性、实用性和性价比，通过市场调研和竞品分析来验证产品概念的可行性。同时，要考虑到产品的生命周期管理，确保在不同阶段都能提供符合市场需求的产品特性。

（2）Price 策略

组合定价方案要兼顾企业的利润目标和消费者的购买能力。创业团队需制定灵活的价格策略，如渗透定价、撇脂定价或差异化定价，以适应不同市场细分的需求。同时，要考虑3C：成本结构（cost）、竞争状况（competition）和消费者心理预期（customer），确保定价既能吸引顾客又能保证企业的盈利能力。

（3）Place 策略

在渠道建设方面，创业团队需结合产品特性和目标市场，选择合适的线上线下渠道进行布局。线上渠道如电商平台、社交媒体等可扩大市场覆盖面，线下渠道如实体店、分销商等则能提供更直观的购物体验。要注重渠道的协同作用，确保线上线下渠道的互补性和一致性，提高市场渗透率。

（4）Promotion 策略

促销活动是吸引消费者关注和促进销售的重要手段。创业团队需制定具有创意和吸引力的线上线下促销活动方案，如限时折扣、买一赠一、满减优惠等。同时，要注重活动的传播效果，利用社交媒体、广告等渠道进行广泛宣传，提高品牌知名度和美誉度。

（5）Public 策略

公共关系在创业营销中扮演着重要角色。创业团队需积极建立和维护与媒体、行业协会等利益相关者的良好关系，通过新闻报道、公益活动等方式提升品牌形象和社会责任感。同时，要注重危机公关管理，及时应对负面舆情，保护企业声誉。

（6）Power 策略

政策权力在创业营销中同样不可忽视。创业团队需了解并利用政府政策、行业标准等外部资源，如申请政府补贴、参与行业标准制定等，以提升企业竞争力和市场地位。同时，要注重合规经营，遵守相关法律法规和行业规范，确保企业的稳健发展。

9.2.10　人力资源计划

对于新创企业的人力资源管理，可以从以下几个方面入手：

（1）股权结构设计

在公司股权激励设计上，对于初创企业来说，合理的股权激励设计是吸引和留住人才的重要手段。企业应充分考虑员工贡献、企业发展阶段以及市场情况，设计出既公平又具有吸引力的股权激励方案，让员工能够分享到企业成长的果实，从而激发他们的积极性和创造力。绘制清晰的股权结构图，图文并茂的效果更好。

（2）组织机构设计

在组织机构设计上，初创企业应追求高效、灵活的扁平化管理。通过简化层级、强化跨部门协作，以及项目制等方式，构建一个快速响应市场变化、决策效率高的组织体系。这样不仅能够提高工作效率，还能增强员工的归属感和参与度。绘制清晰的组织机构图，图文并茂的效果更好。

（3）企业制度设计

在员工招聘、绩效与薪酬管理制度上，企业应注重用好具有潜力和创新精神的人才，基于胜任力建立精准的人才识别与招聘机制，建立公正、透明的绩效评估体系，并根据员工的贡献和绩效给予相应的薪酬和晋升机会。这样的制度能够激发员工的积极性和创造力，促进企业的持续发展和创新。

（4）企业文化设计

在企业文化设计上，CIS（企业形象识别系统）是塑造企业独特文化的重要工具。企业应明确自己的使命、愿景和核心价值观，并通过 CIS 的整合设计，将这些理念融入企业的各个层面，包括员工行为、工作环境、产品服务等。这样不仅能够提升企业的品牌形象和竞争力，还能增强员工的凝聚力和归属感，共同推动企业向更高层次发展。

9.2.11　财务计划

为体现创业公司的财务状况，创业者需要认真思考公司的财务问题，并将关键信息整理至本章节中。某种意义上，财务计划是创业计划书中最复杂的部分之一，因为一个创业公司的财务人员不仅要精通各种财务知识，更要对公司整体的经营策略有充分而全面的了解，才能提出针对性的财务方案，帮助企业解决财务问题，并让投资人看到创业团队的严谨作风。

为此，需要在财务计划中体现的关键内容如下：

（1）三年销售收入预测（附表）

附表结构建议：列出预测的年份，如第 1 年、第 2 年、第 3 年。

产品线/服务：列出企业可以提供的不同产品或服务。

预计销售量：针对每个产品线/服务，预测每年的销售量。

单位售价：每个产品或服务的预期售价。

销售收入：销售量乘以单位售价得出的预计销售收入。

根据对市场的预测，创业者需要预估项目在一段时间内的销售成果，以帮助投资人判断项目的发展前景。虽然实际上，大多数创业者都很难精确估计创业期企业的销售状况，但创业者依然需要基于对市场的调查和判断，并结合在运营计划和营销计划中对成本和价格的分析，来提出一个大致可靠的销售、采购或生产预测——这不仅有助于投资人的投资决策，更能展示创业者对市场和行业的理解程度。基于市场趋势、历史销售数据、新产品推出计划等因素进行预测，考虑价格调整、市场份额变化等可能影响销售的因素。

（2）三年成本费用预测（附表）

附表结构建议：年份与销售收入预测表相同。

成本类别：如原材料成本、人工成本、运营成本、营销费用、研发费用等。

预计成本：针对每个成本类别，预测每年的成本。

总成本：所有成本类别的总和。

基于历史成本数据、价格变动预期、生产效率提升等因素进行预测，考虑成本节约措施、规模效应等可能影响成本的因素。

（3）三年利润预测（附表）

附表结构建议：年份与上述表格相同。

销售收入：引用销售收入预测表中的数据。

总成本：引用成本费用预测表中的数据。

税前利润：销售收入减去总成本。

税后利润：考虑税率后计算得出的净利润。

税后利润是投资者和企业管理层关注的重要指标，反映了企业的盈利能力，考虑税收政策变化对税后利润的影响。

（4）三年现金流量预测（附表）

附表结构建议：年份与上述表格相同。

现金流入：包括销售收入、投资收益、借款等。

现金流出：包括成本支出、税款支付、偿还债务、资本支出等。

净现金流量：现金流入减去现金流出。

累计净现金流量：逐年累计的净现金流量。

现金流量预测对于评估企业的流动性至关重要，要考虑融资活动、投资活动对现金流量的影响。由于现金流与企业的生存能力关系密切，创业者也需要展示企业对现金的管理能力。为此，可设计现金预测表，在其中展示现金收入、现金支出、现金差额及借款额等多项现金流数据，以体现企业应对现金流变化的具体方案。

（5）主要的财务观测指标（包含投资回报率、盈亏平衡图及其说明）

投资回报率（ROI）：衡量企业使用投资者资金的效率。

计算公式：净利润／总投资额 × 100%。

盈亏平衡图的绘制方法：横轴表示销售量，纵轴表示总收入和总成本。绘制总收入线（销售量乘以单位售价）和总成本线（固定成本加上变动成本乘以销售量），两条线的交点即为盈亏平衡点。盈亏平衡图有助于理解企业达到盈亏平衡所需的销售量，以及价格变动、成本节约对盈亏平衡点的影响。

其他财务观测指标（根据具体情况添加）：如毛利率、营业利润率、资产回报率、资产负债率等，这些指标有助于全面评估企业的财务状况和经营效率。

9.2.12　融资计划

要想达成融资目标，则必须让投资人了解创业者的融资要求。融资计划的意义就在于此：通过阅读本节，投资人能够充分理解创业者为实现其商业模式和运营计划而产生的融资需求，以及投资人能够获得的资金和股权收益。

在融资计划中，需要重点突出的部分有：

（1）三年资金需求预测（附表）

第 1-2 年，启动资金。启动资金是创业项目落地实施的重要保障因素，为此创业者需要说明在企业发展初期的经费预算——这也对投资人的投资决策有重要的参考意义。需要注意的是，创业者应当在计划书中说明保证项目落地实施的启动资金和保障项目在一段时间内稳定发展的运营资金，这些都会影响投资人对项目资金需求的判断。在这部分中需要说明，为顺利实现创业项目而需要的资金量。需要注意的是，这里除了创业启动资金，还需要说明为了保证创业企业在一段时间内的正常运转而需要提前准备好的资金。投资界普遍认为，一个创业企业提前准备好在将来18 至 24 个月内的运营资金是比较合理的。

第 2-3 年，扩大筹备资金。扩大生产规模与提升产能的费用，以及市场竞争加剧下的市场推广与品牌建设费用；增加研发投入以持续创新；随着团队扩大和业务拓展，增加企业管理与运营优化费用，以及为 IPO 准备的相关费用（如审计、法律咨询等）。

（2）股权融资 ABC 轮与 IPO 计划

创业项目的股权融资通常遵循种子轮、天使轮、A 轮、B 轮、C 轮直至 IPO 的路径。以下是一个简化的融资轮次与 IPO 计划：

天使轮：引入天使投资人或孵化器，获取初步资金支持，验证商业模式。

A 轮：产品初步成熟，引入创投公司（VC）进行融资，加速市场拓展和产品研发。

B 轮：商业模式成熟，市场地位稳固，引入更多 VC 或早期 PE 基金，扩大市场份额和深化产品线。

C 轮：成为行业领导者，具备稳定盈利水平，引入 PE 基金为主，筹备上市。

IPO：选择合适的时机和交易所进行首次公开募股，实现资本退出和品牌价值最大化。在制定 IPO 计划时，创业者应充分考虑市场环境、公司财务状况、投资者需求等因素，确保 IPO 的顺利进行。

（3）所融资金的用途预算

所融资金应合理规划，确保用于推动公司的长期发展和提升竞争力。以下是一个资金用途预算的框架：

产品研发：持续投入研发，提升产品性能和用户体验。

市场拓展：加大市场推广力度，提升品牌知名度和市场份额。

团队建设：引进优秀人才，提升团队整体实力。

运营管理：优化运营流程，降低运营成本，提升运营效率。

储备资金：留足应急资金，以应对市场变化和突发情况。

创业者应根据公司的实际情况和市场需求，合理分配资金，确保每一分钱都用在刀刃上。

（4）风险预测与规避措施

在融资过程中，创业者应充分识别潜在风险，并制定相应的规避措施。以下是一些常见的风险及规避策略：

市场风险：密切关注市场动态，及时调整市场策略，以应对市场变化带来的风险。

技术风险：加大研发投入，引进先进技术，提升产品竞争力，降低技术落后的风险。

财务风险：建立健全的财务管理体系，合理控制成本，确保资金流的稳健。同时，多元化融资渠道，降低单一融资渠道带来的风险。

法律风险：加强法律合规意识，确保公司运营符合相关法律法规要求，避免法律风险。

人才风险：建立完善的激励机制和培训体系，留住优秀人才，降低人才流失带来的风险。

9.2.13　未来发展规划

创业企业的未来发展规划，从以下两个方面展开：

（1）战略体系设计（愿景、使命与目标体系）

愿景是创业企业长期发展的理想状态，是激励全体员工共同努力的方向。一个清晰、具有吸引力的愿景能够激发团队的凝聚力和向心力。例如，一家致力于科技创新的创业企业可能将其愿景设定为"成为全球领先的科技创新企业，推动行业进步，改善人类生活"。

使命是企业存在的根本目的和理由，它定义了企业为社会和客户创造的价值。一个明确的使命能够指导企业的日常运营和决策。例如，上述科技创新企业的使命可能是"通过不断研发创新技术，为客户提供高效、可持续的解决方案，促进社会的可持续发展"。

目标体系是将愿景和使命转化为具体、可衡量的短期和长期目标。这些目标应该具有挑战性、可衡量性和可实现性。例如，针对上述愿景和使命，企业可以设定以下目标体系：

短期目标（1年内）：完成核心产品的研发，并获得初步市场认可；建立稳定的销售渠道和客户基础。

中期目标（2–3年内）：在目标市场占据一定份额，成为行业内的知名品牌；持续研发新技术，推出更多创新产品。

长期目标（5年及以上）：成为全球科技创新领域的领军企业，推动行业标准的制定；在社会责任方面做出显著贡献，成为受人尊敬的企业。

（2）未来三年发展规划

第1年：新产品开发与市场测试。主要任务是完成新产品的开发并进行市场测试。首先，我们将投入大量资源于研发团队，确保新产品的技术领先性和创新性。其次，我们将与潜在客户进行深度沟通，了解他们的需求和期望，以便对产品进行精准定位。在产品初步成型后，我们将进行小规模的市场测试，收集用户反馈，对产品进行迭代优化。最后，我们还将着手建立销售团队，为产品的正式销售做准备。

第2年：产品上市与初步销售。将正式推出新产品并启动销售。在上市初期，我们将通过多渠道营销策略，包括线上广告、社交媒体推广、行业展会等，提高产品的市场知名度和曝光率。同时，我们将与合作伙伴建立紧密的合作关系，通过他们的渠道和资源，扩大产品的销售范围。在销售过程中，我们将密切关注市场动态和竞争对手的策略，及时调整销售策略，确保产品的市场竞争力。此外，我们还将加强客户服务团队的建设，提供优质的售后服务，提高客户满意度和忠诚度。

第3年：销售突破与品牌影响力建设。目标是实现销售的突破性增长，并进一步提升品牌影响力。为了实现这一目标，我们将继续加大市场推广力度，提高品牌知名度和美誉度。同时，我们将加强与客户的互动和沟通，了解他们的反馈和需求，不断优化产品和服务。在销售方面，我们将积极拓展新的销售渠道和市场，提高产品的市场占有率。此外，我们还将关注行业动态和竞争对手的发展，及时调整企业战略，确保企业在激烈的市场竞争中保持领先地位。通过这一年的努力，我们期望能够实现销售突破几千万大关的目标，并为企业未来的长期发展奠定坚实的基础。

9.2.14 价值引领

（1）社会价值

作为大学生创业竞赛项目的负责人，我深知我们的项目不仅承载着创新的梦想，更肩负着推动社会进步的责任。在社会价值方面，我们的创业项目主要体现在以下几个方面：

①带动就业：通过项目的实施和运营，我们创造了大量的就业机会，为社会减轻了就业压力。特别是针对高校毕业生和返乡青年，我们提供了创业指导和技能培训，帮助他们实现自主创业和就业。

②乡村振兴：我们积极响应国家乡村振兴战略，将项目与乡村产业相结合，通过技术引进、产业升级等方式，推动乡村经济的繁荣和发展。同时，我们还通过电商平台和乡村旅游项目，帮助农民增加收入，改善生活条件。

③基层扶贫：针对贫困地区和贫困群体，我们开展了精准帮扶活动，通过提供资金支持、技术培训、产品销售等渠道，帮助他们摆脱贫困，实现共同富裕。

④文化传承：我们注重保护和传承中华优秀传统文化，通过文化创意、旅游开发等方式，让更多人了解和热爱传统文化，增强文化自信。同时，我们还积极推广非物质文化遗产，为文化传承注入新的活力。

（2）教育引领

在教育引领方面，我们的创业项目同样发挥着重要作用：

①产教融合：我们与高校、职业院校等教育机构紧密合作，将项目实践与教学相结合，为学生提供实习实训、创新创业等机会，培养他们的实践能力和创新精神。通过产教融合，我们实现了教育与产业的深度融合，为经济社会发展培养了更多高素质人才。

②思政育人：我们将思想政治教育融入项目运营中，通过组织公益活动、志愿服务等方式，培养学生的社会责任感和公民意识。同时，我们还注重培养学生的团队合作精神和创新创业精神，为他们的全面发展奠定坚实基础。

③示范影响：作为大学生创业竞赛项目，我们具有广泛的示范效应。通过项目的成功实施和运营，我们为其他大学生提供了可借鉴的创业模式和经验，激发了更多人的创业热情和创新意识。

④红色传播：我们注重红色文化的传播和弘扬，通过组织红色旅游、红色教育

等活动，让更多人了解和传承红色基因，增强民族自豪感和凝聚力。同时，我们还通过项目实践，将红色文化与产业发展相结合，为红色文化的传承和发展注入了新的活力。

综上所述，我们的创业项目在社会价值和教育引领方面均发挥着重要作用。我们将继续秉承创新、责任、共享的理念，为经济社会发展贡献更多智慧和力量。

9.2.15　附件

若投资人被创业计划书打动，则会有进一步接触创业者的动机。如果创业计划书是通过邮件投递或者他人代送的，则需要在最后附上相关的联系方式，方便双方联络。任何合适的联系方式都是可以的，包括电话号码、微信号、网站地址、微博和公众号链接，以及相应的二维码。

同时，不要忘记在计划书的末尾加上附件，并在其中添加如下内容：

●市场调查报告。如果在项目实施前进行过市场调查，则可以把相应的调查方法和结论在此处展示，以展示创业立项的可靠性。

●知识产权证明。如果创业团队取得了相应的知识产权和专利证明，则可将证书以附件形式放在最后，展示团队的专业能力。

●创业者经历及相关新闻报道。如果创业成员有非常精彩的个人经历，或接受过社会媒体的新闻报道，也可在此展示，起到锦上添花的作用。

●财务报表。对于已经开始运营的，特别是处于 A 轮及之后阶段的创业项目，有必要将财务报表作为重要参照物放在附件里。

●技术资料。如果有必要，可将产品的部分技术细节在此展示。注意，出于保护创业成果的目的，不可将核心技术全盘托出。

●竞品分析报告。作为竞品对比的延伸，可以列出完整的分析报告以增加说服力。

以上，则是一般创业计划书的基本格式。在撰写结束后，创业者需以严格的标准对全文进行反复的修改和优化，以此提高计划书的品质。另外，在修改的时候也需要有所取舍，将精力集中于那些最重要的部分，而不是面面俱到、内容臃肿。

9.3　路演

9.3.1　什么是路演

路演在全球商业史中扮演了重要的角色。历史上最著名的路演活动之一，就是15 世纪的意大利航海家哥伦布在探索东方大陆前，在欧洲列国进行的融资活动。哥伦布怀揣发现新大陆的愿景，向欧洲各国民众传播着"从东方带回香料和黄金"的理想，在艰难的融资之路上，通过不断优化路演方案，最终打动了西班牙国王费迪南二世，拿到巨额投资，发现了美洲大陆，成为历史上最成功的创业者之一。

与此同时，频繁的商业交流也推动了路演的发展。在 17 世纪，全球第一家股票交易所于荷兰建成以后，证券交易逐渐成为正常的市场行为。出于推广证券发行的目的，券商们往往需要费尽心思去接近潜在证券投资者，但当时的大众媒体尚不发达，进行广泛传播的成本很高，限制了券商与投资人的交流。为此，券商们不得不采取另一种做法：他们通过一些银行家的帮助，将一些具备资格的投资机构聚集起来，向他们宣讲项目、推介理念、演示产品，并推动双方进一步合作，最终形成证券交易的初级市场。在早期，这种带有表演色彩的活动通常都选择在人口稠密的广场或大道等公众场所，这就是"路演"（roadshow）一词的由来。

时至今日，路演作为一种行之有效的宣传手段，早已在各行各业的许多传播活动中得以运用。在创业投资领域，由于邮寄创业计划书的局限性，创业者和投资人需要线下的公共平台来进行面对面的接触，路演也就有了用武之地。在创业投资的路演环境下，创业者需要在有限的时间内让投资人看懂并看好创业项目，投资人需要快速评价并做出是否继续接触创业者的决策，这也使得创业路演与其他路演形式相比，有很大的不同。

其他类型的路演，如商品展销活动、证券交易会或影视作品首映式等，主要目标在于达成交易、促进商品销售。而对创业者来说，切不可将路演的目标定位为"获得融资"，其缘由在于一个创业项目能够获得的展示时间非常有限，想要在短时间内说服投资人进行投资，在绝大多数情况下是不现实的；对于投资人来说，也需要投入相当的时间和精力去进一步了解项目，因此也不会在路演现场就武断地做出投资决策。从这一角度讲，创业路演的目标应当为"引起投资人兴趣，促成进一步详谈"，并将达成合作的最终目标交给之后的详谈来实现。

目前国内外大多数路演活动均是由地方政府或大型创投平台举办的，在流程和要求上也基本大同小异。在活动前，主办方会对创业项目和投资机构进行基本的筛选，挑选出符合要求者，并发函邀请其参与——这里的"符合要求"，主要指的是与活动主题相关的项目，比如某次以"大数据技术与运用"为主题的路演活动，基本上也只会有数据挖掘、大数据分析、数据安全、信息精准投送等领域的创业项目会收到邀请函，对于投资机构来说也是如此。

在路演活动中，主办方会根据活动流程和项目数量进行相应的时间安排，通常一个项目能够利用的演示时间为 5 至 20 分钟（大多数情况下为 6 分钟，10 分钟以上比较少见），这也对创业者的演讲能力有一定要求。一次活动可分为以下几个阶段：

介绍阶段。在创业者登台演讲前，活动主持人通常会对创业项目进行一个简短的介绍，让投资人们有一个初步的认识。虽然只有寥寥数秒，但恰到好处的介绍也能起到正面作用，举例来说，某投资人正试图涉足跨境电商行业，听到下一个登台项目刚好属于本领域，则自然会集中精神，做好记录准备。因此，如果条件允许，创业者最好事前与主持人进行沟通，并让其以最佳的方式来介绍创业项目。

路演阶段。对创业者而言，最关键的环节则是路演阶段，因为这关系到路演的成功与否。这一过程的细节众多，路演设计及技巧将在小节 9.3.2 和 9.3.3 中进行更加具体的描述。

提问阶段。如果时间不是特别紧张，主持人会邀请台下的投资机构代表就创业路演进行提问。通常这一环节不会超过 5 分钟，但提问的内容可能有许多变数，需要创业者进行充分的准备。

意向阶段。路演活动中，主办方不会要求投资机构直接进行投资决策，取而代之的，是展示投资意向。"投资意向"指的是，投资人们参考创业项目的融资需求，对每个项目轮流举牌，展示他们愿意对其投资的额度。务必注意，这并不是说投资人一定会对项目进行投资，而是向创业者发出一个信号，暗示进一步详谈的意愿。大多数情况下，一个项目可能会收获多个投资机构的投资意向，但投资意向最高者，通常具有最强的详谈意愿，也是适宜创业者首先接触的对象。

另外，在路演活动结束后，投资人们一般不会立即离场，因此创业者需要抓住机会与意向投资人面对面接触，互留联系方式，商议进一步洽谈事宜。

9.3.2 竞赛项目路演的设计

虽然路演确有表演性质，但对于真正想要获得机会的创业者来说，则必须掌握相应的技巧。为了方便展示，演讲时使用的创业计划书一般为 PPT、Keynote、Prezi 等演示文件格式，通常不超过 12 页，要求图文并茂，字数越少越好。不同于详谈版本的计划书，路演版本需对内容进行取舍，只展示关键内容，绝不可面面俱到。务必记住：路演的意义在于引起对方兴趣、获得详谈机会，而不是一股脑地把所有信息都交代给对方。

因此，以 5 分钟路演为例，以下内容是值得在路演中详细展示的：

●创始人及其团队的介绍。在投资人看来，优秀的团队本身就是强大的竞争力，因此自带"主角光环"的团队可抽出时间，专门展示其关键成员，然而即使如此，也不推荐在团队介绍上花过多的时间。

●目标市场定位。作为市场分析的精华，准确地指出市场痛点，可让投资人们认可创业者对项目的理解程度，也可对接下来需要细讲的商业模式打下基础。在分析定位时，建议从调查报告中提取出关键数据来增强说服力——如果情况允许，最好将数据转化为图表的形式。

●可靠的商业模式。商业模式介绍是路演任务的重中之重，值得花大量时间进行设计，并将关键部分浓缩为 2-3 页的演示内容。建议结合商业模式九要素模型，按照客户细分、价值主张、渠道通路、客户关系、收入来源、核心资源、关键业务、合作伙伴、成本结构的方式，快速而精确地进行阐述。如果商业模式不够清晰可靠，不仅会让对方怀疑创业者的能力，更可能动摇项目的基础，遭受打击和质疑。

●创新的产品介绍。这部分的意义在于总结商业模式，展示产品样品，并向投资人指出一个关键信息：为什么顾客会选择我们，而非竞争对手。同样，这里最好列举部分数据对比，但也要注意保密问题。

●可行的融资计划。无论时间有多紧张，都必须讲清楚融资事宜，特别是融资额度和出让股份额度，否则投资人无法给出投资意愿。这里也需要提及资金用途，至于股权结构则不需太详细，用一张图列出股权分配方式即可。

●有一定基础的项目进展。任何已经落实的工作都能够增强投资人的决心，因此需尽可能将当前各项工作推进情况展示出来（包括获得的奖项和荣誉）。涉及数据的内容，可设计为趋势图来增强说服力。

以下内容不推荐在路演中详细展示：

●不要讲市场环境分析过程。虽然市场分析很重要，但台下的投资人们无一不是久经商场的老将，对市场环境的敏感程度，比创业者自身只高不低，实在是没有班门弄斧的必要。另外，完整的环境分析内容非常复杂，也不是短短数分钟能够讲清楚的，如果表述中有不清楚之处，也容易引起投资人的质疑，徒增变数。

●无须展开详细的计划，包括营销、运营、人力资源、财务等内容。由于体系复杂，每一个部分都包含巨大的信息量（比如营销组合构建、产品生产计划、人员激励体系、各类财务报表等），不可能在短时间内达到理想的表述效果，尤其是一些敏感的财务指标（机密技术、关键人员的财务数据等），不仅难以讲清，而且也有泄密的风险。

●不能泄露商业秘密。在上一节中已经指出，路演活动现场人员复杂，创业者需要随时留意泄露重要情报的风险，因此不必展示商业技术机密。而其他附件内容的优先级并不高，没有必要挤出时间细讲，重要之处一笔带过即可。

9.3.3　路演技巧

以下技巧是在长期的路演实践中总结而来，适合创业新手参考的一些路演技巧：

●开门见山。建议在开头第一页写上一句关于创业项目的最简洁的描述，如同详谈版本的创业计划书封面那样；在最后一页向观众致谢，并写上一句企业愿景。

●展示方式生动。创业者不必完全严格按照特定流程来进行路演，对相关内容也可根据情况进行适当修改或调整。如果在反复修改和练习后还剩余一些可用的时间，则可以挑选经营计划中的重点部分加以描述。

●适当注意穿着。许多初次创业者会选择穿着正装参加路演活动，但这其实并不合适。路演实际上带有一定的表演性质，全套正装给人一种严肃而呆板的感觉，影响路演效果。最适宜路演活动的装束应当是休闲商务装，既不会太散漫，也没有正装的压迫感。不过凡事也有例外，如果是文化类的创业项目，也可以选择相应文化代表的服饰作为装束。

●用图表和数据代替文字。路演演示文档的最大忌讳，就是铺天盖地的文字，对创业者来说，如何用图表和数据代替文字，非常值得深思。在修改演示文档时，应当尽可能将较长的句子改为短句和词语，将涉及数据的地方尽量以图表来展示，做到数据可视化。

●学会讲故事。讲到市场痛点时，尽可能不要滔滔不绝地念流水账，而应当运用"讲故事"的方法，巧妙地引起听众的兴趣。举例来说，雷军在发布 MIUI8 系统时，用一句"阅读时来了条消息，回还是不回？"，不仅让听众立即认识了新系统的优点，还令人印象非常深刻。另一个例子则是苹果公司的 MacBook Air 发布会上，乔布斯从一个信封里把苗条的新型电脑抽了出来，这个简单的动作赢得满堂喝彩。

●现场产品演示。如果条件允许，最好在介绍商业模式的时候，在现场对投资人进行产品演示；如果是互联网产品，则需要提前确定路演现场的演示设备能够连接网络。请注意，产品演示虽然能大大提高说服力，但也不能耽误太长时间。

●提前对投资人做功课。要想提高成功率，则创业者务必在路演活动开始前，对即将参加的投资人和投资机构做一些调查，包括该机构的投资额度、专注领域以及投资历史等关键信息。如果有比较满意的机构，则务必验证项目的融资额度与该机构的投资能力是否匹配，并保证项目所处的正是其擅长的领域，最好确保该机构没有投资过你的竞争对手。

●物料准备。如果主办方允许，创业者可以准备多份简版的创业计划书（比如之前提到的邮寄版本）提供给现场的投资人，实现更好的路演效果。创业者也需要提前设计并制作好名片，在活动结束时发放给有投资意向的投资人。

 **案例分析**

智行未来公司的创业计划书与路演

智行未来科技有限公司专注于开发智能出行解决方案，旨在通过 AI 技术优化城市交通流量，减少拥堵，提升出行效率。其核心产品是一款基于大数据和机器学习的智能导航 APP，能够根据实时路况和用户需求，提供最优出行路线建议，并集成多种出行方式（公交、地铁、共享单车、网约车等）的一站式服务。

创始人及核心成员：张伟（CEO）：拥有计算机科学硕士学位，曾就职于某知名互联网公司，担任高级软件工程师；李娜（COO）：市场营销专业背景，拥有丰富的品牌建设和市场推广经验；王强（CTO）：人工智能领域专家，拥有多项专利和学术论文。

创业计划书的内容与编写过程如下：

1. 项目概述

清晰阐述项目背景、市场痛点、产品特色及解决方案，强调智行未来在智能出行领域的独特价值和市场潜力。

2. 市场分析

目标客户群：上班族、学生、旅游爱好者等频繁出行人群。

市场规模：引用权威数据预测未来几年智能交通市场的增长趋势。

竞争对手分析：对比分析现有市场上的相似产品，指出智行未来的竞争优势。

3. 商业模式

制定线上线下相结合的商业平台，包括社交媒体推广、KOL 合作、校园宣讲会等，同时提出与地方政府、交通部门合作的愿景。

4. 产品创新

详细介绍智能导航 APP 的功能模块、技术架构、用户体验设计及未来产品迭代计划。

5. 运营计划

规划团队构成、运营流程、成本控制及盈利模式，包括广告收入、用户付费功能、数据分析服务等。

6. 财务预测

基于市场调研，编制未来三年的收入预测、成本预算、利润分析和现金流规划。

7. 融资需求

明确本轮融资的金额、用途（研发、市场推广、团队建设等）及预期回报。

项目路演准备过程如下：

准备阶段提前完成 PPT 制作，精炼《创业计划书》核心内容，设计直观、吸引人的 PPT。多次进行内部演练，确保团队成员对项目了如指掌，能够自信回答投资人提问。邀请有投资背景的行业专家、成功创业者作为路演评委，提前收集反馈并优化展示内容。

路演的安排如下：

（1）开场介绍：张伟作为 CEO，简短介绍团队背景、项目愿景及社会价值。

（2）产品演示：通过现场操作 APP，展示智能导航功能、用户反馈及数据分析结果。

（3）市场分析：李娜详细解析市场趋势、目标客户群及竞争策略。

（4）技术展示：王强介绍技术团队、核心算法及技术创新点。

（5）财务预测：展示财务报表，阐述资金用途及预期回报。

（6）互动环节：耐心回答评委和投资人的提问，展现团队的专业素养和能力。

经过激烈的竞争和严格的评审，智行未来科技有限公司凭借其创新的技术、清晰的市场定位、扎实的团队实力以及详尽的财务规划，成功吸引了多家风险投资机构的关注。最终，与一家知名风投公司达成合作意向，获得数百万美元的投资，用于产品研发、市场推广及团队建设，为公司的快速发展奠定了坚实的基础。

智行未来科技有限公司的成功案例，证明了精心编写的《创业计划书》与高效的项目路演展示是吸引风险投资的关键。它不仅需要展现项目的商业潜力和技术创新，更需体现团队的执行力和对市场的深刻理解。通过不断迭代和优化，智行未来正朝着成为全球领先的智能出行解决方案提供商的目标稳步前进。

结合上述案例，回答以下问题：

问题1：一份完整的《创业计划书》，应该有哪些章节？

问题2：《创业计划书》的各章节中，最难写的是哪一部分？

问题3：项目路演有哪些注意事项？

高阶训练

创业计划书的编写

1. 训练目标：掌握创业计划的理论知识；了解创业计划书的全部章节结构和内容要求，训练编写创业计划书的能力；培养创新精神和创业意识。

2. 训练内容：结合自己参加的创新创业大赛项目，模拟编写出全套创业计划书，包括本章讲述的全部章节内容。

3. 训练方法：翻转教学法、文献分析法、实地调查法、项目驱动法。

4. 评价标准：从创业计划的可行性、合理性和严谨性，创业计划书的格式规范等几个方面进行评估。

拓展资源

［1］布鲁斯 R. 巴林杰（Bruce R. Barringer）. 创业计划书——从构想到方案［M］. 陈忠卫，等译. 北京：机械工业出版社，2016.

［2］杰弗里·蒂蒙斯，小斯蒂芬·斯皮内利. 创业学［M］. 周伟民，吕长春，译. 北京：人民邮电出版社，2005.

［3］张玉利. 创业管理［M］. 周伟民，吕长春，译. 北京：机械工业出版社，2010.

［4］丁栋虹. 创业管理：企业家的视角［M］. 北京：机械工业出版社，2012.

［5］中国国际大学生创新大赛网址：https://cy.ncss.cn

［6］挑战杯全国大学课外学术科技作品竞赛网址：http://www.tiaozhanbei.net/

［7］创青春全国大学生创业大赛网址：http://www.chuangqingchun.net/